Förderung der Erneuerbaren Energien im deutschen und türkischen Rechtssystem

Europäische Hochschulschriften Recht

European University Studies in Law

Publications Universitaires Européennes de Droit

Band/Volume **6049**

Saban Sincar

Förderung der Erneuerbaren Energien im deutschen und türkischen Rechtssystem

Eine rechtsvergleichende Analyse mit Schwerpunkt auf der Förderung von Windenergie an Land

PETER LANG

Bibliografische Information der Deutschen Nationalbibliothek
Die Deutsche Nationalbibliothek verzeichnet diese Publikation in der Deutschen Nationalbibliografie; detaillierte bibliografische Daten sind im Internet über http://dnb.d-nb.de abrufbar.

Zugl.: Köln, Univ., Diss., 2018

D 38
ISSN 0531-7312
ISBN 978-3-631-77175-4 (Print)
E-ISBN 978-3-631-77317-8 (E-PDF)
E-ISBN 978-3-631-77318-5 (EPUB)
E-ISBN 978-3-631-77318-5 (MOBI)
DOI 10.3726/b14866

Peter Lang – Berlin · Bern · Bruxelles · New York · Oxford · Warszawa · Wien

Diese Publikation wurde begutachtet.

www.peterlang.com

Für unseren Sohn Yakub

Vorwort

Die vorliegende Arbeit wurde im Sommersemester 2018 von der Rechtswissenschaftlichen Fakultät der Universität zu Köln als Dissertation angenommen. Literatur und Rechtsprechung konnten bis März 2018 berücksichtigt werden.

Ich bedanke mich ganz herzlich bei meiner Doktormutter, Frau Prof. Dr. Daniela Winkler, die mir während der gesamten Promotionsdauer mit zielführenden Fachdiskussionen sowie ergebnisorientierten Anregungen zur Seite stand. Zudem möchte ich mich für die außerordentlich schnelle Begutachtung meiner Arbeit bedanken. Danken möchte ich auch Herrn Prof. Ulrich Ehricke für die Erstellung des Zweitgutachtens.

Sehr fruchtbar für die inhaltlichen Feinheiten waren vor allem die umfangreichen energierechtlichen Gespräche mit Experten aus der Wissenschaft, der Wirtschaftswelt sowie den Fachverbänden in Deutschland und in der Türkei, weshalb jeder einzelnen Gesprächsperson mein Dank gebührt.

Die Deutsche Bundesstiftung Umwelt förderte mich mit einem Promotionsstipendium, sodass ich mich uneingeschränkt auf die Dissertation fokussieren und im interdisziplinären Austausch mit anderen Stipendiaten wertvolle Lösungsansätze aufstellen konnte. Dafür möchte ich mich ganz herzlich bedanken.

Alle Worte dieser Welt scheitern an dem Versuch, meiner Familie den höchsten Dank auszusprechen. Meine Mutter Zerife stärkte mich auf liebste Weise über all die Jahre hinweg, indem Sie mich glauben ließ und ihre vorbehaltlose Unterstützung zusicherte. Meine Frau Tugba stand mir mit größter Opferbereitschaft und außerordentlichem Verständnis stets zur Seite. Ohne ihre liebevolle und tatkräftige Unterstützung hätte diese Arbeit nicht entstehen können.

Zudem machte sie mir das größte Geschenk auf Erden, indem Sie mir unseren Sohn Yakub schenkte. Ihm widme ich diese Arbeit.

Düsseldorf, September 2018

Inhaltsverzeichnis

Kapitel 1 Einführung in die Problemstellung

A. Problemstellung

Die Stärke und Stabilität einer jeden Volkswirtschaft hängen maßgeblich von der nationalen Energieversorgung ab. Daher definiert jeder Staat die Energiepolitik als eine seiner Hauptaufgaben. Aufgrund der berechenbaren Endlichkeit von konventionellen Energieträgern, der damit verknüpften Preisanstiege sowie ihrer abnehmenden gesellschaftlichen Akzeptanz werden weltweit alternative Versorgungsmodelle ausdiskutiert. Neben der Verringerung der Energienutzung sowie der Steigerung der Energieeffizienz steht vor allem die nachhaltige und sichere Energieversorgung durch den Einsatz von Erneuerbaren Energien im Mittelpunkt der gesellschaftlichen Aufmerksamkeit. Insbesondere die Steigerung der Stromerzeugung aus Erneuerbare Energien spielt künftig eine herausragende Rolle.[1]

Jedoch können sich die Erneuerbaren Energien im Wettbewerb mit den konventionellen Energiequellen regelmäßig noch nicht ökonomisch durchsetzen, sodass staatliche Fördermaßnahmen zur diesbezüglichen Kompensation sowie zur Unterstützung der technologischen Ausreifung der Anlagenkomponenten unabdingbar sind. Die meisten Staaten greifen bereits auf unterschiedliche Fördermodelle, wie etwa die gesetzliche Einspeisevergütung, etwaige Ausschreibungssysteme oder den grünen Zertifikatenhandel zurück.[2] Aufgrund der spezifischen politischen, ökonomischen, geographischen und gesellschaftlichen Rahmenbedingungen ist die Aufstellung eines einheitlich passenden Fördermodells aber unmöglich. Jede Rechtsordnung muss zur Bildung des jeweils sinnvollen Fördersystems sowie dessen Fortentwicklung eigene Erfahrungen sammeln, wobei von den Kenntnissen anderer Rechtsordnungen durchaus profitiert werden kann. Eine bloße Übernahme entsprechender Förderinstrumente erscheint unter diesen Gesichtspunkten indes kritisch, da eine falsche Ausrichtung den

---

1 Soweit im Rahmen dieser Arbeit von der Förderung der Erneuerbaren Energien gesprochen wird, ist darunter die Förderung der Erneuerbaren Energien zur Stromerzeugung zu verstehen.

2 Frenz/Müggenborg/Ekardt/Hennig, EEG 2014, Einf. Rn. 29 f.; Christen, Die Förderung erneuerbarer Energie in der EU, S. 65 f.; Kröger, Die Förderung erneuerbarer Energien im Europäischen Elektrizitätsmarkt, S. 124 f.; Yenilmez, Yenilenebilir Enerji Kaynakları Teşvik Politikalarının Karşılaştırılması, S. 10 f.

Ausbau der Erneuerbaren Energien hemmen und gravierende Folgeprobleme für die jeweilige Energiewirtschaft herbeiführen kann.

Im Energiesektor blickt Deutschland bei der Förderung der Erneuerbaren Energien auf eine relativ lange Historie zurück und gehört damit zu den globalen Vorreitern.[3] Die im Jahr 2011 als Reaktion auf den Reaktorunfall in Fukushima beschlossene Abschaltung aller deutschen Atomkraftwerke bis zum Jahr 2022 gab dem Ausbau der Erneuerbaren Energien einen weiteren Schub.[4] Mit dieser energiewirtschaftlichen Umwandlung wird Deutschland langfristig eine der energieeffizientesten Nationen, die eine zuverlässige, konkurrenzfähige und umweltfreundliche Energieversorgung aufweist.[5] Diesen Willen zur grundlegenden Reform der Versorgungspolitik untermauert der deutsche Gesetzgeber[6] vor allem durch die gesetzlich festgelegten Ausbauziele, wobei die Kapazitätserweiterung bei der Windenergie an Land[7] auch künftig eine herausragende Rolle einnehmen soll.[8]

Abgesehen von den großen Wasserkraftwerken steht die Türkei jedoch trotz der enormen Potentiale vergleichsweise noch am Anfang der Förderung von Erneuerbaren Energien. Aufgrund des drastisch steigenden Energiebedarfs sowie des Mangels an eigenen konventionellen Energiequellen nimmt die Importabhängigkeit insb. von den Nachbarländern Russland und Iran zu.[9] Dies

---

3 Bundesrepublik Deutschland (BRD), Nationaler Aktionsplan für erneuerbare Energie gemäß der Richtlinie 2009/28/EG zur Förderung aus erneuerbaren Quellen (NAP), S. 4 f; abrufbar im Internet unter: https://www.clearingstelle-eeg.de/files/Nationaler_Aktionsplan_100804.pdf.

4 Agora Energiewende, Positive Energiewende-Bilanz fünf Jahre nach der Katastrophe von Fukushima; abrufbar im Internet unter: https://www.agora-energiewende.de/fileadmin/Projekte/2016/5-Jahre-Energiewende/Agora_PM_5_Jahre_nach_Fukushima_09032016.pdf.

5 IRENA, REmap 2030, A Renewable Energy Roadmap Germany, S. 17; abrufbar im Internet unter: http://www.irena.org/DocumentDownloads/Publications/IRENA_REmap_Germany_report_2015.pdf.

6 Zur besseren Lesbarkeit wird im Folgenden allein die männliche Form verwendet. Die weibliche Form ist daher stets mit eingeschlossen.

7 Soweit im Rahmen dieser Arbeit von der Windenergie gesprochen wird, ist darunter nur die Windenergie an Land zu verstehen, soweit die Windenergie auf See nicht explizit erwähnt wird.

8 BT-Drs. 18/8860, S. 2 f.

9 Çalışkan, The Success Behind Renewable Energy: A Comporative Analysis of Germany, The United Kingdom, Brazil and Turkey, S. 75; Sümer, Determinants of Renewable Energy Supply in Europe: A Potential Solution For Turkey's Energy Dependency, S. 10 f.

führt in der geographisch wichtigen Zone zwischen Europa und Asien zwangsläufig zu einer politischen Schwächung und mündet regelmäßig in nationalen und internationalen Spannungen.[10] Zur teilweisen Befriedigung des steigenden Energiebedarfs plant die Türkei – im Gegensatz zum Atomkraftausstieg Deutschlands – durch die Errichtung von drei Kernkraftwerken einen baldigen Einstieg in die Stromproduktion durch Atomkraft.[11] Daneben sollen zur Reduzierung dieser Energieabhängigkeit die Erneuerbaren Energien künftig erheblich stärker genutzt werden.[12] Diese Absichten werden durch die Novellierung der Rechtsordnung zu den Erneuerbaren Energien, die sich noch relativ am Anfang befindet, in den letzten Jahren bestätigt. Da das Potential zur Windenergienutzung in der Türkei um ca. 25 bis 30 Prozent höher als in Europa liegt[13], soll auch in der türkischen Strom- und Energieversorgung künftig vor allem die Windenergie enorm an Bedeutung gewinnen.[14]

In der vorliegenden Arbeit werden die deutsche und die türkische Rechtslage zur Förderung von Erneuerbaren Energien analysiert und unter Beachtung politischer, wirtschaftlicher und sozialer Rahmenbedingungen einem kritischen Vergleich unterzogen. Anschließend werden geeignete Lösungsvorschläge zur Verbesserung des jeweiligen Fördersystems aufgestellt. Da in beiden Ländern der Ausbau der Erneuerbaren Energien weiterhin maßgeblich auf der Windenergie beruhen soll, liegt der Schwerpunkt dieser Arbeit auf dem Vergleich der diesbezüglichen Förderinstrumente.[15]

---

10 Yılmaz, Yenilenebilir Enerjiye Yönelik Teşvikler ve Türkiye, S. 60 f.; Arcuri, The Rise of a New Superpower, S. 24 f.; Dieses Gefahrpotential wurde zuletzt vor allem durch die entfachte Krise infolge des Abschusses des russischen Militärflugzeuges an der türkischen Grenze im Jahr 2015 deutlich; siehe u. a.: http://www.faz.net/aktuell/politik/ausland/kommentar-pulverfass-der-weltpolitik-13929842.html.

11 Atiyas/Çetin/Gülen, Reforming Turkish Energy Markets, S. 5, 12.

12 ETKB, National Renewable Energy Action Plan for Turkey (2014), S. 22 f.; abrufbar im Internet unter: http://enerjienstitusu.com/tag/national-renewable-energy-action-plan-for-turkey-pdf/.

13 Wennersten/Spitsyna, Renewable Energy in Turkey and Selected European Countries, S. 14 f.

14 ETKB, National Renewable Energy Action Plan for Turkey (2014), S. 8 f.

15 Bei der Prüfung der beiden Fördermodelle wurden die Rechtsordnungen sowie die Literaturquellen bis Januar 2018 zugrunde gelegt.

B. Gang der Untersuchung

Die vorliegende Arbeit gliedert sich nach der Einführung in die Problemstellung in konsekutive fünf Kapitel. Im zweiten Kapitel werden zunächst die Motive und die Kritikpunkte bei der Förderung der Erneuerbaren Energien beleuchtet, um anschließend das diesbezügliche Spannungsverhältnis zwischen der finanziellen Zusatzbelastung der Allgemeinheit sowie dem gesetzgeberisch bezweckten Umweltschutz darzustellen.

In den anschließenden zwei Kapiteln wird in separater Darstellung auf die deutsche und die türkische Rechtsordnung zur Förderung der Erneuerbaren Energien eingegangen. Eine schwerpunktmäßige Analyse erfolgt bei den rechtlichen Sonderbestimmungen zur Windenergie. Um die bestehenden Gemeinsamkeiten sowie Unterschiede in beiden Rechtsordnungen bereits durch die gewählte Aufbaustruktur zu verdeutlichen, sind beide Kapitel ähnlich gegliedert.

Zur rechtlichen Einbettung des aktuellen Fördersystems beginnt das dritte Kapitel mit der Darstellung der historischen Entwicklung in Deutschland, indem der Wandel der angewandten Förderinstrumente seit der erstmaligen Förderung über die verschiedenen Novellierungen hinweg bis zur aktuellen Rechtslage dargestellt wird. Im Anschluss werden die vertrauensschutzrechtlichen Maßstäbe in der deutschen Rechtsordnung bei der Änderung des Fördersystems zu den Erneuerbaren Energien isoliert dargestellt, um die Möglichkeiten und Grenzen der Beschränkung von zugesprochenen Privilegien zu analysieren. Danach werden der Anteil der Erneuerbaren Energien in der deutschen Energiewirtschaft, die aktuellen gesetzlichen Zielvorgaben hinsichtlich neu zu installierender Kapazitätsleistungen sowie die Ausbaukorridore dargestellt. Bei der kritischen Beleuchtung des geltenden Fördersystems werden die jeweiligen Förderinstrumente einer separaten Prüfung unterzogen, wobei nach der Darstellung der allgemeinen Förderbestimmungen der Kern der diesbezüglichen Analyse auf dem Fördermodell, der Förderhöhe sowie der Förderdauer liegt. Dieses Kapitel endet sodann mit der Darstellung des Finanzierungs- und Ausgleichssystems zu den Erneuerbaren Energien, indem die Kostenverteilung auf die Allgemeinheit, die privilegierenden Ausnahmen von der Zahlungspflicht sowie die Prognose zur Entwicklung der Gesamtförderkosten kritisch untersucht werden.

Zum Verständnis der aktuellen Rechtsordnung wird auch im vierten Kapitel mit dem gleichen Ansatz zunächst die historische Entwicklung der rechtlichen Förderung von Erneuerbaren Energien in der Türkei aufgezeigt. Anschließend wird deren Anteil in der türkischen Energiewirtschaft unter Beachtung der vorhandenen Potentiale sowie der anvisierten Ziele herausgearbeitet. Sodann werden die grundlegenden Förderbestimmungen einer kritischen Prüfung unterzogen, wobei ähnliche Schwerpunkte wie im dritten Kapitel gesetzt sind. Insbesondere die Regelungen zur Beantragung von Vorlizenzen und Lizenzen, die für eine Betätigung auf dem türkischen Energiemarkt grundsätzlich notwendig sind, sowie die Sondervorschriften zur Errichtung und Förderung von großvolumigen Energieanlagen stellen sich bei dieser Analyse als wesentliche Besonderheiten der türkischen Rechtsordnung dar. Auch das vierte Kapitel endet mit der kritischen Betrachtung des Finanzierungs- und Ausgleichssystems.

Im fünften Kapitel erfolgt schließlich ein würdigender Vergleich zu ausgewählten rechtlichen, wirtschaftlichen, gesellschaftlichen und ökologischen Gesichtspunkten. Dabei werden die Stärken und Schwächen der jeweiligen Rechtsordnung hervorgehoben, um anschließend passende Lösungsvorschläge zur Verbesserung des jeweiligen Fördersystems unterbreiten zu können. Schließlich werden im sechsten Kapitel die gewonnenen Ergebnisse dieser Arbeit als Thesen zusammenfassend gewürdigt.

C. Begriffsbestimmungen

Die Erneuerbaren Energien sind in ihrer Auswahl sehr vielfältig. Sie beruhen aber grundsätzlich auf den drei Primärenergiequellen Solarstrahlung, geothermische Energie sowie Planetengravitation. Durch die Umwandlung dieser drei Energiequellen werden an Land, im Wasser sowie in der Luft unterschiedliche Energiereaktionen ausgelöst und Energiequellen entzündet.[16]

Was unter den Begriff der Erneuerbaren Energien fällt, ist weltweit im Grundsatz unstreitig. Darunter sind solche nach menschlichen Maßstäben unendliche Energiequellen zu fassen, die eine Energieerzeugung auf rationaler Basis ermöglichen.[17] Im Gegensatz zu den konventionellen Energiequellen stehen sie zeitlich gesehen unbegrenzt zur Verfügung. Windenergie ist eine natürliche Abwandlung der Solarenergie. Die Sonneneinstrahlung auf die Erde und die regionalen Temperaturdifferenzen bewirken einen Luftdruck und somit die kinetische Energie der Luftmassen.[18] Durch die Drehbewegung der Rotorblätter

---

16 Kaltschmitt/Streicher/Wiese, Erneuerbare Energien, Systemtechnik, Wirtschaftlichkeit, Umweltaspekte, S. 11; Christen, Die Förderung erneuerbarer Energie in der EU, S. 5.

17 Quaschning, Regenerative Energiesysteme, S. 34; Regehr, Die Förderung erneuerbarer Energien auf dem liberalisierten Elektrizitätsmarkt in Europa, S. 5; Albayrak, Elektrik Enerjisi Üretiminde Yenilenebilir Enerji Kaynakları ve Finansmanı, S. 20.

18 Pomana, Förderung Erneuerbarer Energien in Deutschland und im Vereinigten Königreich, S. 42; für das technologische Verständnis siehe Reichel, Markteinführung von

der Windenergieanlagen wird ein Generator angetrieben, der diese kinetische Energie in elektrische Energie transformiert.[19]

Konventionelle Energiequellen wie bspw. Erdöl, Erdgas und Kohle hingegen erneuern sich wesentlich langsamer als sie von der Menschheit verbraucht werden. [20] Forscher gehen daher nach dem Stand der aktuellen Technik und Erkenntnis davon aus, dass die weltweiten Reserven von Erdöl, Erdgas und Kohle in den kommenden 100 bis 200 Jahren schrittweise erschöpft sein werden.[21]

Erneuerbare Energien sind laut Definition der Europäischen Union gemäß Art. 1. 3. (5) der Leitlinien für staatliche Umweltschutz- und Energiebeihilfen 2014-2020 der EU-Kommission (Energiebeihilfeleitlinien) und nach Art. 2 a) der EU-Richtlinie 2009[22] folgende Energiequellen: Wind, Sonne, aerothermische, geothermische und hydrothermische Energie, Meeresenergie, Wasserkraft, Biomasse, Deponiegas, Klärgas und Biogas. Nach § 3 Nr. 21 EEG 2017 hingegen sind Erneuerbare Energien folgende Energiequellen: Wasserkraft einschließlich der Wellen-, Gezeiten-, Salzgradienten- und Strömungsenergie, Windenergie, solare Strahlungsenergie, Geothermie, Energie aus Biomasse einschließlich Biogas, Biomethan, Deponiegas und Klärgas aus dem biologisch abbaubaren Anteil von Abfällen aus Haushalten und Industrie. Die Definition hat sich gegenüber denen aus früheren Fassungen seit dem EEG 2000 leicht geändert. Die Richtlinien und Maßgaben des Europäischen Parlaments und des Europäischen Rates waren bei der Bestimmung des Umfangs der Erneuerbaren Energien stets maßgebend.[23] Daher wird teilweise bekundet, dass das EEG mittlerweile im großen

---

erneuerbaren Energien, S. 24 f.; für die Funktionsweise einer Windenergieanlage siehe Ogiermann, Rechtsfragen der Errichtung von Windkraftanlagen, S. 25 f.

19 Maslaton/Zschiegner, Grundlagen des Rechts der erneuerbaren Energien, S. 99; Regehr, Die Förderung erneuerbarer Energien auf dem liberalisierten Elektrizitätsmarkt in Europa, S. 9.

20 Regehr, Die Förderung erneuerbarer Energien auf dem liberalisierten Elektrizitätsmarkt in Europa, S. 5.

21 Die Zahlen schwanken jedoch in den verschiedenen Studien erheblich, insb. weil sich die Forscher teilweise auf unterschiedliche Parameter stützen; siehe u.a. BGR, Energiestudie 2015 – Reserven, Ressourcen und Verfügbarkeit von Energierohstoffen; für die statistische Reichweite der konventionellen Energiequellen siehe u. a. folgende divergierende Statistiken: Witthohn, Förderregelungen für erneuerbare Energien im Lichte des europäischen Wirtschaftsrechts, S. 32, 40.

22 Richtlinie 2009/28/EG des Europäischen Parlaments und der Rates vom 23.4.2009 zur Förderung der Nutzung von Energie aus erneuerbaren Quellen und zur Änderung und anschließenden Aufhebung der Richtlinien 2001/77/EG und 2003/30/EG (L 140/16).

23 Siehe u.a. BT-Drs. 14/2341, S. 7; BT-Drs. 15/2327, S. 21.

Umfang von den Bestimmungen der Europäischen Union „überlagert“ werde.[24] Deshalb bestehen zwischen den Definitionen zu den Erneuerbaren Energien im europäischen und deutschen Recht keine inhaltlichen Unterschiede.

Nach § 3 Nr. 11 YEK 2011[25] werden die Erneuerbaren Energien im türkischen Recht wie folgt definiert: Wind-, Solar- und Geothermalenergie, Biomasse, Biogas, Gas aus Biomasse (einschließlich Abfallgas), Wellen-, Strömungs- und Gezeitenenergie sowie Ressourcen, die sich zur Errichtung von hydroelektrischen Anlagen eignen wie Kanäle, Flüsse oder Reservoire mit einer Fläche von weniger als 15 km^2. Unterschiede zur Definition nach deutschem Recht sind insb. bei der Bestimmung der Wasserkraft zu finden. Zwar waren nach § 2 Abs. 2 Nr. 1 EEG 2000 Wasserkraftwerke mit einer installierten elektrischen Leistung von über fünf Megawatt nicht vom Anwendungsbereich des EEG erfasst. Dieser Ausschluss wurde später insoweit revidiert, dass für Strom aus Wasserkraft bei besonderen Modernisierungsmaßnahmen eine Förderung vorgesehen wurde.[26] Nach türkischem Recht ist bei der Förderbestimmung jedoch nicht die installierte elektrische Leistung eines Kraftwerkes, sondern die Größe der beanspruchten Fläche maßgeblich. Im Rahmen der Windenergie gibt es indes hinsichtlich der Definition keine Unterschiede, sodass alle Windenergieanlagen – wenn auch mit unterschiedlichen Voraussetzungen – vom Fördersystem der verschiedenen Regelwerke grundsätzlich umfasst sind.

---

24 Mohr, Berliner Kommentar-EEG 2014, § 1 Rn. 12.

25 YEK steht für „Yenilenebilir Enerji Kaynaklarının Elektrik Enerjisi Üretimi Amaçlı Kullanımına İlişkin Kanunu“ und bedeutet sinngemäß: Gesetz über die Verwendung von erneuerbaren Energieressourcen zur Stromerzeugung“. YEK 2011 ist das aktuelle Erneuerbare-Energien-Gesetz der Türkei.

26 Siehe etwa § 6 Abs. 2 EEG 2000, § 23 Abs. 4 EEG 2004, § 23 Abs. 3 EEG 2008, § 40 Abs. 3 EEG 2014.

Kapitel 2 Motive und Kritik bei der Förderung der Erneuerbaren Energien

Gegenüber den konventionellen Energiequellen weisen die Erneuerbaren Energien sowohl Vor- als auch Nachteile auf, die näher zu beleuchten und auf das jeweilige Land mit den dort herrschenden Rahmenbedingungen abzugleichen sind. Diese Abwägung bildet das Fundament für die Aufstellung der rechtlichen Förderbestimmungen bei den Erneuerbaren Energien. Da die Umwandlungstechniken der Stromerzeugungsanlagen durch Erneuerbare Energien auf wirtschaftlicher Basis gegenüber den konventionellen Energiequellen i.d.R. nicht konkurrenzfähig sind, ist eine anfängliche finanzielle Förderung zur Herstellung dieser Wettbewerbsfähigkeit grundsätzlich notwendig.[27]

A. Motive zur Förderung der Erneuerbaren Energien

Die Förderung der Erneuerbaren Energien durch verschiedene Finanzmittel und Privilegien beruht auf unterschiedlichen Erwägungen. Manche dieser Gründe sind globaler Natur, da sie für jedes Land ausschlaggebende Impulse darstellen. Andere Motive beruhen wiederum auf der besonderen politischen, wirtschaftlichen oder geographischen Situation.

I. Unerschöpflichkeit

Einzigartig sind die Erneuerbaren Energien gegenüber den konventionellen Energiequellen dadurch, dass sie nach menschlichen Maßstäben als unerschöpflich qualifiziert werden können. Das vorhandene Potential ist auf theoretischer Basis ausreichend, um die gesamte Erdbevölkerung mit genügend Energie zu versorgen, ohne dass für die verschiedenen Quellen

27 Regehr, Die Förderung erneuerbarer Energien auf dem liberalisierten Elektrizitätsmarkt in Europa, S. 18; Valentin, Strom aus erneuerbaren Energiequellen im italienischen Recht, S. 30 f.; Mittlerweile haben sich die Anlagentechniken jedoch so weit entwickelt, dass einige Stimmen die Beendigung von Fördermaßnahmen befürworten; vgl. hierzu die Ergebnisse der Ausschreibungen bei der Windenergie auf See; abrufbar im Internet unter: https://www.bundesnetzagentur.de/SharedDocs/Pressemitteilungen/DE/2017/13042017_WindSeeG.html.

grundsätzlich ein Entgelt zu entrichten wäre.[28] Im Gegensatz dazu disponieren über die konventionellen Energiequellen – wie etwa über Erdöl oder Erdgas – weltweit im größten Umfang nur wenige Staaten und Monopole. Diese sind in der Bestimmung der Kauf- und Nutzungspreise grundsätzlich frei, sodass auf eine verlässliche und preisgünstige Belieferung langfristig nicht vertraut werden kann. Insbesondere während der Ölkrise im Jahr 1973 mit der teilweisen Drosselung der Ölfördermengen sowie dem anschließenden erheblichen Preisanstieg wurde dieses Phänomen der Energieunsicherheit deutlich.[29]

II. Umwelt- und Klimaschutz

Eines der vorrangigen Motive für die Förderung der Erneuerbaren Energien – insb. in der Europäischen Union – stellt die Gewährleistung des Umwelt- und Klimaschutzes dar. Naturwissenschaftliche Grundlagen, statistische und wissenschaftliche Daten sowie entsprechende Untersuchungen bestätigen eindeutig, dass insb. in den letzten Jahrzehnten eine Beeinträchtigung der Umwelt durch die vermehrte Produktion von Treibhausgasen verursacht wurde.[30] Treibhausgase werden insb. durch die Verwendung von konventionellen Energiequellen wie Kohle und Erdöl freigesetzt, wobei die CO^2-Ausstöße weltweit zu 98 Prozent auf die Nutzung konventioneller Energiequellen zurückzuführen sind.[31] Sie führen zu einem erheblichen Umweltschaden, insbesondere aber zu einer ernstzunehmenden Luftverschmutzung.[32] Die somit ausgelöste Erderwärmung führt zu erheblichen negativen Veränderungen zulasten der Menschheit und der Umwelt.[33]

---

28 Christen, Die Förderung erneuerbarer Energie in der EU, S. 7; Witthohn, Förderregelungen für erneuerbare Energien im Lichte des europäischen Wirtschaftsrechts, S. 53; Ergün, Avrupa Birliği Enerji Hukuku, S. 67.

29 Springmann, Die Förderung erneuerbarer Energien in der Stromerzeugung auf dem ordnungspolitischen Prüfstand, S. 1; abrufbar im Internet unter: http://www.wiwi.tu-clausthal.de/fileadmin/Volkswirtschaftslehre/RePEc/pdf/SpringmannZfU.pdf.

30 Witthohn, Förderregelungen für erneuerbare Energien im Lichte des europäischen Wirtschaftsrechts, 41.

31 Albayrak, Elektrik Enerjisi Üretiminde Yenilenebilir Enerji Kaynakları ve Finansmanı, S. 30.

32 Albayrak, Elektrik Enerjisi Üretiminde Yenilenebilir Enerji Kaynakları ve Finansmanı, S. 30.

33 Regehr, Die Förderung erneuerbarer Energien auf dem liberalisierten Elektrizitätsmarkt in Europa, S. 17; Adıyaman, Türkiye'nin Yenilenebilir Enerji Politikaları, S. 17.

Im Gegensatz dazu schont die Verwendung von Erneuerbaren Energien durch den mangelnden bzw. verringerten Ausstoß von Schadstoffgasen die Flora und Fauna.[34] Insbesondere ist unter den Erneuerbaren Energien die Windenergie die Energiequelle, welche am schnellsten in elektrische Energie umgewandelt werden kann und dabei dank geringster Abgase die kleinsten Auswirkungen auf die Umwelt hat.[35]

III. Wirtschaftlicher Aufschwung

Darüber hinaus führt der Ausbau der Erneuerbaren Energien zur Entstehung bzw. Stärkung unterschiedlichster Wirtschaftszweige und insb. zur Schaffung neuer Arbeitsplätze.[36] Von diesem Wandel profitieren sowohl kleine und mittlere Unternehmen aber auch die anlagenbauende Industrie.[37] Im Beschäftigungssektor kam es nicht nur weltweit, sondern auch in Deutschland zu einem erheblichen Anstieg, mit dem vor wenigen Jahrzehnten nicht zu rechnen gewesen wäre.[38] Waren im Jahr 2004 gerade einmal ca. 160.000 Personen in dieser Branche tätig, so waren es im Jahr 2015 bereits 330.000 Personen.[39] Es wird prognostiziert, dass diese Zahl in den kommenden Jahren weiter anwachsen wird.

Die Eigenschaft der dezentralen Energieerzeugung durch die Erneuerbaren Energien führt dazu, dass in unterschiedlichen – auch in wirtschaftlich schwächeren Regionen – Arbeitsmöglichkeiten geschaffen werden.[40] Zudem bietet die ernsthafte Forschung und Entwicklung dieser Anlagentechniken die Möglichkeit, die Vorreiterrolle in einem zukunftsträchtigen globalen Markt einzunehmen und die Exportchancen von Knowhow und qualitativ hochwertigen

---

34 U.a. mit einer ausführlichen Tabelle zu den Emissionswerten siehe Michalowska, Modelle zur Förderung erneuerbarer Energieträger, S. 17; Regehr, Die Förderung erneuerbarer Energien auf dem liberalisierten Elektrizitätsmarkt in Europa, S. 16.

35 Gezer, Yenilenebilir Enerji Kaynakları ve Türkiye, S. 44.

36 Albayrak, Elektrik Enerjisi Üretiminde Yenilenebilir Enerji Kaynakları ve Finansmanı, S. 31.

37 BT-Drs. 15/2327, S. 15.

38 Adıyaman, Türkiye'nin Yenilenebilir Enerji Politikaları, S. 59.

39 O'Sullivan/Edler/Lehr, Bruttobeschäftigung durch erneuerbare Energien in Deutschland und verringerte fossile Brennstoffimporte durch erneuerbare Energien und Energieeffizienz, S. 9; abrufbar im Internet unter: https://www.bmwi.de/Redaktion/DE/Downloads/S-T/bruttobeschaeftigung-erneuerbare-energien-monitioringbericht-2015.pdf?__blob=publicationFile&v=11.

40 Valentin, Strom aus erneuerbaren Energiequellen im italienischen Recht, S. 42 f.

Industrieprodukten zu erhöhen.[41] Die Aufstellung des Innenmarktes mit der ausreichenden Forschung und Überprüfung der zukünftigen Techniken gilt jedoch als Grundvoraussetzung für die Expansion des internationalen Marktgebiets.

IV. Alternative im Strommix

Bis auf wenige Ausnahmen steigt der nationale und globale Energieverbrauch – teilweise mit einer erheblichen Schnelligkeit in den Schwellenländern – kontinuierlich an und die vorhandenen Kapazitäten der konventionellen Energiequellen werden langfristig immer knapper. Parallel hierzu steigt weltweit in zahlreichen Staaten das Risiko der Energieimportabhängigkeit. In dieser Situation ist es nicht auszuschließen, dass die Kosten für die konventionellen Energiequellen eine erhebliche Steigerung erleben.[42] Mittel- und langfristig stellt dieses Phänomen ein ernstzunehmendes globales Problem dar. Zur Gewährleistung einer langfristig gesicherten und nachhaltigen Energieversorgung sowie zur Verringerung der politischen und wirtschaftlichen Importabhängigkeit von vor allem politisch instabilen Ländern, wird die Nutzung der Erneuerbaren Energien immer wichtiger.[43] Auch hier kann auf die Ölkrisen in den Jahren 1973 und 1979 mit ihren Ursachen und Wirkungen hingewiesen werden, die damals wie heute als klare Aufforderungen zur Entwicklung einer gesunden ausbalancierten Energiepolitik verstanden werden können.[44]

Die Abhängigkeit eines Landes von konventionellen Energiequellen anderer Staaten führt zudem zu immensen Importkosten.[45] Die Türkei ist im Rahmen ihrer Energieversorgung zu einem Anteil von ca. 70 Prozent von Importen abhängig.[46] Dies führt gerade in politisch angespannten Situationen mit den Handelspartnern wie Russland und Iran oder in Situationen der Preiserhöhung

---

41 Springmann, Förderung erneuerbarer Energieträger in der Stromerzeugung: Ein Vergleich ordnungspolitischer Instrumente, S. 10; Albayrak, Elektrik Enerjisi Üretiminde Yenilenebilir Enerji Kaynakları ve Finansmanı, S. 28.

42 Michalowska, Modelle zur Förderung erneuerbarer Energieträger, S. 18.

43 Emili/Dereköy/Just/Dilekci, Türkei – Neue Herausforderungen und Investitionsmöglichkeiten durch Aufschwung im Energiemarkt, S. 151 f.

44 Kelecioğlu, Türkiye'de Yenilenebilir Enerji Yatırımlarının Finansmanı, Sorunlar ve Çözüm Önerileri, S. 3.

45 Karadağ, Yenilenebilir Enerji Kaynakları Arasında Rüzgar Enerjisinin Önemi ve Rüzgar Türbini Tasarımı, S. 27.

46 Çepik, Sürdürülebilir Kalkınma Çerçevesinde Türkiye'de Yenilenebilir Enerji Politikaları, S. 90.

sowie Importstopps zu heftigen innen- und außenpolitischen Auseinandersetzungen. Um Importengpässe aufgrund dieser Abhängigkeit zu vermeiden, ist die Schaffung von Alternativen neben den vorhandenen Energiequellen unerlässlich.[47]

V. Grüne Politik und Wandel der Gesellschaft

Es ist anzumerken, dass der Großteil der Gesellschaft in den europäischen Staaten, aber auch in der Türkei, die Erneuerbaren Energien als „vorteilhafteste, effizienteste und umweltfreundlichste Energiequellen" einstuft.[48] Zudem ist die Aufforderung nach vermehrter Nutzung der Erneuerbaren Energien mittlerweile in wahlkampfpolitischen Programmen – insb. in Deutschland – ein effektives Mittel zur Erlangung der Wählergunst.[49] Gerade der in Deutschland beschlossene Atomausstieg im Zuge der verheerenden Katastrophe in Fukushima im Jahr 2011 gab weltweit Anreize zur Entwicklung einer umweltschonenderen Politik durch den Ausbau der Erneuerbaren Energien. Letztlich führt deren vermehrter Einsatz gleichzeitig zur Schonung der herkömmlichen konventionellen Energiequellen.[50]

VI. Dezentralisierung der Energiewirtschaft

Die Erzeugungsanlagen von konventionellen Energiequellen wie Atom- oder Kohlekraftwerke siedeln sich an bestimmten Orten eines Landes an. Die Erzeugungsanlagen von Erneuerbaren Energien sind hingegen kraft ihrer Natur bereits flächenmäßig weit verstreut, wodurch die regionale, unabhängigere Kreislaufbewirtschaftung der Kommunen und Landkreise verstärkt wird.[51] Die Abhängigkeit von Anlagen fernab der eigenen Region sinkt, zumal die für konventionelle Energiequellen aufgezählten Risiken durch eine produzierende

---

47 Adıyaman, Türkiye'nin Yenilenebilir Enerji Politikaları, S. 15; Kelecioğlu, Türkiye'de Yenilenebilir Enerji Yatırımlarının Finansmanı, Sorunlar ve Çözüm Önerileri, S. 33 f.; Albayrak, Elektrik Enerjisi Üretiminde Yenilenebilir Enerji Kaynakları ve Finansmanı, S. 28.

48 Michalowska, Modelle zur Förderung erneuerbarer Energieträger, S. 18; Froning, et 2003, 205.

49 Springmann, Die Förderung erneuerbarer Energien in der Stromerzeugung auf dem ordnungspolitischen Prüfstand, S. 14.

50 Ergün, Avrupa Birliği Enerji Hukuku, S. 67.

51 Regehr, Die Förderung erneuerbarer Energien auf dem liberalisierten Elektrizitätsmarkt in Europa, S. 16.

Gemeinde reduziert werden können. Zudem gewähren die Erneuerbaren Energien die Möglichkeit, zum Zwecke der Eigenversorgung selbst Energie zu produzieren, wohlmöglich sogar den Überschuss der erzeugten Energie an Dritte zu veräußern. So können Hausbesitzer oder Unternehmen insb. durch die eigene Stromerzeugung mithilfe der Solar- und Windenergie unabhängig von der energiewirtschaftlichen und finanzpolitischen Situation des jeweiligen Landes sein.[52]

B. Kritik an der Förderung der Erneuerbaren Energien

Als der Wunsch nach mehr grüner Politik Anfang der achtziger Jahre in das Bewusstsein der Gesellschaft rückte, erwiderten die Gegner der Förderung von Erneuerbaren Energien grundsätzlich mit finanzpolitischen Argumenten. Mittlerweile haben sich aber auch einige Umweltverbände gebildet, die den progressiven Ausbau von Energieerzeugungsanlagen durch Erneuerbare Energien (EE-Anlagen) kritisieren. Diese ablehnenden Stimmen stützen sich auf unterschiedliche Gesichtspunkte, die nachfolgend aufgelistet werden.

I. Versorgungssicherheit

Die ständige Versorgungssicherheit der Bevölkerung kann nur durch ein lückenloses Energieangebot zur Abdeckung der Energienachfrage bei den Endverbrauchern gewährleistet werden. Die zeitlichen und räumlichen Diskontinuitäten, die bei den Erneuerbaren Energien nicht ungewöhnlich sind[53], stellen in dieser Hinsicht ein erhebliches Risiko dar.[54] Entsprechende Probleme treten mangels ausreichender Wasserzufuhr im Sommer in Wasserkraftwerken, bei Solarkraftwerken im Winter sowie nachts und beim Windstillstand in den Windenergieanlagen auf; sie bilden wohl den wichtigsten Nachteil der Erneuerbaren Energien.[55] Diese Problematik trifft somit insb. die Wind- und Solarenergie, da bei diesen Energiequellen radikale Jahres-, Monats- und sogar Tagesabweichungen charakteristisch sind und dadurch eine verlässliche langfristige Prognose und Planung unmöglich ist.[56] Die EE-Anlagen deckten bspw. am 25.7.2015 ca. 80 Prozent des

---

52 Bayındır, Yenilenebilir Enerji Kaynakları Avrupa Birliği ve Türkiye Uygulamaları, S. 49.

53 Zu beachten ist, dass eine solche Schwankung bei den Erneuerbaren Energien Biomasse, Biogas oder Geothermie nicht der Fall ist.

54 Ekardt/Valentin, Das neue Energierecht, S. 125 f.

55 Christen, Die Förderung erneuerbarer Energie in der EU, S. 8; Adıyaman, Türkiye'nin Yenilenebilir Enerji Politikaları, S. 59 f.

56 Albayrak, Elektrik Enerjisi Üretiminde Yenilenebilir Enerji Kaynakları ve Finansmanı, S. 22; Gezer, Yenilenebilir Enerji Kaynakları ve Türkiye, S. 50; Urgun, Yenilenebilir

gesamten deutschen Stromverbrauchs ab, da im Norden ein Orkan tobte und im Süden die Sonne schien. Zu anderen Zeiten ist jedoch das Gegenteil der Fall.[57]

Dazu kommt erschwerend hinzu, dass die Speicherung von Strom in großen Mengen aktuell auf wirtschaftlich sinnvolle Art nicht möglich ist, sodass die Stromproduktion direkt zum Verbrauch weitergeleitet werden muss. Soweit die Energieversorgung durch die Erneuerbaren Energien wegen der erwähnten Diskontinuitäten nicht getragen werden kann, ist im Rahmen eines Reserve- und Lastmanagements ein Zugriff auf die konventionellen Energiequellen wie Kohle oder Erdgas zur Befriedigung der Energienachfrage unerlässlich. Zusätzliche Abgasausstöße sind mithin in solchen Situationen unvermeidlich. [58]

II. Kostendynamik

Da es sich bei den EE-Anlagen um moderne technische Einrichtungen handelt, ist ein relativ hoher Einsatz von Kapital eine Grundvoraussetzung für eine finanzielle Realisierung des Projektes. Die konventionellen Energiequellen sind hingegen i.d.R. nicht auf staatliche Fördermaßnahmen angewiesen. Aufgrund der mittlerweile weit entwickelten Technologie können sie teilweise bereits gegenwärtig effektiv und wirtschaftlich Strom produzieren.[59] Dieser Umstand wirkt für Investoren und Unternehmer hinsichtlich des Willens an einem Einstieg in den Markt der Erneuerbaren Energien hemmend. Positiv ist jedoch, dass bei EE-Anlagen nach den anfänglichen Kosten nur noch solche der Betriebserhaltung und der Wartung anfallen, die verhältnismäßig gering sind.[60] Beachtenswert ist, dass insb. die wirtschaftliche Förderung der Windenergie in wenigen Jahren dazu geführt hat, dass die Herstellungskosten um einen erheblichen Anteil geschrumpft sind und die Effektivität der hergestellten Anlagen rasant

---

Enerji Kaynakları Bakımından Türkiye'nin Potansiyeli ve bu Potansiyelin Harekete Geçirilmesine Yönelik Stratejiler, S. 9.

57 Siehe zu diesem konkreten Ereignis folgenden Artikel, abrufbar im Internet unter: http://www.handelsblatt.com/technik/energie-umwelt/deutschlands-energiewende-das-gruene-experiment/12598218.html.

58 Albayrak, Elektrik Enerjisi Üretiminde Yenilenebilir Enerji Kaynakları ve Finansmanı, S. 29; Gezer, Yenilenebilir Enerji Kaynakları ve Türkiye, S. 50.

59 Pomana, Förderung erneuerbarer Energien in Deutschland und im Vereinigten Königreich, S. 35 f.

60 Christen, Die Förderung erneuerbarer Energie in der EU, S. 13; Espey, Internationaler Vergleich energiepolitischer Instrumente zur Förderung von regenerativen Energien in ausgewählten Industrieländern, S. 15; Adıyaman, Türkiye'nin Yenilenebilir Enerji Politikaları, S. 54.

zugenommen hat.[61] Daher kann für die Zukunft davon ausgegangen werden, dass ihre Wettbewerbsfähigkeit gegenüber den Anlagen für konventionelle Energiequellen gewährleistet wird, sodass keine staatlichen Maßnahmen mehr zur Kompensation dieser ökonomischen Diskrepanz notwendig sein werden.

Zudem kommt hinzu, dass aufgrund der Dezentralität von EE-Anlagen das vorhandene Netzsystem nicht ausreichend ist, um den Strom an die Endverbraucher zu liefern. Die Ausweitung des Netzes ist jedoch mit erheblichen Mehrbelastungen für Endverbraucher – aufgrund der hohen elektrischen Spannungen auch mit gesundheitsgefährdenden Risiken – verbunden, sodass diese kostenintensive Problematik von Erneuerbaren Energien allzu vermehrt zu einem wichtigen Diskussionsthema der Öffentlichkeit wird.

Die durch die unmittelbare oder mittelbare finanzielle Förderung der EE-Anlagen verursachte Erhöhung der Energiekosten für ansässige Unternehmen birgt zudem dahingehend Risiken, dass seitens der Unternehmensführung bei zu hohen Energiepreisen die Verlagerung des Werkbereichs ins Ausland in Betracht gezogen werden kann. Letztlich hat die Abwanderung eines nicht unerheblich kleinen Zweiges des ökonomischen Geflechts langfristig einen negativen Einfluss auf die gesamte Wirtschaft.[62]

Hinsichtlich der kostentechnischen Belastung sei jedoch angemerkt, dass beim direkten Vergleich der Kosten zwischen den Erneuerbaren und konventionellen Energiequellen die durch letztere verursachten Folgekosten durch Ausstoß von schädigenden Abgasen regelmäßig nicht in die Berechnungen einbezogen werden. Mithin entstehen dadurch teilweise unvollständige Informationen zulasten der Anerkennung von Erneuerbaren Energien.

III. Gebietsveränderungen

Oft wird darüber diskutiert, ob EE-Anlagen, etwa Windenergieanlagen, ästhetisch sind oder einen Landstrich verunstalten. Jedenfalls führen sie unstreitig zu einer erheblichen Gebietsveränderung, insb. weil sie einen großflächigen Raum einnehmen. Bei Windparks wird darauf geachtet, dass die einzelnen Anlagen nicht zu nah aneinander gebaut werden, um die höchstmögliche Effektivität bei der Stromerzeugung zu erzielen. Dabei werden jedoch von der Gesamtfläche, auf der die Anlagen errichtet sind, etwa 2 Prozent aktiv beansprucht, sodass der

61 Gezer, Yenilenebilir Enerji Kaynakları ve Türkiye, S. 33; Adıyaman, Türkiye'nin Yenilenebilir Enerji Politikaları, S. 58.

62 Michalowska, Modelle zur Förderung erneuerbarer Energieträger, S. 25.

Großteil der Restfläche vor allem für landwirtschaftliche Betätigungen genutzt werden kann.[63]

Zudem sind EE-Anlagen bei der Errichtung und Aufstellung an spezifische Parameter gebunden, sodass sie sehr standortabhängig sind. Gerade wegen dieser Ortsbestimmung ist es oft schwierig, Flora und Fauna ausreichend zu schützen.[64] Bei Windenergieanlagen treten etwa Beeinträchtigungen des Lebensraumes für Vögel und Fledermäuse oder Gebietsverunstaltungen durch Versiegelung der Landschaft auf.[65] Vor allem in Wald- und Naturschutzgebieten führt die Errichtung von EE-Anlagen zu einem einschneidenden Eingriff in die Umwelt, weshalb insoweit regelmäßig restriktive Gesetzesbestimmungen vorgesehen sind.

IV. Gesundheitliche Ängste

Der Einsatz von Erneuerbaren Energien ist nicht ausschließlich umweltfreundlich, weshalb sich bereits größere Widerstandsinitiativen gegen deren Förderung und Ausdehnung gebildet haben.[66] Zwar wirkt etwa die Umwandlung der Solarenergie in elektrische Energie selbst nicht umweltschädigend. Bei der technologischen Entwicklung dieser Anlagen ist im Produktionsprozess jedoch zwangsläufig eine Umweltbelastung vorhanden. Zudem ist umwelttechnisch darauf hinzuweisen, dass solche EE-Anlagen – wie die Photovoltaikanlagen – nach ihrer Nutzdauer kaum für andere Zwecke wiederverwendet werden können.[67]

Bei Windenergieanlagen sind zudem zwei wichtige gesundheitstechnische Risiken nicht außer Acht zu lassen: Die durch die Anlagen erzeugten summenden Geräusche und der Schattenwurf durch die Rotorblätter – bezeichnet als Disco-Effekt – führen bei den betroffenen Anwohnern auf lange Sicht zu körperlichen und psychologischen Beeinträchtigungen. Im Einzelfall ist bei

---

63 Karadağ, Yenilenebilir Enerji Kaynakları Arasında Rüzgar Enerjisinin Önemi ve Rüzgar Türbini Tasarımı, S. 36; Urgun, Yenilenebilir Enerji Kaynakları Bakımından Türkiye'nin Potansiyeli ve bu Potansiyelin Harekete Geçirilmesine Yönelik Stratejiler, S. 9.

64 Christen, Die Förderung erneuerbarer Energie in der EU, S. 9; Pomana, Förderung Erneuerbarer Energien in Deutschland und im Vereinigten Königreich, S. 38 f.

65 Michalowska, Modelle zur Förderung erneuerbarer Energieträger, S. 19; Karadağ; Yenilenebilir Enerji Kaynakları Arasında Rüzgar Enerjisinin Önemi ve Rüzgar Türbini Tasarımı, S. 37.

66 Reichel, Markteinführung von erneuerbaren Energien, S. 30 f.; siehe exemplarisch auch folgende Internetseiten für Deutschland und Türkei: http://www.windwahn.de/index.php/links/karte-der-buergerinitiativen-in-deutschland; http://www.hurriyet.com.tr/egede-restlesme-40032670;

67 Michalowska, Modelle zur Förderung erneuerbarer Energieträger, S. 19.

der Standortentscheidung zu überprüfen, inwieweit schädliche Umwelt- und Gesundheitseinwirkungen für Menschen sowie die Tier- und Pflanzenwelt auf ein noch erträgliches Niveau gesenkt werden können und welche Distanz dieser Anlagen zum Wohngebiet als ausreichend erachtet werden kann.[68]

Zudem herrscht in manchen Teilen der Gesellschaft die Befürchtung, dass der durch Windenergieanlagen abgegebene sog. Infraschall gesundheitsschädigende Auswirkungen haben könnte. Infraschall ist als ein Schall im Frequenzbereich wie bei Windenergieanlagen unterhalb von 20 Hz ein weit verbreitetes Phänomen.[69] Schallemissionen in diesem Bereich kommen etwa bei Windströmungen und Gewittern vor, werden aber auch durch Verkehrsmittel oder Heiz- und Klimaanlagen produziert. Wissenschaftliche Untersuchungen belegen, dass durch Windenergieanlagen verursachte Infraschallemissionen von Menschen nicht wahrgenommen werden können und daher nicht gesundheitsgefährdend sind.[70]

C. Erneuerbare Energien im Spannungsverhältnis zwischen Wirtschaftlichkeit und Umweltschutz

Die große Aufgabe des Gesetzgebers besteht bei der Förderung der Erneuerbaren Energien darin, die konfligierenden Ziele Wettbewerbsfähigkeit, Versorgungssicherheit und Umweltverträglichkeit derart auszutarieren, dass jedes Ziel unter bestmöglicher Wahrung der anderen Ziele realisiert wird. Aufgrund der diametralen Wirtschafts- und Umweltschutzinteressen ist es jedoch wenig überraschend, dass teilweise heftige Diskussionen stattfinden.[71]

Insbesondere die eingesessenen Energieunternehmen, die sich zwecks Profitmaximierung auf die konventionellen Energiequellen fokussiert haben, üben harte Kritik an der Förderung der Erneuerbaren Energien und sehen darin eine unzulässige Beeinträchtigung ihrer wirtschaftlichen Betätigung sowie eine

---

68 Valentin, Strom aus erneuerbaren Energiequellen im italienischen Recht, S. 46.

69 Agatz, Windenergie Handbuch, S. 79; abrufbar im Internet unter: http://windenergie-handbuch.de/windenergie-handbuch/.

70 Deutscher Naturschutzring, Windkraft im Visier. Umwelt- und naturverträgliche Nutzung der Windenergie an Land; unter: http://www.wind-ist-kraft.de/wp-content/uploads/DNR-Broschuere-Windkraft-2011.pdf; Bayerisches Landesamt für Umwelt, Windkraftanlagen – beeinträchtigt Infraschall die Gesundheit?, S. 5 f.; abrufbar im Internet unter: https://www.lfu.bayern.de/buerger/doc/uw_117_windkraftanlagen_infraschall_gesundheit.pdf.

71 Valentin, Strom aus erneuerbaren Energiequellen im italienischen Recht, S. 44 f.

Behinderung der Wettbewerbsfreiheit auf einem liberalen Markt.[72] Zudem muss beachtet werden, dass sich eine sinnwidrige Förderung von Erneuerbaren Energien für die gesamte Volkswirtschaft als Wachstumsbremse auswirken kann.[73]

Auf der anderen Seite sehen viele Wirtschaftsexperten die Förderung von EE-Anlagen als einzige Möglichkeit zur Schaffung einer Wettbewerbsfähigkeit, da die Entstehung eines Marktes für die Erneuerbaren Energien an die politischen Zielsetzungen geknüpft sei und ohne diese nicht Fuß fassen könne.[74] Der Staat trage auch Sorge dafür, dass nicht nur wirtschaftliche Interessen gewahrt seien, sondern dass die Umwelt- und Gesundheitsbelange beschützt würden.[75] Daher habe der Staat lenkend einzuschreiten, wobei insb. nicht über das „Ob", sondern über das „Wie" der staatlich gelenkten Förderungen und Privilegien Uneinigkeit herrscht.

Insgesamt bedarf es bei staatlichen Eingriffen zum Zwecke der Förderung von Erneuerbaren Energien der Aufstellung einer wirtschaftlichen, ökologischen sowie sozialen Gesamtbetrachtung, um ein Ergebnis darüber zu erzielen, ob die Art und Höhe der finanziellen Förderung gesamtgesellschaftlich und ökonomisch mehr Nutzen als Schaden bringt. Eine pauschale Lösung zur Beantwortung dieser Abwägungsfragen ist nicht gegeben, da sich Wettbewerb und Umweltschutz wertend gesehen nicht allgemein gegenüberstehen und der Umweltschutz keinen grundsätzlichen Vorrang genießt. [76]

72 Pomana, Förderung erneuerbarer Energien in Deutschland und im Vereinigten Königreich, S. 35 f.

73 Michalowska, Modelle zur Förderung erneuerbarer Energieträger, S. 25.

74 Michalowska, Modelle zur Förderung erneuerbarer Energieträger, S. 23.

75 Pomana, Förderung erneuerbarer Energien in Deutschland und im Vereinigten Königreich, S. 35 f.

76 Valentin, Strom aus erneuerbaren Energiequellen im italienischen Recht, S. 45.

Kapitel 3 Recht der Erneuerbaren Energien in Deutschland

A. Historische Entwicklung der Förderung von Erneuerbaren Energien

Deutschland blickt bei der Förderung der Erneuerbaren Energien mit einer unvergleichlichen rechtlichen Entwicklung auf eine relativ lange Historie zurück und zählt damit zu den Vorreitern und zu den Weltführern im Energiesektor.[77] Wenn man die Entwicklung des Stromeinspeisungsgesetzes (StrEG) – des Vorgängers des EEG – bis hin zum EEG 2017 betrachtet, stellt man eine rasche und detaillierte Entwicklung der einzelnen Grundsätze fest. Als „Herzstück" stellt das EEG die Lokomotive beim Ausbau der Erneuerbaren Energien dar.[78] Aus diesem dynamisch gestalteten gesetzlichen Fundament resultiert eine „der effektivsten preisbasierten Förderungen" weltweit.[79] Ebenso waren durch die globale Vorreiterrolle mangels ausreichend technischer und rechtlicher Erfahrungen aber gewisse Lernkurven mit Rückschlägen unvermeidlich.[80]

I. Rechtslage bis zum Stromeinspeisungsgesetz

Entgegen der herrschenden Vorstellung ruhen die Anfänge der Einspeiseverpflichtung von Strom aus EE-Anlagen in Deutschland auf dem Gebiet des Kartellrechts, und nicht auf dem Gebiet des Umwelt- und Klimaschutzes. Bis zur Liberalisierung der Elektrizitätswirtschaft im Jahr 1998 besaßen gebietsverantwortliche Grundversorger über Versorgungsmonopole in ihren Gebieten eine den Markt dominierende Position.[81] Gemäß § 26 Abs. 2 GWB a.F. durfte der Marktzugang für Unternehmen im Geschäftsverkehr, der gleichartigen

---

77 Hustavova, Förderung erneuerbarer Energien in der Slowakei und in Deutschland, S. 19; BRD, NAP, S. 4 f.; Ekardt/Valentin, Das neue Energierecht, S. 13 f.

78 Ohms, Recht der Erneuerbaren Energien, S. 10; Bayraktar/Kaya, Uluslararası Ekonomik Araştırmalar Dergisi, Yenilenebilir Enerji Politikaları ve Rüzgar Enerjisi Açısından Bir Karşılaştırma: Çin, Almanya ve Türkiye Örneği, S. 7 f.

79 Kröger, Die Förderung erneuerbarer Energien durch Europäisierung nationaler Fördersysteme, S. 133.

80 Hustavova, Förderung erneuerbarer Energien in der Slowakei und in Deutschland, S. 48.

81 Kröger, Die Förderung erneuerbarer Energien durch Europäisierung nationaler Fördersysteme, S. 133.

Unternehmen üblicherweise zugänglich war, nicht unbillig verhindert werden. Insbesondere die Verweigerung der Abnahme von überschüssig erzeugtem Strom aus Anlagen der Eigenversorgung stellte eine unbillige Benachteiligung dar.[82] Der lokale Gebietsversorger war daher aus kartellrechtlichen Gesichtspunkten zur Abnahme und Einspeisung des überschüssig erzeugten Stroms der Eigenversorger und zur Zahlung einer angemessenen Vergütung verpflichtet.[83] Dieser Einspeise- und Vergütungsanspruch kam allen Betreibern von Stromerzeugungsanlagen zugute und war folglich nicht auf die EE-Anlagen beschränkt.[84] Insbesondere profitierten aber Eigenversorgungsbetreiber von Kleinwasserkraftwerken von dieser rechtlichen Situation.[85]

Eine umfassende gesetzliche Förderung der Erneuerbaren Energien lag jedoch nicht vor. Diese gesetzlich unbefriedigende Situation wurde zudem durch historisch wichtige Ereignisse wie u.a. die Ölkrisen in den Jahren 1973 und 1979, den Nuklearunfall in Tschernobyl, den SPD-Beschluss zum atomaren Ausstieg im Jahr 1986 sowie die Wiedervereinigung Deutschlands untermauert.[86] Die Verabschiedung eines Gesetzes zur Förderung der Erneuerbaren Energien erleichterte sich unter diesen Rahmenumständen.[87]

II. Erste gesetzliche Förderung von Erneuerbaren Energien durch das Stromeinspeisungsgesetz

Das durch den Bundestag im Dezember 1990 verabschiedete und zum 1.1.1991 in Kraft getretene Stromeinspeisungsgesetz wurde mit nur fünf Paragraphen Europas „erster erfolgreicher gesetzlicher Einspeisetarif für die Förderung der Erneuerbaren Energien“. [88]

---

82 BGHZ 119, 335 (338).

83 Gerstner/Schuhmacher, Grundzüge des Rechts der Erneuerbaren Energien, S. 3; Altrock/Oschmann, EEG 2017, Einf. Rn. 5, 8.

84 Altrock/Oschmann, EEG 2017, Einf. Rn. 5, 8.

85 Kröger, Die Förderung erneuerbarer Energien durch Europäisierung nationaler Fördersysteme, S. 133; Hustavova, Förderung erneuerbarer Energien in der Slowakei und in Deutschland, S. 48.

86 Springmann, Förderung erneuerbarer Energien in der Stromerzeugung, ein Vergleich ordnungspolitischer Instrumente, S. 30 f.

87 Dass das StrEG trotz der Interessen der auf die konventionellen Energiequellen fokussierten Energieunternehmen verabschiedet wurde, ist vor allem Verdienst von Einzelpersonen wie den beiden damaligen Bundestagsabgeordneten Dr. Engelsberger (CSU) sowie Dr. Scheer (SPD).

88 Pomana, Förderung erneuerbarer Energien in Deutschland und im Vereinigten Königreich, S. 39.

Sinn und Zweck des StrEG bestand nicht – wie die bis dahin nach kartellrechtlichen Maßstäben vorgenommene Einspeisung und Vergütung – in dem Grundsatz der vermiedenen Kosten und beruhte somit nicht auf privatwirtschaftlich ausgehandelten Vergütungszahlungen.[89] Das StrEG stellte nicht primär auf den elektrizitätswirtschaftlichen Wert der Einspeisung ab, sondern verfolgte bei der Förderung der Erneuerbaren Energien vielmehr umwelt- und klimapolitische Aspekte.[90]

Nach § 2 StrEG waren die Elektrizitätsversorgungsunternehmen (EVU) in ihrem Versorgungsgebiet verpflichtet, den erzeugten Strom aus Erneuerbaren Energien abzunehmen und den eingespeisten Strom zu vergüten. Nach § 3 StrEG betrug die Vergütungshöhe i.d.R. 75 Prozent des Durchschnitterlöses, den EVU bei dem Verkauf an Letztverbraucher einnahmen. Mit der Novellierung des StrEG im Jahr 1994 wurde dieser Prozentsatz auf 80 Prozent angehoben. Die Vergütungshöhe für Strom aus Wind- und Solaranlagen war mit 90 Prozent seit dem Jahr 1991 höher angesetzt. Zudem fand eine Beschränkung insoweit statt, als dass bei den Energiequellen Wasserkraft, Deponie- und Klärgas eine Förderung nur für Anlagen mit einer Größe von bis zu 5 MW vorgesehen wurde.

Der konkrete Betrag des Durchschnitterlöses ergab sich gemäß § 3 Abs. 3 StrEG aus dem Wert, der in der amtlichen Statistik des Bundes jeweils für das vorletzte Kalenderjahr veröffentlicht wurde. Mit dieser Vergütungsregelung erhielten EE-Anlagen deutlich höhere Einkommen als mit dem bis zum Jahr 1991 angewandten Grundsatz der vermiedenen Kosten.[91]

Von dieser Vergütungspflicht konnten sich EVU nur in bestimmten Härtefällen – etwa im Falle einer spürbaren Erhöhung der Stromabgabepreise – befreien lassen. In diesen Fällen traf die vorgelagerten Netzbetreiber die Vergütungspflicht.

Durch die Energierechtsnovelle im Jahr 1998 wurde der gesetzlich definierte Umfang der Erneuerbaren Energien zudem auf die gesamte Biomasse erweitert und die Abnahme- und Zahlungspflicht gemäß § 2 Satz 2 StrEG auf jenes EVU verlagert, dessen Stromnetz die kürzeste räumliche Entfernung zu der Anlage aufwies und welches ein Netz für die allgemeine Versorgung betrieb.

---

89 Kröger, Die Förderung erneuerbarer Energien durch Europäisierung nationaler Fördersysteme, S. 135.

90 BT-Drs. 11/7816, S. 3.

91 Danner/Theobald/Oschmann, EEG 2017, Einf. Rn. 4; Gerstner/Schuhmacher, Grundzüge des Rechts der Erneuerbaren Energien, S. 3 f.

Zu den Auswirkungen des StrEG kann festgehalten werden, dass dieses Gesetzeswerk „als das seinerzeit weltweit erfolgsreichste Gesetz zur Markteinführung erneuerbarer Energien“ den Ausbau der Stromerzeugung aus Erneuerbaren Energien beschleunigte und insb. die Windenergieindustrie stärkte.[92] Jedoch stieß das StrEG auch auf ernstzunehmende Kritikpunkte. In Ermangelung einer bundesweiten Ausgleichsregelung waren vor allem die Energieversorgungsunternehmen im Norden, wo die Zahl der EE-Anlagen durch die verstärkte Errichtung von Windenergieanlagen erheblich zunahm, einer erhöhten finanziellen Mehrbelastung ausgesetzt. Die Energieversorger im Süden hingegen mussten verhältnismäßig viel weniger Windenergieanlagen anschließen, sodass sie mit einer erheblich geringeren Vergütungspflicht belastet wurden. Unter dieser Mehrbelastung litten schließlich die Letztverbraucher in Norddeutschland, mitunter vor allem die stromkostenintensiven Unternehmen, die in ihrer Konkurrenzfähigkeit gegenüber den Unternehmen im Süden eingeschränkt wurden.[93]

Ab einem gewissen Belastungsgrad konnten sich die Energieversorgungsunternehmen zwar auf eine Härtefallregelung berufen. Infolge der Novellierung des StrEG im Jahr 1998 konnten sie vom vorgelagerten Netzbetreiber einen Ersatz ihrer Mehraufwendungen verlangen, wenn die aufzunehmende Menge des Stroms aus Erneuerbaren Energien 5 Prozent ihres Gesamtstromabsatzes überstieg, vgl. § 4 StrEG. War aber auch beim Netzbetreiber eine Mehrbelastung von über 5 Prozent des Gesamtstromabsatzes erreicht oder war ein vorgelagerter Netzbetreiber nicht vorhanden, bestand im darauffolgenden Jahr keine Abnahme- und Vergütungspflicht. Diese Regelung hätte mangels eines bundesweiten Ausgleichssystems vor allem im Norden Deutschlands zu einer Hemmung des Fortschritts der Erneuerbaren Energien – insb. zu einem Verlust für die Windenergie – geführt.[94]

Zudem musste eine Abkehr von dem System der Verknüpfung der Vergütungssätze an den Strompreis stattfinden, da durch die Liberalisierung der Elektrizitätswirtschaft im Jahr 1998 die Strompreise gesunken waren, die den Maßstab der Vergütungsregelungen für die EE-Anlagen bildeten. Aufgrund der

92 Danner/Theobald/Oschmann, EEG 2017, Einf. Rn. 6.

93 Danner/Theobald/Oschmann, EEG 2017, Einf. Rn. 7; Suck, Erneuerbare Energien und Wettbewerb in der Elektrizitätswirtschaft, S. 328.

94 Kröger, Die Förderung erneuerbarer Energien durch Europäisierung nationaler Fördersysteme, S. 135 f.

damals mangelnden Konkurrenzfähigkeit der EE-Anlagen bestand folglich das Risiko der finanziellen Hemmung dieses Marktes.[95]

III. EEG 2000

In der Erkenntnis dieser gesetzestechnischen Lücken und mit dem Willen, den Ausbau der Erneuerbaren Energien voranzutreiben, verabschiedete der Bundestag im Jahr 2000 in einem für das Gesetzgebungsverfahren sehr kurzen Zeitrahmen von drei Monaten das EEG 2000 und löste das bis dahin geltende StrEG ab. Das EEG 2000 knüpfte entgegen dem Vorgängergesetz nicht mehr an die durchschnittlichen Strompreise, sondern an eine feste und nach der Art der Erneuerbaren Energien differenzierte Einspeisevergütungsregelung an.[96] Das technologiespezifisch geregelte Förderungsinstrument umfasste eine Förderlaufzeit von 20 Jahren und gab den Investoren und Banken mit der Gewährleistung der Wirtschaftlichkeit der EE-Anlagen eine bessere Planungs- und Kreditsicherheit.[97]

Zusätzlich mussten die Netzbetreiber alle EE-Anlagen nunmehr vorrangig an ihr Netz anschließen und den gesamten Strom vorrangig abnehmen.[98] Zudem regelte das EEG 2000 zum ersten Mal jenseits der Netzanschlusspflicht des Netzbetreibers auch seine Pflicht, den Netzausbau mit eigenen finanziellen Mitteln im erforderlichen Maße zu gewährleisten.

Bei der Windenergie wurde zudem das im Grundsatz bis heute geltende sog. Referenzertragsmodell eingeführt, das hinsichtlich der Vergütungsregelung nach Standort der Windenergieanlagen unterscheidet. Dabei erfolgt eine Differenzierung entsprechend der Ertragskraft des jeweiligen Standorts. Somit sollte der Ausbau an windschwächeren Orten im Binnenland gewährleistet und die übermäßige Förderung zulasten der Letztverbraucher vermieden werden.

---

95 Suck, Erneuerbare Energien und Wettbewerb in der Elektrizitätswirtschaft, S. 328; Kröger, Die Förderung erneuerbarer Energien durch Europäisierung nationaler Fördersysteme, S. 136; Michalowska, Modelle zur Förderung erneuerbarer Energieträger, S. 160; Danner/Theobald/Oschmann, EEG 2017, Einf. Rn. 7.

96 Für eine detaillierte Auflistung aller Neuerungen siehe Espey, Internationaler Vergleich energiepolitischer Instrumente zur Förderung von regenerativen Energien in ausgewählten Industrieländern, S. 127.

97 Kröger, Die Förderung erneuerbarer Energien durch Europäisierung nationaler Fördersysteme, S. 137.

98 Kröger, Die Förderung erneuerbarer Energien durch Europäisierung nationaler Fördersysteme, S. 137.

Neuerdings musste das BMU gemäß § 12 EEG 2000 zudem Bericht über die Markt- und Kostenentwicklung der EE-Anlagen im Stromsektor geben und Vorschläge zur Anpassung der Vergütungssätze unterbreiten. Eine solche Pflicht zur Berichterstattung enthielt das StrEG nicht. Auch in den darauffolgenden Novellierungen sah das EEG solche Evaluierungs- und Prüfungsberichte weiterhin vor.

Vor allem die Einführung einer bundesweiten Ausgleichsregelung im § 11 EEG 2000 bildete einen wichtigen gesetzlichen Fortschritt. Die im Norden tätigen Energieversorgungsunternehmen, die aufgrund des starken Zubaus der Windenergieanlagen in wenigen Jahren eine erhebliche Mehrbelastung erlitten, wurden durch diese Neuerung begünstigt. Der Mechanismus über ein fünfstufiges Umlageverfahren sicherte einen bundesweiten Ausgleich zum Einspeise- und Vergütungssystem. Alle EVU, die Strom an Letztverbraucher lieferten, mussten nunmehr untereinander eine anteilige Kostenverantwortung übernehmen.[99] Diese Mehrkosten in Form einer EEG-Umlage stellen sie aber i.d.R. bis heute den Letztverbrauchern in Rechnung. Durch die Strompreiserhöhungen auf Grundlage dieser Ausgleichsregelung und des weiteren Anstiegs der Errichtung von EE-Anlagen waren jedoch im internationalen Wettbewerb vor allem stromkostenintensive Unternehmen des produzierenden Gewerbes stark betroffen. Um diese Auswirkungen zu beschränken, führte der Gesetzgeber im Jahr 2003 mit § 11a EEG 2000 die sog. besondere Ausgleichsregelung ein, wonach bestimmte Unternehmen entsprechend eines abgestuften Ausgleichssystems die durch die Förderung der EE-Anlagen verursachten Mehrkosten anteilig zu tragen hatten. Obwohl es in den Folgejahren zu verschiedenen Novellierungen dieses Systems – wie etwa mit dem Inkrafttreten der Ausgleichsmechanismusverordnung im Jahr 2010 oder mit den Novellierungen in den Jahren 2014 und 2016 – kam, blieb die Grundstruktur bis heute gleich. Nähere Einzelheiten hierzu werden im weiteren Verlauf dargestellt.

IV. EEG 2004

Das EEG 2004 diente unter Wahrung der Grundstruktur des Fördermechanismus in Form eines Einspeisevergütungsmodells vor allem zur Umsetzung

---

99 Gerstner/Schuhmacher, Grundzüge des Rechts der Erneuerbaren Energien, S. 5 f.; Kröger, Die Förderung erneuerbarer Energien durch Europäisierung nationaler Fördersysteme, S. 136.

der EU-Richtlinie 2001.[100] Neben den vorgeschlagenen Zielen für den Ausbau von Erneuerbaren Energien wurden Vorschriften zur Kennzeichnung der Herkunft[101] des Stroms aus Erneuerbaren Energien eingefügt. Zudem wurde die besondere Ausgleichsregelung auf mittelständische Unternehmen und Schienenbahnen erweitert.

V. EEG 2009

Zur Umsetzung der EU-Richtlinie 2009 sowie unter Berücksichtigung der Ergebnisse des EEG-Erfahrungsberichts 2007 trat das EEG 2009 in Kraft. Danach sollte der Strom aus Erneuerbaren Energien im Jahr 2020 mindestens 30 Prozent der Gesamtstromproduktion – im EEG 2004 war ein Anteil von 20 Prozent anvisiert – betragen. Hierzu wurden die verschiedenen Vergütungssätze, insb. bei der Windenergie, angehoben.

Jedoch führte der Gesetzgeber mit § 20 EEG 2009 eine Degressionsvorschrift ein, wonach bei allen Erneuerbaren Energien mit einer spezifischen Degressionshöhe die Förderbeträge periodisch modifiziert wurden. Je nach Über- oder Unterschreitung des angegebenen Rahmens für den Ausbau erhöhte oder reduzierte sich die Degression nach dem sog. atmenden Deckel um einen Prozentpunkt.

Die §§ 11 und 12 EEG 2009 sahen zudem als neu geregelten Mechanismus das sog. Einspeisemanagement vor. Danach konnte ein Netzbetreiber bei Überlastungen des Netzes angeschlossene EE-Anlagen zur Gewährleistung der Netzstabilität regeln bzw. abschalten und zum Zwecke des Ausgleichs eine Entschädigung an den Anlagenbetreiber zahlen.[102]

Zwar hielt das EEG 2009 an dem Einspeisevergütungsmodell mit Anschluss- und Abnahmeverpflichtungen fest, jedoch brachte es mit § 17 EEG 2009 erstmals die Regelung der optionalen Direktvermarktung des Stroms aus Erneuerbaren Energien zum Vorschein. Hiernach hatten Anlagenbetreiber zusätzlich zu der

---

100 Richtlinie 2001/77/EG des Europäischen Parlaments und des Rates vom 27.9.2001 zur Förderung der Stromerzeugung aus erneuerbaren Energiequellen im Elektrizitätsbinnenmarkt (L 283/33).

101 Herkunftsnachweise durften aber nur zur Kennzeichnung des Stroms aus Erneuerbaren Energien erfolgen, die vom Förderinstrumentarium des EEG keinen Gebrauch machten. Den geförderten EE-Anlagen stand bereits dadurch ein Förderinstrumentarium zu. Siehe zu diesem Doppelvermarktungsverbot u.a. Gerstner/Schuhmacher, Grundzüge des Rechts der Erneuerbaren Energien, S. 5 f.

102 Kröger, Die Förderung erneuerbarer Energien durch Europäisierung nationaler Fördersysteme, S. 138.

Möglichkeit der festen Einspeisevergütung die Option, ihren Strom kalendermonatlich[103] an Dritte zu veräußern.

VI. EEG 2012

Durch die beschlossene Energiewende im Jahr 2011 war eine erneute Novellierung des EEG unumgänglich. Das EEG 2012 trat unter Beachtung dieser neuen Maßstäbe in Kraft. Die bereits im EEG 2009 angehobenen Ziele zum Ausbau der Erneuerbaren Energien wurden noch einmal erhöht, sodass ein Anteil der Erneuerbaren Energien an der Stromversorgung von 35 Prozent bis zum Jahr 2020, von 50 Prozent bis zum Jahr 2030 und sogar von 80 Prozent bis zum Jahr 2050 vom Gesetzgeber anvisiert wurde.

Das EEG 2012 bezweckte vor allem eine intensivere Markt- und Systemintegration zur kosteneffizienteren Ausgestaltung der Förderung von Erneuerbaren Energien.[104] Die bereits im EEG 2009 vorgesehene kalendermonatliche Möglichkeit der optionalen Direktvermarktung wurde durch eine sog. gleitende Marktprämie und eine sog. Managementprämie modifiziert.[105] Anlagenbetreiber konnten dabei im Falle der Selbstvermarktung des eigenen Stroms an der Strombörse oder durch Abschluss von Lieferverträgen mit Dritten gegenüber den Netzbetreibern die Differenz zwischen der jeweiligen EEG-Einspeisevergütung und dem durchschnittlich selbst erzielten Börsen- bzw. Marktpreis als gleitende Marktprämie verlangen.[106] Zusätzlich bekamen sie für die beim Prozess der Direktvermarktung entstandenen Kosten für Personal, Material sowie für

103 Die vorherigen Novellen des EEG enthielten keine Regelungen zur Direktvermarktung, wobei eine solche Vorgehensweise jedoch nicht unmöglich war. Vielmehr hatte der Anlagenbetreiber bis dato die freie Entscheidung darüber, ob er für seinen Strom die Einspeisevergütung beansprucht oder eine direkte Vermarktung vornimmt. Der Anlagenbetreiber konnte aber in Hochpreiszeiten im Wege der Direktvermarktung veräußern und ansonsten die Einspeisevergütung beanspruchen (sog. Rosinenpicken). Das EEG 2009 verhinderte durch eine kalendermonatliche Festlegung ein solches Vorgehen. Siehe hierzu u.a. Lehnert, ZUR 2012, 5.

104 Kröger, Die Förderung erneuerbarer Energien durch Europäisierung nationaler Fördersysteme, S. 139 f.

105 Dieses neu eingefügte Instrument beruhte auf dem Modell des Fraunhofer ISI. Siehe hierzu Sensfuß/Ragwitz, Entwicklung eines Fördersystems für die Vermarktung von erneuerbarer Stromerzeugung, Bericht für die 6. Internationale Energiewirtschaftstagung an der TU Wien 2009, abrufbar im Internet unter: www.fraunhofer.de.

106 Mit einer intensiven Darstellung der optionalen Marktprämie: Pomana, Förderung erneuerbarer Energien in Deutschland und im Vereinigten Königreich, S. 53.

den geschäftlichen Ablauf eine sog. Managementprämie. Wie bei dem Anspruch auf die Einspeisevergütung war auch bei der Geltendmachung der Ansprüche im Rahmen der Direktvermarktung primär der Netzbetreiber zur Zahlung an den Anlagenbetreiber verpflichtet.

Das EEG 2012 übte somit „sanften Druck" auf die Anlagenbetreiber aus, damit sie sich aus freien Stücken gegen die feste Einspeisevergütung entschieden und Verantwortung für die eigene Marktintegration übernahmen.[107] Für den Anlagenbetreiber war es grundsätzlich lukrativ, an der Strombörse oder durch Abschluss von Lieferverträgen selbständig seinen Strom zu vertreiben und so den Wettbewerb anzukurbeln.[108] Er konnte insb. dann höhere Einnahmen erwirtschaften, wenn er für den angebotenen Strom höhere Entgelte als die feste Einspeisevergütung aushandeln konnte. Aufgrund der Disponibilität der optionalen Direktvermarktung hielt der Gesetzgeber aber im EEG 2012 weiterhin an der für 20 Jahre garantierten festen Einspeisevergütung fest.

VII. EEG 2014

Der ausschlaggebende Grund für die Verabschiedung des EEG 2014[109] bestand in dem erheblichen Anstieg der EEG-Umlage von 0,41 Eurocent im Jahr 2003 auf 6,27 Eurocent[110] im Jahr 2014, sodass die Umlage mit 21 Prozent einen der größten Belastungsposten des vom Letztverbraucher zu tragenden Stromentgeltes ausmachte und eine immense Mehrbelastung für diesen darstellte. Zwar standen den Anlagenbetreibern auch nach dem EEG 2014 Ansprüche auf vorrangigen Anschluss und auf vorrangige Abnahme des produzierten Stroms sowie auf den Ausbau des Netzes gegenüber den Netzbetreibern zu. Im Hinblick auf das Förderregime kam es jedoch zu einem einschneidenden Systemwandel. Die

---

107 Wustlich/Kachel, ZUR 2012, 2.

108 Bei der Direktvermarktung mit Marktprämie ist es verboten, den veräußerten Strom als „Strom aus erneuerbaren Energien", also als Grünstrom zu vermarkten. Dies resultiert aus dem Doppelvermarktungsverbot, vgl. bereits § 56 Abs. 2 EEG 2012. Damit soll eine Doppel- und Überförderung ausgeschlossen werden. Denn der Strom aus Erneuerbaren Energien werde durch die Marktprämie bereits ausreichend gefördert, sodass durch die Vorlage der Herkunftsnachweise ein weiterer wirtschaftlicher Vorteil nicht notwendig sei.

109 Nunmehr heißt das Gesetz nicht mehr „Gesetz für den Vorrang Erneuerbarer Energien, sondern „Gesetz für den Ausbau erneuerbarer Energien".

110 Dies führte für einen Privathaushalt zu einem durchschnittlichen Strompreis von ca. 20 Eurocent/kWh im Jahr 2014.

optionale Direktvermarktung in Form der Marktprämie[111] wurde zum Zweck der verbesserten Integration der Erneuerbaren Energien in den nationalen und internationalen Strommarkt gemäß § 2 Abs. 1 EEG 2014 grundsätzlich verpflichtend und erstarkte so zum Regelfall. Nur in Ausnahmefällen – etwa bei kleinen Neuanlagen – konnten Anlagenbetreiber auf das Institut der gesetzlichen Einspeisevergütung zurückgreifen.

Nach dem EEG 2014 sollten im Jahr 2025 daher 40 bis 45 Prozent und im Jahr 2035 bereits 55 bis 60 Prozent der Gesamtstromversorgung aus Erneuerbaren Energien erzeugt werden. Zudem wurden die Mindestziele durch Ausbaupfade für die wichtigsten Arten der Erneuerbaren Energien ersetzt. Bei der Windenergie sollte der jährliche Kapazitätszuwachs 2500 MW betragen. Ausbaupfade wurden eingeführt, um durch den planbaren Ausbau der Erneuerbaren Energien den kontinuierlichen Kostenanstieg der Gesamtförderung zu verhindern und eine stärkere Marktintegration zu gewährleisten. Das Ausbautempo der Erneuerbaren Energien sollte stärker mit den technischen und wirtschaftlichen Gegebenheiten abgestimmt werden.

Zur Steuerung dieser Ausbaupfade führte der Gesetzgeber zudem den bis dato im § 20a EEG 2012 nur für die Solarenergie geregelten atmenden Deckel für alle weiteren Erneuerbaren Energien ein. Für die Windenergie an Land regelte § 29 EEG 2014 die diesbezügliche Degressionsquote. Je nach Über- oder Unterschreitung des vorgegebenen Ausbaupfades sollte es zu einer Erhöhung oder Reduzierung der Degression der Fördersätze führen.

Zudem wurden die Fördersätze für die verschiedenen Arten der Erneuerbaren Energien grundsätzlich gekürzt. Insbesondere die Windenergie erlebte einen finanziellen Einschnitt.[112]

Auch der Repowering-Bonus für Windenergieanlagen wurde im EEG 2014 gestrichen, da bereits vor der Einführung im EEG 2009 entsprechende Sanierungsprojekte seitens der Anlagenbetreiber realisiert worden seien und die Wirtschaftlichkeit der Sanierung der Anlagen nicht von einer zusätzlichen Förderung abhinge.[113]

Bereits bei der Gesetzesnovellierung im Jahr 2014 stand für die Bundesregierung fest, spätestens im Jahr 2017 die Förderhöhe bei den Erneuerbaren

111 Im Rahmen der optionalen Direktvermarktung wurde die im EEG 2009 vorgesehene Managementprämie nicht eingeführt. Der Gesetzgeber hat diesen Fehlbetrag jedoch in angemessener Höhe in die einzelnen Fördersätze integriert.

112 BT-Drs. 18/1304, S. 144 f.

113 BT-Drs. 18/1304, S. 146.

Energien grundsätzlich durch Ausschreibungen im Wettbewerb zu ermitteln. Dafür wurde im EEG 2014 eine Pilotausschreibung für PV-Freiflächenanlagen eingefügt. Die dadurch gewonnen Erfahrungen sollten bei der anschließenden Novellierung herangezogen werden.

VIII. EEG 2017

Die am 8.7.2016 verabschiedete und am 1.1.2017 in Kraft getretene Gesetzesnovelle des EEG 2017 führte zu einem Systemumbruch bei der Förderung der Erneuerbaren Energien. War die Höhe der Förderung bis dahin vom Gesetzgeber selbst bestimmt bzw. bestimmbar, soll sie künftig für die entscheidenden Energiequellen Windenergie an Land und auf See, Solarenergie und Biomasse zum Zwecke der Kosteneffizienz grundsätzlich in einem wettbewerblichen Ausschreibungsverfahren durch die Anlagenbetreiber selbst bestimmt werden. Die Ausschreibungsvolumina sollen sich dabei an die vorgegebenen Ausbaukorridore richten. Um dabei sog. Bürgerenergiegenossenschaften, die maßgeblich am Ausbau und an der Akzeptanz der Erneuerbaren Energien beteiligt waren und zur Akteursvielfalt beitrugen, gegenüber den großen Projektierern zu schützen, dürfen diese unter erleichterten Bedingungen am Ausschreibungswettbewerb teilnehmen.

Zur Verstärkung der europäischen Zusammenarbeit und der Integration des Binnenmarktes in anderen EU-Staaten dürfen zudem erstmals Anlagenprojekte außerhalb Deutschlands mit einer Ausschreibungskapazität i.H.v. 5 Prozent vom Förderinstrumentarium des EEG profitieren. Zudem sollen künftig technologieübergreifende Ausschreibungen durchgeführt werden, um die verschiedenen Arten der Erneuerbaren Energien untereinander in Wettbewerb zu bringen. Art und Umfang des Ausschreibungsverfahrens stellen einen Kern dieser Arbeit dar und werden im weiteren Verlauf intensiv dargestellt.

B. Vertrauensschutz für Bestandsanlagen sowie Übergangsbestimmungen

Die verschiedenen Novellierungen des EEG führten zu etlichen – teilweise kurzfristigen – Gesetzesänderungen, wobei sie sowohl positive als auch negative Auswirkungen für die unterschiedlichen Marktakteure, vor allem aber für die Betreiber von EE-Anlagen, entfalteten. Gerade im Falle von nachteiligen Neuerungen ist kritisch zu hinterfragen, ob der Gesetzgeber insoweit einschlägige verfassungsrechtliche Gesichtspunkte hinreichend gewürdigt hat.

I. Grundsätze des Vertrauensschutzes

Die freiheitlich-demokratische Grundordnung ruht vor allem auf dem Vertrauen der Allgemeinheit in die Beständigkeit der Rechtsordnung.[114] Dieser Grundsatz zum Bestandsinteresse wird von dem verfassungsrechtlich verankerten Rechtsstaatsprinzip mitumfasst.[115] Gesetzliche Änderungen mit rein künftigen Auswirkungen lösen einen solchen Vertrauenstatbestand regelmäßig nicht aus und sind deshalb grundsätzlich zulässig. Sobald aber durch entsprechende Neugestaltung der Rechtsordnung für einen gewissen Adressatenkreis negative Rechtsfolgen rückwirkend ausgelöst werden sollen, ist eine hinreichende Rechtfertigung notwendig.[116] Auf der anderen Seite obliegt dem Gesetzgeber mit der Pflicht auch der Anspruch zur Verbesserung und Neugestaltung der Rechtsordnung.

Mithin sind das Bestandsinteresse einerseits sowie das Änderungsinteresse andererseits einer pflichtgemäßen Verhältnismäßigkeitsprüfung zu unterziehen. Wie dies konkret durchgeführt werden soll, wird gesetzlich nicht bestimmt. Deshalb hat das Bundesverfassungsgericht mit den sog. echten und unechten Rückwirkungen zwei Fallgruppen gebildet und für die unterschiedlichen Situationen genaue Vorgaben für eine zulässige Gesetzesnovellierung aufgestellt. Eine echte Rückwirkung liegt danach vor, wenn eine Norm in einen bereits abgeschlossenen Sachverhalt eingreift.[117] Nach ständiger höchstrichterlicher Rechtsprechung ist ein solcher Eingriff bereits aus Vertrauensgesichtspunkten grundsätzlich unzulässig. Nur in besonderen Situationen können Ausnahmen vorgesehen werden, wenn etwa aufgrund einer unsicheren Rechtslage kein Vertrauen auf die Beibehaltung der geltenden Rechtsordnung entstehen konnte, eine Neuregelung zwingend notwendig war oder überragende Belange des Gemeinwohls betroffen waren.[118] Von einer unechten Rückwirkung spricht man hingegen, wenn ein Sachverhalt zwar in der Vergangenheit begonnen hat, jedoch in der Gegenwart weiterhin andauert, die Rechtsfolgen erst künftig nach der Gesetzesänderung eintreten und zu der nachträglichen Entwertung einer Rechtsposition führen.[119] Diesbezügliche Änderungen darf der Gesetzgeber mit einer pflichtgemäßen Abwägung zwischen dem Bestandsinteresse der jeweils Betroffenen und dem

---

114 BVerfG, NJW 2004, 739 (744); Kreuter-Kirchhof, NVwZ 2014, 770 (771).

115 Moench/Dannecker/Ruttloff (Hrsg.)/Ruttloff, Beiträge zum neuen EEG 2014, S. 220; Ohms, Recht der Erneuerbaren Energien, S. 108 f.

116 BVerfG, DStR 2010, 1727 (1729); BVerfG, DStR 2010, 1733.

117 BVerfG, NJW 1998, 1547 (1548); Gordalla, BeckOK-EEG 2014, § 100 Rn. 24.

118 BVerfG, NJW 1998, 1547 (1548); BVerfG, NJW 1987, 1749 (1750).

119 BVerfG, ZUR 2009, 260 (263); Ohms, Recht der Erneuerbaren Energien, S. 109.

eigenen Modifizierungsinteresse grundsätzlich vornehmen.[120] Insbesondere dem Grundsatz des Vertrauensschutzes ist jedoch eine hohe Beachtung zu schenken, sodass eine nachträgliche Gesetzesänderung des Öfteren an der hinreichenden Würdigung dieser verfassungsrechtlichen Schranke scheitern kann.[121]

Neben den Fallgruppen zur echten und unechten Rückwirkung verlangt das BVerfG grundsätzlich die Erfüllung erhöhter Anforderungen, soweit ein besonderer Vertrauenstatbestand sowie eine erhebliche Schutzbedürftigkeit bestehen.[122] Im Falle der Aufbringung von hohen Investitionssummen genügen vor allem bloße Erwägungen zur Reduzierung – nachträglich erkannter – erhöhter Privilegierungen regelmäßig nicht.[123] Soweit sich der Gesetzgeber mit der Bestimmung von festen Laufzeiten dazu entschieden hat, Investitionen in gewisse Betätigungen finanziell anzureizen, darf er dieses aufgebaute Vertrauen der Investoren aufgrund der verfassungsrechtlich garantierten Berufs- und Eigentumsfreiheiten nicht ohne Weiteres erschüttern.[124] Die Erkenntnis der fehlerhaften Zubilligung von gesetzlichen Privilegien kann vielmehr nur dazu dienen, für künftige Projekte angemessenere Ermittlungsmaßstäbe anzulegen. All dies gilt auch im Rahmen der Förderung von Erneuerbaren Energien und den gewährten Privilegien an die Anlagenbetreiber. Denn neben allen anderen Regelungen sind gerade die Normen zur finanziellen Förderung das zentrale Element des EEG und stellen das Hauptmerkmal des Vertrauensschutzes dar.[125]

II. Änderung der Förderbestimmungen zulasten der Anlagenbetreiber

Im Falle der Förderung von EE-Anlagen ist vor allem mithilfe des Zeitpunktes der Inbetriebnahme eine differenzierte Betrachtung vorzunehmen.[126] Zwar ist dieser Zeitpunkt für die Bestimmung der jeweils geltenden Förderregelungen

120 Gordalla, BeckOK-EEG 2014, § 100 Rn. 23.

121 BVerfG, NJW 1997, 722 (723, 725).

122 BVerfG, NJW 2009, 1025 (1028 f.); Moench/Dannecker/Ruttloff (Hrsg.)/Ruttloff, Beiträge zum neuen EEG 2014, S. 222; Dannecker/Ruttloff, EnWZ 2016, 490 (493).

123 Ausführlich in Moench/Dannecker/Ruttloff (Hrsg.)/Ruttloff, Beiträge zum neuen EEG 2014, S. 223 f.

124 BVerfG, DStR 2010, 1727 (1729); Muckel, ZG 2012, 21 (29).

125 Lehnert, ZUR 2015, 277 (282).

126 Siehe insgesamt Klinski, EEG-Vergütung: Vertrauensschutz bei künftigen Änderungen der Rechtslage, S. 8. f.; abrufbar im Internet unter: https://www.erneuerbare-energien.de/EE/Redaktion/DE/Downloads/Hintergrundinformationen/eeg_verguetung.pdf?__blob=publicationFile&v=4.

wesentlich. Jedoch genießt der künftige Anlagenbetreiber auch während der langjährigen Planungs- und Projektierungsphase einen gewissen Vertrauensschutz.[127]

1. EE-Anlage in Planung

Mit einer künftigen Gesetzesänderung könnte eine erhebliche Verschlechterung der Förderbestimmungen in Kraft treten, obwohl der Investor im Vertrauen auf diese Privilegien mit der Planung und Projektierung der Anlage erheblich fortgeschritten ist. Deshalb muss ihm ab einem gewissen rechtlichen und tatsächlichen Stadium genügend Sicherheit – zumindest hinsichtlich der geltenden Förderbestimmungen – zugesprochen werden. Andernfalls würde er bis zum Abschluss des Projekts und bis zur Inbetriebnahme der Anlage – also regelmäßig über mehrere Jahre – stets wesentliche Gesetzänderungen zu den Förderbestimmungen befürchten. Dieser Umstand würde das Investitionsrisiko erhöhen und auf den gewünschten Ausbau der Erneuerbaren Energien hemmend einwirken. Diesbezügliche Neuregelungen werden dem Grundsatz der Verhältnismäßigkeit also nur soweit gerecht, wie schutzwürdige Belange des Investors auch in der Planungsphase ausreichend Berücksichtigung finden.[128]

Wie seine Vorgängerfassungen bestimmt auch § 102 Nr. 3 EEG 2014 eine sog. Stichtagsregelung.[129] Danach gelten die Förderbestimmungen zum EEG 2014 grundsätzlich auch für solche Anlagen, welchen die ggf. notwendige Genehmigung nach dem BImSchG oder die Zulassungsgenehmigung für den Betrieb der Anlage nach einer anderen bundesrechtlichen Bestimmung vor dem 1.1.2017 erteilt wurde und ihre Inbetriebnahme bis Ende 2018 erfolgte. Gleiches ergibt sich im Falle der Windenergie auch aus § 22 Abs. 2 Satz 2 Nr. 2 EEG 2017. Nach der Auffassung des Gesetzgebers genießen bereits genehmigte oder zugelassene Anlagenprojekte einen rechtlich anzuerkennenden Vertrauensschutz, weil bereits wesentliche Schritte in der Projektphase abgeschlossen und entsprechende Finanzierungsvereinbarungen regelmäßig geschlossen sind sowie beachtenswerte Investitionen getätigt wurden, bevor entsprechende Einzelheiten zur anstehenden Gesetzesnovelle verkündet werden.[130]

---

127 Moench/Dannecker/Ruttloff (Hrsg.)/Ruttloff, Beiträge zum neuen EEG 2014, S. 223.

128 Ohms, Recht der Erneuerbaren Energien, S. 112.

129 Zur Zulässigkeit von Stichtagsregelungen siehe BVerfG, NVwZ-RR 2010, 905 (907).

130 Es wird darüber gestritten, ob die Stichtagsregelungen sowie die vorgesehenen Zeiträume bis zur Inbetriebnahme der Anlage dem Vertrauensschutz der Investoren insgesamt gerecht werden; siehe hierzu Ruttloff, NVwZ 2014, 1128 (1131); Sprenger, ZNER 2014, 325 (326); Boemke, NVwZ 2017, 1 (3, 4).

Soweit aber keine Ausnahmeregelungen für die Projektphase gesetzlich fixiert sind, werden stets die aktuellen Förderbestimmungen zum Zeitpunkt der Inbetriebnahme der Anlage angewendet, auch wenn bereits gewisse Investitionen getätigt wurden. Jedenfalls überwiegt für solche Neuanlagen im Umkehrschluss zu der obigen Feststellung das Änderungsinteresse.

2. EE-Anlage in Betrieb

Die Förderbestimmungen von betriebenen EE-Anlagen können hingegen grundsätzlich weder rückwirkend noch für die Zukunft nachteilig geändert werden. Denn der Gesetzgeber möchte gerade durch diese Regelungen den Investoren eine umfangreiche finanzielle Planungssicherheit gewähren.[131] Sobald sich eine Anlage also in Betrieb befindet, ist das Interesse des Betreibers an der Wahrung der Förderbestimmungen besonders geschützt. Jenseits der Frage, um was für eine Rückwirkung es sich bei einer solchen Novellierung handelt[132], darf aufgrund dieser Schutzwürdigkeit grundsätzlich weder die Förderhöhe noch die Förderdauer zulasten des Anlagenbetreibers modifiziert werden.[133] Entsprechende Neuregelungen könnten erhebliche Konsequenzen zulasten der Anlagenbetreiber zur Folge haben, sodass bereits die bloße Änderungsbefugnis eine verminderte Planungs- und Investitionssicherheit verursachen und das Vertrauen der Beteiligten in das gesetzliche Fördersystem belasten würde.[134] Denn gerade die Förderbestimmungen werden den Berechnungen zur Amortisation sowie zur Gewinneinbringung zu Beginn des Projektvorhabens von den Kreditinstituten zur Vergabe von Fremdkapital zugrunde gelegt. Diese besondere Vertrauenssituation erlaubt daher nur ausnahmsweise nachteilige Änderungen der Förderbestimmungen, wenn erhebliche Nachteile für gewichtige Gemeinschaftsgüter vermieden werden sollen. Regelmäßig scheidet eine diesbezügliche Änderungsbefugnis folglich aus.[135]

---

131 Pomana, Förderung erneuerbarer Energien in Deutschland und im Vereinigten Königreich, S. 267 f.; Kreuter-Kirchhof, NVwZ 2014, 770 (774).

132 Ausführliche Darstellung in Ohms, Recht der Erneuerbaren Energien, S. 110 f.

133 Klinski, EEG-Vergütung: Vertrauensschutz bei künftigen Änderungen der Rechtslage, S. 29 f.; Bönning, ZNER 2000, 268 (269 f.)

134 Ohms, Recht der Erneuerbaren Energien, S. 111 f.

135 Klinski geht davon aus, dass eine nachträgliche Reduzierung der Förderhöhe dann zumutbar sei, wenn sich diese Summe „auffällig" oberhalb der wirtschaftlich erforderlichen Beträge bewege; mit weiteren Einzelheiten und Beispielen siehe Klinski, EEG-Vergütung: Vertrauensschutz bei künftigen Änderungen der Rechtslage, S. 30.

Neben der Förderdauer sowie der Förderhöhe stellt sich mit den neueren Fassungen des EEG auch die Frage, ob der Anlagenbetreiber nach der derzeit grundsätzlich verpflichtenden Direktvermarktung seinen Strom vertreiben muss oder alternativ die gesetzliche Einspeisevergütung beanspruchen kann. Nach § 100 Abs. 2 Nr. 6 und 10 EEG 2017 steht dem Anlagenbetreiber weiterhin die Option der gesetzlichen Einspeisevergütung zur Verfügung, soweit die Inbetriebnahme der Anlage zu einem Zeitpunkt erfolgte, zu dem nach der geltenden Fassung des EEG die Beanspruchung der gesetzlichen Einspeisevergütung möglich war. In einem solchen Fall kann der Anlagenbetreiber weiterhin zwischen den unterschiedlichen Veräußerungsvarianten wählen.

III. Vertrauensschutz bei der Eigenversorgung und der besonderen Ausgleichsregelung

Auch in anderen Fällen – etwa im Rahmen der Eigenversorgung oder im Falle der besonderen Ausgleichsregelung bei stromkostenintensiven Unternehmen – verabschiedete der Gesetzgeber wesentliche Änderungen zulasten der betroffenen Personenkreise. Grundsätzlich wurden jedoch nur künftige Rechtsfolgen gesetzt, sodass eine echte Rückwirkung regelmäßig nicht vorlag.

Hinsichtlich der Regelung von künftigen Rechtswirkungen werden das Vertrauen auf den Bestand diesbezüglicher Bestimmungen und die Schutzwürdigkeit der Betroffenen als geringer eingestuft und mit einem stärkeren Änderungsinteresse des Gesetzgebers gerechtfertigt.[136] Die geringere Schutzbedürftigkeit der betroffenen Adressatenkreise folge nach Auffassung des Gesetzgebers regelmäßig aus dem Umstand, dass keine konkreten Laufzeiten hinsichtlich der jeweiligen Privilegierungen gesetzlich fixiert seien.[137] Allein aus ihrer Gewährung in einer früheren Fassung könne sich aber kein Vertrauenstatbestand herleiten lassen.

IV. Fazit

Das Rechtsstaatsprinzip und der daraus resultierende Vertrauensschutz haben in den verschiedenen Übergangsbestimmungen zum EEG zu einem – teilweise schwer verständlichen – System von Grundsätzen, Ausnahmen sowie Gegenausnahmen geführt.[138] Das EEG 2017 findet dabei neben Neuanlagen grundsätzlich

---

136 Kritisch Ruttloff, NVwZ 2014, 1128 (1131).

137 Kreuter-Kirchhof, NVwZ 2014, 770 (775); Kröger, ZUR 2013, 480 (482 f.).

138 Sprenger, ZNER 2014, 325 (329).

auch auf Bestandsanlagen Anwendung, soweit nichts Anderes ausnahmsweise bestimmt ist. Entsprechend den obigen Ausführungen gehören die Förderbestimmungen der Bestandsanlagen zu den wichtigsten Ausnahmeregelungen, vgl. § 100 Abs. 1 und 2 EEG 2017. Regelmäßig schaffte der Gesetzgeber zur ausreichenden Berücksichtigung des jeweils belasteten Adressatenkreises sog. Härtefall- und Übergangsbestimmungen, um künftig entstehende Nachteile zeitweise abzufedern.[139] Damit entsprach er jedoch nicht stets den konfligierenden Interessen der Adressatenkreise, welche auf gewisse Privilegierungen künftig zu verzichten hatten.

C. Strom aus Erneuerbaren Energien in der deutschen Energiewirtschaft

Zwar ist innerhalb der Wissenschaft nicht geklärt, für welchen Zeitraum die Restvorkommen von Erdöl, Erdgas, und Kohle der Menschheit zur Deckung der Energieversorgung noch zur Verfügung stehen werden. Aufgrund der gesicherten Erkenntnisse ist jedoch unstreitig, dass die konventionellen Energiequellen bei dem hypothetischen Energieverbrauch eine begrenzte überschaubare Lebenszeit haben. Bereits aus diesem Grunde ist es im Rahmen der Energiewirtschaft notwendig, in der Stromproduktion auf die Erneuerbaren Energien umzusteigen.

Aufgrund ihrer kontinuierlichen Zunahme in den vergangenen Jahren spielt die Nutzung Erneuerbarer Energien insb. bei der Stromerzeugung weltweit eine bedeutende Rolle. Anfang des Jahres 1990 lag der Beitrag der Erneuerbaren Energien an der Gesamtstromerzeugung in Deutschland bei ca. 3,4 Prozent.[140] Dieser Anteil stieg bis zur Jahrtausendwende durch die vergünstigten Voraussetzungen des StrEG auf 6,2 Prozent und betrug im Jahr 2016 schon ca. 31,7 Prozent der Bruttostromerzeugung.[141] Innerhalb von 26 Jahren hat sich dieser Prozentsatz somit fast verzehnfacht. Zu dieser Entwicklung trug die Windenergie maßgeblich bei. Es kann mit hoher Wahrscheinlichkeit davon ausgegangen werden, dass der Anteil der Erneuerbaren Energien an der Stromerzeugung in

139 Panknin, EnWZ 2014, 13 (17).

140 UBA, Hintergrund, Erneuerbare Energien in Deutschland, Daten zur Entwicklung im Jahr 2016, S. 5; abrufbar im Internet unter: http://www.umweltbundesamt.de/sites/default/files/medien/376/publikationen/erneuerbare_energien_in_deutschland_daten_zur_entwicklung_im_jahr_2016.pdf.

141 UBA, Hintergrund, Erneuerbare Energien in Deutschland, Daten zur Entwicklung im Jahr 2016, S. 5.

Deutschland entsprechend der gesetzlichen Ausbauziele weiterhin kontinuierlich steigen wird.

D. Zielvorgaben und Ausbaukorridore

Entsprechend der vorherigen Novellierungen zum EEG enthält auch das EEG 2017 konkrete Zielvorgaben für den Ausbau der Erneuerbaren Energien. Da die Energiepolitik und damit einhergehend die Strategie zum Ausbau der Erneuerbaren Energien einem ständigen Wandel unterzogen waren, erhöhten sich i.d.R. auch die gesetzlich festgelegten Ausbauziele. So wie bereits in der Vorgängernovelle sind auch im EEG 2017 die Zielvorgaben mit Ausbaukorridoren versehen. Diese sollen eine bessere Integration des Stroms aus Erneuerbaren Energien sowie eine effizientere Angleichung mit dem Ausbau der Netzinfrastruktur gewährleisten. Zeitgleich dient der Ausbaukorridor zur Begrenzung und Planung der Gesamtförderkosten. Schließlich soll dadurch eine erhöhte Planungssicherheit für die anderen Marktakteure, die ggf. in konventionell betriebene Erzeugungsanlagen investieren wollen, gewährleistet werden.[142]

Gemäß § 1 Abs. 2 EEG 2017 verfolgt der Gesetzgeber kurzfristig das Ziel, den Anteil des aus Erneuerbaren Energien erzeugten Stroms am Gesamtstromverbrauch bis zum Jahr 2025 auf 40 bis 45 Prozent zu erhöhen. Langfristig ist vorgesehen, diesen Betrag bis zum Jahr 2050 auf mindestens 80 Prozent zu steigern. Ausgehend von den Werten aus dem Jahr 2013 wäre dies innerhalb von 36 Jahren eine Verdreifachung des Anteils der Erneuerbaren Energien am Gesamtstromverbrauch. Auch bei der Beschäftigung im Bereich der Erneuerbaren Energien gab es eine unvorhersehbare Expansion. Bereits heute arbeiten über 330.000 Beschäftigte in diesem Wirtschaftssektor.

Die Windenergie soll auch in der Zukunft der wichtigste Volumenträger der Energiewende sein und bei der Installation neuer Kapazitäten sowohl an Land als auch auf See die Hauptrolle übernehmen. Zusätzlich zu der vorhandenen Kapazität soll gemäß § 4 Nr. 1 EEG 2017 bei der Windenergie an Land jährlich ein Zubau von 2800 MW, ab dem Jahr 2020 sogar von 2900 MW stattfinden. Mit dieser Entwicklung ist Deutschland zudem das Land, das im Jahr 2014 nach China den höchsten Betrag in die Windenergie investiert hat und das drittstärkste Land, wenn es um deren Kapazitätserweiterung geht.[143]

---

142 Die Investition in ein neues modernes Gaskraftwerk hängt bspw. davon ab, wie hoch der künftige Anteil der Erneuerbaren Energien bei der Stromproduktion ist; m.w.N. Danner/Theobald/Oschmann, EEG 2017, § 1 Rn. 32.

143 IRENA, REmap 2030, A Renewable Energy Roadmap Germany, S. 100, 101.

E. Grundlegende Bestimmungen bei der Förderung der Erneuerbaren Energien

Die nachfolgenden Regelungen wie etwa die Anschluss- und Abnahmepflichten gewährleisten dem Betreiber einer EE-Anlage einen effektiven Marktzugang und führen zu einer Rechtssicherheit der verschiedenen Akteure bei der allgemeinen Förderung der Erneuerbaren Energien.[144] Sie stellen mit den finanziellen Förderregelungen der §§ 19 f. EEG 2017 das Kerngerüst der Förderung der Erneuerbaren Energien im deutschen Rechtssystem dar.[145] Ohne jegliche Anschluss- sowie Abnahmepflichten würde eine finanzielle Förderungsregelung keine effektive Wirkung entfalten und die Investitionssicherheit belasten.[146]

I. Ausschließlichkeitsprinzip

Nach § 19 Abs. 1 EEG 2017 ist Strom aus Anlagen dann finanziell förderungsfähig, wenn es sich bei der Anlage um eine Einrichtung zur Erzeugung von Strom aus Erneuerbaren Energien oder aus Grubengas handelt. Dabei wird nur der Strom privilegiert, der ausschließlich aus Erneuerbaren Energien gewonnen wird, wobei sich dieses Erfordernis der Ausschließlichkeit auf die Phase der Stromerzeugung bezieht. Der Anlagenbetreiber darf etwa zum Anfahren der EE-Anlagen Strom aus konventionellen Energiequellen nutzen.[147] Dieser Grundsatz beruht letztlich auf dem Willen zur Stärkung des Umwelt- und Klimaschutzes.[148] Die vorgesehene Förderung soll die fehlende wirtschaftliche Konkurrenzfähigkeit der EE-Anlagen gegenüber den konventionellen Energiequellen ausgleichen.[149] Nur bei der Erzeugung des Stroms ausschließlich aus Erneuerbaren Energien kann eine entsprechende Kalkulation zur Kompensation dieses Nachteils effektiv erfolgen. Deshalb kann der auf konventionellen und Erneuerbaren Energien beruhende Strom als sog. Mischnutzung von den gesetzlich geregelten finanziellen Privilegien keinen Gebrauch machen, auch wenn nur ein minimaler

---

144 Michalowska, Modelle zur Förderung erneuerbarer Energieträger, S. 190.

145 Scholz, Berliner Kommentar-EEG 2014, § 11 Rn. 1.

146 Lamott, Marktintegration erneuerbarer Energien am Beispiel der Direktvermarktungsregelung des EEG 2012 wie auch des EEG 2014, S. 77.

147 Thorbecke/Greb, Berliner Kommentar-EEG 2014, § 19 Rn. 40; Weck, Die garantierte Einspeisungsvergütung für Strom nach dem Gesetz über den Vorrang erneuerbarer Energien, S. 34.

148 BT-Drs. 16/8148, S. 48, 49.

149 Danner/Theobald/Schlacke/Kröger, EEG 2014, § 19 Rn. 5; Salje, EEG, § 16 Rn. 22.

Einsatz von konventionellen Energiequellen erfolgt („Alles-Oder-Nichts-Prinzip").[150] Im Gegensatz hierzu besteht jedoch ein Förderanspruch, wenn bei sog. Hybridanlagen ausschließlich verschiedene Erneuerbare Energien zur Stromerzeugung genutzt werden, wobei die jeweiligen Vergütungsvorschriften entsprechend dem prozentualen Anteil der jeweiligen Energiequelle zur Anwendung kommen.[151] Falls eine grundsätzliche Aufspaltung und konkrete Berechnung der Stromvolumen nicht erstellt werden kann, sind die jeweils niedrigen Vergütungssätze heranzuziehen.[152]

Nach § 19 Abs. 3 EEG 2017 ist es zudem für die Geltendmachung des Anspruchs unschädlich, wenn der aus Erneuerbaren Energien erzeugte Strom vor der Einspeisung in ein Netz zunächst zwischengespeichert wird. Hierbei ist jedoch zu beachten, dass der Stromzufluss ohne die Netznutzung direkt zum Speicher erfolgt.[153]

Ein Verstoß gegen dieses Ausschließlichkeitsprinzip führt dazu, dass sich der Anlagenbetreiber nicht mehr auf die Förderregelungen des EEG berufen darf und der gesamte Strom ab diesem Zeitpunkt gleich dem aus konventioneller Energie erzeugten Strom behandelt wird.[154]

II. Vorrangprinzip

Von wesentlicher Bedeutung bei dem Fördermechanismus des EEG ist das in den §§ 8 Abs. 1, 11 Abs. 1 EEG 2017 verankerte Vorrangprinzip. Im Konkurrenzfall mit sonstigen Anlagen ist der Netzbetreiber verpflichtet, die EE-Anlagen zeitlich und sachlich vorrangig zu behandeln.[155] Diese Vorrangigkeit beginnt beim Anschluss der Anlage an das Stromnetz. Hiernach zieht sie sich durch die Phasen der Abnahme, der Übertragung und schließlich der Verteilung des Stroms an den Letztverbraucher.[156] Die Erneuerbaren Energien haben folglich „auf allen Stufen der Wertschöpfungskette absoluten Vorrang" gegenüber den

---

150 Salje, EEG 2014, § 16 Rn. 7, 20; Kröger, Die Förderung erneuerbarer Energien im Europäischen Elektrizitätsmarkt, S. 147.

151 BT-Drs. 16/8148, S. 49; Thorbecke/Greb, Berliner Kommentar-EEG 2014, § 19 Rn. 42; Gerstner/Lünenberger, Grundzüge des Rechts der Erneuerbaren Energien, S. 420.

152 Thorbecke/Greb, Berliner Kommentar-EEG 2014, § 19 Rn. 53.

153 Gerstner, Grundzüge des Rechts der Erneuerbaren Energien, S. 228.

154 Gerstner/Lünenberger, Grundzüge des Rechts der Erneuerbaren Energien, S. 421.

155 BT-Drs. 16/8148, S. 37; Kröger, Die Förderung erneuerbarer Energien im Europäischen Elektrizitätsmarkt, S. 141.

156 BT-Drs. 15/2864, S. 13; Gerstner, Grundzüge des Rechts der Erneuerbaren Energien, S. 29.

konventionellen Energiequellen.[157] Dieses Prinzip der Vorrangigkeit kann vertraglich sogar mit Zustimmung des Anlagenbetreibers nicht zu seinen Lasten umgestaltet werden, sodass das Wettbewerbsprinzip zugunsten der Erneuerbaren Energien vollständig aufgehoben wird.[158]

III. Gesetzliches Schuldverhältnis

Gemäß § 7 Abs. 1 EEG 2017 ist es dem Netzbetreiber untersagt, die Erfüllung seiner aus dem EEG resultierenden Pflichten vom Abschluss eines Vertrages abhängig zu machen. Insbesondere darf der Netzbetreiber zur Erfüllung seiner nachfolgenden Verpflichtungen wie zum Anschluss, zur Abnahme, Übertragung, Verteilung sowie zur Vergütung des Stroms keine vertragliche Vereinbarung verlangen. Diese Pflichten ergeben sich somit bereits aus einem gesetzlichen Schuldverhältnis der Parteien, was zur Rechtssicherheit aller Beteiligten beiträgt.[159] Vor allem zum Schutze der Anlagenbetreiber schränkt der Gesetzgeber die beiderseitige Privatautonomie erheblich ein.[160] Dies führt jedoch nicht zu dem Umstand, dass die verschiedenen Akteure untereinander keine vertraglichen Regelungen vornehmen können. Aus der Vorschrift folgt lediglich ein Kopplungsverbot, also die Bedingung, die Erfüllung entsprechender Pflichten nicht von einem Vertragsschluss abhängig zu machen.[161] Ohne eine solche kausale Verknüpfung steht es den Parteien jedoch offen, bestehende Zweifel im gegenseitigen Einvernehmen zu lösen. In der Regel einigen sich die Parteien zur Vermeidung von Rechtsstreitigkeiten sogar auf ein solches Vertragswerk, vor allem um die auslegungsbedürftigen Regelungen des EEG zu konkretisieren und anderweitige ungeregelte Themen klarzustellen.[162] Insbesondere in gesetzlich nicht ausführlich konkretisierten technischen Angelegenheiten können entsprechende Vereinbarungen sinnvoll sein.[163]

---

157 Kröger, Die Förderung erneuerbarer Energien im Europäischen Elektrizitätsmarkt, S. 141.

158 Danner/Theobald/Oschmann, EEG 2009, § 4 Rn. 1; Kröger, Die Förderung erneuerbarer Energien im Europäischen Elektrizitätsmarkt, S. 141.

159 BT-Drs. 16/8148, S. 41; Danner/Theobald/Oschmann, EEG 2009, § 4 Rn. 1; Salje, EEG 2014, § 7 Rn. 1 f., 13; Ohms, Recht der Erneuerbaren Energien, S. 140 f.

160 Scholz, Berliner Kommentar-EEG 2014, § 7 Rn. 2.

161 Leicht/Brunstamp, BeckOK-EEG 2014, § 7 Rn. 7; Salje, EEG 2014, § 7 Rn. 13, 14.

162 Salje, EEG 2014, § 7 Rn. 6 f.; Ohms, Recht der Erneuerbaren Energien, S. 142 f.; Gerstner, Grundzüge des Rechts der Erneuerbaren Energien, S. 277.

163 BT-Drs. 16/8148, S. 41.

Zudem regelte § 7 Abs. 2 EEG 2014 das sog. Abweichungsverbot, wonach mit einer vertraglichen Vereinbarung grundsätzlich nicht zu Lasten des Anlagenbetreibers oder des Netzbetreibers von den gesetzlichen Bestimmungen des EEG abgewichen werden durfte. Somit handelte es sich bei dieser Vorschrift grundsätzlich um zwingendes unabdingbares Recht.[164] Unschädlich war also eine vertragliche Klausel, die positive Auswirkungen zugunsten einer Vertragspartei entfaltete.[165] Im Zuge der EEG-Reform 2017 entschied sich der Gesetzgeber jedoch für die Novellierung des § 7 Abs. 2 EEG 2014. Nunmehr erlaubt der Gesetzgeber ausdrücklich die Vereinbarung von abweichenden Regelungen. Diese müssen jedoch klar und verständlich sein, dürfen keinen Vertragspartner unangemessen benachteiligen, nicht zu höheren als im EEG vorgesehenen Vergütungszahlungen führen und müssen mit den wesentlichen Grundgedanken des EEG vereinbar sein, vgl. § 7 Abs. 2 EEG 2017. Der Gesetzgeber begründet seine Entscheidung zur entsprechenden Novellierung damit, dass sich das Abweichungsverbot nunmehr inhaltlich weitgehend überholt habe, sodass an deren Stelle eine grundsätzliche Änderungsbefugnis vorzusehen sei.[166] Mit den kumulativ zu erfüllenden Kriterien zur Abbedingung einer Regelung werde zudem sichergestellt, dass die prägenden EEG-Vorschriften sowie deren grundlegende Wertungen gewahrt seien und schutzwürdige Belange der Parteien genügend berücksichtigt würden.[167]

Einzelne Klauseln, die gegen die aufgeführten Regeln verstoßen, sind gemäß § 134 BGB nichtig, wohingegen der Gesamtvertrag i.d.R. nur dann nichtig sein wird, wenn unter Berücksichtigung der beiderseitigen Interessen eine Teilnichtigkeit entsprechend § 139 BGB nicht ausreichend ist.[168] Grundsätzlich entfaltet lediglich die unwirksame Klausel keine rechtlichen Wirkungen, wobei die restlichen vertraglichen Bestimmungen wirksam bestehen bleiben. Die unwirksame Klausel ist in einem solchen Falle durch die jeweiligen Regelungen des EEG zu ersetzen.[169]

---

164 BT-Drs. 18/8860, S. 190; Leicht/Brunstamp, BeckOK-EEG 2014, § 7 Rn. 16; Salje, EEG 2014, § 7 Rn. 19.

165 Salje, EEG 2014, § 7 Rn. 24.

166 BT-Drs. 18/8860, S. 190.

167 BT-Drs. 18/8860, S. 190.

168 Salje, EEG 2014, § 7 Rn. 35; Scholz, Berliner Kommentar-EEG 2014, § 7 Rn. 8; Altrock/Oschmann, EEG 2012, § 41 f.; Gerstner, Grundzüge des Rechts der Erneuerbaren Energien, S. 283.

169 Salje, EEG 2014, § 7 Rn.. 35; Scholz, Berliner Kommentar-EEG 2014, § 7 Rn. 18.

IV. Anschlusspflicht

Nach § 8 Abs. 1 EEG 2017 sind Netzbetreiber verpflichtet, EE-Anlagen unverzüglich sowie vorrangig an ihr Netz anzuschließen. Diese Pflicht des Netzbetreibers stellt zugleich einen Investitionsanreiz für potentielle Anlagenbetreiber dar, weil sie sich über den Anschluss ihrer Anlage an das Netzsystem gewiss sein können.[170] Eine Anschlusspflicht gegenüber dem jeweiligen Netzbetreiber besteht danach aber grundsätzlich nur, wenn der Vernetzungspunkt im Hinblick auf die Spannungsebene geeignet ist, die in der Luftlinie kürzeste Entfernung zum Standort der EE-Anlage aufweist und wenn nicht dieses oder ein anderes Netz einen technisch und wirtschaftlich günstigeren Verknüpfungspunkt anbieten.[171] Im Rahmen dieser ökonomischen Überlegungen erfolgt eine Gesamtbetrachtung der verschiedenen Optionen zum Anschluss. Für Anlagenbetreiber besteht darüber hinaus gemäß § 8 Abs. 2 EEG 2017 die Wahl eines anderen Verknüpfungspunktes, wenn die zu verursachenden Mehrkosten des Netzbetreibers nicht erheblich sind.

Bei Bedarf hat der Anlagenbetreiber gemäß § 8 Abs. 4 i.V.m. § 12 EEG 2017 zudem das Recht, von dem Netzbetreiber zwecks Anschluss seiner EE-Anlage eine Kapazitätserweiterung zu verlangen, soweit dies gemäß § 12 Abs. 3 EEG 2017 aus wirtschaftlichen Gesichtspunkten zumutbar ist. Im Gegenzug ist der Anlagenbetreiber gemäß § 9 Abs. 1 EEG 2017 zum Schutze der Interessen des Netzbetreibers verpflichtet, die anzuschließenden Anlagen mit einer technischen Einrichtung auszustatten, mit denen der Netzbetreiber jederzeit die eingespeiste Leistung bei einer Netzüberlastung ferngesteuert regulieren kann. Es ist in diesem Zusammenhang zu berücksichtigen, dass gemäß § 16 Abs. 1 EEG 2017 Kosten des Netzanschlusses grundsätzlich von dem Anlagenbetreiber getragen werden, wobei die Kosten des Netzausbaus dem Netzbetreiber aufzuerlegen sind, vgl. § 17 EEG 2017. Diese Kostenverteilung führt in der Praxis zu erheblichen Rechtsstreitigkeiten, weil es unklar sein kann, ob eine Maßnahme als Anschluss oder als Ausbau des Netzes zu qualifizieren ist.[172] Als Hilfestellung bei der Unterscheidung dieser Pflichten kann auf die Konkretisierung der Netzausbaupflicht nach § 12 Abs. 2 EEG 2017 zurückgegriffen werden. Insbesondere

---

170 Gerstner, Grundzüge des Rechts der Erneuerbaren Energien, S. 286.

171 Woltering, BeckOK-EEG 2014, § 8 Rn. 12, 13.

172 Gerstner, Grundzüge des Rechts der Erneuerbaren Energien, S. 288; Niedersberg, Schwachstellenanalyse zum EEG für den Bereich Windenergienutzung, S. 27 f.; Sailer, EnWZ 2016, 250 (251 f.).

kommt es bei der jeweiligen Maßnahme darauf an, ob diese für den Betrieb des jeweiligen Netzes notwendig ist.[173]

Da alle weiteren Rechte des Anlagenbetreibers an den Anschluss seiner Anlage an das Stromnetz knüpfen, ist der Anschluss „unverzüglich" zu gewährleisten und hat folglich ohne schuldhaftes Zögern i.S.d. § 121 BGB zu erfolgen.[174] Zur Bestimmung der Unverzüglichkeit wird als grober Maßstab die Acht-Wochen-Frist des § 8 Abs. 6 EEG 2017 herangezogen, wobei diese Frist i.d.R. nicht ausgeschöpft werden darf.[175] Im Falle einer Verspätung macht sich der Netzbetreiber gegenüber dem Anlagenbetreiber schadensersatzpflichtig.[176]

V. Abnahme-, Übertragungs- und Verteilungspflicht

Nach § 11 EEG 2017 sind Netzbetreiber, welche die jeweilige EE-Anlage an ihr Netz angeschlossen haben, verpflichtet, den aus Erneuerbaren Energien produzierten Strom unverzüglich vorrangig abzunehmen, zu übertragen und zu verteilen (sog. Pflichtentrias). Die Maßgaben der Vorrangigkeit sowie der Unverzüglichkeit gelten hierbei hinsichtlich aller drei Verpflichtungen.[177] Aufgrund der Pflicht der Vorrangigkeit darf der Netzbetreiber bspw. die Abnahme und Übertragung nicht deshalb verweigern, weil der Anschluss anderer konventioneller Anlagen zu einem früheren Zeitpunkt erfolgt sei.[178] Vielmehr ist der Netzbetreiber u.U. auch verpflichtet, aus konventionellen Energiequellen produzierten Strom reduziert abzunehmen bzw. komplett abzuregeln, um dem Strom aus Erneuerbaren Energien den gesetzlich garantierten Vorrang zu gewähren.[179]

Bis zum EEG 2014 umfasste die Abnahmepflicht i.d.R. sowohl die physikalische als auch die kaufmännisch-bilanzielle Stromabnahme, weil der erzeugte Strom grundsätzlich durch den Netzbetreiber erworben und im EEG-Bilanzkreis

---

173 Ohms, Recht der Erneuerbaren Energien, S. 156; Woltering, BeckOK-EEG 2014, § 8 Rn. 47 f.

174 Salje, EEG 2014, § 8 Rn. 23; Scholz, Berliner Kommentar-EEG 2014, § 8 Rn. 19 f.

175 LG Frankfurt, REE 2011, 224; Ohms, Recht der Erneuerbaren Energien, S. 144; Gerstner, Grundzüge des Rechts der Erneuerbaren Energien, S. 292.

176 BGH, NVwZ 2013, 90 (91); OLG Hamm, BeckRS 2012, 10759.

177 Scholz, Berliner Kommentar-EEG 2014, § 11 Rn. 16, 20; Gerstner, Grundzüge des Rechts der Erneuerbaren Energien, S. 328; Woltering, BeckOK-EEG 2014, § 11 Rn. 20 f.

178 Ohms, Recht der Erneuerbaren Energien, S. 159.

179 Weck, Die garantierte Einspeisungsvergütung für Strom nach dem Gesetz über den Vorrang erneuerbarer Energien, S. 63 f.

nach den Vorgaben des EnWG berücksichtigt werden musste.[180] Mit dem EEG 2014 modifizierte der Gesetzgeber die gesetzliche Vorschrift dahingehend, dass mit der Einführung der verpflichtenden Direktvermarktung grundsätzlich eine rein physikalische Verpflichtung festgelegt wurde.[181] Denn bei der Direktvermarktung reichen der bloße Netzzugang und die physikalische Weiterleitung aus, da in diesem Falle der Anlagenbetreiber seinen Strom selbst vermarktet und der Netzbetreiber nur für den Transport über seine Netzleitungen verantwortlich ist.[182] Wenn der Anlagenbetreiber aber den Anspruch auf Einspeisevergütung nach § 19 EEG 2017 i.V.m. § 21 EEG 2017 geltend macht, umfasst die Pflicht des Netzbetreibers auch die kaufmännische Abnahme, vgl. § 11 Abs. 1 Satz 2 EEG 2017.

Grundsätzlich ist der Netzbetreiber zur Abnahme des gesamten Stroms aus EE-Anlagen verpflichtet, wenn nicht der Anlagenbetreiber oder das Direktvermarktungsunternehmen gemäß § 11 Abs. 3 EEG 2017 für einen Teil des Stroms zum Zwecke einer besseren Integration der Anlage in das Netz eine andere Vorgehensweise vereinbart hat oder der Strom zum Eigenverbrauch genutzt werden soll.[183] Eine bessere Netzintegration liegt etwa dann vor, wenn die erfolgte Stromeinspeisung stärker am tatsächlichen Energiebedarf ausgerichtet wird oder eine befristete Drosselung der Einspeisung an bestimmten, energiereichen Tagen des Jahres erfolgt, um einen ansonsten notwendigen Netzausbau zu vermeiden.[184] Somit ermöglicht diese Ausnahmevorschrift die Vereinbarung einer Sonderregelung, welche zumindest für eine der beiden Parteien positive Wirkung entfaltet.[185] Auch bei einer anderweitigen Vertragsgestaltung ist jedoch stets sicherzustellen, dass der Vorrang für Strom aus Erneuerbaren Energien angemessen berücksichtigt und insgesamt die größtmögliche Strommenge aus Erneuerbaren Energien abgenommen wird, vgl. § 11 Abs. 3 Satz 2 EEG 2017.

Die Übertragungspflicht verpflichtet die Übertragungsnetzbetreiber (ÜNB) zur Beförderung des Stroms über ein Höchst- bzw. Hochspannungsverbundnetz

180 BT-Drs. 18/1304, S. 185; Kröger, Die Förderung erneuerbarer Energien im Europäischen Elektrizitätsmarkt, S. 143; Salje, EEG 2014, § 11 Rn. 10; Ohms, Recht der Erneuerbaren Energien, S. 160; Scholz, Berliner Kommentar-EEG 2014, § 11 Rn. 28.

181 Danner/Theobald/Lietz, EEG 2014, § 11 Rn. 13; Lehnert, ZUR 2015, 277 (279).

182 Salje, EEG 2014, § 11 Rn. 2, 9 f.

183 Gerstner, Grundzüge des Rechts der Erneuerbaren Energien, S. 329; Woltering, BeckOK-EEG 2014, § 11 Rn. 29 f.; Danner/Theobald/Lietz, EEG 2014, § 11 Rn. 40.

184 BT-Drs. 15/2864, S. 32.

185 BT-Drs. 16/8148, S. 44; Woltering, BeckOK-EEG 2014, § 11 Rn. 31.

zum Zwecke der Belieferung von Letztverbrauchern oder Stromverteilern.[186] Die Verteilungspflicht zwingt wiederum die Verteilnetzbetreiber (VNB) zur Beförderung des Stroms mit hoher, mittlerer oder niedriger Spannung zur Versorgung der Letztverbraucher.[187]

Diese drei Pflichten bestehen jedoch nicht grenzenlos. Auf entsprechende Privilegien kann sich der Betreiber einer EE-Anlage vor allem dann nicht berufen, wenn die Sicherheit und Funktionsfähigkeit des Netzes gefährdet ist und ein Versorgungsrisiko entsteht.[188] Insoweit dürfen Netzbetreiber entsprechend des Einspeisemanagements nach § 11 Abs. 1 i.V.m. § 14 EEG 2017 an ihr Netz unmittelbar oder mittelbar angeschlossene EE-Anlagen, die mit einer technischen Einrichtung zur ferngesteuerten Reduzierung der Einspeiseleistung ausgestattet sind, bei der möglichen Drohung eines Netzengpasses regeln. Somit handelt es sich bei dem Einspeisemanagement um eine Ausnahme des Vorrangprinzips.[189] Jedoch trifft auch in diesem Fall den Netzbetreiber die Pflicht, zur Wahrung der Grundsätze der Verhältnismäßigkeit die „größtmögliche Strommenge" aus Erneuerbaren Energien aufzunehmen und keine willkürliche Reduzierung durchzuführen.[190]

Als Folge der Reduzierung der Stromeinspeisung im Rahmen des Einspeisemanagements verpflichtet § 15 EEG 2014 den Netzbetreiber zur Zahlung einer angemessenen Entschädigung an den Anlagenbetreiber. Die auszuzahlende Summe berechnet sich i.d.R. aus 95 Prozent der entgangenen Einnahmen zzgl. der zusätzlichen Aufwendungen und abzgl. der ersparten Aufwendungen des Anlagenbetreibers.

F. Finanzielles Fördersystem des EEG

Anhand der regelmäßigen Novellierungen des EEG erkennt man, dass der deutsche Gesetzgeber aufgrund der technischen Weiterentwicklung der Technologiearten ein sich stets wandelndes Förderungssystem präferiert. Im Laufe der

---

186 Gerstner, Grundzüge des Rechts der Erneuerbaren Energien, S. 328; Scholz, Berliner Kommentar-EEG 2014, § 11 Rn. 11 f.

187 Kröger, Die Förderung erneuerbarer Energien im Europäischen Elektrizitätsmarkt, S. 144.

188 BT-Drs. 16/8148, S. 47; BT-Drs. 15/2864, S. 28; Salje, RdE 2005, 250 (251 f.).

189 Lindner, Abschaltreihenfolge im Rahmen des Einspeisemanagements des EEG, S. 23 f.

190 Gerstner, Grundzüge des Rechts der Erneuerbaren Energien, S. 331; Vergoßen, Das Einspeisemanagement nach dem EEG im Spannungsverhältnis der Versorgungssicherheit und des Vorrangprinzips, S. 47 f.; Schumacher, ZUR 2009, 522 (525).

letzten Jahre gab es sowohl im Rahmen des Fördermodells als auch der Förderhöhen weitreichende Systemwechsel, ohne deren historische Darstellung das aktuelle Fördersystem nicht aufgeschlüsselt werden kann. Im Folgenden werden insb. Ausführungen zur Förderdauer, zum Fördermodell sowie zur Förderhöhe vorgenommen.

I. Anspruchsgegner

Ihre finanziellen Förderansprüche können die Anlagenbetreiber gemäß § 19 Abs. 1 EEG 2017 gegen den jeweils zuständigen Netzbetreiber geltend machen. Zuständig ist der Netzbetreiber, an dessen Stromnetz die EE-Anlage angeschlossen wurde und der nunmehr zur Erfüllung der Pflichtentrias die Stromproduktion abnehmen, übertragen und verteilen muss.

II. Zeitpunkt der Inbetriebnahme

Da die Bestimmung des Zeitpunktes der Inbetriebnahme einer Anlage an verschiedenen Stellen – insb. auch bei der Bestimmung der konkreten Förderdauer – von entscheidender Bedeutung ist, erscheint eine vorweggenommene Darstellung zweckmäßig. Zudem bestimmt sich anhand der Beantwortung dieser Frage, welche Novelle des EEG für die jeweilige Anlage Geltung entfaltet, vgl. § 21 EEG 2004, § 66 Abs. 1 EEG 2009 und 2012 sowie § 100 Abs. 1 EEG 2014 und 2017.[191]

Nach § 3 Nr. 30 EEG 2017 ist unter der Inbetriebnahme die erstmalige Inbetriebsetzung der Anlage nach Herstellung der technischen Betriebsbereitschaft derselben ausschließlich mit Erneuerbaren Energien zu verstehen. Die technische Betriebsbereitschaft setzt dabei voraus, dass die Anlage fest an dem für den dauerhaften Betrieb vorgesehenen Ort verbunden ist und dauerhaft mit dem für die Erzeugung von Wechselstrom erforderlichen Zubehör installiert wurde, vgl. § 3 Nr. 30 Hs. 2 EEG 2017. Die Anlage muss folglich insgesamt zum Betrieb, also zur Erzeugung von Strom aus Erneuerbaren Energien, bereit sein sowie erstmals Strom erzeugen.[192] Dabei beginnt für alle Komponenten der Anlage die Inbetriebnahme zum gleichen Zeitpunkt, sodass auch für später hinzugefügte Anlagenteile – wie etwa für weitere Generatoren – auf den Zeitpunkt der erstmaligen Inbetriebnahme der Gesamtanlage abzustellen ist.[193]

---

191 Ohms, Recht der Erneuerbaren Energien, S. 138.

192 Altrock/Oschmann, EEG 2012, § 21 Rn. 15.

193 BT-Drs. 18/1304, S. 128; Boewe/Bues, BeckOK-EEG 2014, § 22 Rn. 2.

Der Inbetriebnahmezeitpunkt wird unter Beachtung der zum Einsatz kommenden Energiequelle danach bestimmt, ob die erstmalige Inbetriebsetzung ausschließlich mit Erneuerbaren Energien erfolgt.[194] Der Betrieb einer Anlage mit konventionellen Energiequellen stellt folglich keine Inbetriebnahme i.S.d. EEG dar.[195] § 3 Nr. 30 Hs. 3 EEG 2017 bestimmt zudem, dass der Austausch des Generators oder sonstiger technischer oder baulicher Teile nach der erstmaligen Inbetriebnahme nicht zu einer Änderung des Zeitpunktes der Inbetriebnahme führt. Damit wird ausdrücklich festgestellt, dass etwa im Falle einer Nachrüstung, Sanierung oder „Repowering"-Maßnahme einer Anlage der Inbetriebnahmezeitpunkt gesetzlich nicht neu beginnt.[196] In diesem Falle ist auf den Zeitpunkt der erstmaligen Inbetriebnahme der Anlage abzustellen.[197] Ansonsten könnte jede sukzessive Erweiterung der Anlage diesen Förderzeitraum verlängern, was dem Sinn und Zweck der gesetzlichen Bestimmungen des EEG widerspricht.[198]

III. Förderdauer

Beginn, Dauer und Ende des Förderanspruches richten sich nach § 25 EEG 2017. Diese Norm verschafft bzgl. des Förderzeitraumes eine erhebliche Rechtssicherheit und ist aufgrund der bewirkten Planungssicherheit für Investoren und Kreditinstitute unabdingbar.[199] Als eine der wesentlichen Elemente des Fördersystems des EEG konnte die Förderdauer aufgrund des früheren Abweichungsverbotes nach § 7 Abs. 2 EEG 2014 weder verkürzt noch verlängert werden.[200] Eine solche Abweichung dürfte trotz der strukturellen Novellierung des § 7 Abs. 2 EEG 2017 nicht möglich sein, weil sie entsprechend § 7 Abs. 2 Nr. 4 EEG 2017 mit dem wesentlichen Grundgedanken, die Förderdauer konkret bestimmen zu können, unvereinbar ist.

---

194 BT-Drs. 18/1304, S. 114.

195 Diese Änderung fand mit der Novellierung des EEG im Jahr 2012 statt; vgl. BT-Drs. 18/1304, S. 114.

196 Thorbecke/Greb, Berliner Kommentar-EEG 2014, § 22 Rn. 11, 16; vgl. zur früheren Regelung BGH, EnWZ 2014, 116.

197 BT-Drs. 18/1304, S. 128; Boewe/Bues, BeckOK-EEG 2014, § 22 Rn. 6.

198 BT-Drs. 18/1304, S. 128 f.

199 Salje, EEG 2014, § 22 Rn. 1; Thorbecke/Greb, Berliner Kommentar-EEG 2014, § 22 Rn. 1, 2; Altrock/Oschmann, EEG 2012, § 21 Rn. 2; Freitag, Die garantierte Einspeisevergütung nach dem EEG und das Zuschlagsmodell nach dem KWKG, S. 114; Bönning, ZNER 2000, 268, 269.

200 Thorbecke/Greb, Berliner Kommentar-EEG 2014, § 22 Rn. 2; Boewe/Bues, BeckOK-EEG 2014, § 22 Rn. 11.

Die Förderdauer beginnt nach § 25 Satz 3 EEG 2017 grundsätzlich in dem Zeitpunkt der Inbetriebnahme der Anlage. Insoweit wird nicht danach unterschieden, ob der Zahlungsanspruch aus den gesetzlichen Regelungen resultiert oder im Wege eines Ausschreibungswettbewerbs bestimmt wird.[201] Sie beträgt gemäß § 25 Satz 1 EEG 2017 sowohl im Falle der Marktprämie als auch im Falle der Einspeisevergütung jeweils 20 Jahre. In den Vorgängerregelungen umfasste die Vergütungsdauer 20 Kalenderjahre[202], wobei jedoch das Jahr der Inbetriebnahme mitgerechnet wurde, vgl. etwa § 21 Abs. 2 Satz 1 EEG 2012, § 22 Satz 1 EEG 2014. Bei der Inbetriebnahme der Anlage am 1. Januar eines Jahres betrug die Förderdauer letztlich de facto 21 Kalenderjahre.[203] § 25 Satz 2 EEG 2017 regelt nunmehr für Anlagen, deren anzulegender Wert gesetzlich bestimmt wird, dass der Zeitraum der Förderung bis zum Ende des zwanzigsten Jahres der Inbetriebnahme läuft. Im Umkehrschluss bedeutet dies, dass eine Förderung von 21 Jahren de facto möglich ist, wenn eine solche Anlage am 1. Januar eines Jahres in Betrieb genommen wird. Für Anlagen, deren anzulegender Wert nicht gesetzlich – sondern im Wege des nunmehr grundsätzlichen Ausschreibungsverfahrens – ermittelt wird, kommt jedoch eine Förderdauer von höchstens 20 Jahren in Betracht.[204] Andernfalls wäre es für Anlagenbetreiber wirtschaftlich attraktiver, die Inbetriebnahme der Anlage bis zum Beginn des kommenden Kalenderjahres zu verschieben, um eine Förderdauer von 21 Kalenderjahren zu erreichen. Die Neuregelung bezweckt, eine darin begründete Verschiebung des Baus und der Inbetriebnahme der EE-Anlagen zu verhindern.[205]

Schließlich ist darauf hinzuweisen, dass die Förderdauer nicht dadurch gehemmt wird, dass der Betreiber nach Inbetriebnahme der Anlage von den entsprechenden gesetzlichen Zahlungsansprüchen für einen gewissen Zeitraum keinen Gebrauch macht, um den Strom anderweitig zu nutzen bzw. in sonstiger

---

201 BT-Drs. 18/8860, S. 201.

202 Für Wasserkraftanlagen galten teilweise andere Laufzeiten. Bei einer installierten Kapazität bis einschließlich 5 MW genossen sie ab dem Zeitpunkt der Inbetriebnahme eine Förderung für die Förderdauer von 30 Jahren, für größere Wasserkraftwerke mit einer installierten Kapazität bis zu 150 MW galt eine 15-jährige Förderdauer, vgl. etwa § 12 Abs. 3 Satz 2 EEG 2004, § 21 Abs. 2 Satz 2 EEG 2009.

203 Gerstner/Lünenberger, Grundzüge des Rechts der Erneuerbaren Energien, S. 469; Salje, EEG 2014, § 22 Rn. 8: Thorbecke/Greb, Berliner Kommentar-EEG 2014, § 22 Rn. 10.

204 BT-Drs. 18/8860, S. 201.

205 BT-Drs. 18/8860, S. 201; Boemke, NVwZ 2017, 1 (3).

Weise zu vertreiben.[206] Nach Ablauf des Förderzeitraumes stehen dem Anlagenbetreiber die aus den §§ 19 f. EEG 2017 resultierenden Ansprüche folglich nicht mehr zu. Ab diesem Zeitpunkt kann er den Strom etwa auf dem freien Energiemarkt veräußern oder selbst verbrauchen.[207] Zu beachten ist jedoch, dass die allgemeinen Vorschriften aus Teil 2 des EEG – wie etwa die Vorrangigkeit beim Netzanschluss sowie der Stromabnahme – für die EE-Anlage auch nach Ablauf der Förderdauer von 20 Jahren Anwendung finden.[208]

IV. Fördermodell

Vor der Darstellung des aktuellen Förder- und Vergütungssystems ist es angebracht, die bisher sukzessive geltenden Mittel bei der Förderung von Erneuerbaren Energien chronologisch aufzuarbeiten, um ein umfassendes Verständnis hinsichtlich der aktuellen Gesetzeslage zu erlangen.

1. *Einspeisevergütungen als Option neben selbständiger nicht subventionierter Direktvermarktung*

Zum Zwecke des beschleunigten Ausbaus der Erneuerbaren Energien enthielt bereits das StrEG ein Einspeisevergütungssystem. Es handelte sich dabei um den ersten gesetzlich garantierten Einspeisetarif für die Förderung der Erneuerbaren Energien in Europa.[209] Bis zu einem markanten Systemwechsel im Zuge der Novellierung des EEG im Jahr 2014 stellte es das Grundkonzept des Fördersystems dar.

Das deutsche Einspeisevergütungsmodell enthält zwei wesentliche Merkmale, vgl. etwa § 2 StrEG und § 3 Abs. 1 EEG 2000. Es verpflichtet das EVU bzw. den Netzbetreiber, den in der EE-Anlage produzierten Strom abzunehmen und

---

206 Thorbecke/Greb, Berliner Kommentar-EEG 2014, § 22 Rn. 20; Greb/Hölder, BeckOK-EEG 2012, § 33e Rn. 8; so auch bereits bei der EEG-Novelle 2009: BT-Drs. 16/8148, S. 49.

207 Thorbecke/Greb, Berliner Kommentar-EEG 2014, § 22 Rn. 22.

208 Thorbecke/Greb, Berliner Kommentar-EEG 2014, § 22 Rn. 21; Müller(Hrsg.)/Kahles/Lutz/Schütter, 20 Jahre Recht der erneuerbaren Energien, S. 510, 511.

209 Roßegger, Förderung Erneuerbarer Energien zur Stromerzeugung in Deutschland und im Vereinigten Königreich, S. 39; Valentin, Strom aus erneuerbaren Energien im italienischen Recht, S. 267; Für Danner/Theobald stellte es sogar das „seinerzeit weltweit erfolgreichste Gesetz“ bei dem Ausbau der Erneuerbaren Energien dar; siehe hierzu Danner/Theobald, Einf. EEG 2012, Rn. 6.

sodann zu vergüten.[210] Diese Verpflichtungen stellten mehr als zwei Jahrzehnte das „Kernstück des Fördermechanismus“ bei den Erneuerbaren Energien dar.

Einspeisevergütungen gewähren den Betreibern von EE-Anlagen den Vorteil, aufgrund der garantierten Abnahme- und Vergütungsverpflichtungen über einen langen Zeitraum erhebliche Planungssicherheit zu verspüren.[211] Zudem schließen sie jegliche Notwendigkeit des Anlagenbetreibers zur Verhandlung mit der den Strom abnehmenden Gegenseite aus.[212] Dies führt insgesamt zu einer erheblichen Reduzierung des finanziellen Investitionsrisikos, fördert den Entschluss zum Einstieg in diesen neuen Markt und beschleunigt folglich den Ausbau und die Etablierung der Erneuerbaren Energien.[213]

Zwar waren bis zum EEG 2009 keine gesetzlichen Regelungen für eine mögliche Direktvermarktung des Stroms aus Erneuerbaren Energien vorhanden. Dieser Umstand führte jedoch nicht zu der Schlussfolgerung, dass ein solches Vorgehen der Anlagenbetreiber per se verboten gewesen wäre. Vielmehr war es neben der Geltendmachung der gesetzlichen Einspeisevergütung auch möglich und zulässig, den produzierten Strom im Wege der Direktvermarktung zu veräußern und auf die Einspeisevergütung zu verzichten.[214] Diese Option nahmen die Anlagenbetreiber insb. zu solchen Zeiten wahr, in denen im Wege der Direktvermarktung auf dem freien Energiemarkt höhere Strompreise zu erzielen waren. In Ermangelung einer detaillierten Regelung führte dieser Umstand jedoch zu der ungewünschten Konsequenz, dass die Anlagenbetreiber nach eigenen wirtschaftlichen Interessen zwischen der Direktvermarktung und der gesetzlichen

---

210 Niedersberg, Der Beitrag der Windenergie zur Stromerzeugung, S. 109 f.; zum System der Einspeisungsvergütung siehe Roßegger, Förderung Erneuerbarer Energien zur Stromerzeugung in Deutschland und im Vereinigten Königreich, S. 11, 39; ebenso Espey, Internationaler Vergleich ordnungspolitischer Instrumente zur Förderung erneuerbarer Energien, S. 49.

211 Espey, Internationaler Vergleich ordnungspolitischer Instrumente zur Förderung erneuerbarer Energien, S. 49; Müller(Hrsg.)/Kahles/Lutz/Schütter, 20 Jahre Recht der erneuerbaren Energien, S. 509.

212 Altrock/Oschmann, EEG 2012, § 16 Rn. 1; Mischok, Förderinstrumente für erneuerbare Energien in der EU, S. 34.

213 Müller(Hrsg.)/Ragwitz/Held, 20 Jahre Recht der erneuerbaren Energien, S. 323; Springmann, Förderung erneuerbarer Energien in der Stromerzeugung, ein Vergleich ordnungspolitischer Instrumente, S. 66, 67; Mischok, Förderinstrumente für erneuerbare Energien in der EU, S. 50, 51.

214 BT-Drs. 16/7119, S. 96; Altrock/Oschmann, EEG 2012, § 33a Rn. 27; Valentin, Strom aus erneuerbaren Energiequellen im italienischen Recht, S. 270; Lehnert, ZUR 2012, 4.

Einspeisevergütung kurzfristig hin und her wechselten („Rosinenpicken").[215] Auf lange Sicht konnte eine solche Vorgehensweise der Anlagenbetreiber jedoch die hohe Akzeptanz hinsichtlich der Förderung von Erneuerbaren Energien in der Gesellschaft belasten.[216] Um dieses missbilligte Verhalten vorzubeugen und die Erneuerbaren Energien näher an den freien Energiemarkt heranzuführen, fügte der Gesetzgeber im Rahmen der Gesetzesnovelle 2009 erstmals Regelungen zur Direktvermarktung ein.[217] § 17 Abs. 1 EEG 2009 gewährte dem Anlagenbetreiber die Option, den produzierten Strom kalendermonatlich im Wege der Direktvermarktung zu veräußern, soweit er dies dem Netzbetreiber vor Beginn des jeweils vorangegangenen Kalendermonats angezeigt hatte. Somit war eine Vorlaufzeit von mindestens einem Monat einzuhalten. Mit der mangelnden Inanspruchnahme der gesetzlichen Einspeisevergütung und dem Wechsel in die Direktvermarktung wurde gemäß § 17 Abs. 1 Satz 3 EEG 2009 die Förderdauer weder unterbrochen noch gehemmt. Eine Rückkehr in das System der Einspeisevergütung war gemäß § 17 Abs. 3 EEG 2009 nach Ablauf dieses Kalendermonats mit einer entsprechenden Anzeige des Anlagenbetreibers möglich. Zudem erlaubte § 17 Abs. 2 EEG 2009 ausdrücklich, sich kalendermonatlich für bestimmte Prozentsätze an zu erzeugendem Strom jeweils für die Einspeisevergütung sowie für die Direktvermarktung zu entscheiden.

Der Referentenentwurf im Oktober 2007 hingegen schlug noch vor, dass sich die Anlagenbetreiber bei den Netzbetreibern bis Ende September des Vorjahres anzumelden hatten, um im kommenden Kalenderjahr den gesamten in der EE-Anlage erzeugten Strom im Rahmen der Direktvermarktung zu vertreiben.[218] Dies sollte den Netzbetreibern gestatten, Voraussagen über die Volumina des einzuspeisenden Stroms aus Erneuerbaren Energien aufzustellen. Zudem waren wegen der „rigiden Regelungen" bei der Nutzung der Direktvermarktung Boni vorgesehen, die durch eine entsprechende Verordnung geregelt werden sollten, vgl. § 64 Abs. 1 Nr. 6 EEG 2009.[219] Diese Boni blieben jedoch bis zur EEG-Novelle

215 BT-Drs. 16/8148, S. 49; Rostankowski/Oschmann, RdE 2009, 361 (365).

216 BT-Drs. 16/7119, S. 96.

217 BT-Drs. 16/9477, S. 24; Gerstner, Grundzüge des Rechts der Erneuerbaren Energien, S. 495.

218 Referentenentwurf des BMU vom 10.10.2007, S. 30; abrufbar im Internet unter: https://www.clearingstelle-eeg.de/files/A1c-EEG_2009_RefE_Begruendung_BT_endg_2007-10-10.pdf.

219 BT-Drs. 16/8148, S. 49 f., 76; Referentenentwurf des BMU vom 10.10.2007, S. 31, 77; abrufbar im Internet unter: https://www.clearingstelle-eeg.de/files/A1c-EEG_2009_RefE_Begruendung_BT_endg_2007-10-10.pdf.

2012 aus.[220] Ohne diese entsprechenden Anreize konnte mit der gesetzlichen Einführung der Direktvermarktung auch die beabsichtigte beschleunigte Heranführung der Erneuerbaren Energien an den Energiemarkt nicht erfolgreich sein.[221]

Im Laufe der Verabschiedung des EEG 2000 als Nachfolgegesetz des StrEG sowie in den weiteren Fassungen des EEG bis zum Jahr 2012 kam es zu umfangreichen und detaillierten Umstrukturierungen des Fördersystems. Das grundlegende Prinzip des gesetzlichen Einspeisetarifs, Netzbetreiber zur Abnahme sowie zur Vergütung des Stroms aus Erneuerbaren Energien zu verpflichten, blieb jedoch unverändert.[222]

2. *Einspeisevergütung und optionale Direktvermarktung*

a) *Grundlegendes Ziel der Direktvermarktungsnovelle*

Aufgrund der positiven Effekte der bestehenden rechtlichen und ökonomischen Strukturen entwickelten sich die Erneuerbaren Energien im Laufe der Jahre zu einem der wesentlichen Pfeiler des Strommarktes. Im Jahr 2011 waren bereits 20,3 Prozent der deutschen Stromproduktion auf die Erneuerbaren Energien zurückzuführen.[223] Der Gesetzgeber verfolgte sogar weitreichendere Ziele, da der Anteil von Erneuerbaren Energien an der Stromversorgung etwa bis zum Jahr 2020 bereits 35 Prozent und bis zum Jahr 2030 schon die Hälfte der Gesamtstromversorgung betragen sollte.[224] Dieser Fortschritt führte letztlich aber aufgrund der wachsenden Zahl der EE-Anlagen zu einer insgesamt höheren Auszahlung von Einspeisevergütungen und deshalb zu einem starken Anstieg der EEG-Umlage, die letztlich auf die Stromverbraucher umverteilt wurde. Betrug die EEG-Umlage zur Jahrtausendwende noch 0,19 Eurocent/kWh, lag er im Jahr 2011 bei 3,53 Eurocent/kWh.[225]

---

220 Altrock/Oschmann, EEG 2012, § 33a Rn. 32.

221 BMU, Erfahrungsbericht 2011 zum EEG, S. 11; Greb/Hölder, BECKOK-EEG 2012, § 33a Rn. 9.

222 Valentin, Strom aus erneuerbaren Energiequellen im italienischen Recht, S. 267; Orendi, Effiziente und effektive Förderung Erneuerbarer Energien, S. 90.

223 UBA, Hintergrund, Erneuerbare Energien in Deutschland, Daten zur Entwicklung im Jahr 2016, S. 5.

224 BT-Dr. 17/6071, S. 43; siehe § 1 Abs. 2 EEG 2012.

225 Mayer/Burger, Kurzstudie zur historischen Entwicklung der EEG-Umlage, S. 2; abrufbar im Internet unter: https://www.ise.fraunhofer.de/content/dam/ise/de/documents/publications/studies/ISE_Kurzstudie_EEG_Umlage_2014_07_14.pdf; Wustlich/Müller, ZNER 2011, 380 (392).

Zudem stammte bereits im Jahr 2010 ca. die Hälfte der Stromerzeugung von Erneuerbaren Energien i.H.v. 104,4 MWh aus den beiden fluktuierenden – also nicht steuerbaren – Energiequellen Wind- und Solarenergie.[226] Auch weiterhin sollten diese beiden Energiequellen die Hauptakteure der Energiewende darstellen, sodass aufgrund dieser Entwicklung die gesamte Energie- und Elektrizitätswirtschaft einem unaufhaltbaren Umwandlungsprozess zulief.[227]

Unter Beachtung der genannten Gründe novellierte der Gesetzgeber das EEG für das Jahr 2012 und verfolgte bei dieser Neustrukturierung im Wesentlichen folgende Ziele[228]: Der Ausbau der Erneuerbaren Energien sollte unter Berücksichtigung des Umweltschutzes tatkräftig fortgeführt werden. Diese Entwicklung sollte jedoch so effektiv wie möglich verlaufen, um die Mehrbelastungen zulasten der Letztverbraucher minimal zu halten. Vor allem die System-, Markt- und Netzintegration der Erneuerbaren Energien sollten neue markante Ansätze erhalten, um die allgemeine Sicherheit der Stromversorgung zu bewahren.

Zur Erreichung dieser gesetzten Ziele hielt der Gesetzgeber zwar an dem Institut der gesetzlichen Einspeisevergütung fest. Gleichzeitig fasste er indes die Vorschriften zur Direktvermarktung des Stroms aus Erneuerbaren Energien in einem separaten Abschnitt des EEG 2012 insgesamt neu zusammen und qualifizierte die Direktvermarktung somit als „eigenständige Säule des EEG".[229] Im Wesentlichen beruhten die Vorschriften zur Direktvermarktung auf einem wissenschaftlichen Gutachten des Fraunhofer ISI[230] und dem EEG-Erfahrungsbericht aus dem Jahr 2011.[231] Die neu eingefügten Förderinstrumente

---

226 UBA, Hintergrund, Erneuerbare Energien in Deutschland, Daten zur Entwicklung im Jahr 2016, S. 5.

227 Wustlich/Müller, ZNER 2011, 380 (381).

228 Siehe insgesamt BT-Drs. 17/6071, S. 44, 45.

229 BT-Drs. 17/6071, S. 45.

230 Sensfuß, Vorbereitung und Begleitung der Erstellung des Erfahrungsberichts des 2011 gemäß 65 EEG (Fraunhofer ISI); abrufbar im Internet unter: http://www.isi.fraunhofer.de/isi-wAssets/docs/x/de/publikationen/eeg_eb_2011_recht_bf.pdf; siehe auch Sensfuß/Ragwitz, Förderung eines Fördersystems für die Vermarktung von erneuerbarer Stromerzeugung; abrufbar im Internet unter: http://www.isi.fraunhofer.de/isi-wAssets/docs/x/de/publikationen/Sensfuss_Ragwitz_2009.pdf.

231 BMU, Entwurf zum Erfahrungsbericht 2011 zum EEG; abrufbar im Internet unter: http://www.biogaspartner.de/fileadmin/biogas/Downloads/Gesetze_und_Verordnungen/eeg_erfahrungsbericht_2011_entwurf.pdf; BMU, Erfahrungsbericht 2011 zum Erneuerbare-Energien-Gesetz (2009); abrufbar im Internet unter: http://www.erneuerbare-energien.de/EE/Redaktion/DE/Downloads/Berichte/erfahrungsbericht-eeg-2011.pdf?__blob=publicationFile&v=3.

sollten ökonomische Anreize schaffen, um die Anlagenbetreiber stärker in den freien Energiemarkt zu locken. Diese waren bislang aufgrund der starken Vorteile der gesetzlichen Einspeisevergütung an der selbständigen Vertreibung des Stroms nicht interessiert und mussten folglich ihren produzierten Strom im Rahmen der Andienungspflicht lediglich an die Netzbetreiber weiterreichen, ohne sich über die Folgen ihrer Stromproduktion Gedanken machen zu müssen („produce and forget").[232] Weder bestehende Preisschwankungen auf dem Energiemarkt noch bestehende Über- bzw. Unterproduktionen wirkten für die Anlagenbetreiber in irgendeiner Weise nachteilig. Zur Behebung dieses Zustandes sollte die Direktvermarktung mittelfristig die gesetzliche Einspeisevergütung ablösen und die Erneuerbaren Energien zu einem konkurrenzfähigen Pfeiler des Strommarktes umwandeln.[233] Insbesondere deshalb ist es unverzichtbar, sich mit den Grundgedanken der neu eingefügten Vorschriften intensiv auseinanderzusetzen.

b) Generelle Bestimmungen zur Direktvermarktung

aa. Begriffsbestimmung

Mit § 33a Abs. 1 EEG 2012 wird der Begriff der Direktvermarktung legaldefiniert. Sie liegt bei der Veräußerung von Strom seitens der Anlagenbetreiber an Dritte vor, wenn dieser Strom aus Anlagen stammt, die ausschließlich Erneuerbare Energien oder Grubengas einsetzen. Das bei der gesetzlichen Einspeisevergütung verankerte Ausschließlichkeitsprinzip zog sich folglich auch bei der Direktvermarktung weiter. Mit der Notwendigkeit der Veräußerung an Dritte stellte der Gesetzgeber fest, dass bei einer Eigenversorgung die aufgeführten Regelungen keine Anwendung fanden. Zudem regelte § 33a Abs. 2 EEG 2012, dass die Veräußerung von Strom an Dritte dann nicht als Direktvermarktung gelten sollte, wenn Dritte den im Wege der Direktvermarktung erworbenen Strom in unmittelbarer räumlicher Nähe zur Anlage verbrauchten und der Strom nicht durch ein allgemeines Versorgungsnetz i.S.d. § 3 Nr. 7 EEG 2012 durchgeleitet wurde. Diese ausdrückliche Anordnung übernahm eine klarstellende Wirkung.[234] Bei der mangelnden Nutzung eines öffentlichen Netzes waren

232 Wustlich/Müller, ZNER 2011, 380 (381).

233 Lamott, Marktintegration erneuerbarer Energien am Beispiel der Direktvermarktungsregelung des EEG 2012 wie auch des EEG 2014, S. 106.

234 BT-Drs. 17/6071, S. 78.

insb. Meldepflichten nach § 33d EEG 2012 hinsichtlich des produzierten Stroms nicht einzuhalten.[235]

bb. Formen der Direktvermarktung und Verhältnis zur Einspeisevergütung

§ 33a EEG 2012 wirkte als Einfallstor für die in den §§ 33b bis 33i EEG 2012 geregelten Vorschriften der Direktvermarktung. Nach § 33b EEG 2012 waren drei verschiedene Formen der Direktvermarktung vorhanden, zwischen denen der Anlagenbetreiber abschließend wählen konnte.[236] Er konnte seinen Strom entweder gemäß Nr. 1 zum Zwecke der Inanspruchnahme der Marktprämie oder gemäß Nr. 2 zur Wahrnehmung des Grünstromprivilegs im Wege der Direktvermarktung veräußern. Zudem stand ihm als Auffangtatbestand die Möglichkeit der „sonstigen Direktvermarktung" zu. Nähere Einzelheiten zu den verschiedenen Varianten werden im späteren Verlauf vorgenommen.

Grundlegende Regelungen des EEG 2009 wurden im EEG 2012 übernommen und noch weiter verfeinert. Weiterhin standen die gesetzliche Einspeisevergütung sowie – nunmehr in allen verschiedenen Varianten – die Direktvermarktung in einem Exklusivitätsverhältnis zueinander, vgl. § 33e Satz 1 EEG 2012. Vor allem stand Anlagenbetreibern weiterhin offen, sich für die Einspeisevergütung oder für die Direktvermarktung zu entscheiden („optional")[237]. Soweit der Anlagenbetreiber seinen Strom im Wege der Direktvermarktung veräußerte, stand ihm aber die nach § 16 EEG 2012 gewährte gesetzliche Einspeisevergütung nicht zu. Jenseits der Einspeisevergütung waren jedoch alle Förderregelungen wie etwa die Vorrangbestimmungen, die sich nicht unmittelbar auf die Einspeisevergütung beriefen, auch bei der Direktvermarktung anwendbar.[238] Zudem wurde die 20-jährige Förderdauer durch die Inanspruchnahme der Direktvermarktung gemäß § 33e Satz 2 EEG 2012 weder unterbrochen noch gehemmt. Somit stand dem Anlagenbetreiber die Direktvermarktung nur so lange zu, wie er sich auf den Anspruch auf die gesetzliche Einspeisevergütung berufen konnte. Ferner war ein Wechsel zwischen der Einspeisevergütung und der Direktvermarktung sowie zwischen den verschiedenen Arten der Direktvermarktung nach den oben erklärten Grundsätzen nur zum Beginn eines Kalendermonates

235 Gerstner/Lünenberger, Grundzüge des Rechts der Erneuerbaren Energien, S. 497; mit weiteren Gründen Lehnert, ZUR 2012, 4 (6).

236 Wustlich/Müller, ZNER 2011, 380 (381).

237 Die einzige Ausnahme bestand für Biogasanlagen mit einer installierten Leistung von über 750 kW, soweit diese ab dem Jahr 2014 betrieben wurden, vgl. §§ 27 Abs. 3, 27a Abs. 2 EEG 2012.

238 Greb/Hölder, BeckOK-EEG 2012, § 33a Rn. 21.

zulässig, vgl. § 33d EEG 2012. Zudem durfte der Anlagenbetreiber sich weiterhin gemäß § 33f EEG 2012 für zuvor konkret festgelegte Prozentsätze jeweils für die Direktvermarktung sowie für die Einspeisevergütung entscheiden. Insoweit entfiel lediglich hinsichtlich des direkt vermarkteten Strombetrages der gesetzliche Anspruch auf die Einspeisevergütung, vgl. § 33f Abs. 2 EEG 2012.

cc. Anteilige bzw. kombinierte Direktvermarktung

Mit den Neuerungen des EEG 2012 konnte der Anlagenbetreiber die verschiedenen Modelle der Direktvermarktung sowie die gesetzliche Einspeisevergütung gemäß § 33f EEG 2012 auf unterschiedlichste Arten miteinander kombinieren. Bei der Verteilung der konkreten Prozentsätze des produzierten Stroms auf die verschiedenen Formen der Direktvermarktung sowie auf die gesetzliche Einspeisevergütung war er daher völlig frei in seiner Kombinationsstruktur.[239] Dabei konnte er sich bspw. dafür entscheiden, für die Hälfte seiner Stromproduktion die gesetzliche Einspeisevergütung zu beanspruchen und im Falle der anderen Hälfte die Direktvermarktung zum Zwecke der Inanspruchnahme der Marktprämie oder zur Wahrnehmung des Grünstromprivilegs vorzunehmen. Er konnte sogar die gesetzliche Einspeisevergütung mit allen drei Arten der Direktvermarktung verbinden. Deshalb wurde es ihm bspw. sogar offengehalten, seine Gesamtstromproduktion zu 30 Prozent mit der gesetzlichen Einspeisevergütung, zu 30 Prozent mit der Direktvermarktung zum Zwecke der Inanspruchnahme der Marktprämie, zu 30 Prozent zur Wahrnehmung des Grünstromprivilegs sowie zu 10 Prozent im Wege der „sonstigen Direktvermarktung" zu veräußern.

Mit der Nutzung verschiedener Vermarktungsformen verstieß der Anlagenbetreiber insb. nicht gegen das im § 56 EEG 2012 verankerte Doppelvermarktungsverbot.[240] Danach durfte keine doppelte Förderung durch die Regelungen des EEG erfolgen, indem der Anlagenbetreiber für den aus Erneuerbaren Energien produzierten Strom die Vorzüge der Direktvermarktung zur Erlangung der Marktprämie beanspruchte und zusätzlich eine Erhöhung des Wertes seiner Stromproduktion bewirkte, indem er die gleiche Strommenge als Grünstrom auf dem Strommarkt kennzeichnete.[241] Denn der Strom aus Erneuerbaren Energien wurde durch die Bestimmung eines jeweiligen Fördermodells ausreichend begünstigt. Dass der Anlagenbetreiber sowohl die Marktprämie erhalte als auch

239 Gerstner/Lünenberger, Grundzüge des Rechts der Erneuerbaren Energien, S. 505; Hahn/Naumann, NJOZ 2012, 361 (362).

240 BT-Drs. 17/6071, S. 78.

241 Schlacke/Kröger, NVwZ 2012, 919 (920).

seinen Strom über Herkunftsnachweise auf dem Energiemarkt als „Strom aus Erneuerbaren Energien“ anbiete, würde zu einem weiteren – nicht gewollten – wirtschaftlichen Vorteil führen.[242] Eine solche doppelte Förderung durfte vor allem nicht stattfinden, um die Letztverbraucher, die de facto die Mehrkosten der EEG-Förderung zu tragen haben, nicht doppelt zu belasten.[243] Letztlich förderten die Letztverbraucher die Eigenschaft des Stroms aus Erneuerbaren Energien als sog. Grünstrom bereits durch die anteilmäßige Entrichtung der EEG-Umlage, welche die EVU an sie weiterreichten.

Eine solche doppelte Vermarktung lag jedoch deshalb nicht vor, weil der Anlagenbetreiber sich im Hinblick auf seine gesamte Stromproduktion zu prozentual festgesetzten Beträgen von Vorhinein für eine der verschiedenen Formen zu entscheiden hatte.[244] Er war gemäß § 33f Abs. 1 Nr. 1, 2 EEG 2012 auch dazu verpflichtet, die dem Netzbetreiber verkündeten Prozentsätze für die jeweiligen Formen nachweislich jederzeit einzuhalten. Die Verpflichtung zur Wahrung der angegebenen Prozentsätze bezog sich dabei sowohl auf den monatlichen Durchschnitt als auch auf den Durchschnitt in jeder Datenübertragung, die weiterhin ein 15-Minuten-Intervall darstellt.[245] Insoweit schlossen sich die verschiedenen Formen der Veräußerung hinsichtlich der festgesetzten Stromanteile aus und erlaubten für die jeweilige Stromeinheit keine gleichzeitige Vermarktung in unterschiedlichen Formen.[246] In diesem Rahmen waren insb. die in § 33d EEG 2012 geregelten Anzeigepflichten beim Wechsel zwischen den verschiedenen Formen zu Beginn eines Kalendermonats besonders zu beachten. Auch ein Wechsel zwischen den unterschiedlichen Arten der Direktvermarktung war nur bei entsprechender Mitteilung vor Beginn des jeweils vorangegangenen Kalendermonats möglich.

Von den o.g. Fällen war jedoch die Situation zu unterscheiden, in denen der Anlagenbetreiber nicht die Art der Stromveräußerung durch die Wahrnehmung

---

242 Lehnert, ZUR 2012, 4 (13); Wustlich/Müller, ZNER 2011, 387.

243 Schlacke/Kröger, NVwZ 2012, 919 (921).

244 BT-Drs. 17/6071, S. 79; Sensfuß, Vorbereitung und Begleitung der Erstellung des Erfahrungsberichts des 2011 gemäß 65 EEG (Fraunhofer-Institut für System- und Innovationsforschung), S. 305 f.; Lamott, Marktintegration erneuerbarer Energien am Beispiel der Direktvermarktungsregelung des EEG 2012 wie auch des EEG 2014, S. 105, 107 f.

245 BT-Drs. 17/6071, S. 80; Gerstner/Lünenberger, Grundzüge des Rechts der Erneuerbaren Energien, S. 505.

246 Kröger, Die Förderung erneuerbarer Energien im Europäischen Elektrizitätsmarkt, S. 157.

der Einspeisevergütung oder im Wege der Direktvermarktung wechselte, sondern sich im Rahmen der Direktvermarktung für einen neuen Geschäftspartner entschied. Generell war der Anlagenbetreiber ungezwungen, seinen Strom über einen bzw. mehrere Stromhändler bzw. EVU direkt zu vertreiben.[247] Dabei musste er sich zu Beginn eines Kalendermonats auch nicht auf die entsprechenden Geschäftspartner festlegen und mit diesen mindestens im kalendermonatlichen Rhythmus zusammenarbeiten. Insoweit war er darin frei, jederzeit mit neuen EVU bzw. Stromhändlern zusammenzuarbeiten und bestehende Verträge ohne die Einhaltung von vorhandenen gesetzlichen Fristen jederzeit zu lösen.

c) Darstellung der verschiedenen Formen der Direktvermarktung

aa. Direktvermarktung mit Marktprämie

Nach § 33b Nr. 1 EEG 2012 i.V.m. §§ 33g, h EEG 2012 konnte sich ein Anlagenbetreiber etwa durch den Abschluss von Stromlieferverträgen oder der Veräußerung an der Strombörse für die Direktvermarktung entscheiden, um von der Marktprämie zu profitieren.[248] Diese Variante wurde aufgrund ihrer weitreichenden Bedeutung als das „Herzstück" der Direktvermarktungsnovelle bezeichnet.[249] Einfach gefasst sollte sie dem Anlagenbetreiber, der auf die Einspeisevergütung verzichtete und auf den konkurrierenden Strommarkt wechselte, die Differenz zwischen der ihm grundsätzlich zustehenden Einspeisevergütung und dem durchschnittlichen Börsenstrompreis ausgleichen.[250] Zudem sollte dieser Differenzbetrag mit einer sog. Managementprämie addiert werden, welche die durch die Direktvermarktung verursachten administrativen Mehrkosten aufgrund der Betätigungen auf dem Energiemarkt, der Einstellung von neuem Personal, der Anschaffung von zusätzlichen Sachmitteln sowie der Aufstellung von Prognosen bei der Stromerzeugung kompensieren sollte.[251] Insbesondere im

---

247 Lehnert, ZUR 2012, 4 (7).

248 § 33 i EEG 2012 sah im Rahmen dieser Direktvermarktungsform für Biogasanlagenbetreiber ergänzend zur Marktprämie das Förderinstrument der Flexibilitätsprämie vor. Diese sollte auf vermehrte Investitionen in größere Gasspeicher sowie Generatoren bei Biogasanlagen hinwirken; vgl. hierzu Lamott, Marktintegration erneuerbarer Energien am Beispiel der Direktvermarktungsregelung des EEG 2012 wie auch des EEG 2014, S. 111.

249 Wustlich/Müller, ZNER 2011, 380.

250 Lamott, Markintegration erneuerbarer Energien am Beispiel der Direktvermarktung des EEG 2012 wie auch des EEG 2014, S. 109; Lehnert, ZUR 2012, 4 (11).

251 BT-Drs. 17/6071, 45; Lehnert, ZUR 2012, 4 (12); Valentin, REE 2012, 11.

Falle der Wind- und Solarenergie waren die Anlagenbetreiber bei der Teilnahme am Energiemarkt auf den Abschluss neuer Verträge mit privaten Unternehmen angewiesen, welche Daten zu prognostischen Wetterbedingungen erstellten und vertrieben.

Im Ergebnis ergab sich somit die Summe der Marktprämie folglich aus der gesetzlichen Einspeisevergütung abzgl. des durchschnittlichen Börsenstrompreises zzgl. einer Managementprämie. Insgesamt führte dieser Fördermechanismus zu einer finanziell attraktiven Situation zugunsten des Anlagenbetreibers. Der persönlich erzielte Strompreis zzgl. der Marktprämie ergab einen höheren Betrag als die gesetzlich gewährte fixe Einspeisevergütung, soweit der Anlagenbetreiber auf dem freien Energiemarkt einen höheren Preis als den durchschnittlichen Börsenstrompreis erwirtschaftete.[252] Insbesondere bei sog. Preis-Spreads zu Hochpreiszeiten, welche in Phasen einer hohen Stromnachfrage zustande kamen, boten sich entsprechende Veräußerungen an. Dies führte die Anlagenbetreiber i.d.R. dazu, ihre Stromproduktion an dem Strombedarf und dem sich daraus ergebenden Strompreis zu orientieren.[253] Zwar war es theoretisch möglich, dass der Anlagenbetreiber durch die Direktvermarktung einen geringeren Preis erlangte. Dieses Risiko hielt sich jedoch aufgrund der vorteilhaften Konstruktion der Direktvermarktung mit der Gewährung der Marktprämie in Grenzen.[254]

Im Falle der Wahrnehmung der Marktprämie löste sich der Anlagenbetreiber von dem zweiseitigen Rechtsverhältnis mit dem Netzbetreiber. Letztlich erweiterte sich das Rechtsverhältnis auf mindestens eine dritte Partei, da nunmehr zumindest ein Stromhändler involviert wurde.[255] Der Anlagenbetreiber konnte aber auch mit mehreren verschiedenen Stromhändlern entsprechende Stromlieferverträge abschließen, die produzierte Strommenge an diese anteilig verkaufen und den vereinbarten Strompreis verlangen, vgl. §§ 33a Abs. 1, 33b Nr. 1 EEG 2012. Anschließend konnte er von dem Netzbetreiber gemäß § 33g Abs. 1 EEG 2012 für den zur Veräußerung tatsächlich eingespeisten Strombetrag die entsprechende Marktprämie verlangen, wozu der Abschluss eines Vertrages mit dem Netzbetreiber nicht erforderlich war.[256] Auch die Kosten der Marktprämie

---

252 Gawel/Purkus, ZUR 2012, 587 (590); Herz/Valentin, EnWZ 2013, 16 (18, 22).

253 Wustlich/Müller, ZNER 2011, 380 (388); Sensfuß/Ragwitz, Förderung eines Fördersystems für die Vermarktung von erneuerbarer Stromerzeugung, S. 12.

254 Vgl. insgesamt Greb/Hölder, BeckOK-EEG 2012, § 33b Rn. 13; Lehnert, ZUR 2012, 4 (11).

255 Altrock/Oschmann, EEG 2012, § 33g Rn. 22 f.; Kröger, Die Förderung erneuerbarer Energien im Europäischen Elektrizitätsmarkt, S. 156.

256 Lehnert, ZUR 2012, 4 (12); Hahn/Naumann, NJW 2012, 818.

wurden entsprechend des vorgesehenen Ausgleichsmechanismus umgelagert und fielen schließlich den Letztverbrauchern zur Last.[257]

Der Anlagenbetreiber konnte von dem Netzbetreiber die Zahlung der Marktprämie (im Folgenden für die Berechnung: MP) gemäß § 33g Abs. 2 EEG 2012 jeweils rückwirkend zum Ende eines Kalendermonats verlangen. Gemäß § 33g Abs. 2 Satz 2 EEG 2012 ergaben sich die Grundlagen zur Berechnung der Marktprämie aus § 33h sowie Anlage 4 des EEG 2012. Gemäß Nr. 1.2. Satz 1 der Anlage 4 des EEG 2012 ergab sich die Höhe der Marktprämie aus der Differenz zwischen dem anzulegenden Wert nach § 33h EEG 2012 (im Folgenden für die Berechnung: EV) sowie dem energieträgerspezifischen Referenzmarktwert (im Folgenden für die Berechnung: RW).[258] Die Berechnungsformel lautete daher wie folgt:

$$MP = EV - RW.$$

Der anzulegende Wert „EV" bezeichnete die Summe der gesetzlichen Einspeisevergütung, die dem Anlagenbetreiber zugestanden hätte, wenn er sich nicht für die Form der Direktvermarktung entschieden hätte, vgl. § 33h EEG 2012. Daher waren alle Kriterien, die für die Bestimmung der konkreten Einspeisevergütung von Relevanz waren, wie etwa Art der Erneuerbaren Energie, Zeitpunkt der Inbetriebnahme, Zusatzförderungen, Degressionsvorschriften sowie die Jahresstromproduktion zu beachten.[259] Aus diesem Grunde wirkte sich die Höhe der potentiellen Einspeisevergütung indirekt auch auf die Höhe der Marktprämie aus.

Der energieträgerspezifische Referenzmarktwert „RW" berechnete sich gemäß Nr. 2.1. bis 2.4. der Anlage 4 des EEG 2012 aus der Differenz zwischen dem jeweils rückwirkend berechneten tatsächlichen Monatsmittelwert des energieträgerspezifischen Marktwerts (im Folgenden für die Berechnung: MW) sowie einer sog. Managementprämie (im Folgenden für die Berechnung: P_M). Die diesbezügliche Berechnungsformel lautete deshalb wie folgt:

$$RW = MW - P_{M.}$$

Ausgangspunkt zur Berechnung des energieträgerspezifischen Marktwertes – auch als gleitende Marktprämie bezeichnet – waren nach Nr. 2 der Anlage 4 des EEG 2012 die ex post ermittelten tatsächlichen Monatsmittelwerte der Stundenkontrakte am Spotmarkt der Strombörse EPEX Spot SE in Leipzig. Die Anlage

257 Greb/Hölder, BeckOK-EEG 2012, § 33a Rn. 2; Schlacke/Kröger, NVwZ 2012, 919 (921).

258 Für die allgemeine Berechnung siehe Schomerus/Henkel, ER 2012, 13 (16 f.).

259 BR-Drs. 341/11, S. 158; Wustlich/Müller, ZNER 2011, 380 (391).

4 wies diese Markwerte für jede Art der Erneuerbaren Energien einzeln aus, um den jeweiligen Unterschieden gerecht zu werden. Für steuerbare Erneuerbare Energien entsprach der Marktwert dem tatsächlichen Monatsmittelwert der Stundenkontrakte am Spotmarkt. Im Falle der fluktuierenden Energiequellen wurden jedoch entsprechende Korrekturen vorgenommen, um die bestehenden Ungleichgewichte auszugleichen. Aufgrund ihrer natürlichen Eigenschaft erfolgte die Produktion sowie die Einspeisung des Stroms aus der Solarenergie zu solchen Zeiten, in denen der höchste Strombedarf bestand und deshalb hohe Strompreise zu verzeichnen waren (sog. Peak-Zeiten).[260] Im Gegensatz hierzu erfolgte die höchste Stromerzeugung aus Windenergie i.d.R. zu Nachtzeiten.[261] Da zu diesen Zeiten der Strombedarf allgemein gering war, sanken auch die angebotenen Strompreise an der Strombörse. Deshalb enthielt Nr. 2 der Anlage 4 des EEG 2012 für diese beiden Energiequellen technologiespezifisch angepasste Marktwerte.

Zur Berechnung des Referenzmarktwertes musste nun von dem ex post ermittelten energieträgerspezifischen Marktwert die sog. Managementprämie „P_M" subtrahiert werden. Diese Prämie sollte die nunmehr auf die Anlagenbetreiber zukommenden Kosten ausgleichen, die aufgrund des Verzichts auf die Einspeisevergütung sowie der Teilnahme am Strommarkt entstanden.[262] Nach Nr. 1.1.1.4. Spiegelstrich der Anlage 4 des EEG 2012 handelte es sich dabei um Kosten für die Börsenzulassung, für die Handelsanbindung, für die Transaktionen, für die Erfassung der Ist-Werte und die Abrechnung, für die IT-Infrastruktur, das Personal und die Dienstleistungen, für die Erstellung der Prognosen und für die Abweichungen der tatsächlichen Einspeisung von der Prognose. Auch insoweit entschied sich der Gesetzgeber für eine energiespezifische Festlegung der Managementprämien, um die erwarteten höheren Kosten bei der Wind- und Solarenergie aufgrund ihrer geringeren Steuerbarkeit ausreichend zu berücksichtigen.[263] In allen Fällen fügte der Gesetzgeber bei den Marktprämien eine jährliche Degression ein, um die Kosten in der Eingewöhnungsphase mitzuberücksichtigen und die Anlagenbetreiber fortwährend dazu anzureizen, für eine effektivere Durchführung der Direktvermarktung die notwendigen

260 Wustlich/Müller, ZNER 2011, 380 (391); Lehnert, ZUR 2012, 4 (11).

261 Sensfuß/Ragwitz, Förderung eines Fördersystems für die Vermarktung von erneuerbarer Stromerzeugung, S. 3; Lehnert, ZUR 2012, 4 (11).

262 Kröger, Die Förderung erneuerbarer Energien im Europäischen Elektrizitätsmarkt, S. 162; Wustlich/Müller, ZNER 2011, 380 (391).

263 Gawel/Purkus, ZUR 2012, 587 (590).

Tab. 1: Marktprämien für die Technologiearten

Energiequellen	**2012**	**2013**	**2014**	**ab 2015**
Wasserkraft, Biomasse & andere steuerbare Erneuerbare Energien	0,3 ct/ kWh	0,275 ct/ kWh	0,25 ct/ kWh	0,225 ct/ kWh
Wind- und Solarenergie, nicht fernsteuerbar	1,2 ct/ kWh	0,65 ct/ kWh	0,45 ct/ kWh	0,3 ct/kWh
Wind- und Solarenergie, fernsteuerbar	-	0,75 ct/ kWh	0,6 ct/ kWh	0,5 ct/kWh

Maßnahmen zu ergreifen.[264] Bereits im August 2012 verabschiedete der Gesetzgeber jedoch aufgrund bestehender Überförderungen die Managementprämienverordnung und regelte für die Wind- und Solarenergie neue Beitragssätze, die ab dem Jahr 2013 als Managementprämie gelten sollten. Die Überförderungen sollten im Interesse der Kosteneffizienz abgebaut werden.[265] Zugleich differenzierte der Gesetzgeber damit im Rahmen der fluktuierenden Erneuerbaren Energien Wind- und Solarenergie danach, ob die EE-Anlage ferngesteuert werden konnte. Bei fernsteuerbaren Anlagen waren die Marktprämien ab dem Jahr 2013 um 0,10 Eurocent/kWh höher als bei nicht fernsteuerbaren Anlagen. Hierdurch sollte bei den Anlagenbetreibern ein positiver Anreiz geschaffen werden, ihre Anlagen mit entsprechender Fernsteuertechnologie zu versehen.[266] Sie sollte insgesamt zu einer effektiveren Markt- und Systemintegration des Stroms aus Wind- und Solarenergie führen, indem durch die Regelungsmöglichkeit die Einspeisung des produzierten Stroms an die Stromnachfrage angekoppelt werden konnte.[267] Insgesamt wurden für die verschiedenen Arten der Energiequellen folgende degressiv ausgestalteten Marktprämien gesetzlich vorgesehen:[268]

Zusammenfassend kann daher gesagt werden, dass sich die Marktprämie aus der Differenz zwischen der potentiellen Einspeisevergütung und dem energieträgerspezifischen Referenzmarktwert ergab. Dieser Referenzmarktwert ergab sich aus der Differenz zwischen den durchschnittlichen bzw. angepassten Börsenpreisen sowie der spezifischen Managementprämie. Je höher die Managementprämie lag, desto niedriger wurde die Summe des energieträgerspezifischen

264 Kröger, Die Förderung erneuerbarer Energien im Europäischen Elektrizitätsmarkt, S. 163; Schomerus/Henkel, ER 2012, 13 (15); Lehnert ZUR 2012, 4 (12).

265 BT-Drs. 17/10571, S. 1.

266 BT-Drs. 17/10571, S. 14.

267 BT-Drs. 17/10571, S. 14.

268 Vgl. Nr. 2 der Anlage des EEG 2012 i.V.m. § 2 Managementprämienverordnung.

Referenzmarktwertes. Dies führte konsequenterweise dazu, dass im Rahmen der ersten Berechnungsformel zur Bestimmung der Marktprämie ein geringerer Betrag abgezogen werden musste und die Marktprämie dadurch insgesamt höher ausfiel.

Jenseits dessen entschied jedoch – wie auf der obigen Skizze dargestellt – vor allem die durchschnittliche Höhe des Strommarktwertes an der Börse über die insgesamt erzielbaren Einnahmen des Anlagenbetreibers. Gerade deshalb war es verlockend, die Produktion auf Zeiten von höherer Stromnachfrage zu verlagern, um mit den höheren Strompreisen zzgl. der Managementprämie insgesamt höhere Einnahmen als in dem Einspeisetarif zu erzielen.

bb. Direktvermarktung mit Grünstromprivileg

Als weitere Form konnte gemäß § 33b Nr. 2 EEG 2012 die Direktvermarktung zum Zwecke der Verringerung der EEG-Umlage durch ein EVU nach § 39 EEG 2012 erfolgen. Dieses als sog. Grünstromprivileg bekannte und seit dem EEG 2000[269] existierende Modell war bis zur Verabschiedung des EEG 2012 das verbreitetste Modell der Direktvermarktung.[270] Die Anlagenbetreiber verkauften dabei ihren Strom an die EVU, welche sich selbst aufgrund eines Erneuerbare-Energien-Portefeuilles von der EEG-Umlage befreien lassen konnten. Zudem durften sie sich Herkunftsnachweise ausstellen lassen, mit denen sie ihren Strom als „Grünstrom“ am Energiemarkt i.d.R. zu höheren Preisen vertrieben.[271] Durch diese Ersparnisse waren sie imstande, den Anlagenbetreibern höhere als die durchschnittlichen Börsenstrompreise anzubieten, sodass es sich bei dieser Vermarktungsform um eine mittelbare Förderung der Anlagenbetreiber handelte.[272] Den wesentlichen Vertragsinhalt klärten die Parteien nach den wettbewerblichen Voraussetzungen des Energiemarktes.[273]

---

269 Vgl. § 11 Abs. 4 Satz 2 EEG 2000.

270 BMU, Entwurf zum Erfahrungsbericht 2011 zum EEG, S. 16; abrufbar im Internet unter: http://www.biogaspartner.de/fileadmin/biogas/Downloads/Gesetze_und_Verordnungen/eeg_erfahrungsbericht_2011_entwurf.pdf; Greb/Hölder, BeckOK-EEG 2012, § 33a Rn. 7; Altrock/Oschmann, EEG 2012, § 39 Rn. 2; Lehnert, ZUR 2012, 4 (14).

271 Wustlich/Müller, ZNER 2011, 380 (387).

272 Gerstner/Lünenberger, Grundzüge des Rechts der Erneuerbaren Energien, S. 498, 517; Lamott, Marktintegration erneuerbarer Energien am Beispiel der Direktvermarktungsregelung des EEG 2012 wie auch des EEG 2014, S. 111 f.

273 Wustlich/Müller, ZNER 2011, 380 (392).

§ 37 Abs. 1 Satz 2 EEG 2009 sah zugunsten der EVU noch eine vollständige Befreiung von der Entrichtung der EEG-Umlage vor, soweit mehr als die Hälfte der an die Letztverbraucher gelieferten Strommenge auf die Erneuerbaren Energien zurückzuführen war. Aufgrund des drastischen Anstiegs der EEG-Umlage stand dieses Förderinstrument jedoch im Rahmen der Novellierungsgespräche zum EEG 2012 unter erheblicher Kritik. Denn durch die Befreiung von der EEG-Umlage bewirkten die EVU, dass die restlichen EVU die Mehrbelastungen zu tragen hatten.[274] Letztlich führte die Nutzung des Grünstromprivilegs zu einer Erhöhung der finanziellen Belastungen für alle anderen Stromverbraucher, die aufgrund des starken Anstiegs der EEG-Umlage die Konsequenzen finanziell spürbar wahrnahmen. Dieser negative Zustand verschlechterte sich, je umfangreicher das Grünstromprivileg beansprucht wurde, da so mehr Akteure von der Entrichtung der EEG-Umlage befreit wurden und die EEG-Umlage für alle anderen Stromverbraucher automatisch anstieg.[275] Um dieses Ungleichgewicht bei der Verteilung der EEG-Kosten zu reduzieren, hob der Gesetzgeber eine Gesamtbefreiung im Rahmen des Grünstromprivilegs auf. Stattdessen wurde zugunsten der EVU nach § 39 Abs. 1 EEG 2012 nur noch eine Teilbefreiung von der EEG-Umlage von maximal 2,0 Eurocent/kWh vorgesehen. Darüber hinaus mussten EVU nunmehr nicht allein mindestens 50 Prozent des an ihre Letztverbraucher gelieferten Stroms auf Erneuerbare Energien zurückführen, sondern gemäß § 39 Abs. 1 Nr. 1 b) EEG 2012 zugleich mindestens 20 Prozent Strom aus fluktuierenden Erneuerbaren Energien in ihrem durchschnittlichen Stromportefeuille von mindestens acht Monaten eines Kalenderjahres vorweisen, um für das gesamte Kalenderjahr das Grünstromprivileg beanspruchen zu können. Letztere Änderung wurde eingefügt, weil bis dato das Grünstromprivileg grundsätzlich im Rahmen der kostengünstigen Energiequellen, wie Wasserkraft zur Anwendung kam. Im Vergleich hierzu wurden fluktuierende Erneuerbare Energien kaum genutzt, weshalb der Gesetzgeber zur diesbezüglichen Verstärkung der Marktintegration eine zusätzliche energiequellenbezogene Bedingung als notwendig erachtete.[276]

---

274 Wustlich/Müller, ZNER 2011, 380 (392).

275 BT-Drs. 17/6071, S. 83; BMU, Entwurf zum Erfahrungsbericht 2011 zum EEG, S. 8, 17; abrufbar im Internet unter: http://www.biogaspartner.de/fileadmin/biogas/Downloads/Gesetze_und_Verordnungen/eeg_erfahrungsbericht_2011_entwurf.pdf.

276 BT-Drs. 17/6071, S. 83; BMU, Entwurf zum Erfahrungsbericht 2011 zum EEG, S. 12, 18.

cc. Sonstige Direktvermarktung

Schließlich konnten sich die Anlagenbetreiber nach § 33b Nr. 3 EEG 2012 für eine „sonstige Direktvermarktung" entscheiden. Als Auffangtatbestand war darunter jeder weitere Vermarktungsweg zu verstehen.[277] In diesem Fall veräußerten die Anlagenbetreiber ihren Strom – ähnlich der Maßstäbe des § 17 EEG 2009 – ohne die Geltendmachung von gesetzlichen Fördermitteln. Die selbständige Vermarktung konnten sie in diesem Rahmen aber auch mit der Ausstellung von Herkunftszertifikaten kombinieren und sich durch diese Grünstromkennzeichnung einen höheren Strompreis erwirtschaften.[278] Diese Variante führte zu dem „höchsten Integrationsgrad", da der Anlagenbetreiber hier tatsächlich nur die auf dem Strommarkt erzielte Vergütung erhielt.[279] Innerhalb der Literatur wurde jedoch kritisch darüber diskutiert, ob diese Variante sich unter diesen Umständen durchsetzen konnte.[280] Tatsächlich fehlte für die Anlagenbetreiber ein hinreichender finanzieller Anreiz, sodass sie sich i.d.R. für die Direktvermarktung mit Marktprämie entschieden.[281]

d) Fazit

Die detaillierte Regelung zur Direktvermarktung bezweckte eine engere Markt- und Systemintegration der Erneuerbaren Energien und setzte insoweit wichtige Anreize, ohne dass seitens der Anlagenbetreiber große Risiken bei dem Verzicht auf die gesetzliche Einspeisevergütung zu verzeichnen waren. Langfristig sollte die Teilnahme der Betreiber von EE-Anlagen auf dem freien Energiemarkt den rasanten Anstieg der Förderkosten abbremsen. Tatsächlich waren die Neuerungen zur Direktvermarktung effektive Fördermittel, um die Anlagenbetreiber aus ihrer passiven Position bei der Inanspruchnahme des Einspeisetarifs herauszuholen und sie zu aktiven, an den Marktvoraussetzungen orientierten Teilnehmern zu transformieren. Die neuen Privilegien brachten die Anlagenbetreiber aus freien Stücken dazu, in Zeiträumen mit hohem Strombedarf entsprechend hohe Strombeträge zu produzieren sowie in Zeiten geringerer Nachfragen ihre Anlagen ggf. sogar abzuregeln bzw. die Arbeitsleistung zu verringern.[282] Dies

---

277 BT-Drs. 17/6071, S. 78.

278 BR-Drs. 341/11, S. 153 f.; Herz/Valentin, EnWZ 2013, 16 (19).

279 Hahn/Naumann, NJOZ 2012, 361 (362).

280 Frenz/Müggenborg/Ekardt/Hennig, EEG 2012, § 33b Rn. 6.

281 Ausführlich in Greb/Hölder, BeckOK-EEG 2012, § 33b Rn. 19-26.

282 Greb/Hölder, BeckOK-EEG 2012, § 33g Rn. 27; Schlacke/Kröger, NVwZ 2012, 919 (920).

sollte insgesamt aufgrund geringerer Netzengpässe durch eine ungeplante Stromproduktion die Netzstabilität wahren sowie den Bedarf am Netzausbau verringern. Freilich war die Erwartung eines solchen Verhaltens von Anlagenbetreibern mit fluktuierenden Erneuerbaren Energien bedenklich. Eine bedarfsgerechte Stromerzeugung konnte i.d.R. mangels der nicht steuerbaren äußeren Faktoren kaum gewährleistet werden.[283] Zusätzliche finanzielle Anreize zur Investition in große Stromspeicher hätten zwar dieses Problem zumindest teilweise behoben.[284] Da sich die Speichertechnik jedoch im Entwicklungsstadium befand, sah der Gesetzgeber von entsprechenden Förderinstrumenten ab.[285] Anders war die Situation bei den nicht fluktuierenden Erneuerbaren Energien. Das Marktprämienmodell setzte vor allem bei der Bioenergie wichtige Akzente zur bedarfsgerechten Stromerzeugung.[286]

Es erwies sich rückwirkend als ein solider Zwischenschritt, dem Anlagenbetreiber zunächst den Zugang zur Direktvermarktung als geförderte Option freizuhalten und so einen schrittweisen Übergang zur grundsätzlichen Marktintegration zu gewährleisten.[287] Zwar entstanden durch die Einführung der Marktprämie zunächst Mehrkosten, mit denen die Stromverbraucher belastet wurden. Entgegen teilweise vorgebrachter Kritik[288] war jedoch eine schrittweise Heranführung der Anlagenbetreiber durchaus sinnvoll. Erfahrungen auf dem freien Energiemarkt zu sammeln, Strukturen und Akteure kennenzulernen, ohne dabei finanzielle Einbußen zu befürchten, waren für einen effektiven Übergang notwendig.[289] Vor allem das Marktprämienmodell entwickelte sich zu einem erfolgreichen Instrument, um die Anlagenbetreiber auf einen Verzicht der gesetzlichen Einspeisevergütung zu motivieren. Bis Juni 2012 wechselten insb. 70 Prozent der Betreiber von Windenergieanlagen in die Direktvermarktung, um von der Marktprämie zu profitieren.

Im Gegensatz hierzu nahm das Interesse am Grünstromprivileg rasant ab, obwohl es bis Anfang 2012 die stärkste Form der Direktvermarktung war. Der Gesetzgeber bezweckte letztlich durch die Begrenzung der EEG-Umlagebefreiung

---

283 Schomerus/Henkel, ER 2012, 13 (18).

284 BMU, Entwurf zum Erfahrungsbericht 2011 zum EEG, S. 13 f.; Lehnert, ZUR 2012, 4 (15).

285 Gawel/Purkus, ZUR 2012, 587 (588, 592).

286 Gawel/Purkus, ZUR 2012, 587 (591).

287 Hahn/Naumann, NJOZ 2012, 361 (368).

288 Lehnert, ZUR 2012, 4 (16); a.A. Gawel/Purkus, ZUR 2012, 587 (594).

289 Wustlich/Müller, ZNER 2011, 380 (395 f.); Kröger, Die Förderung erneuerbarer Energien im Europäischen Elektrizitätsmarkt, S. 155.

sowie durch die Einführung der strengeren Zulassungsvoraussetzungen diese Entwicklung. Ferner gab es bereits im Rahmen der Vorgespräche zur Novellierung des EEG 2012 kritische Stimmen, welche für die komplette Aufhebung des Grünstromprivilegs plädierten.[290] Vor allem seien die dadurch entstehenden Mehrkosten für die Allgemeinheit nicht zu rechtfertigen. Zudem seien die eingefügten Einschränkungen derart gravierend, dass sich das Grünstromprivileg seitens der Beteiligten wirtschaftlich nur noch wenig lohne und de facto abgeschafft sei.[291]

3. *Verpflichtende Direktvermarktung als gesetzlicher Regelfall*

a) *Ausgangslage*

Die Grundstruktur der Förderung der Erneuerbaren Energien sah wie folgt aus: EE-Anlagen genossen beim Netzanschluss und bei der Abnahme, Übertragung und Verteilung des produzierten Stroms gegenüber den konventionellen Energiequellen grundsätzlichen Vorrang. Der Strom aus Erneuerbaren Energien wurde mit einem gesetzlich feststehenden Einspeisetarif vergütet, wobei der Stromverbraucher grundsätzlich die Förderkosten trug. Mit einem fundamentalen Paradigmenwechsel wich der Gesetzgeber mit dem EEG 2014 von dieser Grundstruktur ab.

Die Einführung der optionalen Direktvermarktung zur Wahrnehmung der Marktprämie verlief erfolgreich und übertraf dabei sogar trotz bestehender Kritikpunkte die aufgestellten Erwartungen.[292] Seit ihrer Einführung im Jahr 2012 behauptete sie sich gegenüber der gesetzlichen Einspeisung – insb. im Falle der Windenergie – in einem hohen Maß.[293] Ferner wiesen ökonomische Analysen stark daraufhin, dass die Direktvermarktung ernstzunehmende positive Impulse auf den Energiemarkt entfaltete.[294] Nichtsdestotrotz kam es auch im Nachgang

---

290 Moench/Rutloff, RdE 2012, 134; Hummel, et 2012, 49 (50).

291 BDEW, Stellungnahme zur EEG-Novelle 2012, S. 5; abrufbar im Internet unter: http://ldew.de/internet.nsf/id/6F4A0021170AF451C125789A003231F4/$file/Stellungnahme%20zum%20Referentenentwurf%20zur%20EEG-Novelle%202012%20-%20final.pdf; BT-Drs. 17/6363, S. 18, 80 f.; Entschließungsantrag der Fraktion Bündnis 90/Die Grünen im BT, BT-Drs. 17/6363, S. 85 f.; Valentin, REE 2012, 11 (17).

292 Die Ersteller des Marktprämienmodells waren insb. im Rahmen der Windenergie von geringeren Zuwächsen ausgegangen; siehe Sensfuß, Weiterentwickeltes Fördersystem für die Vermarktung von erneuerbarer Stromerzeugung, S. 15.

293 Vgl. Abbildung 1 in Lüdemann/Ortmann, EnWZ 2014, 387; Schulz, Berliner Kommentar-EEG 2014, § 37 Rn. 4, 5.

294 Thorbecke/Greb, Berliner Kommentar-EEG 2014, § 20 Rn. 14 f.; Lehnert, ZUR 2015, 277 (286).

der Einführung der Direktvermarktung weiterhin zu hohen Förderkosten, die sowohl auf die Einführung der Marktprämie als auch auf den Anstieg der geförderten EE-Anlagen zurückführten. Im Jahr 2014 stellte die EEG-Umlage daher mit einer Höhe von bereits 6,24 Eurocent/kWh den größten Prozentsatz in den Stromrechnungen der Verbraucher dar und führte insgesamt zu Finanzierungskosten i.H.v. 22,8 Mrd. Euro.[295]

Im Rahmen der Novellierungsgespräche zum EEG 2014 war – abgesehen von der genannten Erhöhung der finanziellen Mehrbelastungen – die zwischen der deutschen Bundesregierung und der EU-Kommission bestehende Uneinigkeit darüber, ob es sich bei den Fördermaßnahmen zu den Erneuerbaren Energien um EU-rechtswidrige Beihilfen i.S.d. Art. 107 Abs. 1 AEUV handelte, eines der elementaren Streitthemen.[296]

Innerhalb dieser Diskussionen verkündete der Gesetzgeber das EEG 2014. Sowohl bei der Novellierung des EEG 2014 als auch bei der Verabschiedung der aktuellen Fassung zum EEG bezweckte der Gesetzgeber vor allem, den Strom aus Erneuerbaren Energien effektiver in das bestehende Markt- und Netzsystem zu integrieren und dabei die ansteigende Kostendynamik der letzten Jahre bei der Förderung zu durchbrechen. Zur Gewährleistung dieser Ziele wurde für Neuanlagen der Anspruch auf die gesetzliche Einspeisevergütung mit dem EEG 2014 grundsätzlich abgeschafft. Stattdessen bekam die bis dahin als Wahlrecht gestaltete optionale Direktvermarktung verpflichtenden Charakter, sodass nunmehr Anlagenbetreiber grundsätzlich selbst für die Vermarktung ihrer Stromproduktion Verantwortung zu übernehmen hatten.[297] Nur in besonderen Ausnahmesituationen konnten sie sich weiterhin auf die gesetzliche Einspeisevergütung berufen. Somit beharrte der Gesetzgeber zwar an einem preisorientierten Fördermodell, schaffte jedoch zur Erhöhung der Marktintegration der Erneuerbaren Energien sowie aus kostenrechtlichen Gründen das Modell des Einspeisetarifs als Hauptpfeiler des EEG ab.[298]

Dass EEG 2017 schloss sich diesem Gefüge zur verpflichtenden Direktvermarktung an. Im Vergleich zum EEG 2014 gibt es insoweit neben strukturellen

---

295 Wustlich, NVwZ 2014, 1113.

296 Thorbecke/Greb, Berliner Kommentar-EEG 2014, § 19 Rn. 3f.; von Kielmansegg(Hrsg.)/Ehricke, Die EEG-Reform – Bilanz, Konzeptionen, Perspektiven, S. 23; Ekardt/Valentin, Das neue Energierecht, S. 35 f.

297 Salje, Einf. EEG 2014, Rn. 78; Thorbecke/Greb, Berliner Kommentar-EEG 2014, § 19 Rn. 5.

298 Kröger, Die Förderung erneuerbarer Energien im Europäischen Elektrizitätsmarkt, S. 164.

und kleinen inhaltlichen Modifizierungen keine substantiellen Unterschiede. Aufgrund dessen werden auch die im EEG 2014 vorgenommenen Änderungen grundsätzlich anhand der aktuellen Fassung dargestellt. Soweit inhaltliche Differenzen zwischen diesen beiden Fassungen bestehen, werden diese explizit aufgegriffen. Zur Vermeidung von Wiederholungen ist hinsichtlich der grundlegenden Informationen zur Direktvermarktung auf die obigen Darstellungen zu verweisen.

b) Aktuelles Vermarktungssystem

Infolge der Novellierung zum EEG 2014 begrenzte der Gesetzgeber die Veräußerungsarten auf vier verschiedene Formen. Bis heute kann der Anlagenbetreiber neben der grundsätzlich verpflichtenden Direktvermarktung ausnahmsweise die gesetzliche Einspeisevergütung beanspruchen, wenn er eine sog. Kleinanlage betreibt bzw. ein Fall sog. Ausfallvergütung besteht. Zudem kann er seine Stromproduktion weiterhin im Wege der sog. sonstigen Direktvermarktung veräußern.

aa. Verpflichtende Direktvermarktung

Bereits lange vor der Verabschiedung des EEG 2014 wurde diskutiert, anstatt der optionalen eine verpflichtende Direktvermarktung einzuführen und das Regel-Ausnahme-Prinzip des bestehenden EEG umzukehren. Der Gesetzgeber entschied sich allerdings für eine stufenweise Umwandlung. Deshalb verkündete er erst mit dem EEG 2014 die grundsätzliche Verpflichtung zur persönlichen Vermarktung der Stromproduktion und machte diesen Grundsatz zu einem Hauptpfeiler des EEG. § 2 Abs. 2 EEG 2017 verkündet hierzu, dass der Strom aus Erneuerbaren Energien zum Zweck der Marktintegration persönlich veräußert werden soll und unterstreicht dadurch den grundsätzlichen Vorrang zu den anderen Veräußerungsformen.

Als verschiedene Formen der Direktvermarktung bestehen gemäß §§ 19 Abs. 1 Nr. 1, 20 EEG 2017 die geförderte Direktvermarktung im Marktprämienmodell sowie gemäß § 21a EEG 2017 die sog. sonstige Direktvermarktung. Hinsichtlich der letzteren Form kann grundsätzlich auf die obigen Ausführungen verwiesen werden.[299] Das Grünstromprivileg wurde mit dem EEG 2014 komplett abgeschafft.

---

299 Diese Variante ist insb. nach Ablauf der 20-jährigen Förderdauer bei der fortgeführten Vermarktung von praktischer Bedeutung. Vorher wird sie von den Anlagenbetreibern aufgrund der mangelnden finanziellen Anreize in der Regel seltener genutzt; siehe u. a. Ekardt/Valentin, Das neue Energierecht, S. 54.

(1) Grundsätze zur Marktprämie bei der verpflichtenden Direktvermarktung

Gemäß den §§ 19 Abs. 1 Nr. 1, 20 Abs. 1 EEG 2017 hat der Anlagenbetreiber im Falle der Direktvermarktung einen Anspruch auf die Auszahlung der Marktprämie. Weiterhin hat er grundsätzlich die Verantwortung über die Vertreibung seiner Stromproduktion, wobei er hierzu eine dritte Person zwischenschalten darf, die sich um die Vermarktungsangelegenheiten kümmert, vgl. § 3 Nr. 17 EEG 2017.[300] Eine entsprechende Aufgabenübertragung war – wie oben beschrieben – auch zuvor möglich, wobei der Gesetzgeber erst mit § 5 Nr. 10 EEG 2014 den Begriff des Direktvermarktungsunternehmens legal definierte.

Nach der im Jahr 2012 verabschiedeten Managementprämienverordnung bekamen Anlagenbetreiber grundsätzlich eine erhöhte Managementprämie, wenn ihre EE-Anlagen mit einer technischen Fernsteuerbarkeit versehen waren.[301] Mit dem EEG 2014 erklärte der Gesetzgeber die Fernsteuerbarkeit jedoch zur Pflicht und überführte fast wort- und inhaltsgleich die entsprechenden Vorschriften der Verordnung ins Gesetz, vgl. § 20 Abs. 1 Nr. 3, Abs. 2 EEG 2017. Die Fernsteuerbarkeit soll dem Direktvermarktungsunternehmen eine marktorientierte Vermarktung ermöglichen und eine unverzügliche Reaktion auf Marktsignale erlauben.[302] Ohne eine solche Einrichtung ist es i.d.R. nicht möglich, die Einspeisung der Stromproduktion an die jeweiligen Preissignale an der Strombörse anzupassen.[303] Bei Ermangelung dieser technischen Einrichtung kann der Anlagenbetreiber die Marktprämie daher nicht mehr geltend machen. Trotz der grundsätzlichen Befürwortung dieser Verpflichtung wird innerhalb der Literatur darüber diskutiert, ob für bereits steuerbare Anlagen keine Ausnahme von dieser kostenproduzierenden Verpflichtung hätte vorgesehen werden können.[304]

Weiterhin steht es dem Anlagenbetreiber frei, sich zwischen den verschiedenen Förderoptionen zu entscheiden, da auch das aktuelle EEG den Wechsel zwischen den Vermarktungsformen nach den oben beschriebenen Grundsätzen erlaubt, vgl. § 21b EEG 2017. Zwar schlug die Bundesregierung in der ursprünglichen

---

300 BT-Drs. 18/1304, S. 91; von Kielmansegg(Hrsg.)/Ehricke, Die EEG-Reform – Bilanz, Konzeptionen, Perspektiven, S. 27 f.

301 Ausführlich Herz/Valentin, EnWZ 2014, 358 (360 f.).

302 BT-Drs. 18/1304, S. 205; Glenz/Schroeder-Selbach, Berliner Kommentar-EEG 2014, § 35 Rn. 15f.; Salje, EEG 2014, § 36 Rn. 1 f.; Sösemann, BeckOK-EEG 2014, § 20 Rn. 3, 19 f.; Lüdemann/Ortmann, EnWZ 2014, 387 (389).

303 Glenz/Schroeder-Selbach, Berliner Kommentar-EEG 2014, § 35 Rn. 15.

304 Kritisch Lehnert, ZUR 2015, 277 (282, 283).

Fassung des Gesetzesentwurfes zum EEG 2014 vor, die Möglichkeit der anteiligen Direktvermarktung abzuschaffen. Ihre praktische Relevanz sei gering, da sie nur selten beansprucht würde. Deshalb bestünde kein Bedürfnis an ihrer weiteren Fortführung.[305] In seiner diesbezüglichen Beschlussempfehlung erklärte der Ausschuss für Wirtschaft und Energie des Bundestages jedoch, dass eine Fortführung aufgrund der Hinweise mehrerer Marktakteure zu begrüßen sei, da diese nach wie vor eine solche Option nutzen wollten.[306] Zudem eröffne es den Anlagenbetreibern bei der Entscheidung, in welcher Kombination die Stromproduktion am effektivsten vertrieben werden könne, einen größeren Spielraum und habe somit effiziente Auswirkungen auf die Marktintegration. Diesem Hinweis schloss sich der Gesetzgeber an und führte die Option der anteiligen Direktvermarktung fort, vgl. § 21b Abs. 2 EEG 2017. Da sie insgesamt die Möglichkeit schafft, bei der Vertreibung der Stromproduktion aus Erneuerbaren Energien verschiedene Vermarktungsformen zu kombinieren und so auch die erzielten Einnahmen zu maximieren, wird ihre Beibehaltung i.d.R. begrüßt.[307]

Von dem Wechsel der Vermarktungsform zu differenzieren ist jedoch der Wechsel des Direktvermarktungsunternehmens. Weiterhin kann der Anlagenbetreiber sich jederzeit von diesem lösen, vgl. § 21b Abs. 4 Nr. 1 EEG 2017.[308] Sobald er von der Vermarktungsleistung des Direktvermarktungsunternehmens nicht überzeugt ist oder dieser aus anderweitigen Gründen wegfällt, muss dem Anlagenbetreiber die Möglichkeit des sofortigen Austausches zustehen, da er ansonsten über einen nicht hinnehmbaren Zeitraum mit einer ungewünschten Partei zusammenarbeiten müsste.[309] Ein solcher Zwang könnte sich negativ auf die Einnahmen des Anlagenbetreibers auswirken und daher letztlich zur Erhöhung der Risikoabschläge bei der Kreditvergabe und somit insgesamt zur unnötigen Erhöhung der

---

305 BT-Drs. 18/1304, S. 126.

306 BT-Drs. 18/1891, S. 201 f.; für weitere Beispiele siehe Sösemann, BeckOK-EEG 2014, § 20 Rn. 2.

307 Von Kielmansegg(Hrsg.)/Ehricke, Die EEG-Reform – Bilanz, Konzeptionen, Perspektiven, S. 33; Lehnert/Wagner/Rumpf, EnWZ 2015, 201 (202).

308 Die gesetzliche Einführung dieser Regelung wird ausdrücklich begrüßt, da die BNetzA zuvor auch für diesen Fall die Einhaltung der Monatsfrist einforderte; siehe BNetzA, Beschluss vom 29.10.2012, BK6-12-153, S. 11; abrufbar im Internet unter: https://www.bundesnetzagentur.de/DE/Service-Funktionen/Beschlusskammern/1BK-Geschaeftszeichen-Datenbank/BK6-GZ/2012/2012_0001bis0999/2012_100bis199/BK6-12-153/BK6-12-153_Beschluss_2012_10_29_BF.pdf?__blob=publicationFile&v=4.

309 Von Kielmansegg(Hrsg.)/Ehricke, Die EEG-Reform – Bilanz, Konzeptionen, Perspektiven, S. 33; Salje, EEG 2014, § 20 Rn. 8; Glenz/Schroeder-Selbach, Berliner Kommentar, § 20 EEG 2014, Rn. 44; Greb/Boewe/Sösemann, BeckOK-EEG 2017, § 21b Rn. 4.

Investitionskosten führen. Die Beauftragung eines anderen Direktvermarktungsunternehmens durch den Anlagenbetreiber löst auch keinerlei Pflichten des Netzbetreibers aus, da dessen Schuldverhältnis zu dem Anlagenbetreiber unangetastet bleibt. Bereits deshalb ist eine Fristbestimmung nicht notwendig.

(2) Berechnung der aktuellen Marktprämie

Infolge der Einführung der verpflichtenden Direktvermarktung erstarkte der Begriff des „anzulegenden Wertes" gemäß § 22 Abs. 1 EEG 2017 bei der Berechnung der Förderhöhen zu dem zentralen Element.[310] Dabei handelt es sich um keinen exakt festgelegten Betrag. Vielmehr ist dieser Wert ein theoretischer Ausgangspunkt, der bei der Bestimmung der Marktprämie, der Einspeisevergütung sowie der Ausfallvergütung nunmehr das hauptsächliche Kriterium der Berechnungsformel darstellt.[311]

Gegenüber der Berechnungsformel des EEG 2012 hat sich in der Aufstellung der Berechnung – abgesehen von den zu verwendenden Parametern – im Wesentlichen nichts geändert.[312] Weiterhin wird der Anspruch auf die Marktprämie gegen den Netzbetreiber gemäß §§ 19 Abs. 1 Nr. 1, 20 Abs. 1, 23a sowie nach Anlage 1 des EEG 2017 für den entsprechenden Kalendermonat rückwirkend berechnet und an den Anlagenbetreiber entrichtet. Im Vergleich zum EEG 2012 hat sich die Berechnungsformel jedoch vereinfacht. Diese lautet nach Nr. 1.2 der Anlage 1 des EEG 2017 wie folgt:

Marktprämie = Anzulegender Wert – Monatsmarktwert.

Der anzulegende Wert ergibt sich unter Berücksichtigung der energiespezifischen Beträge der §§ 19 bis 54 EEG 2017, vgl. Nr. 1.1 der Anlage 1 des EEG 2017. Wurde jedoch nach dem EEG 2012 im Rahmen der Bestimmung des anzulegenden Wertes auf die Höhe der gesetzlichen Einspeisevergütung abgestellt, werden nunmehr festgesetzte bzw. ab dem EEG 2017 grundsätzlich im Wege der Ausschreibung ermittelte Werte herangezogen, welche für die verschiedenen Energiequellen und Anlagen jeweils unterschiedlich sein können.[313] Zudem wurde dem Anlagenbetreiber bis zum EEG 2012 im Marktprämienmodell die sog. Managementprämie ausgezahlt, welche im Falle der optionalen Direktvermarktung die im Vergleich zur gesetzlichen Einspeisevergütung entstandenen

310 Wustlich, NVwZ 2014, 1113 (1117); ausführlicher in Moench/Dannecker/Ruttloff (Hrsg.)/Kerth, Beiträge zum neuen EEG 2014, S. 96 f.

311 Wustlich, NVwZ 2014, 1113 (1117).

312 von Kielmansegg(Hrsg.)/Ehricke, Die EEG-Reform – Bilanz, Konzeptionen, Perspektiven, S. 39 f.

313 Hermeier, Berliner Kommentar-EEG 2014, § 34 Rn. 28; Sösemann, BeckOK-EEG 2014, § 34 Rn. 14 f.

Zusatzkosten abdecken sollte. Da die Direktvermarktung nunmehr als verpflichtend eingestuft wird und den Regelfall darstellt, kann nicht mehr die Rede von „Zusatzkosten" sein.[314] Deshalb ist diese Prämie mit dem EEG 2014 – auch aus Kosteneffizienzgesichtspunkten – als Sonderposten abgeschafft und als reduzierter Betrag in die Marktprämie eingepreist wurden.[315] Dadurch konnte der Gesetzgeber vor allem der öffentlichen Diskussion zum negativ konnotierten Ausdruck der „Managementprämie" entweichen.[316] Mit dem Umkehrschluss des § 53 Satz 1 EEG 2017 lassen sich zudem Beträge von 0,2 Eurocent/kWh bei steuerbaren Anlagen sowie von 0,4 Eurocent/kWh bei nicht steuerbaren Anlagen als eingepreiste Managementprämie ausrechnen, sodass der Gesetzgeber mit der Novellierung die ursprünglich vorgesehenen Managementprämien erheblich reduzierte.[317] Kritiker weisen darauf hin, dass auch dieser eingefügte Betrag innerhalb der Konkurrenz zwischen den Direktvermarktungsunternehmen „als zusätzliches Bonbon für die Anlagenbetreiber" genutzt werde und daher mangels eines Bedürfnisses eine weitere Reduzierung bzw. völlige Abschaffung aus allgemeinwirtschaftlichen Gesichtspunkten angebracht sei.[318]

Weiterhin berechnet sich der Monatsmarktwert – nach dem EEG 2012 noch als Referenzmarktwert bezeichnet – grundsätzlich nach dem an der Strombörse EPEX Spot SE kalendermonatlich durchschnittlichen Strompreis. Diese Regel gilt gemäß Nr. 2.1 der Anlage 1 des EEG 2017 für die Stromproduktion aus steuerbaren Anlagen.[319] Für die nicht steuerbaren Anlagen im Falle der Wind- und Solarenergie wird jedoch weiterhin auf den spezifischen Monatsmarktwert dieser Energiequellen an der Strombörse abgestellt, vgl. Nr. 2.2 der Anlage 1 des EEG 2017.[320] Zudem hob der Gesetzgeber mit dem EEG 2014 die Mitteilungspflichten der Anlagenbetreiber gemäß § 33g Abs. 1 Satz 2 EEG 2012 über ihre produzierten und eingespeisten Strombeträge auf. Nunmehr erfolgt diese Berechnung ausschließlich auf der Grundlage der Online-Hochrechnungen des erzeugten Stroms, vgl. Nr. 3.1 der Anlage 1 des EEG 2017.[321]

---

314 Ekardt/Valentin, Das neue Energierecht, S. 51.

315 BT-Drs. 18/1304, S. 129.

316 Lüdemann/Ortmann, EnWZ 2014, 387 (389).

317 Vgl. Tabelle in Lüdemann/Ortmann, EnWZ 2014, 387 (389); von Kielmansegg(Hrsg.)/Ehricke, Die EEG-Reform – Bilanz, Konzeptionen, Perspektiven, S. 41.

318 Lüdemann/Ortmann, EnWZ 2014, 387 (389).

319 BT-Drs. 1304, S. 185; Hermeier, Berliner Kommentar-EEG 2014, § 34 Rn. 31.

320 Ekardt/Valentin, Das neue Energierecht, S. 52; Hermeier, Berliner Kommentar-EEG 2014, § 34 Rn. 33.

321 BT-Drs. 18/1304, S. 136; Moench/Dannecker/Ruttloff(Hrsg.)/Lippert, Beiträge zum neuen EEG 2014, S. 115 f.

Mit dem § 24 EEG 2014 fügte der Gesetzgeber im Rahmen der Umsetzung der Energiebeihilfeleitlinien der EU-Kommission[322] noch kurz vor Abschluss des Gesetzgebungsverfahrens eine Vorschrift ein, nach welcher der Förderanspruch bei Neuanlagen ab Anfang 2016 entfällt, sobald der Strompreis an der Strombörse über einen Zeitraum von mehr als sechs Stunden negativ ist.[323] Die Rechtsfolgen zu den negativen Preisen sind jedoch gemäß § 51 Abs. 3 EEG 2017 nur auf Neuanlagen ab 2016 anzuwenden, wenn ihre installierte Kapazität mindestens 500 kW – im Falle von Windenergieanlagen mindestens 3 MW – beträgt und die Anlage kein sog. Demonstrationsprojekt ist.[324]

Diese Situationen treten i.d.R. dann auf, wenn eine hohe Stromproduktion auf einen geringeren Stromverbrauch stößt und die Stromproduktion aus konventionellen Energiequellen aufgrund unterschiedlicher Ursachen nicht abgeschaltet werden kann.[325] Nach dem Willen der EU-Kommission soll die Stromerzeugung aus Erneuerbaren Energien in einem solchen Falle des mangelnden Strombedarfs nicht weiter ermutigt werden. Tatsächlich treten diese Situationen jährlich nur wenige Male auf und die Überschreitungen werden seitens der Akteure regelmäßig zügig behoben, sodass die praktische Bedeutung dieser Vorschrift derzeit gering ist.[326] Mit dem weiteren Ausbau der Erneuerbaren Energien könnte es in der Zukunft aber zu häufigeren Überschüssen in der Stromproduktion kommen und die Relevanz dieser Sonderregelung steigern.[327] Jedoch wird die Norm von unterschiedlichen Seiten erheblich kritisiert, weil sie de facto eine Bestrafung der Anlagenbetreiber sowie der Direktvermarktungsunternehmen darstelle, obwohl diese die Auswirkungen der Überproduktion selbst nicht verursachen würden und letztlich auch nicht verhindern könnten.[328] Zudem wissen Investoren vor der Projektrealisierung nicht, wie viele solcher negativen Stunden

322 Mitteilung der EU-Kommission, Energiebeihilfeleitlinien, 2014/C 200/01, Rn. 124.

323 BT-Drs. 18/1891, S. 202.

324 Sösemann/Hölder, BeckOK-EEG 2014, § 24 Rn. 13 f.; Herz/Valentin, EnWZ 2014, 358 (362).

325 Wustlich, NVwZ 2014, 1113 (1117).

326 Lüdemann/Ortmann, EnWZ 2014, 387 (390); Zukunftswerkstatt Erneuerbare Energien, Negative Preise auf dem Stromgroßhandelsmarkt und Auswirkungen von § 24 EEG, S. 6 f.; abrufbar im Internet unter: https://www.erneuerbare-energien.de/EE/Redaktion/DE/Downloads/Gutachten/negative-preise-stromgrosshandelsmarkt.pdf?__blob=publicationFile&v=2.

327 hierzu ausführlich Lüdemann/Ortmann, EnWZ 2014, 387 (390).

328 kritisch Sösemann/Hölder, BeckOK-EEG 2014, § 24 Rn. 2a; Wustlich, NVwZ 2014, 1113 (1117).

künftig auftreten können, sodass sie regelmäßig erhöhte Risikoabschläge bei der Fremdfinanzierung entrichten müssen. Gerade unter Beachtung des nach § 2 EEG 2017 angeordneten Integrationsgebotes der Erneuerbaren Energien in das Marktsystem ist es wichtig, die Anreize zur Flexibilisierung dadurch zu hemmen, dass in wirtschaftlich attraktiven Zeiten negativer Preise gerade die Erneuerbaren Energien abgeschaltet werden müssen.[329] Damit die Investitionssicherheit nicht belastet wird und der geplante Ausbau der Erneuerbaren Energien weiter voranschreitet, prüft der Gesetzgeber aktuell die Einführung von ergänzenden Maßnahmen, welche diese Unsicherheit auf dem Energiemarkt beheben.[330]

(3) Abschaffung des Grünstromprivilegs

Mit dem EEG 2014 hob der Gesetzgeber das Grünstromprivileg – zuletzt geregelt im § 39 EEG 2012 – vollkommen auf. Als zweite geförderte Form der Direktvermarktung hatte sie aufgrund der einschränkenden Umstrukturierung durch das EEG 2012 seine einstige Bedeutung eingebüßt.[331] Zuletzt wurde über das Grünstromprivileg mit einer abnehmenden Tendenz eine installierte Kapazität von ca. 1000 MW vertrieben, wobei im Vergleich hierzu Anlagen mit einer Kapazität von ca. 32500 MW die Direktvermarktung zur Wahrnehmung der Marktprämie präferierten.[332]

Der Abschaffung lagen sowohl rechtliche als auch ökonomische Erwägungen zugrunde.[333] Die EU-Kommission kritisierte bereits seit langem das Bestehen eines solchen Grünstromprivilegs, da durch dieses Förderinstrument lediglich Strom aus nationalen EE-Anlagen gefördert wurde.[334] Zudem erwies sich die Förderung durch die Direktvermarktung zur Wahrnehmung der Marktprämie als vergleichsweise günstiger, sodass zum Zwecke der Durchbrechung des Kostenanstiegs bei der EEG-Förderung die komplette Abschaffung als sinnvoll erschien.[335] Die Marktprämie behauptete sich gegenüber dem Grünstromprivileg als das günstigere Förderinstrument. Zudem beanspruchten vor allem die kostengünstigeren Erneuerbaren Energien diese Förderung und verschafften sich hierüber höhere Einnahmen als in den bereits ausreichend gewährten Förderinstrumenten der Einspeisevergütung sowie der Marktprämie.[336] Schließlich

329 Wustlich, NVwZ 2014, 1113 (1117); Lehnert, ZUR 2015, 277 (284).
330 BT-Drs. 18/7317, S. 148.
331 Lüdemann/Ortmann, EnWZ 2014, 387 (389 f.).
332 BT-Drs. 18/1304, S. 91.
333 Ausführlich Sösemann, EnWZ 2014, 352 f.
334 Ekardt/Valentin, Das neue Energierecht, S. 54.
335 Differenzierend Herz/Valentin, EnWZ 2014, 358 (363).
336 BT-Drs. 18/1304, S. 91.

führte die Befreiung der EVU von den EEG-Umlagen insgesamt zur „Entsolidarisierung", weil dadurch ein gewisser Teil der Verpflichteten von den Kosten befreit wurde und der restliche Teil diese finanziellen Belastungen zusätzlich kompensieren musste.[337] Unter Beachtung dieser rechtlichen, wirtschaftlichen und gesellschaftlichen Gesichtspunkte erscheint die Konzentration auf das Marktprämienmodell durch die Abschaffung des Grünstromprivilegs sinnvoll.[338]

bb. Ausnahmen zur verpflichtenden Direktvermarktung

(1) Bestandsanlagen

Jede Fassung zum EEG weist Übergangsbestimmungen auf, die allgemeine und besondere Regelungen zu Bestandsanlagen beinhalten. Dies gebietet insb. der Aspekt des Vertrauensschutzes, welcher einen der zentralen Grundsätze bei der Förderung der Erneuerbaren Energien darstellt, zum Ausbau von EE-Anlagen erheblich beigetragen hat und dies weiterhin gewährleistet.[339] Die Übergangsbestimmungen waren bis zum EEG 2014 grundsätzlich so konzipiert, dass Änderungen des Gesetzes nur auf Neuanlagen Anwendung fanden, solange keine explizite Vorschrift ausnahmsweise etwas anderes anordnete. Mit dem EEG 2014 entschied sich der Gesetzgeber insoweit zu einem Systemwechsel. Nunmehr sind die Modifizierungen des EEG 2014 sowie auch des EEG 2017 auf die Bestandsanlagen auszudehnen, falls keine Ausnahmeregelung vorhanden ist.

Eine solche ausnahmsweise Regelung ist anlässlich der Einführung der verpflichtenden Direktvermarktung aufgestellt worden. Nach § 100 Abs. 2 Nr. 10 EEG 2017[340] ist die Direktvermarktung für Betreiber von Bestandsanlagen weiterhin optional ausgestaltet. Sie können sich für die gesetzliche Einspeisevergütung entscheiden, wenn sie ihre Anlage vor der Novellierung des EEG 2014 bis Ende Juli 2014 in Betrieb genommen haben oder von der Übergangsvorschrift

---

337 BT-Drs. 18/1304, S. 91, 92.

338 Von Kielmansegg(Hrsg.)/Ehricke, Die EEG-Reform – Bilanz, Konzeptionen, Perspektiven, S. 36; a.A. BWE, Stellungnahme zum Entwurf des EEG 2014, S. 17 f.; abrufbar im Internet unter: https://www.wind-energie.de/sites/default/files/attachments/page/erneuerbare-energien-gesetz-eeg/20140312-bwe-stellungnahme-eeg-referentenentwurf.pdf; Clean Energy Sourcing AG, Stellungnahme zum Entwurf des EEG 2014, S. 3; abrufbar im Internet unter: http://www.clens.eu/fileadmin/Daten/Veroeffentlichungen/140312_Stellungnahme_RefE_EEG2014.pdf.

339 Zum Gesichtspunkt des Vertrauensschutzes siehe Klinski, EEG-Vergütung: Vertrauensschutz bei künftigen Änderungen der Rechtslage, S. 8 f.; Lehnert, ZUR 2015, 277 (281).

340 Die Vorgängernorm war § 100 Abs. 1 Nr. 10 EEG 2014.

des § 100 Abs. 4 EEG 2017 umfasst sind.[341] Jedoch mussten auch sie zum Zwecke einer verbesserten Marktintegration in einer Überbrückungszeit bis Ende März 2015 die Fernsteuerbarkeit ihrer Anlagen gewährleisten, falls sie von der Einspeisevergütung in die Vermarktungsform der Direktvermarktung wechseln wollten, vgl. § 100 Abs. 2 Nr. 5, 6 EEG 2017.[342]

Um trotz der Abschaffung der Managementprämie als gesonderten Posten durch die EEG-Novelle 2014 bei der Bestimmung der Marktprämien für Bestandsanlagen keine nachteiligen Wirkungen zu erzeugen, bestimmt § 100 Abs. 2 Nr. 8 EEG 2017 eine technologiespezifische Erhöhung des anzulegenden Wertes.[343] Somit erhalten die Betreiber von Bestandsanlagen aus vertrauensschutzrechtlichen Gesichtspunkten eine solche Marktprämie, die ihnen auch nach dem EEG 2012 grundsätzlich zugestanden hätte.[344]

(2) Kleinanlagen

Neben den Bestandsanlagen können sich Betreiber von sog. Kleinanlagen bis zu einer bestimmten Kapazitätsleistung alternativ zur Direktvermarktung auch für die gesetzliche Einspeisevergütung entscheiden. § 37 Abs. 2 EEG 2014 sah Bagatellgrenzen i.H.v. 500 kW für bis Ende Dezember 2015 in Betrieb genommene Neuanlagen sowie i.H.v. maximal 100 kW für die anschließenden Neuanlagen vor. Letztere Höchstgrenze ergibt sich nunmehr aus § 21 Abs. 1 Nr. 1 EEG 2017. Der Gesetzgeber verknüpfte im EEG 2014 die Bagatellgrenze zu den Kleinanlagen mit einer stufenweisen Degression, damit sich die Betreiber der Anlagen von 100 bis 500 kW an installierter Kapazität durch die zeitliche Ausdehnung auf die verpflichtende Direktvermarktung einstellen konnten und im Zuge des technischen Fortschritts das Direktvermarktungsmodell auch für diese Kleinanlagen vorteilhafter wurde.[345] Da wie oben erörtert die Managementprämie abgeschafft und als adäquater Betrag in die Sätze der Einspeisevergütung eingepreist wurde, wird im Falle der Kleinanlagen gemäß § 53 Satz 1 EEG 2017 die seitens der Anlagenbetreiber zu erhaltende Einspeisevergütung durch die vorgegebene Reduzierung des anzulegenden Wertes bestimmt. Im Falle des gesetzlichen Einspeisetarifs haben die Anlagenbetreiber keine Vermarktungskosten zu tragen,

---

341 Thomaz, NVwZ-Extra 2014, 1 (2); Lehnert, ZUR 2015, 277 (281); Herz/Valentin, EnWZ 2014, 358 (359).

342 Glenz/Schroeder-Selbach, Berliner Kommentar-EEG 2014, § 35 Rn. 29 f.; Herz/Valentin, EnWZ 2014, 358 (360, 361).

343 BT-Drs. 18/1304, S. 177, 178; Gordalla, BeckOK-EEG 2014, § 100 Rn. 74 f.; Hermeier, Berliner Kommentar-EEG 2014, § 34 Rn. 47, 48.

344 Ekardt/Valentin, Das neue Energierecht, S. 51; Herz/Valentin, EnWZ 2014, 358 (361).

345 Schulz, Berliner Kommentar-EEG 2014, § 37 Rn. 18.

sodass der anzulegende Wert insoweit vermindert werden muss.[346] Auch diese finanzielle Abwertung durch den Abzug der potentiellen Managementprämie zeigt auf, dass der Gesetzgeber einen grundsätzlichen Vorrang der Direktvermarktung bestmöglich durchsetzen möchte und anderweitige Vermarktungsformen zulasten der Marktintegration von Erneuerbaren Energien nur unter besonderen Ausnahmesituationen beansprucht werden sollen.[347]

Mit dieser Ausnahmeregelung zur verpflichtenden Direktvermarktung soll verhindert werden, dass auch im Falle kleinster Anlagen die umständlicheren Bedingungen des Direktvermarktungsmodells zu beachten sind. Im Falle von Kleinanlagen unterhalb einer gewissen installierten Kapazität würden die Mehrbelastungen zur Vermarktung im Wege der Direktvermarktung die Vorteile für das Gesamtsystem übersteigen.[348] Eine solche Ausnahmevorschrift war bereits im Koalitionsvertrag vorgesehen, wobei danach die Bagatellgrenze erst ab einer Kapazitätsleistung von 5 MW degressiv ausgestaltet sein sollte.[349] Überraschend waren die vorgenommenen Einschränkungen bei der Bestimmung der Bagatellgrenzen zudem deshalb, weil sogar die diesbezüglichen Erwartungen der EU-Kommission übertroffen wurden. Diese sah vor, dass ab Anfang 2016 eine Bagatellgrenze von 500 kW eingeführt werden sollte.[350] Der Gesetzgeber begründete seine schärfere Vorgehensweise jedoch damit, dass sich bereits vor der Novellierung des EEG 2014 ein erheblicher Teil der Anlagen mit einer installierten Kapazität von 1 MW sowie z.T. darunter sich freiwillig für die Vermarktungsform der Direktvermarktung entschieden hatte.[351] Aufgrund dessen sah der Gesetzgeber auch von einer zwischengeschalteten Bagatellgrenze von 250 kW für das Jahr 2016 und eine darauffolgende Degression auf 100 kW ab, die nach ursprünglicher Fassung des Referentenentwurfes zum EEG 2014 vorgesehen war.[352] Damit wurde insb. der Empfehlung des Ausschusses für Wirtschaft und Energie des Bundestages gefolgt. Diese begründete ihre ambitioniertere Vorgehensweise damit, dass die verpflichtende Direktvermarktung ein

346 BT-Drs. 18/1304, S. 138; Schulz, Berliner Kommentar-EEG 2014, § 37 Rn. 24.

347 Moench/Dannecker/Ruttloff (Hrsg.)/Kerth, Beiträge zum neuen EEG 2014, S. 90; Thomas, NVwZ - Extra 2014, 1 (9).

348 BT-Drs. 18/1304, S. 138; BT-Drs. 18/8860, S. 195.

349 Koalitionsvertrag zwischen CDU, CSU und SPD (18. Legislaturperiode), Deutschlands Zukunft gestalten, S. 54 f.; abrufbar im Internet unter: https://www.bundesregierung.de/Content/DE/_Anlagen/2013/2013-12-17-koalitionsvertrag.pdf?__blob=publicationFile.

350 Mitteilung der EU-Kommission, Energiebeihilfeleitlinien, 2014/C 200/01, Rn. 125.

351 BT-Drs. 18/1304, S. 138; Schulz, Berliner Kommentar-EEG 2014, § 37 Rn. 3, 4.

352 BT-Drs. 18/1304, S. 138.

wesentliches Merkmal des mit dem EEG 2014 eingeleiteten Systemwechsels sei und zur System- und Marktintegration der Erneuerbaren Energien eine hohe Zahl der Anlagen darauf umsteigen müsse.[353] Zudem sei aufgrund der bereits gewonnenen Erkenntnisse mit der optionalen Direktvermarktung davon auszugehen, dass die Reduzierung der Bagatellgrenze von den entsprechenden Anlagenbetreibern durch die Inanspruchnahme innovativer Geschäftsmodelle positiv umgesetzt werde.[354]

Technische und marktwirtschaftliche Fortschritte im Bereich der Kleinanlagen, namentlich die kostengünstigere Entwicklung der Fernsteuertechnik oder eine effektivere Vermarktung durch Direktvermarktungsunternehmen könnten schließlich die Einführung von kleineren Bagatellgrenzen rechtfertigen.[355] Dies sei jedoch noch nicht der Fall. Insoweit kann dem deutschen Gesetzgeber aber auch empfohlen werden, die wirtschaftliche und technische Entwicklung bei den kleineren Anlagen etwa bis einer Kapazitätsleistung von 1 MW weiterzuverfolgen und im Falle einer unbefriedigenden Direktvermarktung solcher Stromproduktionen über eine Ausweitung der Kleinanlagenregelung nachzudenken.[356]

(3) Ausfallvergütung

Mit dem EEG 2014 fügte der Gesetzgeber die sog. Ausfallvermarktung in das EEG ein. Nach § 21b Nr. 2 EEG 2017 handelt es sich hierbei um eine Variante der gesetzlichen Einspeisevergütung. Der Anlagenbetreiber kann von dem Netzbetreiber nach § 21 Abs. 1 Nr. 2 EEG 2017 für den eingespeisten Strom die Zahlung der Einspeisevergütung verlangen, wenn seine Anlage eine installierte Kapazität von mehr als 100 kW aufweist. Eine weitere besondere Zulassungsvoraussetzung zur Nutzung der Ausfallvermarktung war auch nach § 38 EEG 2014 nicht vorgesehen.[357] Dass eine weitere Beschränkung zur Inanspruchnahme der Ausfallvermarktung nicht vorlag, zeigt sich vor allem daran, dass im ersten Entwurf zum EEG 2014 die Einschränkung „ausnahmsweise vorübergehend nicht oder nicht direkt vermarkten können“ vorgesehen und in der verabschiedeten Fassung gestrichen wurde.[358] Trotzdem sieht der Gesetzgeber die Ausfallvermarktung als eine Notlösung für besondere Ausnahmesituationen vor. Anlagenbetreiber, die ihren Strom vorübergehend nicht direkt vermarkten können, dürfen ihren

353 BT-Drs. 18/1891, S. 204.
354 BT-Drs. 18/1891, S. 204.
355 BT-Drs. 18/8860, S. 195.
356 Entsprechend auch der deutsche Gesetzgeber in BT-Drs. 18/1304, S. 138.
357 Ekardt/Valentin, Das neue Energierecht, S. 43, 44.
358 § 22d Abs. 1 Satz 2 des Referentenentwurfes des BMWi i.d.F. vom 4.3.2014; abrufbar im Internet unter: https://www.clearingstelle-eeg.de/files/RefE_140304.pdf.

Strom an die ÜNB weiterreichen, die als Ausfallvermarkter den Strom abnehmen und vergüten müssen. Der Gesetzgeber geht dabei insb. von solchen Fällen aus, in denen das Direktvermarktungsunternehmen insolvent wird oder der Anlagenbetreiber unmittelbar nach Betriebsaufnahme der neuen Anlage noch nicht imstande ist, die Vertreibung seines Stroms im Wege der Direktvermarktung sinnvoll durchzuführen.[359] Vor allem im Falle von Windenergieanlagen könne dies der Fall sein, weil der Betreiber in der Phase der Inbetriebnahme keine zuverlässigen Ermittlungen hinsichtlich des Stromertrages seiner Anlage aufstellen könne, wie es für eine Vertreibung im Wege der Direktvermarktung notwendig sei.[360]

Dass diese Möglichkeit nicht als Alternative zur grundsätzlichen Direktvermarktung steht, wird daran deutlich, dass die Anlagenbetreiber bei der Ausfallvermarktung gemäß § 53 Satz 2 EEG 2017 nur 80 Prozent des Wertes als Vergütung erhalten, den sie insgesamt im Rahmen des Marktprämienmodells bekommen würden.[361] Die Ausfallvermarktung ist unattraktiv ausgestaltet, damit Anlagenbetreiber aufgrund der finanziellen Abzüge grundsätzlich nur in Ausnahmesituationen von dieser Vermarktungsform Gebrauch machen.[362] Es soll gerade nicht als eine „Wahloption" verstanden werden.[363] Vielmehr dient sie dazu, unnötig erhöhte Kreditkosten bei der Errichtung von neuen EE-Anlagen dadurch zu vermeiden, dass auch in Ausnahmesituationen der Zahlungsfluss der Anlage zu einem erheblichen Prozentsatz gesichert ist.[364] Bei Ermangelung einer solchen Bestimmung wären Investoren gezwungen, höhere Risikoabschläge im Rahmen der Kreditvergabe zu dulden. Dies würde insgesamt zu einer Maximierung der Investitionskosten, letztlich auch zur Hemmung beim Ausbau der Erneuerbaren Energien führen. Insoweit ist es sogar unerheblich, ob die Anlagenbetreiber künftig überhaupt von dieser Ausfallvermarktung Gebrauch machen müssen. Bereits die potentielle Möglichkeit einer solchen finanziellen Deckungszusage verschafft ihnen bei den Verhandlungsgesprächen zur Finanzierung des Projektes einen erheblichen ökonomischen Vorteil.[365]

---

359 BT-Drs. 18/1304, S. 139.

360 Vollprecht/Altrock, EnWZ 2016, 387 (393).

361 BWE hat dies bereits im Rahmen des EEG 2014 als deutlich zu geringe Ausfallvergütung kritisiert; siehe BWE, Stellungnahme zum Entwurf des EEG 2014, S. 21.

362 Von Kielmansegg(Hrsg.)/Ehricke, Die EEG-Reform – Bilanz, Konzeptionen, Perspektiven, S. 43.

363 BT-Drs. 18/1304, S. 91.

364 Bues/Lippert, BeckOK-EEG 2014, § 38 Rn. 3, 4; Schulz, Berliner Kommentar-EEG 2014, § 38 Rn. 8.

365 BT-Drs. 18/1304, S. 91; Thomas, NVwZ – Extra 2014, 1 (9).

Da solche Notsituationen unerwartet eintreffen, gewährt der Gesetzgeber dem Anlagenbetreiber beim Wechsel zwischen der Direktvermarktung in die Ausfallvermarktung eine erhebliche zeitliche Erleichterung.[366] Ausnahmsweise genügt es, wenn der Anlagenbetreiber den Wechsel in die Einspeisevergütung oder aus dieser heraus dem Netzbetreiber bis zum fünftletzten Werktag des Vormonats mitteilt, vgl. § 21c Abs. 1 Satz 2 EEG 2017. Dadurch wird gewährleistet, dass ein Zahlungsausfall des Anlagenbetreibers nicht über einen erheblichen Zeitraum andauert.[367] Der fünftägige Zeitraum reicht in aller Regel auch aus, damit die Netzbetreiber ihren Veröffentlichungspflichten beim Wechsel der Vertriebsformen nachkommen können.[368]

Mit der Novellierung des EEG 2017 fügte der Gesetzgeber zudem Begrenzungen auf der Ebene der Rechtsfolge ein. Nach § 21 Abs. 1 Nr. 2 EEG 2017 bekommt der Anlagenbetreiber die beschränkte Einspeisevergütung über die Ausfallvermarktung nunmehr nur noch für eine Dauer von bis zu drei aufeinanderfolgenden Kalendermonaten sowie insgesamt nur noch bis zu sechs Kalendermonaten pro Kalenderjahr. Soweit eine dieser zeitlichen Begrenzungen überschritten wird, verringert sich der anzulegende Wert auf den Monatsmarktwert, vgl. § 52 Abs. 2 Nr. 3 EEG 2017. Eine solche Begrenzung wurde eingeführt, um eine dauerhafte Nutzung der Ausfallvermarktung zu unterbinden. Eine entsprechende Bevorzugung trat in der Vergangenheit vor allem bei direktvermarktungspflichtigen Anlagen auf, die ihre Anlage zum erheblichen Teil zur Eigenversorgung betrieben. Unter Umständen konnte es für diese Anlagenbetreiber trotz des massiven Abzuges von 20 Prozent nach § 53 Satz 2 EEG 2017 wirtschaftlich attraktiv sein, ihre Überschüsse nicht im Wege der Direktvermarktung zu veräußern, sondern auf die Ausfallvermarktung zurückzugreifen.[369] Da eine solche Vorgehensweise nicht dem Sinn und Zweck der Ausfallvermarktung entsprach, führte der Gesetzgeber zu Recht zeitliche Vorgaben ein. Der Gesetzgeber postuliert bereits in § 2 Abs. 2 EEG 2017, dass die Direktvermarktung gegenüber den anderen Vermarktungsarten grundsätzlichen Vorrang genießt. Von einer solchen Integration kann aber bei der Inanspruchnahme der Einspeisevergütung gerade nicht

366 Für die Anlagendaten zur Ausvermarktung siehe die Daten unter folgendem Link: https://www.netztransparenz.de/EEG/Transparenzanforderungen/Anlagendaten-zur-Ausfallvermarktung.

367 Herz/Valentin, EnWZ 2014, 358 (359).

368 BT-Drs. 18/1304, S. 127.

369 Vollprecht/Altrock, EnWZ 2016, 387 (393).

die Rede sein, sodass eine dauerhafte Nutzung dieses Instrumentes dem Grundgedanken des EEG 2017 widerspricht.[370]

Zu beachten ist schließlich, dass eine anteilige Nutzung der gesetzlichen Einspeisevergütung in der Ausfallvermarktung nicht vorgesehen ist, vgl. § 21b Abs. 2 Satz 2 EEG 2017. Die Ausfallvermarktung ist gerade für Notsituationen gedacht, insb. wenn das Direktvermarktungsunternehmen kurzzeitig ausfällt oder die Inbetriebnahme zum ersten Mal zu erfolgen hat.[371] Deren anteilige Inanspruchnahme erfüllt diesen Zweck nicht.

c) Fazit

Mit dem EEG 2014 verabschiedete sich der Gesetzgeber endgültig von dem grundsätzlichen Vorrang der gesetzlichen Einspeisevergütung und begrenzte seine Reichweite damit auf konkrete Ausnahmefälle. Die Einführung der verpflichtenden Direktvermarktung erweist sich jedoch nicht als eine Überraschung für den Energiemarkt, sondern stellt unter Betrachtung der „geradlinigen Weiterentwicklung des EEG" eine konsequente Transformation dar.[372] Vor allem zur effektiveren Markt- und Systemintegration der Erneuerbaren Energien sowie zur langfristigen Senkung der Förderkosten war ein solcher Fortgang unerlässlich, wobei erwähnt werden muss, dass bereits mit dem EEG 2012 ein Großteil der Anlagenbetreiber freiwillig das Marktprämienmodell präferierte.[373] Gleichwohl wollte der Gesetzgeber die Anlagenbetreiber vermehrt dazu anreizen, ihre Stromproduktion effektiver an die Nachfrage am Markt anzupassen.[374] Dadurch werden sich langfristig auch die Gesamtförderkosten reduzieren. Um den Vertrauensschutzgesichtspunkten hinreichend Rechnung zu tragen und den Anlagenbetreibern ihre bereits zugesicherten Förderansprüche zu erhalten, blieb das Marktprämienmodell neben der gesetzlichen Einspeisevergütung vorerst

370 BT-Drs. 18/8860, S. 195.

371 Glenz/Schroeder-Selbach, Berliner Kommentar-EEG 2014, § 20 Rn. 28.

372 Thomas, NVwZ – Extra 2014, 1 (10).

373 Lüdemann/Ortmann, EnWZ 2014, 387 (390); Moench/Dannecker/Ruttloff (Hrsg.)/Lippert, Beiträge zum neuen EEG 2014, S. 132, 133; Daher würden die neuen Regelungen keinen „Umbruch" darstellen; So Lehnert, ZUR 2015, 277 (286); Zur Notwendigkeit einer Systemumstellung bereits vorher Müller(Hrsg.)/Salje, 20 Jahre Recht der Erneuerbaren Energien, S. 553.

374 Hierzu kritisch Lüdemann/Ortmann, EnWZ 2014, 387 (390); von Kielmansegg(Hrsg.)/Ehricke, Die EEG-Reform – Bilanz, Konzeptionen, Perspektiven, S. 45; ausführlich zu dieser Problematik Purkus/Gawel/Deissenroth/Nienhaus/Wassermann, et 2014, S. 10 f.

zu Recht optional. Da die meisten bisherigen Anlagen vor der Einführung der verpflichtenden Direktvermarktung errichtet wurden, hängt die tatsächliche Ausnahmesituation der gesetzlichen Einspeisevergütung davon ab, ob deren Betreiber das Marktprämienmodell präferieren. Aufgrund der diesbezüglichen Möglichkeit zusätzlicher Gewinneinnahmen wenden sich tatsächlich die meisten Anlagenbetreiber freiwillig von der gesetzlichen Einspeisevergütung ab. Dass der Gesetzgeber für kleinere Anlagen sowie für Ausnahmesituationen einen außerordentlichen Rückgriff auf die gesetzliche Einspeisevergütung nicht ausschließt, ist aufgrund der genannten Gründe notwendig.[375] Im Falle der Kleinanlagen sprechen technische und finanzielle Gründe eindeutig für die Ermöglichung des Einspeisemodells. Dass in diesem Rahmen strengere Konditionen eingeführt wurden, die sogar über die Maßgaben der EU-Kommission hinausgehen, ist dem praktischen Umstand geschuldet, dass die Direktvermarktung bereits ohne diese verpflichtende Regelung – auch im Falle von kleineren Anlagen – die gesetzliche Einspeisevergütung als wichtigstes Förderinstrument abgelöst hatte.[376]

V. Bestimmungen zur Berechnung der Förderhöhe

Wie bei den Umstrukturierungen zum Fördermodell haben im Laufe der verschiedenen Novellierungen auch die Bestimmungen zur Förderhöhe einschneidende Änderungen erfahren. Daher erscheint insoweit eine dynamische Darstellung angemessen, um die diesbezüglichen aktuellen Bestimmungen zu verstehen.

1. Entwicklung bis zum EEG 2012

Der deutsche Gesetzgeber sah zur finanziellen Unterstützung von EE-Anlagen bereits seit dem Inkrafttreten des StrEG im Jahr 1991 prozentual festgelegte Fördersätze vor. Nach den §§ 2, 3 StrEG waren die Netzbetreiber verpflichtet, für Strom aus Wind- und Solarenergie eine Vergütung i.H.v. mindestens 90 Prozent und für alle anderen Erneuerbaren Energien i.H.v. mindestens 75 Prozent des Durchschnittserlöses aus der Stromabgabe von EVU an alle Letztverbraucher in Deutschland zu zahlen. Bei der Bestimmung der Fördersumme fand somit keine Unterscheidung nach Anlagenart, Kapazitätsleistungen oder regionalen

---

375 Thomas, NVwZ – Extra 2014, 1 (10); differenzierend Lehnert, ZUR 2015, 277 (286).
376 Schwarz, ZNER 2014, 337; Sprenger, ZNER 2014, 325.

Unterschieden statt.[377] Die zeitlich unbefristete Fördersumme wurde als Mindestvergütung an die durchschnittlichen Strompreise gekoppelt, wobei nach § 3 Abs. 3 StrEG der Durchschnittserlös des vorletzten Kalenderjahres als maßgeblicher Wert herangezogen wurde.[378] Bis zur Verabschiedung des EEG im Jahr 2000 lag dieser Betrag i.d.R. zwischen 18 bis 19 Pfennig/kWh.[379]

Die Verknüpfung der Fördersätze an die durchschnittlichen Strompreise war jedoch insb. deshalb unbefriedigend, weil sowohl Investoren als auch Kreditinstitute mangels einer genauen Kalkulation über den langjährigen Verlauf der durchschnittlichen Strompreise keine detaillierte Prognose über den zu erwartenden Zahlungsfluss aufstellen konnten.[380] Mit dem Inkrafttreten des Energiewirtschaftsgesetzes im Jahr 1998 sanken im Zuge des Liberalisierungsprozesses zudem die Strompreise, welche den Berechnungsmaßstab bei der Förderung der Erneuerbaren Energien bildeten.[381] Bereits deshalb konnte den Betreibern der EE-Anlagen mit dieser Verknüpfung langfristig keine finanzielle Planungssicherheit ermöglicht werden.[382] Um den bezweckten Ausbau der Erneuerbaren Energien nicht zu gefährden, musste die grundsätzlich einheitliche Gestaltung der Förderhöhe ohne Berücksichtigung der spezifischen Besonderheiten einzelner Technologien daher abgelöst werden.[383]

Unter Beachtung der gesammelten Erfahrungen und der entstandenen Bedürfnisse novellierte der Gesetzgeber mit dem EEG 2000 das Fördersystem zu den Erneuerbaren Energien bei der Bestimmung der Förderhöhe durchgreifend neu und wahrte die grundlegenden Prinzipien dieses Systems bis zum EEG 2017. Das EEG 2000 hob die Verknüpfung zu den sich ungewiss entwickelnden Strompreisen auf.[384] Der Anlagenbetreiber erhielt für einen bestimmten Förderzeitraum festgelegte Mindestvergütungen, die für die unterschiedlichen

---

377 Weck, Die garantierte Einspeisevergütung für Strom nach dem Gesetz über den Vorrang erneuerbarer Energien, S. 27; Niedersberg, Der Beitrag der Windenergie zur Stromversorgung, S. 110.

378 Schulz, Berliner Kommentar-EEG 2014, § 49 Rn. 9.

379 Schulz, Berliner Kommentar-EEG 2014, § 49 Rn. 9.

380 Weck, Die garantierte Einspeisevergütung für Strom nach dem Gesetz über den Vorrang erneuerbarer Energien, S. 31.

381 Raabe/Meyer, NJW 2000, 1298.

382 Niedersberg, NVwZ 2001, 21.

383 Kröger, Die Förderung erneuerbarer Energien im Europäischen Elektrizitätsbinnenmarkt, S. 136.

384 BT-Drs. 14/2776, S. 19; Müller(Hrsg.)/Jacobs/Mez, 20 Jahre Recht der erneuerbaren Energien, S. 265.

Arten der Erneuerbaren Energien zwischen 6,65 Eurocent/kWh[385] und 45,7 Eurocent/kWh[386] differenziert ausgewiesen waren. Zudem wurden die Fördersätze als Mindestvergütungen an unterschiedliche jährliche Degressionsvorschriften angekoppelt, um die positive Entwicklung der Produktionskosten bei den Anlagenkomponenten hinreichend zu berücksichtigen sowie Entwickler zur Herstellung qualitativ hochwertigerer und kostengünstigerer Anlagen anzureizen.[387] Mit der Degression wurden die gesetzlich festgelegten Mindestvergütungen für Anlagen, die zu einem späteren Zeitpunkt ihren Betrieb aufnahmen, als jeweils gesenkte Vergütungssätze bestimmt. Auch im Rahmen der einzelnen Energiequellen differenzierte der Gesetzgeber bei der Bestimmung der Förderhöhe nunmehr zwischen den verschiedenen Kapazitätsleistungen, um die variierenden finanziellen Mehrbelastungen sowie die unterschiedlichen Renditechancen hinreichend zu berücksichtigen.[388] Im Falle der Windenergie wurden jedoch anstelle dessen mit dem sog. Referenzertragsmodell als maßgebliche Parameter auf örtliche Differenzen sowie die dortigen Ertragschancen abgestellt.[389]

Durch das neue System zur Bestimmung der Förderhöhen beabsichtigte der Gesetzgeber, nicht konkurrenzfähigen EE-Anlagen eine feste und planbare finanzielle Basis zu schaffen und bestehende Prognoserisiken weitgehend zu minimieren.[390] Zwar sollte durch die Mindestvergütungsregelung der wirtschaftlich sinnvolle Betrieb einer EE-Anlage ermöglicht werden, ohne dabei jedoch sichere Gewinneinnahmen zu garantieren.[391] Nach dem Kostendeckungsprinzip sollten die Förderhöhen die entstandenen Kosten des Anlagenbetreibers abdecken und einen gewissen Gewinnüberschuss ermöglichen, ohne durch zu hohe Summen unerwünschte Mitnahmeeffekte zugunsten der Anlagenbetreiber und letztlich zulasten der Stromverbraucher zu verursachen.[392] Vor allem deshalb

---

385 § 4 Satz 3 EEG 2000.

386 § 8 Abs. 1 EEG 2000.

387 Müller(Hrsg.)/Kahles/Schütter, 20 Jahre Recht der erneuerbaren Energien, S. 523; Ohms, Recht der Erneuerbaren Energien, S. 171.

388 Müller(Hrsg.)/Schomerus/Schmidt, 20 Jahre Recht der erneuerbaren Energien, S. 599 f.; Valentin, Strom aus erneuerbaren Energiequellen im italienischen Recht, S. 271 f.

389 Hinsichtlich der Struktur des Referenzertragsmodells siehe von Oppen, BeckOK-EEG 2014, § 49 Rn. 17 f.

390 BT-Drs. 14/2776, S. 19; Ohms, Recht der Erneuerbaren Energien, S. 196.

391 BT-Drs. 15/2864, S. 36 f.

392 Müller(Hrsg.)/Kahles/Lutz/Schütter, 20 Jahre Recht der erneuerbaren Energien, S. 509 f.; Ohms, Recht der Erneuerbaren Energien, S. 171.

erschien es dem Gesetzgeber zweckmäßig, bei der Bestimmung der Förderhöhen unterschiedliche örtliche Strukturen, Ertragsaussichten, technologiespezifische Besonderheiten sowie die Kapazitätsleistungen hinreichend einzubeziehen und ggf. weitere Anstrengungen der Anlagenbetreiber in Technologie sowie Effektivität mit zusätzlichen Boni zu belohnen.[393] Zur Feststellung der angemessenen Werte unter Berücksichtigung der ökonomischen und technischen Entwicklungen wurden deshalb bereits in § 12 EEG 2000 intervallmäßig zu erstellende Erfahrungsberichte verbindlich vorgesehen.

Vor allem unter Beachtung dieser Erfahrungsberichte wurden in den anschließenden Novellierungen bis zum EEG 2012 die jeweiligen Vergütungs- sowie Degressionssätze bei den verschiedenen Energiequellen ständig angepasst, die bestehenden Regelungen verfeinert sowie zusätzliche Boni eingefügt bzw. gestrichen.[394] Die anschließend aufgeführten Grundsätze zur Bestimmung der Förderhöhe im EEG 2012 sind grundsätzlich auch in den vorherigen Fassungen wiederzufinden, soweit keine anderweitigen Hinweise erfolgen.

2. *Strukturen des EEG 2012*

Wie seine Vorgängerfassungen differenzierte auch das EEG 2012 bei dem Fördersystem zwischen einem allgemeinen und einem besonderen Abschnitt, wobei die allgemeinen Vorschriften für alle Arten der Erneuerbaren Energien galten und im besonderen Teil technologiespezifische Sonderregelungen vorgesehen waren. Besondere Bestimmungen zur Windenergie waren in den §§ 29 f. EEG 2012 vorgesehen.

Nach der für alle Technologiearten geregelten Ausgangsvorschrift des § 16 Abs. 1, 2 EEG 2012 waren Netzbetreiber hinsichtlich des eingespeisten Stroms zur Entrichtung der Mindestvergütung an Anlagenbetreiber verpflichtet. Die Kombination mit den Sonderbestimmungen gemäß den §§ 18 bis 33 EEG 2012 stellte das „Herzstück des deutschen Einspeisetarifsystems" dar.[395] Eine etwaige zwischengeschaltete Stelle zur Abwicklung des Zahlungsverkehrs sah das deutsche Recht der Erneuerbaren Energien in keiner Fassung vor.[396]

393 Müller(Hrsg.)/Kahles/Lutz/Schütter, 20 Jahre Recht der erneuerbaren Energien, S. 511.

394 Müller(Hrsg.)/Schomerus/Schmidt, 20 Jahre Recht der erneuerbaren Energien, S. 599.

395 Valentin, Strom aus erneuerbaren Energiequellen im italienischen Recht, S. 270.

396 Regehr, Die Förderung erneuerbarer Energien auf dem liberalisierten Elektrizitätsmarkt in Europa, S. 122.

Aufgrund des Abweichungsverbotes nach § 4 Abs. 1, 2 Satz 1 EEG 2012 durften die konkret bezifferten Mindestvergütungen auch mit vertraglicher Zustimmung des Anlagenbetreibers nicht reduziert werden. Anderweitige Abreden oder indirekte Umgehungen dieses Prinzips waren nach § 134 BGB nichtig.[397] Im umgekehrten Fall stand es den Parteien jedoch frei, höhere Einspeisevergütungen zu vereinbaren.[398] Die Mehrbeträge konnten im Rahmen des bundesweiten Ausgleichsmechanismus aber nicht an die ÜNB weitergeleitet werden, vgl. § 35 Abs. 4 EEG 2012.[399] Diese Abreden führten auch zu keinen anderweitigen Vorteilen zugunsten der jeweiligen Netzbetreiber, sodass Mehrerlöse grundsätzlich nicht ausgehandelt wurden und deshalb de facto keine Mindest- sondern Festpreise als Einspeisevergütungen geregelt waren.[400]

Wie erwähnt stellten auch die Degressionsvorschriften ein wesentliches Element des EEG dar. Auch nach den §§ 20, 20a EEG 2012 waren für die verschiedenen Technologien prozentual unterschiedliche Degressionssätze vorgesehen. Jenseits der solaren Strahlungsenergie – bei der regelmäßig erheblich höhere Degressionen vorliegen konnten – lag der Prozentsatz der Degression grundsätzlich zwischen 1 bis 2 Prozent. Im Falle der Windenergie betrug dieser Wert gemäß § 20 Abs. 2 Nr. 7 b) EEG 2012 für alle Anlagen ab dem Jahr 2013 genau 1,5 Prozent. In den vorherigen Fassungen variierte dieser Wert zwischen 1 bis 2 Prozent.[401] Zur Berechnung der maßgeblichen Vergütungshöhe des jeweils darauffolgenden Kalenderjahres wurde nach § 20 Abs. 3 EEG 2012 auf die Vorjahreswerte abgestellt, sodass eine exponentielle Reduzierung – und nicht eine lineare Absenkung – der Vergütungssumme vorlag.[402] Die angegebenen Vergütungssätze wurden nach dem EEG 2012 grundsätzlich einmalig zu Beginn eines Kalenderjahres entsprechend der Degressionsvorschrift nach unten angepasst und verkündet.[403]

---

397 Müller(Hrsg.)/Kahles/Lutz/Schütter, 20 Jahre Recht der erneuerbaren Energien, S. 510.

398 Gerstner/Lünenberger, Grundzüge des Rechts der Erneuerbaren Energien, S. 426.

399 Thorbecke/Greb, Berliner Kommentar-EEG 2014, § 19 Rn. 55; Weck, Die garantierte Einspeisevergütung für Strom nach dem Gesetz über den Vorrang erneuerbarer Energien, S. 91.

400 Müller(Hrsg.)/Salje, 20 Jahre Recht der erneuerbaren Energien, S. 540 f.

401 Vgl. § 7 Abs. 3 EEG 2000, § 10 Abs. 5 EEG 2004, § 20 Abs. 2 Nr. 7 b) EEG 2009.

402 Niedersberg, Schwachstellenanalyse zum EEG für den Bereich Windenergienutzung, S. 43.

403 Gerstner/Lünenberger, Grundzüge des Rechts der Erneuerbaren Energien, S. 454.

a) Allgemeine Bestimmungen zur Berechnung der Förderhöhe

Nach § 18 Abs. 1 EEG 2012 bestimmte sich die Einspeisevergütung für Strom aus Erneuerbaren Energien grundsätzlich entsprechend des Prinzips der gleitenden Vergütung jeweils anteilig nach der installierten Leistung einer Anlage im Verhältnis zu dem spezifisch anzuwendenden Schwellenwert. In Abhängigkeit zu der jeweiligen Technologieart wurde entweder auf die Bemessungsleistung gemäß § 3 Nr. 2a EEG 2012 oder auf die installierte Leistung der Anlage gemäß § 3 Nr. 6 EEG 2012 abgestellt.[404] Daher fanden die explizit festgelegten Mindestvergütungen keine unmittelbare Anwendung, sondern bildeten gemäß § 18 EEG 2012 vielmehr die Basisgrundlage zur Berechnung der konkreten Einspeisevergütung der jeweiligen Anlage.[405] Entsprechend den Vorgängerregelungen[406] bezweckte der Gesetzgeber auch mit dieser Berechnungsmethode die Vermeidung von Vergütungssprüngen, welche bei Über- oder Unterschreitung der vorgesehenen Schwellenwerte gravierende und nicht zu rechtfertigende Höhenunterschiede bei der Festlegung der Einspeisevergütung verursacht hätten.[407] Anstatt markanter Vergütungssprünge sollten in Abhängigkeit der Kapazitätsleistungen kontinuierlich wachsende bzw. sinkende Vergütungssätze bestehen, um in den Grenzbereichen Mitnahmeeffekte zu vermeiden sowie wirtschaftliche Risiken auszuschließen.[408] Ohne das Prinzip einer gleitenden Vergütung wären alle Anlagenbetreiber entgegen dem Zweck des EEG dazu angereizt worden, ihre Anlagen gerade noch unterhalb einer jeweils vorgegebenen Leistungsschwelle zu halten, um maximale Gewinnerlöse zu erzielen.[409]

Erfasst wurden vom Anwendungsbereich dieser Regelung ausdrücklich alle Technologien jedoch mit Ausnahme der Windenergie nach den §§ 29 bis 31 EEG 2012 sowie der solaren Strahlungsenergie nach § 32 EEG 2012. Insbesondere im Falle der Windenergie wurde eine entsprechende Berechnung mangels Schwellenwerte nicht vorgenommen. Die feste Einspeisevergütung berechnete sich dabei unmittelbar anhand der vorgegebenen Beträge. Gleiches galt im Falle der solaren Strahlungsenergie gemäß § 32 EEG 2012, wo ausschließlich auf die installierte Kapazitätsleistung abgestellt wurde.

---

404 Zur konkreten Verfahrensweise bei der Bestimmung der Vergütung siehe Gerstner/Lünenberger, Grundzüge des Rechts der Erneuerbaren Energien, S. 439 f.

405 Gerstner/Lünenberger, Grundzüge des Rechts der Erneuerbaren Energien, S. 436.

406 Vgl. etwa § 4 EEG 2000 oder § 18 EEG 2009.

407 Boewe/Bues, BeckOK-EEG 2012, § 18 Rn. 2.

408 Altrock/Oschmann/Lehnert, EEG 2012, § 18 Rn. 2, 7; Gerstner/Lünenberger, Grundzüge des Rechts der Erneuerbaren Energien, S. 437.

409 Altrock/Oschmann/Lehnert, EEG 2012, § 18 Rn. 7.

b) Besondere Bestimmungen zur Berechnung der Förderhöhe

Der Zahlungsanspruch nach der Basisvorschrift des § 16 EEG 2012 wurde zur Bestimmung der jeweils unterschiedlichen Vergütungssätze durch die §§ 23 bis 33 EEG 2012 konkretisiert. Für jede Energiequelle bestimmte der Gesetzgeber ein spezielles Förderinstitut, wobei sowohl die Voraussetzungen zur Geltendmachung des Anspruchs als auch die Höhe zwischen den verschiedenen Energiequellen divergierten. Auf der Grundlage der Degressionsvorschriften sowie der gewährten Zuschüsse und Abzüge wurde die konkrete Förderhöhe ermittelt, welcher dem Anlagenbetreiber als Mindestvergütung zu zahlen war. Da dieser berechnete Wert selbst keinen weiteren Degressionen unterlag, war er für die gesamte Förderdauer verbindlich.[410] Im Falle der Inbetriebnahme einer Neuanlage im Jahr 2013 lagen die Vergütungssätze bspw. zwischen 3,4 Eurocent/kWh[411] bis 28,74 Eurocent/kWh[412], da sie zur Berücksichtigung der spezifischen Bedürfnisse der unterschiedlichen Technologien teilweise extrem auseinander fielen. Die Bundesregierung wurde darüber hinaus gemäß § 64f Nr. 2 EEG 2012 für die sog. steuerbaren Erneuerbaren Energien – also insb. nicht im Falle der Windenergie – ermächtigt, durch Rechtsverordnung die Einspeisevergütungen zu erhöhen oder zu verringern.

c) Besondere Bestimmungen zur Windenergie

Um die konkrete Förderhöhe bei der Windenergie zu bestimmen, mussten neben der Grundnorm des § 16 EEG 2012 die konkretisierenden Sondervorschriften der §§ 29 f. EEG 2012 herangezogen werden. § 30 EEG 2012 regelte für den Austausch einer alten Windenergieanlage (sog. Repowering) eine zusätzliche finanzielle Förderung. Da § 31 EEG 2012 aber die Vergütungsregelung im Falle der Windenergie auf See regelte, wird sie vorliegend nicht weiter angesprochen.

Bereits mit dem EEG 2000[413] regelte der Gesetzgeber zur Bestimmung der Förderhöhe im Falle der Windenergie ein einzigartiges mehrstufiges Fördersystem, dessen Grundprinzipien auch in den anschließenden Fassungen beibehalten wurden. Er unterteilte die Zahlungsansprüche des Anlagenbetreibers in eine Grund- und in eine Anfangsvergütung, vgl. §§ 29 Abs. 1, 2 EEG 2012. Die Degressionsregelung des § 20 Abs. 2 Nr. 7b) EEG 2012 fand auf beide Vergütungssätze

410 Gerstner/Lünenberger, Grundzüge des Rechts der Erneuerbaren Energien, S. 485.

411 Vgl. § 33 Abs. 1 Nr. 1 EEG 2012.

412 Vgl. § 23 Abs. 1 Nr. 7 EEG 2012; Vergütung für Strom aus Wasserkraft bei einer Bemessungsleistung von mehr als 50 MW.

413 Vgl. § 7 Abs. 1 EEG 2000.

Anwendung. Mit einem sog. Referenzertragsmodell wurde zudem nicht nach der installierten Kapazität, sondern nach den Windertragsquoten (sog. Windhöffigkeit) und nach den Standortfaktoren eine zeitliche Differenzierung in der Förderhöhe vorgenommen.[414] Mit diesem Modell stand dem Anlagenbetreiber in den ersten fünf Jahren ohne die Erfüllung weiterer Voraussetzungen eine erhöhte Förderung in Form der Anfangsvergütung zu. Nach diesem Zeitraum fiel dieser Betrag für die restliche Förderdauer auf eine sog. Grundvergütung zurück. Soweit der Anlagenertrag aufgrund der geringen Windhöffigkeit unter einer bestimmten Quote lag, verlängerte sich der Zeitraum der Anfangsvergütung über eine bestimmte Dauer, wobei sie u.U. auch die gesamte Förderdauer umfassen konnte.[415]

aa. Grundvergütung

Nach § 29 Abs. 1 EEG 2012 wies die festgesetzte Grundvergütung für Strom aus Windenergie bei Inbetriebnahme ab dem 1.1.2012 den Betrag von 4,87 Eurocent/kWh auf. Die Grundvergütung des § 29 Abs. 1 EEG 2009 wies hingegen einen entsprechenden Betrag von 5,02 Eurocent/kWh auf, wobei die Reduzierung auf die jährliche Degression i.H.v. 1 Prozent zurückzuführen ist.[416] Dieser Betrag war nach Ablauf des Zeitraumes der speziellen Anfangsvergütung gemäß § 29 Abs. 2 EEG 2012 vom Netzbetreiber an den Betreiber der Windenergieanlage zu entrichten. Die Grundvergütung war an keine weiteren Voraussetzungen gebunden und stand dem Anlagenbetreiber bis zum Ende der Förderzeit zu. Letztlich war der Beginn der Grundvergütung jedoch von dem Zeitraum der Anfangsvergütung abhängig, weshalb es praktisch möglich und realistisch war, dass Betreibern von Windenergieanlagen an windschwachen Orten über den gesamten Förderzeitraum die erhöhte Anfangsvergütung zustand, und die Grundvergütung nicht zur Anwendung kam.[417]

Aufgrund dessen war es auch nicht möglich, einheitliche Einspeisevergütungen für die Windenergieanlagen zu erstellen, da sowohl technische Voraussetzungen der Anlage als auch örtliche Faktoren des Aufstellungsortes erheblichen Einfluss auf die Ertragsgüte hatten. In Schleswig-Holstein sowie

---

414 Valentin, Strom aus erneuerbaren Energiequellen im italienischen Recht, S. 273; Müller(Hrsg.)/Schomerus/Schmidt, 20 Jahre Recht der erneuerbaren Energien, S. 600 f.; Altrock/Oschmann/Prall, EEG 2012, § 29 Rn. 45.

415 Valentin, Strom aus erneuerbaren Energiequellen im italienischen Recht, S. 273.

416 Gerstner/Lünenberger, Grundzüge des Rechts der Erneuerbaren Energien, S. 473.

417 Müller(Hrsg.)/Schomerus/Schmidt, 20 Jahre Recht der erneuerbaren Energien, S. 599.

Windenergie Onshore
Degression: 1,5 %; Vergütungszeitraum 20 Jahre

Jahr der Inbetriebnahme	Grundvergütung in ct/kWh	Anfangsvergütung in ct/kW	SDL-Bonus	Repowering
2012	4,87	8,93	0,48	0,5
2013	4,80	8,80	0,47	0,49
2014	4,72	8,66	0,47	0,49
2015	4,65	8,53	0,46	0,48
2016	4,58	8,41	–	0,47
2017	4,52	8,28	–	0,46
2018	4,45	8,16	–	0,46
2019	4,38	8,03	–	0,45
2020	4,32	7,91	–	0,44
2021	4,25	7,79	–	0,44

Abb. 1: Finanzielle Förderung bei Windenenergie an Land

Nord-Niedersachen nahmen die Betreiber der Windenergieanlagen an ertragsreichen Standorten für durchschnittlich sechs bis sieben Jahre die Anfangsvergütung in Anspruch und konnten sich für die restliche Förderdauer nur noch auf die Grundvergütung berufen.[418]

bb. Anfangsvergütung

Gemäß § 29 Abs. 2 Satz 1 EEG 2012 lag der Betrag der Anfangsvergütung bei der Inbetriebnahme einer Windenergieanlage ab dem 1.1.2012 bei 8,93 Eurocent/kWh und war jedem Betreiber einer Windenergieanlage in den ersten fünf Jahren ab der Inbetriebnahme ohne die Erfüllung weiterer Bedingungen als Einspeisevergütung zu entrichten. Ausweislich des eindeutigen Gesetzeswortlautes waren keine fünf „Kalenderjahre" gemeint, sodass sich jeder Anlagenbetreiber für die ersten 60 Monate ab Inbetriebnahme auf die erhöhte Anfangsvergütung berufen durfte.[419] Mit dem EEG 2012 konnten die Neuanlagen folgende finanzielle Förderungen in den verschiedenen Jahren der erstmaligen Inbetriebnahme beanspruchen[420]:

Nach § 29 Abs. 2 Satz 2 EEG 2012 verlängerte sich zudem der Zeitraum der erhöhten Anfangsvergütung in Abhängigkeit des registrierten Referenzertrags, und zwar um zwei Monate je 0,75 Prozent des Referenzertrags, um den der Ertrag der Anlage 150 Prozent des Referenzertrags unterschritt. Je weiter der

418 Müller(Hrsg.)/Schomerus/Schmidt, 20 Jahre Recht der erneuerbaren Energien, S. 599.

419 Gerstner/Lünenberger, Grundzüge des Rechts der Erneuerbaren Energien, S. 473; Salje, EEG 2014, § 49 Rn. 21.

420 Die Tabelle stammt aus Gerstner/Lünenberger, Grundzüge des Rechts der Erneuerbaren Energien, S. 475.

Ertrag einer Windenergieanlage unter der gesetzten Höchstgrenze von 150 Prozent lag, desto länger bekam der Betreiber einer Windenergieanlage die erhöhte Anfangsvergütung und musste nicht auf die geringere Grundvergütung abweichen. Der Referenzertrag war gemäß § 29 Abs. 3 Satz 3 sowie Anlage 3 des EEG 2012 zu ermitteln. Grundsätzlich handelte es sich dabei um eine für jede Art der Windenergieanlage einschließlich der Nabenhöhe bestimmte Strommenge, die eine solche Anlage bei Errichtung an einem bestimmten Standort rechnerisch auf Basis der vermessenen Leistungskennlinie in fünf Betriebsjahren erbringen konnte.[421] Im Rahmen dieser Berechnung waren vor allem Kriterien wie die Höhe der Anlagennabe, die durchschnittliche Jahresgeschwindigkeit des Windes am Aufstellungsort, der Rotordurchmesser, die Rotorkreisfläche oder die Rauhigkeitslänge von entscheidender Bedeutung.[422]

Der Gesetzgeber bezweckte mit diesem zweistufigen Referenzertragsmodell die hinreichende Berücksichtigung der unterschiedlichen Standortfaktoren und der technischen Gegebenheiten, von denen die Effektivität einer Windenergieanlage und der Ertrag der Stromproduktion entscheidend abhingen.[423] Einerseits sollte die gestaffelte Vergütungsregelung etwaige Mitnahmeeffekte durch eine unangemessen hohe Förderung von sehr guten Standorten verhindern. Andererseits sollte für Investoren ein Anreiz geschaffen werden, an weniger windhöffigen Standorten entsprechende Projekte zu verwirklichen. Dadurch konnten die bereits erheblich beanspruchten Küstenregionen entlastet werden; wobei die Verlagerung der Anlagen in die Binnenlandregionen im Süden Deutschlands den weiteren Vorteil bewirkten, dass die Stromerzeugung näher an die stromverbrauchende Industrie rückte und dadurch das Bedürfnis des Netzausbaus entlastet wurde.[424]

---

421 Der genaue Betrag ergibt sich entsprechend der sog. Rayleigh-Verteilung mit einer mittleren Jahresgeschwindigkeit von 5,5 Meter/s in einer Höhe von 30 Metern über dem Grund, einem logarithmischen Höhenprofil und einer Rauigkeitslänge von 0,1 Metern; vgl. Müller(Hrsg.)/Schomerus/Schmidt, 20 Jahre Recht der erneuerbaren Energien, S. 600 f.

422 Ohms, Recht der Erneuerbaren Energien, S. 196; Die Ermittlung der konkreten Referenzerträge zu den verschiedenen Arten der Windenergieanlagen erfolgt durch akkreditierte Unternehmen. Anschließend werden die Werte bei der Fördergesellschaft Windenergie eingereicht, die für die Einhaltung und Prüfung der gesetzlichen Anforderungen verantwortlich ist. Hinsichtlich der aktuellen Veröffentlichungen siehe offizielle Internetseite der Fördergesellschaft Windenergie: http://www.wind-fgw.de/.

423 Weck, Die garantierte Einspeisevergütung für Strom nach dem Gesetz über den Vorrang erneuerbarer Energien, S. 74 f.

424 Müller(Hrsg.)/Schomerus/Schmidt, 20 Jahre Recht der erneuerbaren Energien, S. 604.

Die verlängerte Gewährung der erhöhten Anfangsvergütung hatte darüber hinaus wesentliche Vorteile bei der Verhandlung zu Finanzierungsmöglichkeiten und bei Kreditvergaben.[425] Die an windschwächeren Regionen zu realisierenden Windenergieanlagen konnten somit über eine verlängerte Förderdauer von bis zu 20 Jahren auf die erhöhte Anfangsvergütung zurückgreifen und etwaig zu zahlende Risikoabschläge an Kreditinstitute vermeiden.[426] Im Rahmen dieses Referenzertragsmodells bekamen Betreiber von Windenergieanlagen die erhöhte Anfangsvergütung bspw. für die gesamte Förderdauer, wenn sie nicht mehr als 82,5 Prozent des Referenzertrags an einem Standort erreichten.[427] Unterhalb dieses Prozentsatzes fand keine anderweitige Abstufung mehr statt.

Im Falle von sog. Kleinwindenergieanlagen mit einer installierten Leistung von bis zu einschließlich 50 kW traf der Gesetzgeber nach § 29 Abs. 3 EEG 2012 eine besondere Regelung. Entsprechend der vorgenommenen gesetzlichen Fiktion galten diese Anlagen als solche mit einem Ertrag von 60 Prozent ihres Referenzertrages, sodass diese während der gesamten Förderdauer ausschließlich die erhöhte Anfangsvergütung in Anspruch nehmen konnten. Grund dieser Besserstellung lag darin, ansonsten ökonomisch nicht sinnvolle Investitionen anzureizen und eine größere Kreditsicherheit zu gewähren.[428] Diese Kleinanlagen wurden i.d.R. im Rahmen der Eigenversorgung betrieben, wobei der Überschuss ins öffentliche Stromnetz eingespeist wurde. Für diese geringe Menge an Strom war die Referenzertragsberechnung zu umständlich und stellte daher eine unverhältnismäßige Belastung dar.[429] Zudem waren bei diesen Anlagen ohnehin grundsätzlich Referenzerträge einschlägig, die sie zur Geltendmachung der Anfangsvergütung über die gesamte Förderdauer berechtigt hätten.[430]

Bis zum Inkrafttreten des EEG 2012 war der Anlagenbetreiber zudem verpflichtet, für Windenergieanlagen mit einer installierten Kapazität über 50 kW gegenüber dem Netzbetreiber nachzuweisen, dass die Anlage am geplanten Standort mindestens 60 Prozent des Referenzertrages erzielen konnte, vgl. § 29 Abs. 3 EEG 2009. Diese technische Untergrenze diente dazu, die Förderung

---

425 Siehe insgesamt Frenz/Müggenborg/Ekardt/Hennig, EEG 2014, § 49 Rn. 59 f.

426 BT-Drs. 14/2341, S. 9; siehe Tabelle zur Anfangsvergütung in Abhängigkeit des Referenzertrages in Gerstner/Lünenberger, Grundzüge des Rechts der Erneuerbaren Energien, S. 474.

427 Danner/Theobald, EEG 2009, § 29 Rn. 3.

428 BT-Drs. 17/6071, S. 75; Altrock/Oschmann/Prall, EEG 2012, § 29 Rn. 70, 71; Thomas, NVwZ 2014, 1139 (1140).

429 BT-Drs 17/6071, S. 75; Danner/Theobald, EEG 2009, § 29 Rn. 4.

430 Schulz, Berliner Kommentar-EEG 2014, § 49 Rn. 44.

von sehr ineffektiven Projekten auszuschließen. Für die Investoren stellte sich jedoch das zwingende Erfordernis eines solchen Nachweises als eine unnötig aufwendige und kostspielige administrative Notwendigkeit dar, insb. weil entsprechende Standorte mit negativen Windverhältnissen unterhalb der gesetzten Grenze bereits aus wirtschaftlichen Gründen nicht präferiert wurden.[431] Mit dem EEG 2012 wurde die Nachweispflicht nicht fortgeführt.

cc. Repowering

Bereits seit dem EEG 2004 sah der Gesetzgeber für die Betreiber von Windenergieanlagen mit dem sog. Repowering eine weitere finanzielle Förderung vor. Sobald ein Betreiber im selben oder in einem angrenzenden Landkreis seine Windenergieanlage endgültig ersetzte, erhöhte sich die Anfangsvergütung der Neuanlage um 0,5 Eurocent/kWh, sofern die alte Anlage zehn Betriebsjahre aufwies und die installierte Leistung der Neuanlage mindestens das Doppelte und maximal das Fünffache der ersetzten Anlage betrug, vgl. § 30 Satz. 1 EEG 2012.

Der Anlagenbetreiber sollte dazu motiviert werden, seine ggf. dem Stand der aktuellen Technik weit unterlegene Anlage durch eine neue, leistungsstärkere Anlage zu ersetzen und dadurch seine Stromproduktion zu erhöhen.[432] Mit der hierdurch bewirkten zügigeren Modernisierung der Windenergieanlagen sollte die bundesweite Stromerzeugung trotz der gleichen bzw. sogar reduzierten Anzahl von Windenergieanlagen gesteigert werden.[433] Insbesondere aufgrund verknappter räumlicher Nutzfläche zur Errichtung von Windenergieanlagen bot das Repowering-Modell eine anreizende Basisgrundlage, um auf den bereits erschlossenen Flächen eine Kapazitätssteigerung zu erreichen.[434] Der finanzielle Bonus von 0,5 Eurocent/kWh, welcher ausweislich der obigen Tabelle auch der Degression unterlag, deckte die finanziellen Verluste ab, die die Anlagenbetreiber aufgrund der Errichtung einer Neuanlage sowie des Verzichts auf die restliche Förderdauer im Falle der Bestandsanlage zu tragen hatten.[435] Mit der

---

431 Ohms, Recht der Erneuerbaren Energien, S. 197; Müller(Hrsg.)/Schomerus/Schmidt, 20 Jahre Recht der erneuerbaren Energien, S. 601; von Oppen, BeckOK-EEG 2014, § 49 Rn. 6; Danner/Theobald, EEG 2009, § 29 Rn. 4.

432 Von Oppen, BeckOK-EEG 2012, § 30 Rn. 1; Maslaton, LKV 2007, 259.

433 Altrock/Oschmann/Prall, EEG 2012, § 30 Rn. 2; Müller(Hrsg.)/Schomerus/Schmidt, 20 Jahre Recht der erneuerbaren Energien, S. 614 f.; Müller(Hrsg.)/Salje, 20 Jahre Recht der erneuerbaren Energien, S. 550.

434 Altrock/Oschmann/Prall, EEG 2012, § 30 Rn. 4.

435 Müller(Hrsg.)/Schomerus/Schmidt, 20 Jahre Recht der erneuerbaren Energien, S. 615 f.; Müller(Hrsg.)/Kahles/Lutz/Schütter, 20 Jahre Recht der erneuerbaren Energien, S. 528 f.

Bestimmung von Mindest- sowie Höchstgrenzen für die zu installierende Kapazität bei der Neuanlage wurde bezweckt, dass es zu einer tatsächlichen Steigerung der Effizienz sowie der relativen Entlastung des Landschaftsbildes kam und zusätzlich unnötige Mitnahmeeffektive vermieden wurden.[436]

Es ist darauf hinzuweisen, dass auch für die Neuanlagen die Förderdauer gemäß § 21 EEG 2012 den Zeitraum von 20 Kalenderjahren betrug. Dem Anlagenbetreiber stand der Repowering-Bonus aber für die gesamte Dauer der Anfangsvergütung gemäß § 29 Abs. 2 EEG 2012 zu, folglich u.U. auch länger als die bedingungslos gewährte fünfjährige Dauer der Anfangsvergütung. Jedoch entfiel der Anspruch auf den Bonus, sobald der Anlagenbetreiber auf die Grundvergütung umsteigen musste.[437]

dd. Systemdienstleistungs-Bonus[438]

Erst in dem EEG 2009 fügte der Gesetzgeber mit dem Systemdienstleistungs-Bonus eine weitere finanzielle Förderung in das Recht der Erneuerbaren Energien ein und entsprach damit einer Empfehlung des Erfahrungsberichts 2007 für das damals geltende EEG 2004.[439] Nach § 29 Abs. 2 Satz 4 EEG 2009 erhöhte sich die Anfangsvergütung um einen Bonus von bis zu 0,5 Eurocent/kWh, wenn die Windenergieanlage bis Ende 2013 errichtet wurde und ab dem Zeitpunkt der Inbetriebnahme die technischen Anforderungen der Systemdienstleistungsverordnung Wind erfüllte. Aufgrund der anzuwendenden Degression wurde dieser Bonus mit dem EEG 2012 auf 0,48 Eurocent/kWh reduziert und die Gewährungsfrist bis Ende 2014 verlängert. Weiterhin beinhaltete das EEG 2012 die allgemeinen Regelungen zur Zusatzförderung, wohingegen die detaillierten technischen Regelungen in der Systemdienstleistungsverordnung Wind aufgelistet waren.

Insgesamt wurde durch diese Regelungen beabsichtigt, Betreiber von Windenergieanlagen dazu zu motivieren, Systemdienstleistungen zu übernehmen und sich mit einem Beitrag zur Erhaltung der Sicherheit und Zuverlässigkeit des Stromversorgungssystems in den regulierten Energiemarkt zu integrieren.[440]

---

436 BT-Drs. 16/8148, S. 58; Altrock/Oschmann/Prall, EEG 2012, § 30 Rn. 27, 28.

437 Müller(Hrsg.)/Schomerus/Schmidt, 20 Jahre Recht der erneuerbaren Energien, S. 616.

438 Siehe ausführlich Müller(Hrsg.)/Schomerus/Schmidt, 20 Jahre Recht der erneuerbaren Energien, S. 606 f.

439 BMU, Erfahrungsbericht 2007 zum EEG 2004, S. 120 f.; abrufbar im Internet unter: https://www.clearingstelle-eeg.de/files/private/active/0/erfahrungsbericht_eeg_2007.pdf.

440 Von Oppen, BeckOK-EEG 2012, § 29 Rn. 28.

Grundsätzlich waren die konventionellen Energiequellen im Kraftwerkspark zu entsprechenden Systemerhaltungsmaßnahmen verpflichtet. Trotz des beschleunigten Ausbaus der Erneuerbaren Energien sollte deren Aufgabenübernahme die Abhängigkeit zu den konventionellen Energiequellen auf allen vorhandenen Spannungsebenen des Stromnetzes sowie in den verschiedenen Regionen aufgrund der gesteigerten Netzintegration auf dem geringsten Level halten.

Auch der Systemdienstleistungs-Bonus knüpfte an die Anfangsvergütung an, sodass der Anlagenbetreiber sich erst im Falle der Inanspruchnahme der Grundvergütung nicht mehr darauf berufen konnte. Für bereits bestehende Anlagen gewährte der Gesetzgeber bei einer entsprechenden technischen Nachrüstung ebenfalls einen finanziellen Zuschuss zur Einspeisevergütung, vgl. § 66 Abs. 1 EEG 2009.

Bei den Novellierungsgesprächen zum EEG 2012 wurde ursprünglich vorgesehen, den Bonus ab Anfang 2012 auslaufen zu lassen, da Betreiber von Windenergieanlagen nach § 6 Abs. 5 EEG 2012 bereits ohne eine Zusatzvergütung zur Einhaltung der technischen Anforderungen verpflichtet waren. Auf Empfehlung des Bundesumweltausschusses wurde der Systemdienstleistungs-Bonus gemäß § 29 Abs. 2 Satz 4 EEG 2012 fortgeführt.[441] Mithin belohnte der Gesetzgeber hiermit diejenigen Betreiber, welche unverzüglich die technischen Maßgaben erfüllten.[442]

3. Bestimmungen zur Berechnung der Förderhöhe nach dem EEG 2014

a) Grundlegendes

Mit der Novellierung des EEG zum Jahr 2014 nahm der Gesetzgeber auch hinsichtlich der gewährten Förderhöhen zahlreiche Änderungen vor. Eines der wichtigsten Ziele des EEG 2014 bestand darin, den Kostenanstieg der EEG-Förderung zu bremsen.[443] Aus diesem Anlass strich er die Boni sowohl für das Repowering als auch für die Verantwortungsübernahme im Rahmen der Systemdienstleistung, wobei gemäß § 9 Abs. 6 EEG 2014 die Anforderungen der Systemdienstleistungsverordnung Wind weiterhin einzuhalten waren.[444] Vor allem im Falle des Repowering führte dies zu erheblicher Kritik, da durch die

441 BT-Drs. 17/6363, S. 30, 55.

442 Altrock/Oschmann/Prall, EEG 2012, § 29 Rn. 50; Müller(Hrsg.)/Schomerus/Schmidt, 20 Jahre Recht der erneuerbaren Energien, S. 607.

443 BT-Drs. 18/1304, S. 94.

444 Andernfalls reduzierte sich nach § 25 Abs. 2 Nr. 1 EEG 2014 der anzulegende Wert auf den Monatsmarktwert.

ersatzlose Abschaffung der Zusatzvergütung entsprechende Anlagenbetreiber den Reiz verloren, trotz mangelnden Ablaufs der Förderdauer ihrer Bestandsanlagen diese mit kostspieligen Aufwendungen durch Neuanlagen zu ersetzen.[445] Ein vorheriger Rückbau der alten Windenergieanlagen erweist sich dadurch als weniger rentabel, sodass die Vorzüge des Repowering ohne einen Bonus nicht mehr gewährleistet sind. Begründet wurde die diesbezügliche Abschaffung jedoch zu Recht damit, dass sich auch vor Einführung dieser finanziellen Unterstützung entsprechende Repowering-Projekte verwirklicht hätten und dass der Bonus vor allem auf windhöffigen Standorten zu einer drastischen Überforderung von Anlagenbetreibern und daher zu einer ungerechten finanziellen Belastung der Stromverbraucher führe.[446] Zudem sei durch den technischen Fortschritt der Umtausch dieser Anlagen kostengünstiger geworden, sodass ein solcher Bonus nicht mehr gerechtfertigt sei. Da jedoch ab dem Jahr 2020 die ersten nach dem EEG geförderten Anlagen aus dem Fördermechanismus ausscheiden werden, sollte über die zeitweise Einführung des Repowering-Bonus für Anlagen mit einer Betriebszeit von 20 Jahren nachgedacht werden.

Wie oben ausführlich dargestellt, kam es mit dem EEG 2014 zudem zur Einführung der verpflichtenden Direktvermarktung und der ausnahmsweisen Gewährung der Einspeisevergütung. Grundsätzlich stand den Anlagenbetreibern gegen die Netzbetreiber somit nach § 34 EEG 2014 der Anspruch auf die finanzielle Förderung in Form der Marktprämie zu. Die Einspeisevergütung wurde nur unter den engeren Voraussetzungen der §§ 37 EEG 2014 gewährt. Aufgrund dessen nahmen die sog. anzulegenden Werte nach §§ 40 f. EEG 2014 die Position der gesetzlichen Einspeisetarife ein und dienten ab dato als Berechnungsgrundlage der zu gewährenden finanziellen Förderungen.[447] Zudem wurde die im EEG 2012 gewährte Managementprämie abgeschafft und in die Marktprämien eingepreist, sodass insgesamt die Höhe der Einspeisevergütung sowie der zu entrichtenden Marktprämie im Falle der Direktvermarktung erst infolge einer etwaigen Berechnung ermittelt werden konnten. Mit dem EEG 2012 ergab sich die zustehende Förderung infolge der Reduzierung durch die Degression unmittelbar aus der gesetzlichen Bestimmung.[448]

445 Ekardt/Valentin, Das neue Energierecht, S. 68.

446 BT-Drs. 18/1304, S. 146; Frenz/Müggenborg/Ekardt/Hennig, EEG 2014, § 49 Rn. 15, 98.

447 Moench/Dannecker/Ruttloff(Hrsg.)/Kerth, Beiträge zum neuen EEG 2014, S. 96 f.; Salje, EEG 2014, § 49 Rn. 16.

448 Moench/Dannecker/Ruttloff(Hrsg.)/Kerth, Beiträge zum neuen EEG 2014, S. 97.

Jenseits der Abschaffung der beiden Boni senkte der Gesetzgeber unter Beibehaltung des zweistufigen Referenzertragsmodells die Förderhöhe für die Windenergie. Nunmehr betrugen der Anfangswert 8,9 Eurocent/kWh und der Grundwert 4,95 Eurocent/kWh, vgl. § 49 EEG 2014.[449] Die absolut angegebenen Werte waren deshalb höher als die Werte des § 29 EEG 2012, weil sie auch die eingepreisten Managementprämien umfassten. Aus diesem Grunde waren gemäß § 37 Abs. 3 Nr. 2 EEG 2014 im Falle der Geltendmachung der Einspeisevergütung für kleine Anlagen der inkorporierte Betrag der Managementprämie i.H.v. 0,4 Eurocent/kWh abzuziehen. Somit ergaben sich für die Einspeisevergütung letztlich ein Wert von 8,5 Eurocent/kWh als Anfangswert sowie ein Wert von 4,55 Eurocent/kWh als Grundwert, welche sich aufgrund der Degression als fortgeschriebene Werte des EEG 2009 darstellten.[450] Eine wertmäßige Reduzierung erfolgte darüber hinaus nicht.

b) Modifizierungen des Referenzertragsmodells bei der Windenergie

Trotz der grundsätzlichen Beibehaltung des Referenzertragsmodells nahm der Gesetzgeber im EEG 2014 Änderungen bei der Höhe der einzelnen Werte vor.[451] Nach § 49 Abs. 2 Satz 2 EEG 2014 verlängerte sich nunmehr die Frist für die Inanspruchnahme des Anfangswertes um einen Monat je 0,36 Prozent des Referenzertrages, um den der Ertrag der Anlage 130 Prozent des Referenzertrages unterschritt. § 49 Abs. 2 Satz 3 EEG 2014 bestimmte neuerdings, dass sich diese Frist zusätzlich um einen Monat je 0,48 Prozent verlängerte, um den der Anlagenertrag 100 Prozent des Referenzertrags unterschritt. Im Falle von kleinsten Windenergieanlagen mit einer installierten Kapazität bis zu 50 kW bestimmte § 49 Abs. 3 EEG 2014 ferner, dass für die Berechnung der Dauer der Anfangsvergütung angenommen werde, dass ihr Ertrag 75 Prozent des Referenzertrages betrage. Denn bereits bei Unterschreitung dieses Prozentsatzes stand dem Anlagenbetreiber die Anfangsvergütung über die komplette Förderdauer zu.[452]

Folglich wurde die förderbedingte Standortklassifizierung von der Ertragsspanne zwischen 60 und 150 Prozent angepasst auf eine solche zwischen 80

---

449 Die Begriffe Grund- und Anfangsvergütung wurden durch die Begriffe Grund- und Anfangswerte ersetzt, um auch bei der Begriffsbestimmung dem Grundsatz der verpflichtenden Direktvermarktung gerecht zu werden; siehe von Oppen, BeckOK-EEG 2014, § 49 Rn. 4.

450 Ekardt/Valentin, Das neue Energierecht, S. 68; Salje, EEG 2014, § 49 Rn. 18.

451 Salje, EEG 2014, § 49 Rn. 16.

452 Salje, EEG 2014, § 49 Rn. 4, 33.

und 130 Prozent des Referenzertrages. Damit wurde die Angleichung an die praktischen Umstände sowie eine kosteneffizientere Standortsteuerung anvisiert.[453] Ebenso neu war die zweistufige Berechnung des Anfangswertes, soweit der Ertrag einer Windenergieanlage unter einem Prozentsatz von 100 Prozent lag.

Folgendes Beispiel soll für das weitere Verständnis dienen[454]:

Falls eine Windenergieanlage aufgrund der getätigten Ermittlungen einen Ertrag aufwies, der 85 Prozent des Referenzbetrages ausmachte, wurde die gesamte Dauer des Anfangswertes wie folgt festgestellt:

1. Schritt: (130 Prozent – 85 Prozent): 0,36 Prozent = 125 Monate
2. Schritt: (100 Prozent – 85 Prozent): 0,48 Prozent = 31,25 Monate (gerundet 31 Monate)

Zusammen ergab dies eine Summe von 156 Monaten, in denen der Betreiber dieser Windenergieanlage den erhöhten Anfangswert zusätzlich zu der bereits gewährten Dauer von 60 Monaten geltend machen durfte. Insgesamt konnte der Anlagenbetreiber in diesem Fall also für eine Dauer von 18 Jahren von dem erhöhten Anfangswert sowie für die Dauer von zwei Jahren von dem Grundwert profitieren.

Durch die Herabsenkung der Ertragsschwelle auf 130 Prozent bezweckte der Gesetzgeber eine Verhinderung der Überförderung von leistungsstarken Windenergieanlagen, indem nunmehr alle Anlagen über der Ertragsschwelle von 130 Prozent keine verlängerte Anfangsvergütung in Anspruch nehmen konnten. Gleichzeitig führte der Gesetzgeber jedoch mit der zweiten Stufe im Rahmen der Berechnung des Anfangswerts ein Instrument ein, mit dem alle Betreiber von Windenergieanlagen unter der Ertragsschwelle von 100 Prozent eine zusätzliche Verlängerung der Anfangsvergütung erhielten. Die zweite Stufe bezweckte folglich die stärkere Förderung von Windenergieanlagen in eher ertragsschwächeren Standorten, um die insoweit unverhältnismäßig wachsenden Finanzierungskosten auszugleichen.[455]

---

453 BT-Drs. 18/1304, S. 144/145.

454 Siehe zudem folgende Beispiele aus der Begründung zum Entwurf des EEG 2014: BT-Drs. 18/1304, S. 145.

455 BT-Drs. 18/1304, S. 145; von Oppen, BeckOK-EEG 2014, § 49 Rn. 23 f.

c) *Neuerungen im Rahmen der Degression*

aa. Grundlegende Änderungen

Zwar war auch bei der Novellierung des EEG 2014 der fortschreitende Ausbau von Erneuerbaren Energien eines der wesentlichen Hauptziele des Gesetzgebers. Erstmals wurde jedoch auch im Rahmen der Zweckbestimmungen ein diesbezüglich vorgesehener Korridor eingefügt, vgl. § 1 Abs. 2 EEG 2014. Durch diese Beschränkungen sollte eine höhere Planungssicherheit für alle Beteiligten der Energiewirtschaft geschaffen und eine stabilere Entwicklung der Erneuerbaren Energien zur Erhaltung der Versorgungssicherheit gewährleistet werden. Zudem sollten durch Höchstgrenzen für den Ausbau die stark ansteigenden Förderkosten effektiver kontrolliert werden, da sie einen erheblichen Anstieg der Strompreise verursachten und die allgemeine Akzeptanz zur Förderung von Erneuerbaren Energien insgesamt belasteten.[456]

Daneben bestimmte § 3 EEG 2014 für die aufgeführten Energiequellen jährliche technologiespezifische Ausbaupfade, welche die allgemeinen Ausbaukorridore ergänzten. Im Falle der Windenergie[457] sollte eine Steigerung der installierten Leistung um 2500 MW pro Jahr netto erreicht werden. Der Nettowert bedeutete in diesem Rahmen, dass bei der Bestimmung des Zubaus die abgebaute Kapazitätsleistung der Bestandsanlagen von dem Wert der neu installierten Leistung abgezogen wurde.[458] Insbesondere im Falle des Repowering von Windenergieanlagen machte dieser Faktor einen erheblichen Unterschied, weshalb verschiedene Bundesländer im Gesetzgebungsverfahren zum EEG 2014 auf diese Berechnungsgrundlage bestanden.[459] Bereits hier sei erwähnt, dass seitens der Anlagenbetreiber insoweit die Veröffentlichungspflichten des § 26 Abs. 2 EEG 2014 sowie des § 11 AnlRegV zu beachten waren, da die Veröffentlichung der neu installierten sowie abgebauten Summen an installierter Kapazität im Rahmen der Berechnungen zur Degressionsanpassung konstitutive Wirkungen entfalteten.[460]

---

456 Moench/Dannecker/Ruttloff(Hrsg.)/Kerth, Beiträge zum neuen EEG 2014, S. 97 f.

457 Für die Windenergie auf See regelte § 3 Nr. 2 EEG 2014 einen spezifischen Ausbaupfad.

458 Von Oppen, BeckOK-EEG 2014, § 29 Rn. 1.

459 Thorbecke/Greb, Berliner Kommentar-EEG 2014, § 29 Rn. 8; siehe unter anderem Stellungnahme des Landes Baden-Württemberg zum Referentenentwurf EEG 2014; abrufbar im Internet unter: https://um.baden-wuerttemberg.de/fileadmin/redaktion/m-um/intern/Dateien/Dokumente/5_Energie/ Energiewende/EEG/Stellungnahme_Referentenentwurf_EEG2014.pdf.

460 Thorbecke/Greb, Berliner Kommentar-EEG 2014, § 26 Rn. 31, § 29 Rn. 9.

Zur Einhaltung dieser Ausbaupfade fügte der Gesetzgeber zudem jeweils unterschiedliche Preissteuerungsinstrumente ein und verwirklichte somit einen Systemwechsel von festen zu flexiblen Förderhöhen.[461] Auch die vorgesehenen Förderwerte bei der Windenergie wurden an einen sog. atmenden Deckel gekoppelt. Dieses Instrument fand bis dahin lediglich bei der solaren Strahlungsenergie Anwendung.[462] Nach dem sog. atmenden Deckel liegt zunächst eine Basisdegression vor, womit intervallmäßig zu jedem Abschnittsbeginn die Berechnung des Anfangs- und Grundwertes zu erfolgen hat. Die Basisdegression findet ohne eine entsprechende Modifizierung Anwendung, soweit der vorgegebene Korridor beim Ausbau der jeweiligen Energiequelle nicht überschritten oder unterschritten wird. Kommt es jedoch zu einer Überschreitung des Ausbaupfades, erfolgt in Abhängigkeit des Überschreitungsgrades eine erhöhte Degression der Förderhöhen. Im umgekehrten Fall können sich die Degressionssätze jedoch verringern, sodass die Förderhöhen langsamer fallen bzw. sich sogar erhöhen. Folglich knüpft das Prinzip des atmenden Deckels die Reduzierung der zu gewährenden Förderung für Strom aus der jeweiligen Technologie an den registrierten Ausbau der Kapazitätsleistungen.[463] Wurden zum Zeitpunkt der Inbetriebnahme entsprechende Werte als Anfangs- sowie als Grundvergütung ermittelt, so galten sie nach den gültigen Prinzipien weiterhin konstant über die gesamte Förderdauer.

bb. Änderung der Degressionsregelung bei der Windenergie

Die Sondervorschrift des § 29 Abs. 1 EEG 2014 stellte im Falle der Windenergie klar, dass der Ausbaukorridor für den Netto-Zubau 2400 MW bis 2600 MW betrug, vgl. § 26 Abs. 2 Nr. 2 EEG 2014. Damit entsprach der atmende Deckel grundsätzlich den durchschnittlichen Ausbauwerten der vergangenen Jahre.[464] Bei der Festlegung dieses Korridors achtete der Gesetzgeber zudem auf die aktuellen wirtschaftlichen Perspektiven sowie die Bedürfnisse im Rahmen der Netz- und Systemintegration.[465] Wurden die Grund- und Anfangsvergütungen bislang mit einer jährlichen Degression neu festgelegt, sah § 29 Abs. 2 EEG 2014 nunmehr eine quartalsweise Degression jeweils zu Beginn eines jeden Quartals vor und verabschiedete sich durch den atmenden Deckel zudem von konstanten Degressionssätzen.[466]

---

461 Thorbecke/Greb, Berliner Kommentar-EEG 2014, § 29 Rn. 8.

462 Vgl. § 20a EEG 2012.

463 Thorbecke/Greb, Berliner Kommentar-EEG 2014, § 29 Rn. 2.

464 Gawel/Lehmann, ZBW 2014, 651 (653).

465 BT-Drs. 18/1304, S. 90, 91.

466 Ausführlich von Oppen, BeckOK-EEG 2014, § 29 Rn. 17.

Die für die Windenergie festgelegten Anfangs- und Grundwerte verringerten sich danach ab dem Jahr 2016 jeweils quartalsweise grundsätzlich um 0,4 Prozent gegenüber den in den jeweils vorangegangen drei Kalendermonaten geltenden Werten, sodass mit 1,6 Prozent jährlicher Degression abweichend zum EEG 2012 ein leichter Anstieg der Degression um 0,1 Prozent zu verzeichnen war. Durch eine viermalige Degression innerhalb eines Kalenderjahres verteilte und verstetigte der Gesetzgeber die konkreten Förderhöhen und schaffte die zuvor üblichen „Jahresendrallyes" ab, welche die Inanspruchnahme der höheren Werte ohne die baldige Degression bezweckten.[467] Der gesetzlich angegebene Degressionssatz von 0,4 Prozent erhöhte sich jedoch bei Überschreitung des Zielkorridors gemäß § 29 Abs. 2 EEG 2014 stufenweise mit den angegebenen Prozentsätzen. Sobald die Höchstgrenze des Zielkorridors von 2600 MW etwa um mehr als 800 MW überschritten wurde, erhöhte sich die quartalsweise vorzunehmende Degression etwa von 0,4 Prozent auf 1,2 Prozent, vgl. § 29 Abs. 3 Nr. 5 EEG 2014. Eine höhere Degression existierte ab diesem Prozentsatz nicht. Die umgekehrte Situation, indem der Zielkorridor unterschritten wurde, regelte § 29 Abs. 4, 5 EEG 2014. Soweit das gesetzlich jährlich anvisierte Mindestausbauziel von 2400 MW unterschritten wurde, verringerte sich zunächst stufenweise der Degressionssatz und entsprach bei einer Unterschreitung von 400 MW – also einem jährlichen Zubau von 2000 MW – den Wert Null. In einem solchen Fall fand bei der anschließenden Quartalsberechnung keine Veränderung der zuletzt gültigen Anfangs- und Grundwerte statt. § 29 Abs. 5 EEG 2014 sah darüber hinaus sogar vor, dass sich die jeweils aktuell geltenden anzulegenden Werte bei einer höheren Unterschreitung des Ausbaukorridors um einen Prozentsatz von bis zu 0,4 Prozent erhöhen konnten. Bei einer entsprechenden Unterschreitung der Mindestwerte des Zielkorridors über mehrere Quartale konnte es folglich zu erheblichen Fördererhöhungen kommen.[468] In all diesen Fällen wurde als Bezugszeitraum die Periode nach dem letzten Kalendertag des 18. Monats und vor dem ersten Kalendertag des fünften Monats herangezogen, der einem der Quartalstermine voranging, vgl. § 29 Abs. 6 EEG 2014. Dieser Bezugszeitraum wäre bspw. für die quartalsmäßige Berechnung der Degression für den 1.7.2017 der Zeitraum zwischen 31.1.2016 bis zum 1.2.2017.[469] Im Rahmen dieses sog. rollierenden Systems wurden für

467 Thorbecke/Greb, Berliner Kommentar-EEG 2014, § 29 Rn. 13; Schulz, Berliner Kommentar – EEG 2014, § 49 Rn. 45.

468 Salje, § 29 EEG 2014 Rn. 7; Für eine detaillierte Darstellung der verschiedenen Degressionsstufen siehe Thorbecke/Greb, Berliner Kommentar-EEG 2014, § 29 Rn. 16.

469 Vgl. ähnliche Rechnung in Salje, EEG 2014, § 29 Rn. 3.

den Bezugszeitraum die monatlichen Netto-Zubauwerte zu einer Jahressumme addiert und als konkreter Parameter zur Bestimmung der Degressionsstufe herangezogen.[470] Durch die besondere Ausformung des Bezugszeitraumes stand bereits fünf Monate vor der entsprechenden Anpassung der Anfangs- und Grundwerte deren konkrete Höhe fest, damit sich Marktteilnehmer auf diese Entwicklung mit gewisser Vorlaufzeit einstellen konnten.[471]

cc. Gründe für die Einführung des atmenden Deckels bei der Windenergie

Der „atmende Deckel" sollte mit seiner indirekten Mengensteuerung über den zu gewährenden Preis die Wahrung des technologiespezifischen Ausbaupfades gewährleisten. Im Falle eines überschüssigen Zubaus sollte eine Verringerung der Förderhöhe dazu führen, den beschleunigten Ausbau zu dämpfen, die Grenzen des Zielkorridors wieder einzuhalten und somit keine ungeplanten höheren Förderkosten zu verursachen.[472] Umgekehrt sollte die Gewährung einer höheren Fördersumme bei der Unterschreitung des Ausbaupfades bis zur Ausbalancierung verstärkt Investoren für die jeweilige Technologie anlocken.[473]

Grundsätzlich begrüßten die Beteiligten der Windbranche, dass der Gesetzgeber entgegen des ursprünglichen Referentenentwurfes eine Nettobetrachtung der zugebauten Kapazität vornahm und die beim Repowering abgebaute Kapazität im Rahmen der Aufstellung des Zielkorridors mitberücksichtigte.[474] Andernfalls hätte dies aufgrund der entsprechenden Degressionsbestimmungen nachteilhaftere Auswirkungen für die Anlagenbetreiber verursacht. Eine Brutto-Betrachtung hätte mit dem atmenden Deckel zu dem missbilligten Umstand geführt, dass trotz der nicht vorhandenen Steigerung der installierten Kapazität infolge des Abbaus der entsprechenden Kapazität im Zuge des Repowering die vorgesehene Degression erhöht worden wäre.[475] Insbesondere im Falle der Windenergie waren aber erhebliche Austauschprojekte anzunehmen.[476]

---

470 Thorbecke/Greb, Berliner Kommentar-EEG 2014, § 29 Rn. 11, 22.

471 Thorbecke/Greb, Berliner Kommentar-EEG 2014, § 29 Rn. 21; kritisch BWE, Stellungnahme zum Entwurf des EEG 2014, S. 8; differenzierend WWF, Stellungnahme zum Entwurf des EEG 2014, S. 3; abrufbar im Internet unter: http://www.wwf.de/fileadmin/fm-wwf/Publikationen-PDF/WWF-Stellungnahme-zum-Gesetzentwurf-fuer-eine-Novellierung-des-EEG.pdf.

472 Gawel/Lehmann, ZBW 2014, 651 (653); BT-Drs. 18/1304, S. 89.

473 Moench/Dannecker/Ruttloff(Hrsg.)/Kerth, Beiträge zum neuen EEG 2014, S. 100.

474 BWE, Stellungnahme zum Entwurf des EEG 2014, S. 8.

475 Thorbecke/Greb, Berliner Kommentar-EEG 2014, § 29 Rn. 8.

476 Thorbecke/Greb, Berliner Kommentar-EEG 2014, § 26 Rn. 28.

Zudem führte die flexible Gestaltung der Degression mithilfe des atmenden Deckels zur vorteilhaften Situation, dass aufgrund eines starken Zubaus von Windenergieanlagen keine administrativ aufwendigen und zeitintensiven Gesetzgebungsverfahren mehr zu durchschreiten waren, da sich die Werte durch die entsprechenden Parameter von selbst an die herrschenden Bedingungen auf dem Windenergiemarkt anpassten.[477]

Kritiker führten jedoch an, dass aufgrund der Einführung des atmenden Deckels für die Windenergie zukünftige Förderhöhen von unbestimmten und nicht vorhersehbaren Faktoren abhängig seien und deshalb ein hohes Investitionsrisiko für Windenergieanlagen mit erheblichen Vorlaufzeiten auslösen würden. Vor allem im Rahmen von Kreditvergaben könne dieser Umstand durch höhere Risikoabschläge nachteilige Konsequenzen für Investoren auslösen.[478] Die Verknüpfung von Mengen- sowie Fördersteuerungselementen werde letztlich nur aufgrund einer fiskalorientierten Denkweise vorgenommen, ohne die Erneuerbaren Energien näher an den Energiemarkt heranzuführen.[479]

Zudem würde die Einführung von Ausbaubegrenzungen durch den atmenden Deckel dazu führen, dass die Ausbauziele gefährdet seien und die geplante Energiewende bremsen würden.[480] Dagegen kann jedoch eingewendet werden, dass auch das EEG 2014 stringente Ausbauziele beinhaltete und deren Unterschreitung mit der Reduzierung der Degressionssätze verhinderte. Die vorgegebenen Ausbaupfade entsprachen zudem der bis dato erfolgten jährlichen Entwicklung und beachteten zudem die möglichen Netz- und Marktkapazitäten.[481]

---

477 Thorbecke/Greb, Berliner Kommentar-EEG 2014, § 29 Rn. 2.

478 Gawel/Lehmann, ZBW 2014, 651 (654); BDEW, Stellungnahme zum Entwurf des EEG 2014, S. 31; abrufbar im Internet unter: http://www.erneuerbare-energien.de/EE/Redaktion/DE/Stellungnahmen/stellungnahmen-eeg-erste-runde/bundesverband-der-energie-und-wasserwirtschaft.pdf?__blob=publicationFile&v=3.

479 Gawel/Lehmann, ZBW 2014, 651 (654).

480 Siehe BUND, EEG-Reform bremst die Energiewende aus; abrufbar im Internet unter: http://www.bund.net/themen_und_projekte/klima_und_energie/energiewende/eeg_einigung/kommentar_zur_eeg_reform; Deutsches Biomasseforschungszentrum, Auswirkungen der gegenwärtig diskutierten Novellierungsvorschläge für das EEG-2014; abrufbar im Internet unter: https://www.dbfz.de/fileadmin/user_upload/Referenzen/Statements/Hintergrundpapier_Bioenergie_EEG.pdf; BWE, Stellungnahme zum Entwurf des EEG 2014, S. 8.

481 detailliert BT-Drs. 18/1304, S. 90; Gawel/Lehmann, ZBW 2014, 651 (656).

4. *Ermittlung der Förderhöhe durch Ausschreibungen*

a) *Ausgangssituation*

Die erhebliche Meinungsverschiedenheit zwischen der deutschen Bundesregierung[482] und der EU-Kommission[483] darüber, ob es sich bei dem Einspeisevergütungsmodell des EEG um eine EU-rechtswidrige staatliche Beihilfe i. S. d. Art. 107 Abs. 1 AEUV handelte, bestand schon seit geraumer Zeit.[484] Aufgrund dieser Einstufung leitete die EU-Kommission bereits zum EEG 2012 ein Hauptprüfverfahren nach Art. 108 Abs. 2 AEUV ein.[485] Zeitgleich mit der Novellierung des EEG 2014 verabschiedete sie zudem die Energiebeihilfeleitlinien, welche seitdem den jeweiligen Mitgliedsstaaten verbindlich vorgeben, unter welchen Voraussetzungen die finanzielle Förderung von Erneuerbaren Energien mit den Vorschriften der Europäischen Union vereinbar ist.[486]

Aufgrund dieser besonderen Sachlage meldete die deutsche Bundesregierung trotz der bekundeten Widersprüche das novellierte EEG 2014 als beihilferechtlich relevante Regelung bei der EU-Kommission an, welche diese sodann unter Berücksichtigung der Energiebeihilfeleitlinien auch genehmigte.[487] Damit wollte die Bundesregierung ohne Abkehr von ihrer normativen Auffassung die Entstehung einer möglichen Rechts- und Investitionsunsicherheit zulasten der Wirtschaft und der Umwelt von vornherein effektiv unterbinden.[488] Die Vorschriften der Energiebeihilfeleitlinien wirkten somit entscheidend bei der Verabschiedung des EEG 2014 mit.[489] Diese verpflichteten die jeweiligen Mitgliedsstaaten dazu, die Förderberechtigungen und Förderhöhen für EE-Anlagen grundsätzlich nur noch im Wege transparenter und diskriminierungsfreier Ausschreibungen vorzunehmen.[490] Dabei handelt es sich um ein objektives, transparentes,

---

482 BT-Drs. 18/1128, S. 5.

483 Entscheidung der EU-Kommission vom 23.7.2014, Az. C (2014) 5081 final, Rn. 227.

484 M.w.N. Kahles/Grabmayr, ZUR 2016, 138; vertieft Pause/Kahles, ER 2017, 55 (58 f.).

485 Beschluss der EU-Kommission vom 7.2.2014, 2014/C 37/07, ABl. EU C 37, S. 73 f.; Die EU-Kommission stufte in ihrem Beschluss die Förderung der Erneuerbaren Energien als staatliche Beihilfe ein; Beschluss vom 25.11.2014, Az. C (2014) 8786 (final).

486 ABl. EU C 200 v. 28.6.2014, S. 1 f.; Stelter, EnWZ 2015, 147.

487 Entscheidung der EU-Kommission vom 23.7.2014, C (2014) 5081 final; Wustlich, NVwZ 2014, 1113 (1114); Macht/Nebel, NVwZ 2014, 765.

488 Kohls/Wustlich, NVwZ 2015, 313 (314); Entsprechendes gilt für die Notifizierung des EEG 2017; BT-Drs. 18/8860, S. 156.

489 Bauer/Kantenwein, EnWZ 2017, 3 (4); Kahle, RdE 2014, 372 (373).

490 Mitteilung der EU-Kommission, Energiebeihilfeleitlinien, 2014/C 200/01, Rn. 126 f.; Mohr, N&R 2015, 76 (77); kritisch Kahl, ZUR 2015, 67 f.

diskriminierungsfreies und wettbewerbliches Verfahren zur Bestimmung der Höhe der finanziellen Förderung, vgl. 5 Nr. 3 EEG 2014.

Den Mitgliedsstaaten wurde bis zur grundlegenden Umstellung – spätestens im Jahr 2017 – eine Übergangsphase gewährt, da gemäß den Energiebeihilfeleitlinien ab diesem Zeitpunkt eine europarechtliche Genehmigung nur noch mit der grundsätzlichen Einführung des Ausschreibungsmodells stattfinden darf.[491] Etwas anderes gilt nur, soweit berechtigte Gründe gegen die Durchführung von Ausschreibungen – etwa ein geringes Wettbewerbsniveau oder die unnötige Steigerung der Gesamtkosten durch administrative Hürden – vorgebracht werden.[492] Für die Kalenderjahre 2015 und 2016 musste aber mindestens 5 Prozent der neu zu installierenden Kapazität an EE-Anlagen durch Ausschreibungen vergeben werden.[493]

Neben der Berücksichtigung von europarechtlichen Bedenken beabsichtigte der Gesetzgeber mit der Novellierung des EEG 2014 aber auch die effektive Marktintegration der EE-Anlagen, die Durchbrechung der steigenden Kostendynamik sowie die Einhaltung der Ausbaukorridore unter Beibehaltung der bestehenden Akteursvielfalt.[494] Insgesamt sollten diese konfligierenden Ziele in Einklang gebracht werden.[495]

b) Pilotausschreibung

aa. Grundlagen und Anwendungsbereich

Die Abkehr von gesetzlich bestimmten bzw. bestimmbaren Fördersummen hin zu Ausschreibungen barg erhebliche Risiken in sich. Die Festlegung falscher Parameter konnte zu einer Hemmung beim Ausbau der Erneuerbaren Energien führen, die Kostenlast der Allgemeinheit erhöhen und die gesellschaftliche Akzeptanz verringern.[496] Entsprechende Erkenntnisse im Ausland bestätigten aufgrund der fehlerhaften Gestaltung des Ausschreibungsdesigns diese Befürchtungen.[497] Um Erfahrungen mit der wettbewerblichen Bestimmung der Förderhöhen zu sammeln und den Anforderungen der EU-Kommission zu genügen,

---

491 Mitteilung der EU-Kommission, Energiebeihilfeleitlinien, 2014/C 200/01, Rn. 126.

492 Huerkamp, EnWZ 2015, 195; Kahle, RdE 2014, 372 (374).

493 Mitteilung der EU-Kommission, Energiebeihilfeleitlinien, 2014/C 200/01, Rn. 126.

494 BT-Drs. 18/8860, S. 146; Kahl/Kahles/Müller, ER 2016, 187 (188); Gawel/Purkus/Bruttel, EnWZ 2016, 153; Pustlauk, EWerk 2016, S. 71; Hauser, ER 2017, 10 (11).

495 Kohls/Wustlich, NVwZ 2015, 313 (321).

496 Kohls/Wustlich, NVwZ 2015, 313 (314).

497 BMWi, Ausschreibungsbericht nach § 99 EEG 2014, S. 3, 11; Kohls/Wustlich, NVwZ 2015, 313 (314).

sah das EEG 2014 als ersten Schritt für einen umfassenden Systemwechsel sog. Pilotausschreibungen für Photovoltaik-Freiflächenanlagen und – spätestens zum Jahr 2017 – einen grundsätzlichen Systemwechsel auf Ausschreibungen vor, vgl. §§ 2 Abs. 2 Satz 2, Abs. 5 EEG 2014.[498] Unterschiedliche rechtliche Möglichkeiten sollten ausprobiert und zu lösungsorientierten Ergebnissen führen.[499] Die Höhe der finanziellen Förderung sollte sich aber grundsätzlich nicht mehr aus den gesetzlich festgelegten Regelungen ergeben, sondern im Wege eines Ausschreibungsverfahrens wettbewerblich ermittelt werden. Die technologiespezifische Entscheidung für das Pilotverfahren traf der Gesetzgeber, weil die Solarenergie mit relativ kurzen Planungs- und Genehmigungsdauern sowie vergleichsweise niedrigen Kosten in der Planungsphase einen zügigen Beginn des Ausschreibungsverfahrens ermöglichte.[500] Im Gegensatz zu Photovoltaik-Dachanlagen haben die Anbieter von Photovoltaik-Freiflächenanlagen zudem regelmäßig eine längere professionelle Erfahrung und können sich daher schneller auf ein neues Förderverfahren einstellen.[501]

Die grundsätzlichen Maßstäbe für die Pilotausschreibung von Photovoltaik-Freiflächenanlagen ergaben sich aus § 55 EEG 2014. Um die Einzelheiten der verschiedenen Phasen eindeutig zu regeln, erließ die Bundesregierung im Januar 2015 auf Grundlage der Verordnungsermächtigung des § 88 EEG 2014 die Flächenausschreibungsverordnung (FFAV). [502]

bb. Voraussetzungen und Ablauf der Pilotausschreibung

Die BNetzA ermittelte gemäß § 55 Abs. 1 EEG 2014 i.V.m. der FFAV die finanzielle Förderung für Photovoltaik-Freiflächenanlagen künftig per Ausschreibungen. Dabei konnte sich die finanzielle Förderung entweder auf die erzeugte Strommenge nach § 19 EEG 2014 oder auf die bereitgestellte installierte Leistung aus Freiflächenanlagen nach § 52 EEG 2014 beziehen. Auf die bis dato gewährte gesetzliche Marktprämie hatten die Ausschreibungsteilnehmer für ihre Neuanlagen auf Freiflächen keinen Anspruch. Soweit sie aus dem Ausschreibungsverfahren

---

498 BT-Drs. 18/1304, S. 149; BR-Drs. 157/14, S. 2; Gawel/Lehmann, ZBW 2014, 651 (654); Mohr, EnWZ 2015, 99 (101).

499 Stelter, EnWZ 2015, 147 (149, 153); Huerkamp, EnWZ 2015, 195.

500 BT-Drs. 18/1304, S. 92, 149; BNetzA, Bericht Pilotausschreibungen zur Ermittlung der Förderhöhe für Photovoltaik-Freiflächenanlagen, S. 4.

501 Kohls/Wustlich, NVwZ 2015, 313 (314); kritisch Stelter, EnWZ 2015, 147 (153).

502 Verordnung zur Ausschreibung der finanziellen Förderung für Freiflächenanlagen vom 6.2.2015, BGBl. I 2015, 108 f.; Die FFAV ist gemäß Art. 25 Abs. 2 EEG 2017 mit Wirkung zum 1.1.2017 außer Kraft getreten.

als Gewinner hervorgingen, stand ihnen vielmehr der wettbewerblich bestimmte Fördersatz zu. Nach § 55 Abs. 2 EEG 2014 bestand bei der Ausschreibung ein Anspruch auf finanzielle Förderung, wenn der Anlagenbetreiber infolge der Zuschlagserteilung im Ausschreibungsverfahren über eine Förderberechtigung verfügte, die Anlage gesetzeskonform im Bereich eines beschlossenen Bebauungsplans errichtet wurde, ab der Inbetriebnahme der Anlage der erzeugte Strom insgesamt in das Netz eingespeist wurde, kein Eigenverbrauch vorlag sowie die weiteren Voraussetzungen des EEG 2014 und der FFAV beachtet wurden.

Alle weiteren Einzelheiten zum Ausschreibungs- und Förderverfahren ergaben sich aus der FFAV. Diese legte neben dem Ausschreibungsdesign vor allem die verschiedenen Ausschreibungstermine sowie die auszuschreibenden Mengen an zu installierender Kapazität fest. Das Ausschreibungsmodell wurde in der FFAV in folgende drei Abschnitte aufgegliedert: die Bekanntmachung der Ausschreibung, das Ausschreibungsverfahren sowie die Erteilung der Förderung.

(1) Bekanntmachung der Ausschreibung

In dem ersten Abschnitt wurden die Hauptverantwortlichkeit der BNetzA bei der Durchführung der Ausschreibungen geregelt und die auszuschreibenden Kapazitätsleistungen zu den jeweiligen Gebotsterminen fixiert. Nach § 3 Abs. 1 FFAV war die BNetzA bis Ende 2017 jährlich in drei Gebotsterminen verpflichtet, ein jeweils konkretes Ausschreibungsvolumen von 100 bis 200 MW auszuschreiben. Dabei orientierten sich die Volumina an dem für die Freiflächen jährlich vorgesehenen Ausbauwert i.H.v. 400 MW, vgl. § 1 FFAV. Um evtl. anfängliche Schwierigkeiten bei der Errichtung der ersten ausgeschriebenen Projekte und das diesbezügliche Risiko des Verfehlens des Ausbauziels zu vermeiden, ordnete § 3 Abs. 1 Nr. 1 bis 3 FFAV für das Jahr 2015 ein Ausschreibungsvolumen von 500 MW an. Zudem sollte das vorgesehene Ausschreibungsvolumen für den jeweils nächsten Gebotstermin erhöht werden, soweit Projekte aus ehemaligen Ausschreibungsrunden nicht realisiert wurden, vgl. § 4 Abs. 1 FFAV. Die Festsetzung künftiger Ausschreibungsvolumina für die Jahre ab 2018 sollte mit der umfassenden Umstellung der finanziellen Förderung der Erneuerbaren Energien auf Ausschreibungen erfolgen, vgl. § 3 Abs. 2 FFAV.

Die Bundesregierung bevorzugte im Rahmen des Pilotverfahrens im Gleichklang zu den allgemeinen Förderregelungen der §§ 19 f. EEG 2014 die finanzielle Förderung der eingespeisten Strommengen. Gemäß §§ 2 Nr. 8, 28 FFAV bildete daher der anzulegende Wert für die gleitende Marktprämie den Ausschreibungsgegenstand, den der Bieter mit seinem Gebot selbst bestimmte. Somit bestand darin der einzige wesentliche Unterschied zwischen der Förderung durch die gesetzliche Marktprämie sowie der Förderung im Wege des Auktionsverfahrens, sodass der Gesetzgeber eine umfassende Gleichstellung der Fördersystematiken zu den verschiedenen Technologieformen wahrte.[503] Dem Anlagenbetreiber stand also aufgrund des Zuschlags im Ausschreibungswettbewerb neben den infolge der Direktvermarktung erzielten Vergütungssummen für die gesamte Förderdauer auch die persönlich bestimmte Marktprämie zu.[504] Die dadurch bewirkten Fördersummen wurden auch über den allgemeinen Ausgleichsmechanismus des EEG auf die Letztverbraucher umgewälzt.

(2) Ausschreibungsverfahren

Die FFAV bestimmte von der Bekanntmachung bis zur Inbetriebnahme der Anlage sowie dem Beginn der Förderzahlungen wesentliche Grundlagen zu dem Ausschreibungsverfahren. Die jeweils anstehende Ausschreibung sollte entsprechend § 5 FFAV mit den konkreten Daten zum Gebotstermin, zum Ausschreibungsvolumen sowie zu dem vorgesehenen Höchstwert ca. acht Wochen vor dem gesetzlich bestimmten Gebotstermin auf der öffentlichen Internetpräsenz der BNetzA bekannt gegeben werden. Gemäß § 6 Abs. 1 FFAV durften natürliche Personen, rechtsfähige Personengesellschaften sowie juristische Personen an den Ausschreibungen teilnehmen. Bürgerenergiegenossenschaften wurden dabei mit den anderen Teilnehmern grundsätzlich gleichgestellt. Die abgegebenen Gebote wurden nach Eingang einer formellen sowie inhaltlichen Prüfung unterzogen, um anschließend die jeweiligen Gewinner der Ausschreibungsrunde zu bestimmen.

Die Zulassung zum Ausschreibungsverfahren verpflichtete die Teilnehmer zur Einhaltung unterschiedlicher Präqualifikationsanforderungen, vgl. §§ 6, 7 FFAV. Es wurden formale Mindestanforderungen etwa an den Bieter, den Gebotstermin, den abgegebenen Gebotswert sowie zur Gebotsmenge und zum jeweiligen Standort der geplanten Freiflächenanlage gestellt. Letztere Angaben verpflichteten den Bieter zwar nicht zur Errichtung der Anlage an dem geplanten konkreten Standort. Eine geographische Verschiebung wurde jedoch an eine sog. Übertragungspönale von 0,3 Eurocent/kWh, um welche die Marktprämie reduziert wurde, geknüpft.

Neben einer Zuschlagsgebühr von grundsätzlich 715 Euro mussten gemäß § 7 FFAV alle Bieter zur Manifestation ihres ernstlichen Willens und zur Vermeidung strategischen Bieterverhaltens mit wettbewerbsverzerrenden Folgen bis zum Gebotstermin eine Erstsicherheit i.H.v. grundsätzlich 4 Euro/kWh der Gebotsmenge erbringen. Dies konnte neben der Zahlung der konkreten Summe auf ein Verwahrkonto der BNetzA auch durch eine entsprechende Bankbürgschaft

503 Stelter, EnWZ 2015, 147 (148); Kahl/Kahles/Müller, ER 2016, 187 (188).
504 Stelter, EnWZ 2015, 147 (148).

erfolgen, vgl. § 16 Abs. 1 FFAV. Damit sollte die Entrichtung etwaiger Strafzahlungen sichergestellt werden, welche vor allem beim Verfall des erteilten Gebots anstand.[505] In den Fällen des § 16 Abs. 4 FFAV – vor allem nach der Entrichtung der sog. Zweitsicherheit oder der fehlenden Zuschlagserteilung – musste die BNetzA die Erstsicherheit unverzüglich aushändigen.

Die Bieter mussten in allen Ausschreibungsrunden jeweils einmalige, verdeckte Gebote hinsichtlich des begehrten anzulegenden Wertes für die Marktprämie abgeben. Die Gebotsmengen durften sich unterdessen nur in einem Umfang von jeweils mindestens 100 kW bis höchstens 10 MW an zu installierender Kapazitätsleistung bewegen, wodurch eine hohe Akteursvielfalt gewährleistet werden sollte.[506] Zudem sah § 8 FFAV für jede Ausschreibungsrunde einen Höchstwert hinsichtlich des Fördersatzes vor. Hierdurch sollte die Kostenlast der Allgemeinheit gedeckelt sowie strategisches Bieterverhalten – etwa in Ausschreibungsrunden mit geringer Wettbewerbsintensität – eingedämmt werden.[507] Als ursprünglicher Höchstwert wurde der degressiv ausgestaltete Förderbetrag von 11,49 Eurocent/kWh für Dachanlagen bis zu einer installierten Leistung von 1 MW bestimmt, vgl. § 8 Abs. 2 FFAV i.V.m. § 51 Abs. 2 Nr. 3 EEG 2014.

Im Anschluss zum jeweiligen Gebotstermin öffneten mindestens zwei Mitarbeiter der BNetzA alle eingegangenen Gebote, um nach einer Registrierung zu prüfen, welche der Gebote zum Zuschlagsverfahren zugelassen bzw. welche aufgrund einer der vielfältigen Gründe auszuschließen waren, vgl. §§ 9 bis 11 FFAV. Verspätet eingegangene Gebote waren dabei gemäß § 6 Abs. 5 Satz 1 FFAV zwingend auszuschließen. Von den zugelassenen Geboten erhielten gemäß § 12 FFAV solche mit den geringsten Gebotswerten einen Zuschlag, bis das vorgegebene Ausschreibungsvolumen erstmals durch den Zuschlag zu einem Gebot erreicht bzw. überschritten wurde. Die Förderhöhe des bezuschlagten Projektes ergab sich nach dem sog. pay-as-bid-Prinzip gemäß § 13 Abs. 1 FFAV grundsätzlich aus dem angegebenen Gebotswert. Jedes Projektvorhaben konnte sich somit auf eine finanzielle Förderung von unterschiedlichem Betrag berufen. § 13 Abs. 2 FFAV sah für die letzten beiden Ausschreibungsrunden aus dem Jahr 2015 ausnahmsweise das sog. Einheitspreisverfahren vor, wobei alle erteilten Zuschläge einheitlich denselben Fördersatz bekamen, welcher dem höchsten noch bezuschlagten Gebotswert entsprach. Die Zugrundelegung beider Ausschreibungsmodelle sollte Erkenntnisse über bestehende Vor- und Nachteile der

505 Kohls/Wustlich, NVwZ 2015, 313 (317); Stelter, EnWZ 2015, 147 (149).
506 Stelter, EnWZ 2015, 147 (149).
507 Kohls/Wustlich, NVwZ 2015, 313 (316).

unterschiedlichen Verfahren liefern und bei der grundlegenden Neugestaltung des Fördersystems zu den Erneuerbaren Energien dienlich sein.[508]

Nach dem Zuschlagsverfahren veröffentlichte die BNetzA gemäß § 14 FFAV alle Zuschläge mit den wesentlichen Informationen auf ihrer öffentlichen Internetpräsenz. Anschließend mussten die jeweiligen Bieter innerhalb von zehn Tagen eine sog. Zweitsicherheit i.H.v. grundsätzlich 50 Euro/kWh leisten. Auch diese Kaution diente der Absicherung möglicher Strafzahlungen.[509] Vor allem löste gemäß § 18 FFAV die Rückgabe von erteilten Zuschlägen oder gemäß § 20 Abs. 2 FFAV die Nichteinhaltung der materiellen Ausschlussfrist zur Errichtung der Freiflächenanlage etwaige Verpflichtungen des Bieters zur Entrichtung von Strafzahlungen aus, vgl. § 30 FFAV. Um die Teilnehmer also von Beginn an zu ernsthaftem Bieterverhalten zu motivieren und den gesetzlich vorgesehenen Errichtungsprozess mit dem gewährten Zeitraum zu beachten, wurden entsprechende Verstöße mit vollen oder anteiligen Pönalen sanktioniert.[510] Denn die Bieter mussten grundsätzlich innerhalb von 18 Monaten ab dem Zeitpunkt des Zuschlags die nötigen Genehmigungen beschaffen sowie den Planungs- und Errichtungsprozess bis zur Inbetriebnahme der Anlage vollenden.

(3) Förderregelungen bei der Pilotausschreibung

Ab der Inbetriebnahme der Anlage konnte der Bieter – nunmehr Anlagenbetreiber – die finanzielle Förderung beantragen. Die FFAV regelte neben der Grundnorm des § 19 EEG 2014 auch die diesbezüglich maßgeblichen Voraussetzungen. Auf einen entsprechenden Förderanspruch konnte der Anlagenbetreiber sich nach den §§ 21, 22 FFAV nur berufen, soweit er den Zuschlag nach der Inbetriebnahme der Anlage mit den endgültigen Daten zum konkreten Projekt bei der BNetzA einlöste. Die Marktprämie stand ihm dabei gemäß § 28 FFAV für die Dauer von 20 Jahren ab der Ausstellung der Förderberechtigung zu. Die konkrete Förderhöhe resultierte gemäß §§ 26, 27 FFAV grundsätzlich aus dem abgegebenen Zuschlagswert und variierte je nachdem, ob der Anlagenbetreiber das Projekt in dem ursprünglich bewilligten Rahmen, an dem konkreten Standort sowie in der vorgegebenen Dauer verwirklichte.[511] Der Anlagenbetreiber erhielt eine Förderung etwa im Falle der Überschreitung der grundsätzlichen

---

508 Kohls/Wustlich, NVwZ 2015, 313 (317, 318); Gawel/Purkus/Bruttel, EnWZ 2016, 153 (154); Mohr, EnWZ 2015, 99 (103).

509 Stelter, EnWZ 2015, 147 (151).

510 Kohls/Wustlich, NVwZ 2015, 313 (319).

511 Beispiele für die verschiedenen Änderungen der Förderhöhen in Kohls/Wustlich, NVwZ 2015, 313 (320).

Errichtungsdauer um nicht mehr als sechs Monate oder im Falle der örtlichen Verlagerung des Projektes, wobei in diesen Fällen die Förderhöhe um eine Verspätungs- bzw. Verschiebungspönale i.H.v. 0,3 Eurocent/kWh verringert wurde, vgl. § 26 Abs. 3, 4 FFAV. Zudem konnte der Bieter die Anlage auch nach Ablauf dieser Frist trotz der Entwertung des Zuschlags nach § 20 Abs. 2 FFAV errichten, ohne jedoch entsprechende Förderansprüche geltend machen zu können.

cc. Fazit

Die Einführung einer detaillierten Pilot-Ausschreibung für Photovoltaik-Freiflächenanlagen vor der grundsätzlichen Umstellung des EEG-Fördersystems auf Ausschreibungen diente insb. zur Erlangung wesentlicher Erkenntnisse bzgl. des neuen Fördersystems.[512] Vor allem sollte geprüft werden, welches der unterschiedlichen Ausschreibungsmodelle die besseren rechtlichen und wirtschaftlichen Grundlagen bot und langfristig auch bei den anderen Technologiearten zur Anwendung kommen sollte. Welche Modelle den Ausbau der Erneuerbaren Energien und die Einhaltung der vorgesehenen Ausbaupfade durch hohe Realisierungsraten gewährleisten konnten und zudem die gesellschaftliche Akzeptanz durch die Hemmung der allgemeinwirtschaftlichen Förderkosten sowie die Erhaltung der Akteursvielfalt stärkten, sollten umfangreich getestet werden.[513] Die Ergebnisse dieses Pilotverfahrens wurden gemäß § 99 EEG 2014 umfassend evaluiert und als Erfahrungsbericht den Novellierungsverhandlungen zum EEG 2017 zugrunde gelegt.[514]

Insgesamt kam es in den verschiedenen Ausschreibungsrunden zu einem regen Wettbewerb.[515] Auch innerhalb der Teilnehmerlandschaft war eine vielfältige Mischung zwischen natürlichen und unterschiedlichen juristischen Personen zu verzeichnen. Die Höhe der anfänglichen Formfehler bei der Gebotsabgabe reduzierte sich aufgrund der Steigerung der Praxiserfahrungen der Unternehmen in den anschließenden Runden erheblich.[516] Viele Teilnehmer mit erfolglosen Geboten aus den Vorrunden nahmen in den anschließenden Ausschreibungen erfolgreich teil. Zudem reduzierten sich im Laufe der Runden aufgrund der starken Wettbewerbsintensität fast durchgehend die abgegebenen

---

512 Stelter, EnWZ 2015, 147 (153).

513 Stelter, EnWZ 2015, 147 (148); Gawel/Purkus/Bruttel, EnWZ 2016, 153.

514 Siehe hierzu BMWi, Ausschreibungsbericht nach § 99 EEG 2014; BNetzA, Bericht Pilotausschreibungen zur Ermittlung der Förderhöhe für Photovoltaik-Freiflächenanlagen.

515 BNetzA, Bericht Pilotausschreibungen zur Ermittlung der Förderhöhe für Photovoltaik-Freiflächenanlagen, S. 8; Gawel/Purkus/Bruttel, EnWZ 2016, 153 (155).

516 BMWi, Ausschreibungsbericht nach § 99 EEG 2014, S. 5.

Gebote.[517] Ob und inwieweit das Ausschreibungsverfahren bei der Förderung der Photovoltaik-Freiflächenanlagen tatsächlich zu den gewünschten Zielen führte, lässt sich erst nach Ablauf einiger Jahre feststellen.[518] Insbesondere muss genau überprüft werden, welche der zugeschlagenen Projekte innerhalb des gewährten Zeitraums verwirklicht wurden und ob der diesbezügliche Ausbaupfad eingehalten wurde.[519]

Kritisch ist zudem, dass die Realisierung der Ziele zum Pilotausschreibungsverfahren nicht abgewartet wurde, bevor eine grundlegende Umstellung stattfand. Daher war eine gründliche Aufarbeitung der diesbezüglichen rechtlichen, wirtschaftlichen sowie gesellschaftlichen Folgen nicht möglich. Die BNetzA stellte jedenfalls zur Vereinfachung des formalen Verfahrens diverse Verbesserungsvorschläge auf, die bei der Novellierung des EEG 2017 beachtet werden sollten.[520] Eine pauschale Übertragung der Regelungen zu Photovoltaik-Freiflächenanlagen auf die anderen Technologien wurde jedoch keineswegs empfohlen.[521] Eine Anlehnung an die Regelungen der FFAV nahm der Gesetzgeber bei der Novellierung des EEG 2017 insb. im Rahmen der Aufstellung der allgemeinen Ausschreibungsvoraussetzungen vor.[522]

c) Grundsätzliche Einführung des Ausschreibungssystems

Die sich im Wesentlichen aus den Energiebeihilfeleitlinien abzuleitenden und bereits mit dem EEG 2014 verfolgten Ziele bildeten auch in den Novellierungsverhandlungen zum EEG 2017 die wegweisenden Leitgedanken. Konsequent zur bisherigen Gesetzesentwicklung bezweckte der Gesetzgeber bei der Förderung der Erneuerbaren Energien durch ihre Heranführung an den Energiemarkt die größtmögliche Kosteneffizienz, zudem aber auch die Einhaltung des Ausbaukorridors zur Erhaltung der Versorgungssicherheit sowie die Wahrung der

---

517 BNetzA, Bericht Pilotausschreibungen zur Ermittlung der Förderhöhe für Photovoltaik-Freiflächenanlagen, S. 8, 12.

518 Ausführlich in Gawel/Purkus/Bruttel, EnWZ 2016, 153 (157 f.).

519 Jedenfalls bis zum Redaktionsschluss des Evaluierungsberichts der BNetzA wurden nur drei Anträge auf Ausstellung der Förderberechtigung für eine installierte Kapazität von ca. 25 MW eingereicht, wobei alle befragten Bieter weiterhin an ihrer Projektverwirklichung festhielten; BNetzA, Bericht Pilotausschreibungen zur Ermittlung der Förderhöhe für Photovoltaik-Freiflächenanlagen, S. 5, 14.

520 BNetzA, Bericht Pilotausschreibungen zur Ermittlung der Förderhöhe für Photovoltaik-Freiflächenanlagen, S. 17, 18.

521 BMWi, Ausschreibungsbericht nach § 99 EEG 2014, S. 3.

522 Vollprecht/Altrock, EnWZ 2016, 387 (389).

Akteursvielfalt zur Aufrechterhaltung der gesellschaftlichen Akzeptanz.[523] Dem drastischen Anstieg der Förderkosten konnte auch durch das EEG 2014 nicht Einhalt geboten werden. Höhere Stromausgaben der Privathaushalte sowie der Industrie aufgrund der steigenden EEG-Umlage gefährdeten neben der internationalen Konkurrenzfähigkeit der Wirtschaft vor allem auch die gesellschaftliche Akzeptanz. Dieser Umstand machte sich vor allem durch vermehrte kritische Diskussionen über die Notwendigkeit sowie die Rechtmäßigkeit der Förderung von Erneuerbaren Energien bemerkbar. Nach Auffassung des Gesetzgebers sollten entsprechende Projekte künftig deshalb auch nur in der Höhe eine finanzielle Förderung erhalten, die für einen ökonomischen Betrieb der EE-Anlagen erforderlich ist.[524] Damit sollten künftig nur Anlagenbetreiber gefördert werden, die den geringsten staatlichen Fördersatz für ihre Stromproduktion verlangen.[525] Der Ausbaukorridor für die unterschiedlichen Technologien sollte auch zur planbaren Steuerung der künftigen Förderkosten sowie der intensiveren Verzahnung mit dem Ausbau der Stromnetze führen.[526]

Ein starker Wettbewerb ohne die ausreichende Berücksichtigung der Bedürfnisse von kleineren Akteuren, die weder wirtschaftlich noch administrativ mit den großen Akteuren mithalten konnten, würde zur Schwächung der Akteursvielfalt führen. Insbesondere hatten bis zu diesem Zeitpunkt kleine und mittlere Unternehmen – wie etwa regional angesiedelte Bürgerenergiegesellschaften – maßgeblichen Anteil an dem erfolgreichen Ausbau der Erneuerbaren Energien. Um eine diesbezüglich negative Entwicklung zu verhindern, sollten nach der Auffassung des Gesetzgebers bei der Erstellung der Ausschreibungsmodelle gewisse Erleichterungen zugunsten dieser Akteursgruppen vorgesehen werden.[527] Eine insgesamt zufriedenstellende Zweckverwirklichung ist nur durch die ausgewogene Herstellung einer praktischen Konkordanz möglich.[528]

Zur Umsetzung dieser Maßstäbe hat der Gesetzgeber mit der Verabschiedung des EEG 2017[529] den bereits in § 2 Abs. 5 EEG 2014 angekündigten Paradigmenwechsel vorgenommen und in Abkehr von einem festen Vergütungssystem

523 BT-Drs. 18/8860, S. 147.
524 BT-Drs. 18/8860, S. 147.
525 Faasch, Versorgungswirtschaft 2017, 105.
526 BT-Drs. 18/8860, S. 151, 152.
527 BT-Drs. 18/8860, S. 152.
528 Bauer/Kantenwein, EnWZ 2017, 3.
529 Ende 2017 hat die EU-Kommission beschlossen, dass das EEG 2017 den beihilferechtlichen Vorschriften der Europäischen Union nicht widerspreche; EU-Kommission, SA.45461.

die künftige Förderung von Erneuerbaren Energien durch Ausschreibungen festgelegt.[530] Nunmehr sollen Förderberechtigte sowie gewährte Förderhöhen grundsätzlich nur noch wettbewerblich bestimmt werden. Gesetzliche Auktionsmengen verhelfen dabei auch der Wahrung der Ausbaukorridore, wobei der Gesetzgeber mit den festgelegten Ausschreibungsvolumina die Obergrenze des Ausbaukorridors ansteuert.[531] Mit der Novelle zum EEG 2017 ist der Einfluss der EU-Kommission in der nationalen Energiepolitik noch einmal deutlich spürbar geworden, da das gesamte Ausschreibungssystem den strikten Anforderungen der Beihilfeleitlinien genügt.[532] Dieser gemeinschaftsrechtliche Einfluss wird auch bei der Einführung der Regelungen zu den technologieneutralen und grenzüberschreitenden Ausschreibungen deutlich.

aa. Anwendungsbereich der Ausschreibungen im EEG 2017

(1) Grundsätzlich verpflichtende Ausschreibung

Mit dem EEG 2017 werden Ausschreibungen für die Erneuerbaren Energien erstmals grundlegend verpflichtend. Die Stromproduktion aus den Neuanlagen wird i.d.R. nur noch dann gefördert, wenn die Betreiber nach einem Ausschreibungsverfahren eine Zuschlagserteilung vorweisen können. § 22 EEG 2017 stellt dabei die zentrale Vorschrift für diesen Paradigmenwechsel dar. Nach § 22 Abs. 1 Satz 1 EEG 2017 sind künftig für Strom aus Windenergieanlagen an Land und auf See, für Solaranlagen sowie Biomasseanlagen[533] sowohl die Anspruchsberechtigten als auch die Förderhöhen durch Ausschreibungen wettbewerblich zu ermitteln. Nachdem das Ausschreibungsverfahren für die Förderung von Solaranlagen auf Freiflächen ab Anfang 2015 grundsätzlich verpflichtend wurde, erstreckt sich das Ausschreibungssystem in Anlehnung an das Design dieser Pilotausschreibung nunmehr auch auf die aufgezählten weiteren Technologiearten.[534] Da allein die Solar- und die Windenergie als „Volumenträger der Energiewende" ab dem Jahr 2017 mehr als 80 Prozent des Ausbaus der Erneuerbaren Energien bewerkstelligen sollen, wird somit der wesentliche Teil der auszubauenden Kapazitätsleistung künftig ausgeschrieben.[535]

---

530 Kahl/Kahles/Müller, ER 2016, 187; Bauer/Kantenwein, EnWZ 2017, 3.

531 BT-Drs. 18/8860, S. 147, 151; Vollprecht/Altrock, EnWZ 2016, 387 (388).

532 Boemke, NVwZ 2017, 1.

533 Neben den Neuanlagen können gemäß § 39f EEG 2017 ausnahmsweise auch bestehende effektive Biomasseanlagen für eine Anschlussförderung an den Ausschreibungsverfahren teilnehmen; BT-Drs, 18/8860, S. 151.

534 BT-Drs. 18/8860, S. 149; Vollprecht/Altrock, EnWZ 2016, 387 (389).

535 BT-Drs. 18/8860, S. 2.

(2) Ausnahmen zur verpflichtenden Ausschreibung

Zum Grundsatz des Ausschreibungsmodells bestehen jedoch – im Einklang mit den Energiebeihilfeleitlinien[536] – verschiedene Ausnahmen, in denen die Anlagenbetreiber weiterhin einen gesetzlich bestimmten Förderanspruch geltend machen dürfen.[537]

(a) Technologiespezifische Ausnahmen

Im Falle der weiteren Technologiearten wie Wasserkraft, Geothermie und Deponie-, Klär und Grubengas hält der Gesetzgeber an dem bisherigen Vergütungsmodell fest, vgl. §§ 22 Abs. 6 Satz 2, 40, 41 EEG 2017. Die Einführung von Ausschreibungen würde die Förderhöhen der Stromproduktion zu diesen Anlagen nicht reduzieren, sondern aufgrund der administrativen Mehraufwendungen möglicherweise erhöhen. Die zu verzeichnenden Ausbaumengen beschränken sich wegen der geringen Erschließung neuer Potentiale auf die Modernisierung oder Renovierung betriebener Bestandsanlagen.[538] Daneben sind verhältnismäßig nur wenige Einzelprojekte kleiner Bietergruppen mit geringer Kapazitätsleistung geplant, sodass solche Ausschreibungen aufgrund eines niedrigen Wettbewerbsniveaus die vom Gesetzgeber gewünschte Reduzierung der Gesamtförderkosten nicht bewirken würden.[539]

(b) Kleinanlagen

Mit einer de-minimis-Regelung sind zudem Kleinanlagen mit einer installierten Leistung von höchstens 750 kW vom verpflichtenden System der Ausschreibungen ausgeschlossen und erhalten deshalb einen gesetzlichen Förderanspruch, vgl. §§ 22 Abs. 2 Satz 2 Nr. 1, Abs. 3 Satz 2 EEG 2017.[540] Bei den Biomasseanlagen beträgt die Bagatellgrenze der installierten Kapazität sogar höchstens 150 kW, vgl. § 22 Abs. 4 Satz 2 Nr. 1 EEG 2017. In den Fällen der niedrigen Kapazitätsleistungen wird die Verpflichtung zur Teilnahme an Ausschreibungen als die Aufbürdung von unverhältnismäßigem Bürokratieaufwand verstanden, welche die Aufrechterhaltung der Akteursvielfalt gefährden würde.[541] Aufgrund ihres

---

536 Mitteilung der EU-Kommission, Energiebeihilfeleitlinien, 2014/C 200/01, S. 126; ebenso EU-Kommission, SA.45461, Rn. 204 f.; Pause/Kahles, ER 2017, 55 (60, 61).

537 BT-Drs. 18/8860, S. 148.

538 BT-Drs. 18/8860, S. 199; Kahl/Kahles/Müller, ER 2017, 187 (188).

539 Vollprecht/Altrock, EnWZ 2016, 387 (389); Boemke, NVwZ 2017, 1 (5).

540 Nach Rn. 127 der Energiebeihilfeleitlinien konnte der Gesetzgeber diese Ausnahmeregelung auf 6 MW an zu installierender Kapazität bzw. auf 6 Windenergieanlagen ausdehnen. Davon hat er jedoch bewusst keinen Gebrauch gemacht; BT-Drs. 18/8860, S. 157, 198; BMWi, Eckpunktepapier, Ausschreibungen für die Förderung von EE-Anlagen, S. 6.

541 BT-Drs. 18/8860, S. 148; Boemke, NVwZ 2017, 1 (3).

geringen Marktanteils wird durch die Nichteinbeziehung solcher Anlagen der Wettbewerb nur unerheblich eingeschränkt und die finanzielle Mehrbelastung durch die Fortgeltung der gesetzlich bestimmten Fördersummen als unerheblich eingestuft.[542] Erwähnenswert ist schließlich, dass gemäß § 30 Abs. 2 EEG 2017 eine freiwillige Teilnahme solcher Kleinanlagen am Ausschreibungsverfahren grundsätzlich nicht möglich ist. Durch diesen Ausschluss soll verhindert werden, dass der Interessent je nach den bestehenden Voraussetzungen die jeweils günstigeren Konditionen genießt („Rosinenpicken").[543]

(c) Übergangsanlagen

Aus Gründen des Vertrauensschutzes bedarf es auch bei der grundsätzlichen Einführung der verpflichtenden Ausschreibungen gewisser Übergangsvorschriften.[544] Unter Beachtung dieser Prämisse sieht der Gesetzgeber gewisse Ausnahmeregelungen vor. Bis Anfang 2019 in Betrieb genommene Windenergieanlagen unterliegen gemäß § 22 Abs. 2 Satz 2 Nr. 2 EEG 2017 etwa dann nicht den Vorschriften zum Ausschreibungssystem, wenn sie bis Ende 2016 eine immissionsschutzrechtliche Genehmigung vorweisen konnten. Zudem muss diese Genehmigung bis Ende Januar 2017 an das Anlagenregister der BNetzA gemeldet worden sein. Gleichwohl räumt § 22 Abs. 2 Satz 2 Nr. 2 c) EEG 2017 auch diesen Anlagen die Option zur Teilnahme an den Ausschreibungen ein. Hierzu mussten die Inhaber der immissionsschutzrechtlichen Genehmigung aber bis Ende Februar 2017 durch schriftliche Erklärung gegenüber der BNetzA erklären, dass sie auf den gesetzlich bestimmten Anspruch auf Zahlung der Förderbeträge verzichteten.

(d) Pilotanlagen

Schließlich sehen die §§ 22 Abs. 2 Satz 2 Nr. 3, 22 Abs. 5 Satz 2 Nr. 2, 22a EEG 2017 für sog. Pilotwindenergieanlagen an Land und auf See vor, dass unter gewissen Umständen der administrativ bestimmte Förderanspruch ausnahmsweise erhalten bleibt. Was unter Pilotwindenergieanlagen an Land zu verstehen ist, ergibt sich aus der Legaldefinition des § 3 Nr. 37 EEG 2017. Zunächst sind es die ersten zwei an das Anlagenregister gemeldeten Anlagen eines Typs, die nachweislich wesentliche technische Weiterentwicklungen oder Neuerungen aufweisen, einer Typenprüfung oder einer Einheitenzertifizierung bedürfen und dabei eine installierte Leistung von 6 MW nicht überschreiten. Ferner sind es die ersten zwei an das Anlagenregister gemeldeten Anlagen eines Typs, die vorwiegend zu Zwecken der Forschung und Entwicklung errichtet werden und mit denen

---

542 BT-Drs. 18/8860, S. 197.
543 BT-Drs. 18/8860, S. 204.
544 Faasch, Versorgungswirtschaft 2017, 105.

eine wesentliche, weit über den Stand der Technik hinausgehende Innovation erprobt werden soll. Die erfolgreiche Teilnahme an einer Ausschreibungsrunde ist für solche Prototypen bis zu einer installierten Kapazität von jährlich höchstens 125 MW[545] nicht verpflichtend, damit entsprechende Projekte zum Zwecke der Forschung und Innovation und zur Weiterentwicklung der Windenergieanlagen am Standort Deutschland nicht durch die bürokratischen Hürden gehemmt werden.[546] Hierzu veröffentlicht die BNetzA regelmäßig eine Liste, in der die Pilotwindenergieanlagen mit der jeweiligen installierten Kapazitätsleistung aufgeführt sind.[547]

bb. Ausschreibungsvolumen und Ausbaukorridore

Neben dem in § 1 Abs. 2 Nr. 1 EEG 2017 bis zum Jahr 2025 fixierten kurzfristigen Zwischenziel, den Anteil der Erneuerbaren Energien am Bruttostromverbrauch auf 40 bis 45 Prozent zu steigern, verfolgt der Gesetzgeber auch das langfristige Ziel, diesen Anteil bis zum Jahr 2050 auf mindestens 80 Prozent anzuheben, vgl. § 1 Abs. 2 Nr. 3 EEG 2017. Hierzu setzt er in § 4 EEG 2017 für die wichtigsten Technologiearten konkrete jährliche Ausbausummen fest. Diese gesetzliche Bestimmung führt im Umkehrschluss aber auch zu der Begrenzung des jährlich erlaubten Ausbaus.

Im Falle der Windenergie wird dabei ein jährlicher Brutto-Zubau mit einer installierten Leistung von 2800 MW, ab dem Jahr 2020 sogar von 2900 MW, vorgesehen. Als Brutto-Zubau wird gemäß § 3 Nr. 14 EEG 2017 die Summe der installierten Leistungen aller Anlagen eines Energieträgers, die in einem bestimmten Zeitraum in Betrieb genommen werden, verstanden. Somit ist von ihm neben dem reinen Zubau von neuen Windenergieanlagen auch der Umtausch von Bestandsanlagen i.S.d. Repowering erfasst.

Nach der Gesetzesbegründung würden die konkreten Ausschreibungsvolumina die Einhaltung des Ausbaukorridors gewährleisten, sodass die gesetzlich fixierten Ziele zum Anteil der Erneuerbaren Energien am Bruttostromverbrauch erreicht werden könnten.[548] Sobald Über- oder Unterschreitungen der jährlich vorgesehenen Zubaumengen zu verzeichnen sind, werden die vorgegebenen

545 Dieser Betrag bezieht sich nur auf die installierte Kapazität für die Windenergie an Land, vgl. § 22a EEG 2017.

546 BT-Drs. 18/8860, S. 186, 198.

547 Faasch, Versorgungswirtschaft 2017, 105 (106).

548 Die Bundesregierung bewertet es in Anbetracht dieser Ausbausummen als zweifelhaft, ob die in § 1 Abs. 2 EEG 2017 vorgesehenen prozentualen Anteile der Erneuerbaren Energien am Bruttostromverbrauch erreicht werden können; BT-Drs. 18/8860, S. 151, 158.

Ausschreibungsvolumina entsprechend angepasst, vgl. § 28 Abs. 1a, 2a, 3a EEG 2017. Eine Reduzierung des Ausbauvolumens findet damit im Falle der Windenergie jeweils um die im vorangegangen Kalenderjahr installierten Fördersummen von Pilotwindenergieanlagen, um die infolge von grenzüberschreitenden Ausschreibungsverfahren installierten Kapazitätsleistungen sowie um die installierten Leistungen aus sog. technologieneutralen Ausschreibungen statt. Umgekehrt erhöht sich jedoch das Ausschreibungsvolumen durch die gleichmäßige Verteilung des nicht bezuschlagten Fehlbetrags aus dem vorangegangenen Kalenderjahr auf die verschiedenen Gebotstermine, vgl. § 28 Abs. 1a Satz 2, 3 EEG 2017.

Neben den auszuschreibenden Ausbauvolumina legt § 28 Abs. 1 EEG 2017 auch die jeweiligen Gebotstermine für die unterschiedlichen Arten der Erneuerbaren Energien fest, auf welche die jährlichen Ausschreibungsvolumina verteilt werden. Darauf beruhend fanden bei den Windenergieanlagen im Mai, August und November 2017 jeweils zum 1. des Monats Gebotstermine statt, wobei in der ersten Runde eine Kapazität von 800 MW und in den anderen Runden eine Kapazität von jeweils 1000 MW ausgeschrieben wurden. Ab Februar 2018 finden bis zum Jahr 2020 quartalsmäßige Ausschreibungen mit einer auszuschreibenden Menge von jeweils 700 MW statt. Durch diese hohe Frequenz von Ausschreibungsrunden soll ein schneller Ausbau des Zuschlagniveaus gewährleistet werden.[549] Ab dem Jahr 2020 werden wieder drei Gebotstermine mit 1000 MW in erster Runde sowie jeweils 950 MW in den darauffolgenden Runden organisiert, die dann entsprechend § 28 Abs. 2 EEG 2017 parallel zu den Gebotsterminen für Solaranlagen stattfinden.

cc. Ausschreibungsgegenstand

Nach § 22 Abs. 1 EEG 2017 bieten die Teilnehmer der Ausschreibungen für eine Förderdauer von 20 Jahren ab Inbetriebnahme auf den sog. anzulegenden Wert in Eurocent/kWh[550], folglich also auf die mit dem Marktprämienmodell zu erlangende Förderhöhe.[551] Sie sind dabei verpflichtet, ihren Gebotswert in Eurocent

549 BT-Drs. 18/8860, S. 149.

550 Siehe § 25 Satz 1, 3 EEG 2017.

551 Die Festlegung der gleitenden Marktprämie als Ausschreibungsgegenstand wurde auch von den meisten Verbänden positiv aufgenommen; siehe etwa BWE, Stellungnahme zum BMWi-Eckpunktepapier „Ausschreibungen für die Förderung von Erneuerbare-Energien-Anlagen", S. 9; abrufbar im Internet unter: https://www.wind-energie.de/sites/default/files/download/publication/bwe-stellungnahme-zum-bmwi-eckpunktepapier-ausschreibungen-fuer-die-foerderung-von-erneuerbare/20151016_bwe_stellungnahme_ausschreibungen_eckpunkte_final.pdf.

pro kWh mit zwei Nachkommastellen zu konkretisieren, wobei solche Nachkommastellen bei den anzugebenden Gebotsmengen nicht erlaubt sind, vgl. § 30 Abs. 1 Nr. 4, 5 EEG 2017. Hiermit fügt sich das Ausschreibungsmodell bei der Förderung der Erneuerbaren Energien in das bestehende Gesamtsystem ein, da auch ansonsten eine – wenn auch administrativ bestimmte – Marktprämie vorgesehen ist, vgl. §§ 19 f., 23 f. EEG 2017. Das Grundsystem der verpflichtenden Direktvermarktung und der gleitenden Marktprämie werden dadurch also nicht berührt.

dd. Ablauf des Ausschreibungsverfahrens

(1) Technologieneutrale Voraussetzungen

Der Gesetzgeber hat für die unterschiedlichen Technologiearten zwar jeweils ein eigenes Ausschreibungsdesign entwickelt, um die konkreten Besonderheiten ausreichend berücksichtigen zu können. Aufgrund diverser Gemeinsamkeiten sind aber einige wichtige Voraussetzungen in den §§ 28 f. EEG 2017 technologieneutral festgelegt worden. Zu den elementaren Schritten der Ausschreibung, die für alle auszuschreibenden Technologiearten relevant sind, gehören die Bekanntmachung der Ausschreibung, die Gebotsabgabe bis zum Gebotstermin, ihre anschließende Öffnung und Prüfung, das Zuschlagsverfahren samt Ausschluss fehlerhafter Gebote sowie die Bekanntgabe der Gewinner der jeweiligen Ausschreibungsrunde.

(a) Bekanntmachung der Ausschreibungsrunde

Jede Ausschreibung beginnt mit einer offiziellen Bekanntmachung. Die BNetzA gibt grundsätzlich acht Wochen vor dem konkreten Gebotstermin auf ihrer öffentlichen Internetpräsenz für den jeweiligen Energieträger insb. das ausgeschriebene Volumen, den konkreten Höchstwert[552] sowie die zu verwendenden Formatvorgaben bekannt, vgl. § 29 Abs. 1 EEG 2017. Diese Pflichtangaben kann die BNetzA um weitere Informationen ergänzen.[553] Das Ausschreibungsverfahren muss aber so dargestellt werden, dass auch Bieter mit geringer professioneller Erfahrung das

552 Nach § 36b Abs. 1 EEG 2017 beträgt der Höchstwert für Strom aus Windenergieanlagen im Jahr 2017 7,00 Eurocent/kWh. Die bezuschlagten Förderhöhen liegen in den ersten Ausschreibungen zwar unter der gewährten gesetzlichen Förderhöhe. Da die meisten Projekte aber erst ab dem Jahr 2020 errichtet werden, wären die tatsächlich zu vergleichenden gesetzlichen Fördersummen aufgrund der vorgesehenen Degression deutlich geringer; siehe u.a. folgende Internetseite: https://www.erneuerbareenergien.de/sind-ausschreibungen-die-billigmacher-des-oekostroms/150/434/104565.

553 BT-Drs. 18/8860, S. 203.

Konzept sicher nachvollziehen, um ohne größere Anstrengungen an der Ausschreibung teilnehmen zu können.[554] Etwas anderes könnte dazu führen, dass entweder durch die Heranziehung von professioneller Beratung die Kosten des Projekts zulasten der Teilnehmer steigen oder die bereits erfahrenen größeren Unternehmen einen nicht bezweckten Vorteil gegenüber kleineren Bietern erlangen.

(b) Anforderungen an das abgegebene Gebot

Bei der Abgabe der Gebote haben die Bieter gemäß § 30 Abs. 1 EEG 2017 gewisse Mindestanforderungen zu beachten.[555] Neben der Angabe von notwendigen Daten zu der eigenen Person sowie ggf. zu der rechtsfähigen Gesellschaft müssen konkrete Angaben zum Energieträger, zum Gebotstermin sowie zum zuständigen ÜNB angeführt werden. Angaben zur Gebotsmenge sowie zum Gebotswert müssen entsprechend der obigen Darstellung erfolgen. Schließlich muss der Bieter auch bis zu den jeweiligen Flurstücken konkret angeben, an welchem Standort die geplante Anlage errichtet werden soll.

Gemäß § 30 Abs. 3 EEG 2017 steht es den Bietern ausdrücklich frei, in einem Gebotstermin mehrere Gebote für unterschiedliche Anlagen abzugeben, wobei diese aber durch entsprechende Nummerierungen und Kennzeichnungen eindeutig zuordenbar sein müssen. Darüber hinaus können die Interessenten ihr Bieterrisiko sogar auf unterschiedliche Ausschreibungsrunden verteilen, indem sie in verschiedenen Runden jeweils immer nur einen Teilbetrag der insgesamt gewünschten Zuschläge ersteigern.[556]

Insgesamt fordert die BNetzA die Teilnehmer der Ausschreibungen entsprechend § 30a EEG 2017 dazu auf, bei der Gebotsabgabe die auf der öffentlichen Internetpräsenz allgemein zugänglichen Formatvorlagen zu beachten und insb. das verbindliche Gebotsformular zu benutzen. Letzteres ist neben den weiteren Dokumenten in einem separat verschlossenen Umschlag vorzulegen („Umschlag im Umschlag").[557] Diesbezügliche Anforderungen reichen so weit, dass diese Formulare unbedingt am Computer ausgefüllt werden müssen und etwa die handschriftliche Ausfüllung zum absoluten Ausschluss aus dem Zuschlagsverfahren führt.

Soweit die Anforderungen an die Gebote nicht vollständig beachtet werden, führt dies gemäß § 33 Abs. 1 Nr. 1 EEG 2017 seitens der BNetzA konsequenterweise

554 BT-Drs. 18/8860, S. 203.

555 Diese entsprechen weitestgehend den Anforderungen der § 6 Abs. 3 FFAV.

556 BT-Drs. 18/8860, S. 204.

557 Faasch, Versorgungswirtschaft, 105 (106); für den gesamten Ablauf siehe Beschreibung der BNetzA: https://www.bundesnetzagentur.de/DE/Sachgebiete/ElektrizitaetundGas/Unternehmen_Institutionen/Ausschreibungen/Wind_Onshore/Ausschreibungsverfahren/Ausschr_WindOnshore_node.html#doc717376bodyText1.

zum Ausschluss des jeweiligen Gebots aus der konkreten Ausschreibungsrunde. Um solche Ausschlüsse zu vermeiden, die durch die Nichteinhaltung strenger formaler Anforderungen ausgelöst wurden, hat der Gesetzgeber im Vergleich zu den Regelungen der FFAV entsprechende bürokratische Vorgaben deutlich reduziert.[558] Einige Dokumente wie etwa die Kopie eines Auszugs aus dem Liegenschaftskataster der Flurstücke oder Vollmachten von juristischen Personen trotz der gesetzlichen Vertretungsbefugnis der konkreten Person müssen bei der Gebotsabgabe nicht mehr vorgelegt werden.[559]

Die Teilnehmer können ihre Gebote bis zum Ablauf des jeweiligen Gebotstermins abgeben und innerhalb dieses Zeitrahmens auch wieder zurückziehen bzw. ein modifiziertes Gebot abgeben, vgl. § 30a Abs. 1 bis 3 EEG 2017. Nach dem Eintritt des Gebotstermins sind sie aber endgültig an ihre Gebote gebunden. Etwas anderes gilt nur, wenn sie gemäß § 30a Abs. 4 EEG 2017 keinen Zuschlag erhalten haben oder gemäß §§ 33 f. EEG 2017 vom Zuschlagsverfahren ausgeschlossen sind.

(c) Sicherheitsleistung und Verfahrensgebühr

Bis zum jeweiligen Gebotstermin sind die Bieter gemäß § 31 EEG 2017 verpflichtet, bei der BNetzA entweder durch eine Bürgschaft auf erstes Anfordern durch ein Kreditinstitut oder einen Kreditversicherer bzw. durch die Hinterlegung eines Geldbetrags auf ein Verwahrkonto der BNetzA eine Sicherheitsleistung zu erbringen. Im Falle der Windenergie beträgt dieser Betrag 30 Euro/kW der zu installierenden Kapazität, vgl. § 36a EEG 2017. Dadurch soll die Durchsetzung von jeweiligen Forderungen der ÜNB auf mögliche Pönalen gegen den Bieter gesichert werden. Solche Strafzahlungen sind nach § 55 EEG 2017 insb. bei der verspäteten[560], teilweisen, modifizierten oder insgesamt nicht erfolgten Realisierung des bezuschlagten Projektes zu leisten. Damit verfolgt sie als Druckmittel den Zweck, Bieter zur Abgabe von nur ernsthaften und realistischen Geboten anzuhalten, sodass der gesetzlich vorgesehene Korridor für den Ausbau von Erneuerbaren Energien durch die Verzögerung bzw. Nichtrealisierung höherer Kapazitäten nicht gefährdet wird.[561] Im Vergleich zu den Spezialregelungen zur Solarenergie erfolgt grundsätzlich auch keine Aufspaltung dieser Pflicht in

558 BT-Drs. 18/8860, S. 203.

559 Siehe § 6 Abs. 1 Nr. 3, 4 FFAV; BT-Drs. 18/8860, S. 204; BNetzA, Bericht, Pilotausschreibungen zur Ermittlung der Förderhöhe für Photovoltaik-Freiflächenanlagen, S. 17; Boemke, NVwZ 2017, 1 (5).

560 Im Falle der Windenergie wird grundsätzlich eine Dauer von 24 Monaten nach Bekanntgabe des Zuschlags zur Inbetriebnahme der Anlage gewährt und im Falle der Überschreitung gemäß § 55 Abs. 1 Nr. 2 EEG 2017 eine Strafzahlung eingefordert.

561 BT-Drs. 18/8860, S. 205, 210, 235.

eine Erst- sowie in eine Zweitsicherheit. Zudem ist die Höhe der Sicherheit relativ gering, weil aufgrund der bereits eingeholten immissionsschutzrechtlichen Genehmigung eine hohe Realisierungswahrscheinlichkeit besteht.

Bei der Aufstellung der Sicherheiten sowie der Pönalen war der Gesetzgeber sich des Risikos bewusst, dass streng angelegte Anforderungen eine zu sehr abschreckende Wirkung auf die Interessenten entfalten, durch die finanziellen Zusatzbelastungen ihre Kostenlast erhöhen und sogar die Akteursvielfalt gefährden können.[562] Bei der Aufstellung der vorliegenden Regelungen wurde deshalb von den entsprechenden Erfahrungen im Ausland sowie den Erkenntnissen aus der Pilotausschreibung nach der FFAV intensiv Gebrauch gemacht, um neben der befürchteten Nichtrealisierung der Ausbauziele auch die aufgezählten Risiken ausreichend zu berücksichtigen.[563]

Neben dieser Sicherheitsleistung hat der Bieter bei der BNetzA nach der Ausschreibungsgebührenverordnung bis zum Gebotstermin eine sog. Verfahrensgebühr als Vorschusszahlung zu erbringen. Andernfalls wird sein Gebot gemäß § 33 Abs. 1 Nr. 3 EEG 2017 vom Zuschlagsverfahren ausgeschlossen. Die Ausschreibungsgebührenverordnung sieht für die jeweiligen Technologiearten unterschiedliche Gebühren vor, wobei im Falle der Windenergie ein Betrag i.H.v. 522 Euro zu zahlen ist.[564] Unter gewissen Umständen – etwa bei der Rücknahme oder dem Ausschluss des Gebots sowie der fehlenden Bezuschlagung – wird ein Viertel der entrichteten Gebühr zurückerstattet.

(d) Zuschlagsverfahren und Bekanntgabe der Zuschläge

Im Anschluss zu dem konkreten Gebotstermin werden die bei der BNetzA fristgerecht eingegangenen Gebote geöffnet und sortiert, vgl. § 32 Abs. 1 EEG 2017. Dabei werden nicht rechtzeitig eingegangene Gebote vom Zuschlagsverfahren ausgeschlossen, ohne dass es einer weiteren formalen oder materiellen Prüfung bedarf.[565]

Grundsätzlich sortiert die BNetzA die rechtzeitig eingegangenen Gebote aufsteigend nach dem Gebotswert, § 32 Abs. 1 Satz 3 EEG 2017. Das Zuschlagsverfahren ist somit derart konzipiert, dass das geringste Gebot zugleich das erfolgreichste ist. Zur Verringerung der allgemeinen Kostendynamik bei der Förderung der Erneuerbaren Energien sollen nur diejenigen Projekte gefördert werden, welche die geringste Fördersumme beanspruchen. Soweit mehrere Gebote aber den gleichen

562 Frenz, RdE 2016, 433 (435); Boemke, NVwZ 2017, 1 (5).
563 BT-Drs. 18/8860, S. 205.
564 Siehe Anlage zu § 1 Abs. 2 der Ausschreibungsgebührenverordnung.
565 BT-Drs. 18/8860, S. 206.

Wert aufweisen, sind diese aufsteigend nach der angeführten Gebotsmenge zu sortieren. Mit dieser Regelung werden die kleineren Unternehmen privilegiert und die Akteursvielfalt gestärkt.[566] Wenn aber ausnahmsweise sowohl die Gebotswerte als auch die Gebotsmengen unterschiedlicher Gebote gleich sein sollten, entscheidet grundsätzlich das Los über die Reihenfolge. Eine diesbezügliche Entscheidung muss jedoch nur dann getroffen werden, wenn in dem jeweiligen Ausschreibungsverfahren nur eines der Gebote den Zuschlag erhalten kann.[567]

Nach der Sortierung der Gebotswerte ist jedoch zu prüfen, ob gewisse Gebote aufgrund der Gründe der §§ 33, 34 EEG 2017 vom Zuschlagsverfahren auszuschließen sind. Solche Ausschlüsse können insb. auf der Nichteinhaltung formaler Anforderungen, der fehlerhaften Abgabe von Gebotswerten oder dem missbilligten Verhalten des Bieters beruhen.

Nach der Ermittlung der rechtzeitig eingegangenen und nicht auszuschließenden Gebote erteilt die BNetzA in der oben dargestellten Reihenfolge – beginnend mit dem geringsten Gebot – allen Geboten einen Zuschlag im Umfang ihres Gebots, bis das Ausschreibungsvolumen erstmals durch den Zuschlag erreicht oder überschritten ist, vgl. § 32 Abs. 1 Satz 4 EEG 2017. Anschließend gibt sie die Zuschläge mit den in § 35 Abs. 1 EEG 2017 aufgelisteten wesentlichen Angaben auf ihrer öffentlichen Internetpräsenz bekannt und unterrichtet gemäß § 35 Abs. 3 EEG 2017 die Bieter über den Zuschlag. Soweit sich aus den gesetzlichen Regelungen nichts anderes ergibt, bekommen die erfolgreichen Gebote gemäß dem „pay-as-bid-Verfahren“ den Wert zugeschlagen, mit dem sie auch geboten hatten, vgl. § 3 Nr. 51 EEG 2017. Somit hat sich dieses Verfahren gegen das Einheitspreisverfahren grundsätzlich durchgesetzt.

(e) Entwertung von Zuschlägen

Auf den erteilten Zuschlag kann sich der Bieter jedoch unter gewissen Umständen nachträglich nicht mehr berufen. Als ein begünstigender Verwaltungsakt i.S.d. § 43 VwVfG kann dieses Recht durch eine sog. Entwertung seitens der BNetzA gemäß § 35a EEG 2017 nachträglich seine Wirksamkeit verlieren.[568] Wenn der Bieter die Anlage nicht bis zum Ablauf der gesetzlich gewährten Frist realisiert[569],

566 BT-Drs. 18/8860, S. 206; kritisch als „gesetzgeberisches Feigenblatt“ bezeichnet in Boemke, NVwZ 2017, 1 (5 f.).

567 BT-Drs. 18/8860, S. 206.

568 BT-Drs. 18/8860, S. 208.

569 Im Falle der Windenergie erlischt grundsätzlich gemäß § 36e Abs. 1, 2 EEG 2017 der Zuschlag, wenn die Anlage 30 Monate nach der öffentlichen Bekanntgabe des Zuschlags nicht in Betrieb genommen worden ist. Damit liegt der gewährte Zeitraum

den Zuschlag aufgrund eines bestehenden Rechts zurückgibt, die BNetzA diesen nach den §§ 48 f. VwVfG zurücknimmt oder widerruft bzw. dieser in irgendeiner Weise seine Wirksamkeit verliert, wird der Zuschlag entwertet. Die Dokumentierung der Entwertungen hat letztlich den zentralen Grund, dass im Falle der Nichtrealisierung einschlägiger Projekte baldigst reagiert und zur Gewährleistung des beabsichtigten Ausbaukorridors die Volumina der künftigen Ausschreibungsrunden durch eine Modifizierung angepasst werden können.[570]

(2) Sonderregelungen bei der Windenergie

(a) Besondere Anforderungen an die Gebote

Neben den aufgeführten allgemeinen Anforderungen enthält § 36 EEG 2017 bei der Windenergie besondere Präqualifikationsvoraussetzungen sowie die Verpflichtung zur Einreichung zusätzlicher Daten und Nachweise, deren Nichteinhaltung gemäß § 33 EEG 2017 zum Ausschluss des jeweiligen Gebots führt. Danach sind insb. nur solche Gebote von Projekten zulässig, für die spätestens drei Wochen vor dem konkreten Gebotstermin eine immissionsschutzrechtliche Genehmigung nach dem BImSchG erteilt worden ist. Diese Verpflichtung führt zu erheblichen finanziellen und administrativen Vorleistungen des Interessenten, bevor es zum eigentlichen Ausschreibungsverfahren kommt.[571] In der Regel dauert die Entwicklung eines Windenergieprojektes mindestens drei Jahre und beansprucht bis zur Erteilung der immissionsschutzrechtlichen Genehmigung ein Zehntel der Gesamtkosten.[572] Diese würden im Falle der erfolglosen Teilnahme am Ausschreibungsverfahren vergebliche Aufwendungen darstellen. Aus diesem Grunde wurde im Rahmen der Novellierungsverhandlungen über die Notwendigkeit dieser Anforderung diskutiert. Letztlich blieb es jedoch grundsätzlich bei dieser sog. späten Ausschreibung, damit die Teilnehmer mit weitestgehend entwickelten Projekten am Ausschreibungsverfahren teilnehmen, die Abgabe spekulativer Gebotswerte ausgeschlossen ist und zugunsten der Einhaltung der Ausbaukorridore die bezuschlagten Gebote eine hohe Realisierungsrate vorweisen.

Zudem müssen die Teilnehmer ihre Anlagen mit den nach §§ 30, 36 EEG 2017 erforderlichen Daten spätestens drei Wochen vor dem konkreten Gebotstermin als genehmigt beim Anlagen- und Marktstammregister anmelden. Durch diese

---

deutlich über den durchschnittlichen Realisierungsfristen. Entsprechende Pönalen fallen aber bereits nach Ablauf von 24 Monaten stufenweise an; siehe BT-Drs. 18/8860, S. 208 f.

570 BT-Drs. 18/8860, S. 208.

571 BT-Drs. 18/8860, S. 153.

572 BT-Drs. 18/8860, S. 153.

Anmeldung und die anschließende Veröffentlichung durch die BNetzA gewährleistet der Gesetzgeber die größtmögliche Transparenz der Wettbewerbsbedingungen zugunsten der unterschiedlichen Teilnehmer.[573]

(b) Netzausbaugebiet

Hinsichtlich des Zuschlagsverfahrens enthält § 36c EEG 2017 eine bisher einzigartige Zuschlagsvoraussetzung, die bereits im Rahmen der Novellierungsverhandlungen stark umstritten war.[574] Sie soll als vorübergehendes Instrument den Ausbau der Erneuerbaren Energien intensiver mit dem Ausbau der notwendigen Stromnetze verzahnen, indem der Zubau von Windenergie in Regionen mit besonders stark belasteten Übertragungsnetzen in Norddeutschland, bei denen auch in den kommenden drei bis fünf Jahren keine diesbezügliche Erleichterung zu erwarten ist, reglementiert wird.[575] Diese Problematik wird insb. dadurch ausgelöst, dass aufgrund der höheren Ertragswerte die meisten Windenergieanlagen im Norden errichtet werden und die zum Transport des Stroms dienenden Übertragungsnetze sehr überlastet sind, weil die Verlegung neuer Stromtrassen dieser Ausbaudynamik nicht standhält.[576] Diese Engpässe führen im Rahmen des Einspeisemanagements zu einer Abregelung der bestehenden Stromerzeugungsanlagen und letztlich zu enormen gesamtwirtschaftlichen Redispatchkosten.

Was sog. Netzausbaugebiete sind und welche besonderen Vorschriften insoweit zur Anwendung kommen, regelt die auf den §§ 36c, 88b EEG 2017 beruhende Erneuerbare-Energien-Ausführungsverordnung (EEAV). Nach § 10 EEAV ist die geographische Abgrenzung des landesweiten Netzausbaugebiets durch die Angabe der betroffenen Kreise, Landkreise sowie kreisfreien Städte deutlich gekennzeichnet und erfasst nicht mehr als 20 Prozent der gesamten Bundesfläche.[577] Folglich zählen zu dem Netzausbaugebiet neben Bremen, Hamburg, Schleswig-Holstein und Mecklenburg-Vorpommern auch die nördlichen Regionen Niedersachsens. In einem Zyklus von zwei Jahren findet ferner eine entsprechende Evaluierung statt, um mögliche Änderungen in den Ausbaumengen hinreichend zu berücksichtigen.[578]

---

573 BT-Drs. 18/8860, S. 209; Frenz, RdE 2016, 433 (434).

574 Boemke, NVwZ, 1 (6); Kahl/Kahles/Müller, ER 2016, 187 (190).

575 BT-Drs. 18/8860, S. 152, 210.

576 Frenz, RdE 2016, 433 (436); Kahl/Kahles/Müller, ER 2016, 187 (190).

577 BNetzA, Entwurf einer Verordnung zur Einrichtung und Ausgestaltung eines Netzausbaugebiets, S. 9; abrufbar im Internet unter: https://www.bundesnetzagentur.de/DE/Sachgebiete/ElektrizitaetundGas/Unternehmen_Institutionen/Ausschreibungen/Wind_Onshore/Netzausbaugebiete/NetzausbauGV_node.html.

578 BT-Drs. 18/8860, S. 152.

Im Rahmen des konkretisierten Netzausbaugebiets soll der weitere Zubau von Windenergie künftig gedeckelt werden. Dabei beträgt die Obergrenze gemäß § 36c Abs. 4 EEG 2017 jährlich höchstens 58 Prozent der installierten Leistung, die im Jahresdurchschnitt in den Jahren 2013 bis 2015 in dieser Region in Betrieb genommen worden ist. Die absolute kalenderjährliche Begrenzung beträgt nach § 11 EEAV die Summe von 902 MW der zu installierenden Kapazität. Sie wird gleichmäßig auf die geplanten Ausschreibungstermine in dem jeweiligen Kalenderjahr verteilt, vgl. § 12 EEAV. Sollte in einem Gebotstermin der offenstehende Betrag für das Netzausbaugebiet unterschritten werden, wird die Restsumme auf die nachfolgenden Gebotstermine im selben Kalenderjahr gleichmäßig verteilt.[579] Dieser Fall wird jedoch in Anbetracht der hohen Nachfrage nach Standorten im Norden Deutschlands eher seltener eintreten.

Als besondere Zuschlagsanforderung führt die Regelung zum Netzausbaugebiet jedoch nicht dazu, dass sich die gewöhnliche Reihenfolge der Gebotswerte gemäß § 32 Abs. 1 Satz 3 EEG 2017 ändert. Sobald die für die jeweilige Ausschreibungsrunde vorgegebene Kapazitätsleistung in dem Netzausbaugebiet erreicht oder erstmals überschritten ist, werden die bestehenden weiteren Gebote gemäß § 36c Abs. 5 EEG 2017 nicht berücksichtigt. In diesem Fall erhalten in der bestehenden Reihenfolge die jeweils nächstteureren Gebotswerte außerhalb des Netzausbaugebiets den Zuschlag.[580]

(c) Sonderregelungen für Bürgerenergiegesellschaften

Ein elementarer Kritikpunkt gegen die Einführung von Ausschreibungen bei der Windenergie war die Sorge vor der Gefährdung der Akteursvielfalt. Neben großen Projektierern waren in den letzten Jahren auch Personenzusammenschlüsse auf regionaler Ebene und kleinere Bürgerinitiativen an dem erfolgreichen Ausbau sowie an der Herstellung der gesellschaftlichen Akzeptanz zur Förderung von Erneuerbaren Energien maßgeblich beteiligt.[581] Die Aufstellung eines Ausschreibungssystems mit den gleichen Teilnahmebedingungen für alle Beteiligten könnte größere Projektierer mit höherer professioneller Erfahrung sowie ausreichenden Finanzmitteln mittelbar bevorzugen. Bürgerenergiegesellschaften seien von einer Teilnahmepflicht an den Ausschreibungen daher ausnahmsweise freizustellen, um ihnen weiterhin den Anspruch auf die gesetzlichen Förderbestimmungen

579 Faasch, Versorgungswirtschaft, 105 (106).
580 BT-Drs. 18/8860, S. 211.
581 BT-Drs. 18/8860, S. 185; Böhlmann-Balan/Herms/Leroux, ER 2016, 241.

offenzuhalten. Der Gesetzgeber schloss sich diesen Stimmen nicht an.[582] Um den berechtigten Bedenken aber entgegenzutreten, wird den lokal verankerten Bürgerenergiegesellschaften gemäß § 36g EEG 2017 die Teilnahme an den Windenergie-Ausschreibungen erleichtert.[583]

i. Begriff der Bürgerenergiegesellschaft

Um weitestgehend einen Missbrauch der vorgesehenen Privilegien zu verhindern, wird der Begriff der Bürgerenergiegesellschaft in § 3 Nr. 15 EEG 2017 legal definiert. Danach ist sie jede Gesellschaft, die aus mindestens zehn natürlichen Personen als stimmberechtigte Mitglieder oder Anteilseigner besteht, bei der mit mindestens 51 Prozent mehr als die Hälfte der Stimmrechte bei natürlichen Personen mit mindestens einjährigem Hauptwohnsitz am geplanten Standort der Anlage liegt und bei der kein Mitglied oder Anteilseigner der Gesellschaft mehr als 10 Prozent der Stimmrechte an der Gesellschaft hält.[584] Als zusätzliche Einschränkung kommt hinzu, dass weder die Gesellschaft selbst noch eines ihrer Mitglieder im letzten Jahr vor der Gebotsabgabe einen Zuschlag für ein anderes Windenergieprojekt erhalten haben darf, vgl. § 36g Abs. 1 Nr. 3b) EEG 2017. Größeren Gesellschaften soll dadurch die sinnwidrige Teilnahme an mehreren Projekten innerhalb eines kurzen Zeitraums verhindert werden.[585] Eventuelle Umgehungskonstellationen durch Absprachen oder Strohmanngeschäfte werden zudem durch den später eingefügten § 36g Abs. 6 EEG 2017 erschwert.[586] Daneben ist die Bürgerenergiegesellschaft dazu verpflichtet, der Standortkommune oder ihren 100-prozentigen Töchtern eine finanzielle Beteiligung von mindestens 10 Prozent anzubieten, vgl. § 36g Abs. 3 Satz 4 Nr. 3 b) EEG 2017. Durch die Einbindung der Gemeinden soll neben der Gewährung finanzieller Vorzüge die lokale Akzeptanz für die Ansiedlung von Windenergieanlagen und

---

582 Das Gesetzgebungsverfahren war jedoch von ständigen Neuformulierungen des § 36g EEG 2017 geprägt; Hoffmann, Die Sonderregelungen für Bürgerenergiegesellschaften im EEG 2017, Hintergrundpapier, S. 1.

583 Die EU-Kommission begrüßt diese Privilegierung; SA. 45461 vom 20.12.2016, Rn. 271.

584 Die gesetzliche Begrenzung lässt aber gewisse Umgehungstatbestände über die Aufstellung von mehreren juristischen Personen offen; Hoffmann, Die Sonderregelungen für Bürgerenergiegesellschaften im EEG 2017, Hintergrundpapier, S. 18.

585 BT-Drs. 18/8860, S. 153; Böhlmann-Balan/Herms/Leroux, ER 2016, 241 (245).

586 BT-Drs. 18/10668, S. 142; Hoffmann, Die Sonderregelungen für Bürgerenergiegesellschaften im EEG 2017, Hintergrundpapier, S. 22 f.; Boemke/Uibeleisen, NVwZ 2017, 286 (288).

für die allgemeine Förderung von Erneuerbaren Energien gestärkt werden.[587] Insoweit ist jedoch nicht erforderlich, dass die Gemeinde zusätzlich auch 10 Prozent der Stimmrechte erhält bzw. dieses Angebot überhaupt annimmt.

Neben der personalen Begrenzung werden aber zudem Einschränkungen zum geplanten Volumen der Windenergieanlage aufgestellt. Die Gebotsgröße darf bei Bürgerenergiegesellschaften eine zu installierende Kapazität von 18 MW und nur bis zu höchstens sechs Windenergieanlagen umfassen, § 36 Abs. 1 Satz 1 EEG 2017.

ii. Spezielle Erleichterungen

Das Ausschreibungsmodell ist in seiner grundsätzlichen Gestaltung mit erheblichen finanziellen und administrativen Vorleistungen für die teilnehmenden Akteure verknüpft. Dieser Umstand macht sich insb. bei dem grundsätzlichen Erfordernis der bundesimmissionsschutzrechtlichen Genehmigung spürbar, deren Einholung eine lange Zeitspanne sowie einen erheblichen Betrag der Gesamtkosten für das Projekt beansprucht.[588] Bürgerenergiegesellschaften sind jedoch i.d.R. weder personell noch finanziell derart ausgestattet, dass sie diese Risiken im Falle der erfolglosen Teilnahme am Ausschreibungsverfahren ohne existenzbedrohende Konsequenzen abfedern könnten.[589] Diese abschreckende Wirkung könnte letztlich zu dem unerwünschten Resultat führen, dass sich künftig nur noch eine geringere Zahl lokal verankerter Personen für solche Projekte zusammenfinden und sich die Windenergieprojekte daher auf größere Unternehmen konzentrieren. Die Nichterhaltung der Akteursvielfalt würde auch schließlich den breiten gesellschaftlichen Konsens für die finanzielle Förderung der Erneuerbaren Energien belasten und wohlmöglich das Gesamtkonzept des EEG in Frage stellen. Aus diesen Gründen wird den Bürgerenergiegesellschaften als eine wesentliche materielle Erleichterung die Abgabe von Geboten vor dem Einholen der immissionsschutzrechtlichen Genehmigung eingeräumt und somit die größte finanzielle Belastung abgenommen, vgl. § 36g Abs. 1 EEG 2017. Zur Bekundung der Ernsthaftigkeit des Gebots sind sie nur verpflichtet, dem Gebot anstelle der immissionsschutzrechtlichen Genehmigung einen Nachweis über die Flächensicherung sowie ein zertifiziertes Windgutachten beizufügen.

---

587 BT-Drs. 18/9096, S. 364; Hoffmann, Die Sonderregelungen für Bürgerenergiegesellschaften im EEG 2017, Hintergrundpapier, S. 37 f.; Böhlmann-Balan/Herms/Leroux, ER 2016, 241 (244).

588 BT-Drs. 18/8860, S. 213.

589 BT-Drs. 18/8860, S. 153, 212 f.

Erst durch die Beschlussempfehlung des Ausschusses für Wirtschaft und Energie des Bundestages wurde eine weitere finanzielle Privilegierung für Bürgerenergiegesellschaften vorgesehen. Für deren Gebote gilt nicht das nach § 3 Nr. 51 EEG 2017 grundsätzlich anzuwendende „pay-as-bit-Verfahren". Vielmehr erhalten die Bürgerenergiegesellschaften mit dem Einheitspreisverfahren für ihre bezuschlagten Gebote grundsätzlich einen Zuschlagswert, der dem Gebotswert des höchsten bezuschlagten Gebots in dieser Ausschreibungsrunde entspricht. Dies gewährt ihnen also den Vorzug, ihre Zuschlagschancen durch geringere Gebotswerte zu steigern, aber trotzdem noch den höchsten Zuschlagswert zu erhalten.

Um die Sonderregelungen für Bürgerenergiegesellschaften aber mit den Vorschriften zum Netzausbaugebiet besser zu verzahnen und unerwünschtes strategisches Bieterverhalten zu verhindern, wurde mit dem Änderungsgesetz vom 22.12.2016 die Regelung des § 36g Abs. 5 Satz 2 EEG 2017 eingefügt. Danach erhalten die Bürgerenergiegesellschaften für ihre bezuschlagten Gebote in einem Netzausbaugebiet anstatt des Zuschlagswerts des höchsten bundesweit abgegebenen Gebotswerts nur den höchsten im Netzausbaugebiet abgegebenen Gebotswert, wenn in einer Ausschreibungsrunde die für das Netzausbaugebiet vorgesehene Zubaumenge bezuschlagt ist. Durch die Anregung eines dadurch ausgelösten intensiveren Wettbewerbs soll gewährleistet werden, dass Bieter ihre Gebotswerte an den tatsächlich berechneten Kosten orientieren.[590]

Daneben müssen Bürgerenergiegesellschaften zwar gemäß den §§ 31, 36a EEG 2017 wie alle anderen Teilnehmer eine Sicherheit i.H.v. 30 Euro pro kW der zu installierenden Kapazität entrichten. Privilegiert sind sie jedoch gemäß § 36g Abs. 2 EEG 2017 dadurch, dass sie zunächst als Erstsicherheit vor dem Gebotstermin nur die Hälfte dieses Betrages erbringen können, um innerhalb von zwei Monaten nach Erhalt der immissionsschutzrechtlichen Genehmigung den Restbetrag als Zweitsicherheit zu entrichten. Dadurch erhalten sie eine weitere finanzielle Privilegierung in der ungewissen Phase bis zum Gebotstermin.[591]

Zusätzlich zu der nach § 36e Abs. 1 EEG 2017 grundsätzlich gewährten Dauer von 30 Monaten ab Zuschlagserteilung verlängert sich diese Realisierungsfrist für Bürgerenergiegesellschaften ferner um weitere 24 Monate. Der Zuschlag erlischt somit grundsätzlich nach Ablauf von 54 Monaten. Damit kann die Bürgerenergiegesellschaft in einem wesentlich längeren Zeitraum das geplante

590 BT-Drs. 18/10668, S. 142; Hoffmann, Die Sonderregelungen für Bürgerenergiegesellschaften im EEG 2017, Hintergrundpapier, S. 63.

591 BT-Drs. 18/8860, S. 213; Frenz, ER 2016, 194 (195).

Projekt errichten, ohne eine Entwertung des Zuschlages zu befürchten. Durch die spätere Errichtung können die Bieter aufgrund der fortschreitenden Entwicklung eine bessere und ertragsreichere Anlagentechnik zu vergleichsweise geringeren Kosten verwenden.

Hinzu kommt als eine von weiteren Privilegierungen schließlich, dass die Bürgerenergiegesellschaften entgegen der Regelung des § 36 EEG 2017 nicht an den im bezuschlagten Gebot angegebenen Standort gebunden sind. Nach § 36g Abs. 3 Satz 1 1. Hs. EEG 2017 darf die Anlage ohne nachteilige Folgen auch an einem anderen Standort im angegebenen Landkreis errichtet werden. Dies erhöht die geographische Flexibilität und gewährt den Beteiligten, etwa auf naturschutzrechtliche Aspekte effektiver zu reagieren.[592] Eine endgültige Konkretisierung des Standorts im jeweiligen Landkreis erfolgt auf Antrag der Bürgerenergiegesellschaft gemäß § 36g Abs. 3 Satz 2 EEG 2017 erst innerhalb von zwei Monaten nach der Erteilung der immissionsschutzrechtlichen Genehmigung.

iii. Befristetes Moratorium für die Privilegien

Entgegen der Vorstellung des Gesetzgebers führten die aufgeführten Privilegierungen dazu, dass in den ersten Ausschreibungen zur Windenergie fast ausschließlich Bürgerenergiegesellschaften die Zuschläge erhielten und mehr als 95 Prozent der Zuschlagsmengen vereinigten.[593] Die als Ausnahmevorschrift eingefügte Norm stellt somit den praktisch ungewollten Grundsatz dar.[594] Dieser Umstand erscheint jedoch aus unterschiedlichen Aspekten kritisch.

Zunächst haben die meisten bezuschlagten Projekte ohne eine immissionsschutzrechtliche Genehmigung an der Ausschreibung teilgenommen, sodass ihre Realisierung nicht hinreichend gesichert ist. Die gewährte Fristverlängerung führt dazu, dass von einer entsprechenden Verwirklichung zumindest in den kommenden Jahren nicht auszugehen ist. Es erscheint durchaus realistisch, dass die Bürgerenergiegesellschaften ihre Fristen bis zu den Jahren 2020 bzw. 2021 voll ausschöpfen werden, um dann durch den Einsatz neuer Anlagentechniken von der diesbezüglich fortschreitenden Entwicklung zu profitieren. Dies führt dazu, dass für den dazwischenliegenden Zeitraum die Einhaltung der

592 BT-Drs. 18/8860, S. 213; Böhlmann-Balan/Herms/Leroux, ER 2016, 241 (245).

593 BT-Drs. 18/12728, S. 19; BNetzA, Hintergrundpapiere, Ergebnisse der Ausschreibung für Windenergieanlagen an Land vom 1. Mai und 1. August 2017; abrufbar im Internet unter: https://www.bundesnetzagentur.de/DE/Sachgebiete/ElektrizitaetundGas/Unternehmen_Institutionen/Ausschreibungen/Wind_Onshore/BeendeteAusschreibungen/BeendeteAusschreibungen_node.html.

594 BT-Drs. 18/12988, S. 40.

Ausbaupfade für die Windenergie gefährdet ist, wodurch auch die damit verbundenen Industrie- und Dienstleistungssektoren erhebliche Einbußen erleiden können.[595]

Darüber hinaus zeigen erste Erkenntnisse aus den Ausschreibungen, dass die Privilegien für die Bürgerenergiegesellschaften ihren Zweck zur Wahrung der Akteursvielfalt nicht hinreichend erfüllen, da ein hoher Anteil solcher Zuschläge an Gesellschaften mit der Beteiligung einzelner Projektentwickler ging.[596] Diese Monopolisierung des Windenergiemarktes wird ohne die Änderung der gesetzlichen Bestimmungen weiter zunehmen, sodass schärfere Regelungen notwendig sind, um solche Auswirkungen zu verhindern.

Der Bundesrat teilt die genannten Befürchtungen über den möglichen Markteinbruch für die Windenergie sowie den angestrebten Ausbaukorridor für die Jahre 2019 und 2020.[597] Die Bundesregierung hingegen geht derzeit davon aus, dass diese bezuschlagten Projekte realisiert werden und verspricht hierzu eine kontinuierliche Auswertung der Ausschreibungen.[598] Bis zu dieser Evaluierung sollen die Privilegierungen zu den Bürgerenergiegesellschaften jedoch in den ersten beiden Ausschreibungsrunden im Jahr 2018 ausgesetzt werden, vgl. § 104 Abs. 8 EEG 2017. Eine Teilnahme an diesen Runden setzt also das Vorliegen einer immissionsschutzrechtlichen Genehmigung voraus. Gleichzeitig beginnt gemäß § 104 Abs. 8 Satz 2 EEG 2017 mit der Bekanntgabe des Zuschlags auch die Frist zur Entrichtung der Zweitsicherheit. Das Einheitspreisverfahren für Bürgerenergiegesellschaften gemäß § 36g Abs. 5 EEG 2017 gilt jedoch weiterhin. Nach der Evaluierung soll entschieden werden, ob die zeitweise ausgesetzten Privilegien insgesamt aufzuheben sind.

(d) Berechnung der Förderhöhe bei der Windenergie

Bis zu dem Inkrafttreten des EEG 2017 berechnete sich die Förderhöhe für Windenergieanlagen – wie oben ausführlich beschrieben – nach dem sog. zweistufigen Referenzertragsmodell. Nunmehr hat der Gesetzgeber für den Fall der wettbewerblichen Ermittlung der Förderhöhen bei der Windenergie das sog. einstufige Referenzertragsmodell eingeführt und die bisherige Aufteilung der Förderhöhen in eine Anfangs- und Grundvergütung aufgehoben.[599] Wesentliche

595 Niedersächsisches Ministerium für Wirtschaft, Arbeit und Verkehr, Positionspapier zur Ausschreibung für die Windenergie an Land, S. 1.

596 Niedersächsisches Ministerium für Wirtschaft, Arbeit und Verkehr, Positionspapier zur Ausschreibung für die Windenergie an Land, S. 1.

597 BT-Drs. 18/12728, S. 19; ebenso kritisch die Bundestagsfraktion Bündnis 90/ Die Grünen in BT-Drs. 18/12988, S. 31.

598 BT-Drs. 18/12728, S. 37.

599 BT-Drs. 18/8860, S. 214.

Impulse zur diesbezüglichen Umstellung gingen vom Bundesrat aus.[600] Durch diese Änderung werden regional angemessene Förderhöhen gewährleistet und die Fördersätze für kleinere Anlagenbetreiber erhöht.[601] Die Berechnungsgrundlage ist neben § 36h EEG 2017 auch die Anlage 2 zum EEG 2017.

Entsprechend den obigen Ausführungen wird im Rahmen der Ausschreibungen auf den sog. anzulegenden Wert geboten. Den Zuschlagswert bildet bei den Windenergieanlagen der anzulegende Wert für eine Anlage mit einem 100-prozentigen Ertrag an einem Referenzstandort. Sodann wird dieser Zuschlagswert mit einem Korrekturfaktor multipliziert. Der Endbetrag ist für die Berechnung der Förderhöhe während der gesamten Förderdauer gemäß § 25 Abs. 1 EEG 2017 maßgeblich. Somit sind der Zuschlagswert am Referenzstandort einerseits sowie der Gütefaktor andererseits die beiden wesentlichen Berechnungsparameter.

Der Gütefaktor ist zunächst das Verhältnis des Standortertrages einer Anlage zum Referenzertrag in Prozent, vgl. § 36h Abs. 1 Satz 5 EEG 2017. Der Standortertrag berechnet sich aus der Höhe der Strommenge, die aufgrund des Grades der Windhöffigkeit eines konkreten Standorts unter gewöhnlichen Umständen zu erwarten ist. Gemäß den § 36h Abs. 3, 4 EEG 2017 ist dieser Ertrag für den bis auf die Flurstücke konkretisierten einschlägigen Standort gutachterlich nachzuweisen. Der Zuschlagswert beträgt die Förderhöhe für eine Anlage an einem Standort, an welchem der Gütefaktor 100 Prozent maßgeblich ist. Durch diesen Gütefaktor wird der Zuschlagswert korrigiert, damit ein deutschlandweiter Ausbau unterstützt und gleichzeitig windhöffigere Standorte stärker bevorzugt werden. Für diesen Korrekturfaktor stellt der Gesetzgeber in § 36h Abs. 1 Satz 2 EEG 2017 entsprechende Stützwerte in Dezimalschritten zwischen 70 und 150 Prozent auf. Insgesamt wurde neben der Einführung des einstufigen Referenzertragsmodells also auch der sog. Referenzstandort neu definiert, um Windenergieanlagen mit höheren Nabenhöhen effektiver zu fördern. Unterhalb und oberhalb dieser Werte findet keine weitere Anpassung statt, sodass die Grenzbeträge konstant heranzuziehen sind, vgl. § 36h Abs. 1 Satz 4 EEG 2017. Zwischen jeweils benachbarten Stützwerten werden die Korrekturfaktoren gemäß § 36h Abs. 1 Satz 3 EEG 2017 linear interpoliert.[602]

---

600 BR-Drs. 511/15, S. 1.

601 BT-Drs. 18/8860, S. 150; Zudem sollte das sog. verfrühte Repowering verhindert werden, bei dem die Betreiber die jeweilige Windenergieanlage nach Ablauf der Förderdauer der erhöhten Anfangsvergütung abmontieren und zur erneuten Geltendmachung der Anfangsvergütung an einem anderen Standort errichten.

602 Für diesbezügliche Rechenbeispiele siehe BT-Drs. 18/8860, S. 213 f.

Zwar ist der Anlagenbetreiber an den anzulegenden Wert, der mit der oben aufgeführten Berechnungsformel ermittelt wird, für die gesamte Förderdauer gebunden. Der Referenzertrag wird künftig jedoch gemäß § 36h Abs. 2 EEG 2017 in einem Intervall von jeweils fünf Jahren daraufhin gutachterlich untersucht, ob aufgrund eines abweichenden tatsächlichen Ertrags der Anlage eine Anpassung vorzunehmen ist. Führt die gutachterliche Untersuchung zu dem Ergebnis, dass der neue Referenzertrag um mehr als zwei Prozent von dem ursprünglich zugrunde gelegten Referenzertrag abweicht, finden Erstattungs- bzw. Rückzahlungsansprüche statt. Um dem Anlagenbetreiber aufgrund eines falschen Gutachtens unrechtmäßiger Weise erlangte ökonomische Vorteile nicht zu belassen, wird der Rückzahlungsanspruch gemäß § 36h Abs. 2 Satz 3 EEG 2017 verzinst.[603] Folglich besteht für den Anlagenbetreiber vor allem in den ersten fünf Jahren der Inbetriebnahme ein erhöhtes finanzielles Rückzahlungsrisiko, wofür entsprechende Rücklagen zu bilden sind.[604]

Ergänzend ist schließlich darauf hinzuweisen, dass gemäß den §§ 46, 46a, 46b EEG 2017 für die bis Ende 2018 in Betrieb genommenen Anlagen weiterhin das zweistufige Referenzertragsmodell gilt, soweit die Anlagenbetreiber einen gesetzlichen Förderanspruch haben, bei dem der anzulegende Wert administrativ festgelegt ist. Im Falle der Inbetriebnahme ab dem Jahr 2019 findet jedoch auch insoweit eine Umstellung auf das einstufige Referenzertragsmodell statt.

(3) Besondere Ausschreibungen

(a) Grenzüberschreitende Ausschreibung

Bis zum EEG 2014 beschränkte sich die Förderung in Deutschland auf die inländischen EE-Anlagen. Im Gegenzug belastete der Gesetzgeber neben dem inländischen aber auch den eingeführten Strom mit der EEG-Umlagelast. Eine solche Abgabenpflicht könne nach der Auffassung der EU-Kommission aber nur dann gemeinschaftsrechtskonform sein, wenn eine teilweise Öffnung der Förderinstrumente für EU-weite Projekte bestimmt sei.[605] Neben weiteren Vertragsstaaten sicherte auch Deutschland eine solche Ausweitung des Fördersystems zu und kündigte bereits mit § 2 Abs. 6 EEG 2014 an, künftige Auktionsverfahren in einem Umfang von mindestens fünf Prozent europaweit auszuschreiben. Auf Grundlage des § 88 Abs. 2 EEG 2014 erließ die Bundesregierung zudem die

603 BT-Drs. 18/8860, S. 215.

604 Bauer/Kantenwein, EnWZ 2017, 3 (10).

605 ABl. 2015 C 325, 1; Kahl/Kahles/Müller, ER 2016, 187 (191); Kahles/Pause, EuWZ 2015, 776 (777).

Grenzüberschreitende-Erneuerbare-Energien-Verordnung (GEEV) und führte entsprechend der Kooperationsvereinbarung mit Dänemark im Herbst 2016 ein erstes grenzüberschreitendes Pilotausschreibungsverfahren für PV-Freiflächenanlagen durch.[606]

Zur Beschleunigung der EU-weiten Energiewende und der Umsetzung der Energiebeihilfeleitlinien sieht der Gesetzgeber entsprechende Regelungen auch nach dem EEG 2017 vor.[607] Hierzu weist § 5 Abs. 2 EEG 2017 darauf hin, dass Ausschreibungen sowohl gemeinsam mit einem oder mehreren anderen Mitgliedern der Europäischen Union durchgeführt als auch für Anlagen im Staatsgebiet eines Mitgliedsstaates oder mehrerer anderer Mitgliedsstaaten der Europäischen Union geöffnet werden können. Zulässig sind jedoch solche grenzüberschreitenden Ausschreibungen nur dann, wenn diesbezügliche völkerrechtliche Vereinbarungen mit den beteiligten Staaten bestehen, diese auf dem Grundsatz der Gegenseitigkeit beruhen und der erzeugte Strom aus den Anlagen in der Europäischen Union physikalisch importiert wird oder einen der Stromeinspeisung vergleichbaren Effekt auf den deutschen Strommarkt hat, vgl. § 5 Abs. 3 EEG 2017. Entsprechend der Grundsätze des § 88a EEG 2017 beschloss und verkündete die Bundesregierung im August 2017 die novellierte GEEV, welche die Ausschreibungen neben den Solaranlagen nun auch auf die Windenergieanlagen erweitert und diesbezüglich besondere Verfahrensbestimmungen einfügt.

Wie diese grenzüberschreitende Öffnung langfristig verlaufen wird, kann derzeit noch nicht entschieden werden. Insbesondere sind für die Windenergie mangels der Durchführung eines solchen Ausschreibungsverfahrens keine Erkenntnisse vorhanden. Zudem müssten diesbezügliche Kooperationsvereinbarungen geschlossen werden, damit solche Auktionen nach dem EEG 2017 durchgeführt werden können. Nach dem aktuellen Stand sind solche Verhandlungsgespräche mit keinem Vertragsstaat erfolgreich abgeschlossen worden.

Die Energiewende kann jedoch nur dann hinreichend erfolgsversprechend sein, wenn eine landesübergreifende Verzahnung des Energiemarktes erfolgt und die Erneuerbaren Energien in diesem Rahmen effektiver integriert werden.[608]

---

606 Hierzu Pause/Kahles, ER 2017, 55 (59); Dieses Pilotverfahren erfuhr erhebliche Kritik, weil alle Zuschläge nach Dänemark gingen und aufgrund der steuer-, finanz-, und baurechtlichen Umstände Teilnehmer inländischer Projekte ihren Kontrahenten unterlagen; siehe u. a. folgende Internetseite: http://www.iwr.de/news.php?id=32634.

607 Detaillierte Darstellung in Kahl/Kahles/Müller, ER 2016, 187 (191, 192).

608 BT-Drs. 18/8860, S. 254 f.; BWE, Stellungnahme zum Referentenentwurf der GEEV vom 9.5.2017, S. 1 f.; abrufbar im Internet unter: https://www.wind-energie.de/themen/eeg-aktuell/downloads.

Aus dieser Hinsicht ist dieses zusätzliche Ausschreibungsverfahren zielgerecht zu verfolgen. Aufgrund der klaren Ausrichtung der EU-Kommission kann davon ausgegangen werden, dass europaweite Ausschreibungen auch in Deutschland künftig eine wichtigere Rolle spielen werden.

(b) Technologieübergreifende Ausschreibung

Wie eindringlich die europarechtlichen Bestimmungen bei den Förderregelungen zum EEG mittlerweile Einfluss nehmen, wird auch bei der Einführung der technologieoffenen Ausschreibungen deutlich.[609] Obwohl die ursprünglichen Referentenentwürfe zum EEG 2017 eine solche Ausschreibungsart nicht vorsahen, wurden auf Empfehlung des Bundestagsausschusses für Wirtschaft und Energie gemäß §§ 39i, 88c EEG 2017 technologieoffene Ausschreibungen für die Solar- und die Windenergie testweise eingeführt.[610] Wie seitens der Bundesregierung im Rahmen des beihilferechtlichen Genehmigungsverfahrens zum EEG 2017 zugesichert, sollen ab 2018 für einen Zeitraum von drei Jahren gemeinsame Ausschreibungen von Wind- und Solarenergie gewisse Erkenntnisse über die Funktionsweise und die Resultate von gemeinsamen Ausschreibungen liefern.[611] Es ist dabei nicht zwangsläufig, dass dieses Pilotverfahren nach dem Jahr 2020 fortgeführt wird.[612] Die im August 2017 beschlossene Verordnung zu den gemeinsamen Ausschreibungen für Windenergieanlagen an Land und Solaranlagen (GemAV) sieht für die gemeinsamen Ausschreibungen eine jährlich zu installierende Kapazität von 400 MW vor, wobei in zwei verschiedenen Gebotsterminen jeweils 200 MW ausgeschrieben werden sollen, vgl. § 4 GemAV. Das Ausschreibungsverfahren ist grundsätzlich an die entsprechenden Regelungen zur technologiespezifischen Ausschreibung des EEG 2017 angelehnt, vgl. § 3 GemAV.

Nach den Energiebeihilfeleitlinien soll die Ausschreibung langfristig zwar technologieübergreifend erfolgen, sodass sich innerhalb der Erneuerbaren Energien die marktorientiertesten durchsetzen sollen.[613] Ob entsprechend § 39i Abs. 2

---

609 Pause/Kahles, ER 2017, 55 (61).

610 BT-Drs. 18/9096, S. 85 f., 365.

611 Energiebeihilfeleitlinien (2014/C 200/01), Rn. 126.

612 BMWi bekundet sogar, dass es die technologiespezifischen Ausschreibungen für vorzugswürdiger hält; BMWi, Eckpunktepapier, Gemeinsame Ausschreibungen für Windenergieanlagen und Solaranlagen, S. 1; Danner/Theobald/Lülsdorf, EEG 2017, § 28 Rn. 49.

613 Einige Stimmen fordern, dass die technologieübergreifenden Ausschreibungen auch die konventionellen Energiequellen umfassen sollten, damit sich insgesamt die günstigsten Energieträger behaupten können.

Nr. 1 EEG 2017 dadurch die hinreichende Diversifizierung erhalten werden kann, wird von den Kritikern der technologieoffenen Ausschreibung angezweifelt.[614] Sie gehen davon aus, dass regelmäßig günstige PV-Anlagen auf Freiflächen sowie Windenergieanlagen im Norden Deutschlands den Zuschlag erhalten und die restlichen Bieter dem Wettbewerb nicht standhalten werden. Ähnliche Probleme seien auch für die Netzstabilität sowie die Dezentralisation zu erwarten. Entsprechende Justierungsmaßnahmen seien daher unentbehrlich.[615]

d) *Fazit*

Mit der Einführung von Ausschreibungen für die wichtigsten Technologiearten hat der Gesetzgeber bei der Förderung von Erneuerbaren Energien zu Recht ein neues Kapital eröffnet. Die Gewährung von gesetzlich festgelegten Förderhöhen erscheint aufgrund der dynamischen Entwicklung der letzten Jahre und dem aktuellen Anteil der Erneuerbaren Energien an der Stromproduktion mittlerweile überholt. Eine marktorientierte Ausgestaltung der Fördersystematik, wodurch die EEG-Umlage langfristig gesenkt werden kann, erscheint vor allem hinsichtlich der Wahrung der gesellschaftlichen Akzeptanz angemessen.[616] Man kann in einer liberalen Marktwirtschaft einen so großen Anteil der Erneuerbaren

---

614 Nicht nur zu diesem Aspekt kritisch Vollprecht/Altrock, EnWZ 2016, 387 (392); ebenso kritisch BDEW, Stellungnahme zum Entwurf einer Verordnung zu den gemeinsamen Ausschreibungen für Windenergieanlagen an Land und Solaranlagen, S. 3 f.; BSW-Solar, Stellungnahme zum Entwurf einer Verordnung zu den gemeinsamen Ausschreibungen für Windenergieanlagen an Land und Solaranlagen, S. 3 f.; BWE, Stellungnahme zum Entwurf einer Verordnung zu den gemeinsamen Ausschreibungen für Windenergieanlagen an Land und Solaranlagen, S. 1.

615 Aus den gleichen Gründen sieht § 39j EEG 2017 für denselben Zeitraum sog. Innovationsausschreibungen für eine zu installierende Kapazitätsleistung von jährlich 50 MW vor, mit denen netz- und systemdienliche Anlagen aus allen Technologiearten gefördert werden sollen.

616 Für das Jahr 2018 beträgt die EEG-Umlage 6,79 Eurocent/kWh und ist somit im Vergleich zum Vorjahr leicht gesunken. Die BNetzA weist ausdrücklich darauf hin, dass die Umstellung auf die Ausschreibungen insoweit noch einen sehr geringen Einfluss habe. Nur langfristig sei ein diesbezüglich positiver Effekt zu erwarten; https://www.bundesnetzagentur.de/SharedDocs/Downloads/DE/Allgemeines/Presse/ Pressemitteilungen/2017/16102017_EEG-Umlage.pdf;jsessionid=7E8A2E282E8DB6D4D905DAC473CDEE67?__blob=publicationFile&v=2; vgl. insoweit auch ÜNB, Prognose der EEG-Umlage 2017 nach AusglMechV, S. 18; abrufbar im Internet unter: https://www.netztransparenz.de/portals/1/Content/EEG-Umlage/EEG-Umlage%202017/20161014_Veroeffentlichung_EEG-Umlage_2017.pdf.

Energien an der Gesamtstromversorgung nicht über Fördersätze ernähren, die der deutsche Gesetzgeber beschließt.

Das Regelwerk zum Ausschreibungsverfahren ist hinreichend detailliert und stellt klare administrative Bestimmungen auf. Die Festlegung von mehreren Gebotsterminen pro Jahr wird weiterhin dazu dienen, Erkenntnisse zum Ausschreibungssystem zu erlangen und auf bestehende Schwächen und Lücken schnell zu reagieren. Die Einführung von Sonderregeln für die auszuschreibenden Technologiearten erscheint aufgrund der unterschiedlichen Grundvoraussetzungen unentbehrlich. Gleiches gilt für die Einführung von grenzüberschreitenden sowie technologieoffenen Ausschreibungen. Die Erkenntnisse aus den ersten Ausschreibungen werden zeigen, ob diese Varianten langfristig zielführend sind und ihrem Sinn und Zweck gerecht werden. Bei der grundlegenden Aufstellung des Ausschreibungssystems sowie der Bestimmung von freizugebenden Kapazitätsleistungen und Höchstfördersätzen konnte der Gesetzgeber zudem auf die Erkenntnisse aus der Pilotausschreibung zurückgreifen. Da aber insb. die Realisierungsraten im Zeitpunkt des Inkrafttretens des EEG 2017 nicht vorlagen, hätte eine größere Periode zu ihrer Evaluierung eingeplant werden müssen. Einige Stimmen kritisierten zwar die fehlende Ausführung eines Pilotprojektes im Falle der Windenergie. Insoweit konnte der Gesetzgeber jedoch ein bestimmtes Marktsegment – wie etwa bei der Solarenergie die Freiflächenanlagen – nicht ausreichend abgrenzen. Wenig effektiv erschien zudem die Einführung eines Parallelsystems, indem die Investoren selbst über die Teilnahme an einer Ausschreibung oder der Beanspruchung der gesetzlich festgelegten Förderbeträge zu entscheiden hätten, da dies zu einem sog. Rosinenpicken und zu einer größeren Belastung der Letztverbraucher geführt hätte.

Erste Erkenntnisse aus den Ausschreibungen zur Windenergie weisen jedoch auf die beschriebenen Schwächen hin. Die Analyse der Ausschreibungen im Jahr 2017 belegt, dass bei den Zuschlägen ein krasses regionales Nord-Süd-Gefälle besteht, da nur 15 Prozent der bezuschlagten Projekte in der Südhälfte Deutschlands errichtet werden sollen.[617] Vor der Einführung der Ausschreibungen lag der jährliche Anteil insoweit bei jährlich durchschnittlich 30 Prozent. Die besonderen Privilegien zu den Bürgerenergiegesellschaften, welche die Akteursvielfalt schützen sollten, erfüllen nicht ihren Zweck und gefährden

617 Fachagentur Windenergie an Land, Bezuschlagte Windenergieanlagen an Land in den Ausschreibungsrunden des Jahres 2017; abrufbar im Internet unter: https://www.fachagentur-windenergie.de/fileadmin/files/Newsmeldungen/FA-Wind_Vgl_Ausschreibungen_2017_Zubau_2010-HJ2017.pdf.

zudem die vorgesehenen Ausbaupfade. Die Wahrung der Akteursvielfalt ist im Ausschreibungsmodell langfristig nicht gesichert und könnte daher ohne eine entsprechende Überarbeitung der aktuellen Definition zur Verhinderung des maßgeblichen Einflusses der Projektierer gravierend einbrechen. Bei der Analyse zu den Gewinnern der ersten Ausschreibungen gelangt man jedenfalls zu der Erkenntnis, dass es sich grundsätzlich um „Schein-Bürgerenergiegesellschaften" handelt, welche zwar formal die Voraussetzungen der gesetzlichen Definition erfüllen, aber die bezweckte Personenvielfalt und Kommunalnähe keinesfalls hinreichend aufweisen.

Langfristig ist die Änderung bzw. sogar die Abschaffung der Privilegien für die Bürgerenergiegesellschaften unumgänglich. Gerade ohne die Einreichung einer immissionsschutzrechtlichen Genehmigung darf keine Teilnahme an den Ausschreibungen erfolgen, damit grundsätzlich nur realistische Projekte bezuschlagt werden. Es besteht die begründete Sorge, dass viele der hinter den Bürgerenergiegesellschaften wirkenden Projektierer spekulative Zuschlagswerte abgeben, da sie für die Jahre ab 2020 geringere Errichtungskosten sowie höhere Energiepreise erwarten. Zudem ist es nicht garantiert, dass eine immissionsschutzrechtliche Genehmigung in den konkreten Einzelfällen tatsächlich auch erteilt wird. Im Falle ihrer vorherigen Einholung würden die Bieter jedoch aufgrund der bereits entstandenen Planungskosten nur realistische Gebote abgeben. Falls aber die Einholung dieser Genehmigung für Bürgerenergiegesellschaften verpflichtend sein sollte, ergibt sich konsequenterweise die Frage, warum diese Projekte entsprechend des Einheitspreisverfahrens mit dem höchsten bezuschlagten Gebotswert gefördert werden sollen. Mit der sodann realistischen Gewinnprognostizierung wäre es angemessen, den jeweils bezuschlagten Gebotswert zur Bestimmung der tatsächlichen Förderhöhe zugrunde zu legen. Da die von den Bürgerenergiegesellschaften gewonnenen Projekte aufgrund der langen Planungs- und Genehmigungsdauer – wenn überhaupt – erst in den Jahren 2020 und 2021 realisiert werden, muss kritisch geprüft werden, ob zur Einhaltung der Ausbaupfade für die kommenden Jahre eine zusätzliche Kapazitätsleistung in den geplanten Ausschreibungen vorgesehen werden sollte. Gerade für das Jahr 2019 wird bei dem Ausbau der Erneuerbaren Energien ein drastischer Knick erwartet, der vor allem die Anlagenhersteller sowie das Nebengewerbe erheblich beeinträchtigen könnte. Bereits jetzt wird den Unternehmen eine internationalere Ausrichtung ihres Geschäftsbetriebs empfohlen, um die drohende Lücke in der nationalen Energiewirtschaft teilweise kompensieren zu können.

Das beschlossene Moratorium für die ersten Ausschreibungsrunden im Jahr 2018 ist zwar richtig, aber nicht ausreichend.[618] Langfristig muss vor allem darüber diskutiert werden, ob die Beibehaltung der Ausnahmeregelung zugunsten der Bürgerenergiegesellschaften nach § 36g EEG 2017 sinnvoll ist. Aus berechtigten Gründen kann hinterfragt werden, ob tatsächliche Bürgerenergiegesellschaften ohne die professionelle Unterstützung von Projektierern finanziell und administrativ überhaupt imstande sind, erfolgsversprechend an Ausschreibungen teilzunehmen. Vor der grundsätzlichen Einführung des Ausschreibungssystems konnten sie sich darauf verlassen, dass sich die anfänglichen Investitionskosten mit der Inbetriebnahme der Anlage auszahlen würden. Da nunmehr die finanzielle Förderung von einem ungewissen Zuschlag abhängt, können vergeblich getätigte Aufwendungen für viele Bürger einen erheblichen finanziellen Rückschlag bedeuten und sie daher vor der Investition in ein solches Projekt abschrecken. Alternativ könnte deshalb eine de-minimis-Regelung bei der Windenergie eingeführt werden, mit der Kleinanlagen bis bspw. 3 Windrädern oder bis zu einer bestimmten Kapazitätsleistung von bspw. 6 MW an einem Ausschreibungsverfahren nicht bzw. unter erleichterten Voraussetzungen teilnehmen müssen. Eine entsprechende Ausnahmeregelung wird auch durch die Energiebeihilfeleitlinien der EU-Kommission vorgesehen, die sogar eine Sondervorschrift bis zu 6 Windrädern offenhält.[619] In diesem Fall würde man sowohl personalintensive Bürgerenergieprojekte als auch Vorhaben von regional integrierten Kleininvestoren absichern und eine hinreichende Akteursvielfalt gewährleisten. Um überhöhte gesetzliche Fördersätze auszuschließen könnte man festgelegen, dass der höchste bezuschlagte Gebotswert des vorigen Kalenderjahrs den einheitlich maßgeblichen anzulegenden Wert darstellen soll. Größeren Unternehmen könnte man durch etwaige Beteiligungsgrenzen den Zugang zu der de-minimis-Regelung versperren. Neben privilegierenden Regelungen zur Förderhöhe könnte man schließlich über weitere Vorteile wie etwa die Gewährleistung von besseren Kreditoptionen bzw. über Finanzierungsunterstützungen für regional integrierte Bürger oder die Schaffung bürokratischer Erleichterungen nachdenken.

Die periodenmäßig zu erstellenden Evaluierungsberichte werden auf die erwähnten Stärken und Schwächen des Ausschreibungsmodells eingehen

618 Es wird davon ausgegangen, dass der Bundestag das Moratorium bis mindestens Ende 2018 verlängert, um die Erkenntnisse aus den ersten Ausschreibungsrunden hinreichend zu evaluieren.

619 Mitteilung der EU-Kommission, Energiebeihilfeleitlinien, 2014/C 200/01, Rn. 126.

müssen, auf die der Gesetzgeber mit einer schnellen Umstellung des bestehenden Fördersystems reagieren sollte.

VI. Finanzierungs- und Ausgleichsmechanismus

1. Sinn und Zweck

Der bundesweite Ausgleichsmechanismus bei der Förderung der Erneuerbaren Energien stellt bereits seit der ersten Fassung des EEG im Jahr 2000 einen der zentralen Grundsätze dar. Seitdem werden die Kosten über eine festgelegte Struktur in einem mehrstufigen Mechanismus von den Netzbetreibern über die EVU an die letztverbrauchenden Endkunden umgelegt. Dieser weiterzuleitende Gesamtbetrag betrug im Jahr 2016 bereits mehr als 29 Mrd. Euro.[620] Mit dem Abwälzungssystem bezweckt der Gesetzgeber, die Mehrkosten beim Ausbau der Erneuerbaren Energien entsprechend des jeweiligen Stromverbrauches grundsätzlich gleichmäßig auf die Allgemeinheit zu verteilen.[621] Zwar enthielt bereits das StrEG eine Härteklausel, wonach die verpflichteten EVU bei einer Stromabnahme aus Erneuerbaren Energien, die 5 Prozent ihres insgesamt abgesetzten Strombetrages überstieg, einen Anspruch gegen die vorgelagerten Netzbetreiber auf Ausgleich der finanziellen Belastungen geltend machen konnten.[622] Jedoch konnten mit dieser Härteregelung vor allem regional bestehende Unterschiede nicht ausgeglichen werden.[623] Insbesondere der rapide Ausbau der Windenergieanlagen im Norden Deutschlands führte dazu, dass die betroffenen EVU im Vergleich zu ihren Konkurrenten höhere Strommengen aus Erneuerbaren Energien aufnehmen und vergüten mussten, sodass sie bei der Förderung von Erneuerbaren Energien höhere Mehrbelastungen zu tragen hatten.[624] Dies führte konsequenterweise zu höheren Strompreisen und zu entsprechenden

620 BMWi, EEG in Zahlen: Vergütungen, Differenzkosten und EEG-Umlage 2000 bis 2018; abrufbar im Internet unter: http://erneuerbare-energien.de/EE/Redaktion/DE/Downloads/eeg-in-zahlen-pdf.pdf?__blob= publicationFile; siehe ferner Vergleich von Riedel/Weiss, EnWZ 2013, 402 f.

621 Gerstner/Heindrich/Ahnsehl, Grundzüge des Rechts der Erneuerbaren Energien, S. 589; Kröger, Die Förderung erneuerbarer Energien im Europäischen Elektrizitätsmarkt, S. 148.

622 Ausführlich in Brodowski, Der Belastungsausgleich im Erneuerbare-Energien-Gesetz und im Kraft-Wärme-Kopplungsgesetz im Rechtsvergleich, S. 38 f.

623 Pomana, Förderung erneuerbarer Energien in Deutschland und im Vereinigten Königreich, S. 216 f.

624 BT-Drs. 15/2539, S. 12; Valentin, Strom aus erneuerbaren Energiequellen im italienischen Recht, S. 274; Regehr, Die Förderung erneuerbarer Energien auf dem

Wettbewerbsverzerrungen zulasten der betroffenen stromkostenintensiven Unternehmen. Die Einführung eines bundesweiten Ausgleichs mit dem EEG 2000 löste diese regionalen Ungleichgewichte auf und belastete bundesweit alle EVU prozentual gleichmäßig.[625]

2. *Ablauf des bundesweiten Ausgleichs*

Der Ausgleichsmechanismus ist im Teil 4 des EEG 2017 geregelt. An seiner grundsätzlichen Struktur sowie dem fünfstufigen Ausgleichssystem haben sich seit der Einführung im EEG 2000 keine wesentlichen Änderungen ergeben.[626] Im Folgenden werden die Grundsätze der verschiedenen Stufen dargelegt.

a) Erste Stufe

Auf der ersten Stufe des bundesweiten Ausgleichs ist der Betreiber des nächstgelegenen geeigneten Netzes nach §§ 8, 11 EEG 2017 verpflichtet, die EE-Anlage anzuschließen und den produzierten Strom abzunehmen, zu übertragen und zu verteilen.[627] Im Gegenzug entrichtet der Netzbetreiber nach § 19 EEG 2017 die finanzielle Förderung. Der Ausgleichsmechanismus erfasst daher nur die Stromproduktion, die über diese Förderregelungen finanziert wird, sodass anderweitige Strommengen aus der sonstigen Direktvermarktung nicht einbezogen werden. In der Regel handelt es sich bei den Verpflichteten um VNB.[628] Ausnahmsweise ist es etwa im Falle von großen Windenergieanlagen auch möglich, dass die EE-Anlage unmittelbar an ein Übertragungsnetz verbunden ist. In diesem Fall entfällt die zweite Stufe des Ausgleichsmechanismus, da dann kein zusätzliches vorgelagertes Übertragungsnetz vorhanden ist.[629]

---

liberalisierten Elektrizitätsmarkt in Europa, S. 130; Pomana, Förderung erneuerbarer Energien in Deutschland und im Vereinigten Königreich, S. 217.

625 BT-Drs. 14/2341, S. 10; Weck, Die garantierte Einspeisevergütung für Strom nach dem Gesetz über den Vorrang erneuerbarer Energien, S. 89; Niedersberg, NVwZ 2001, 21 (23); Lamott, Marktintegration erneuerbarer Energien am Beispiel der Direktvermarktungsregelung des EEG 2012 wie auch des EEG 2014, S. 81 f.

626 In der Regel wurden redaktionelle Folgeänderungen vorgenommen; siehe etwa BT-Drs. 16/8148, S. 61; BT-Drs. 18/1304, S. 151, 152; BT-Drs. 18/8860 S. 237, 238.

627 Ohms, Recht der Erneuerbaren Energien, S. 211; Weck, Die garantierte Einspeisevergütung für Strom nach dem Gesetz über den Vorrang erneuerbarer Energien, S. 89 f.

628 Ohms, Recht der Erneuerbaren Energien, S. 211.

629 Böhme, Beck-OK 2014, § 56 Rn. 4c.

b) *Zweite Stufe*

Auf der zweiten Stufe nehmen die vorgelagerten ÜNB von den lokalen VNB den eingespeisten Strom ab und entrichten die Vergütung, vgl. §§ 11, Abs. 5, 56, 57 EEG 2017. Gemäß § 3 Nr. 44 EEG 2017 sind ÜNB die regelverantwortlichen Netzbetreiber von Hoch- und Höchstspannungsnetzen, die der überregionalen Übertragung von Strom zu anderen Netzen dienen. Auch zwischen den VNB und ÜNB wird der Grundsatz der vorrangigen Abnahme, Übertragung und Verteilung des Stroms aus Erneuerbaren Energien weitergeführt.[630] Der unverzüglichen Übertragungspflicht kommt der Netzbetreiber i.d.R. nicht durch eine physikalische Weiterleitung nach, da Strom aus Erneuerbaren Energien grundsätzlich direkt auf der Verteilnetzebene von den lokalen Stromkunden verbraucht wird und nach Einspeisung in das Netz vom Strom aus konventionellen Energiequellen nicht differenzierbar ist.[631] Typischerweise erfolgt auf der zweiten bis vierten Stufe des Ausgleichsmechanismus die Aufnahme der entsprechenden Strommenge in den Bilanzkreis des vorgelagerten ÜNB, das eine lediglich kaufmännisch-bilanzielle Übertragung darstellt.[632]

ÜNB sind gemäß § 57 Abs. 1 EEG 2017 verpflichtet, die seitens der VNB an die Anlagenbetreiber getätigten Zahlungen zu erstatten und so die gesamte finanzielle Belastung der lokalen Netzbetreiber auszugleichen.[633] Durch diese Weiterleitung werden die Betreiber der höchsten Netzebene in Deutschland mit den Kosten zur Finanzierung der Förderung von Erneuerbaren Energien belastet.[634] Die VNB sind wiederum gemäß § 57 Abs. 3 EEG 2017 verpflichtet, nicht gewährte vermiedene Netzentgelte an die vorgelagerten ÜNB auszuzahlen. Dahinter steckt die Erwägung, dass sie gemäß § 18 Abs. 1 StromNEV dezentralen

---

630 Ohms, Recht der Erneuerbaren Energien, S. 212; Lamott, Marktintegration erneuerbarer Energien am Beispiel der Direktvermarktungsregelung des EEG 2012 wie auch des EEG 2014, S. 85 f.

631 Pomana, Förderung erneuerbarer Energien in Deutschland und im Vereinigten Königreich, S. 219, 220.

632 Kröger, Die Förderung erneuerbarer Energien im Europäischen Elektrizitätsmarkt, S. 149; Pomana, Förderung erneuerbarer Energien in Deutschland und im Vereinigten Königreich, S. 219.

633 Kröger, Die Förderung erneuerbarer Energien im Europäischen Elektrizitätsmarkt, S. 149; Ohms, Recht der Erneuerbaren Energien, S. 212; Lamott, Marktintegration erneuerbarer Energien am Beispiel der Direktvermarktungsregelung des EEG 2012 wie auch des EEG 2014, S. 86.

634 Kröger, Die Förderung erneuerbarer Energien im Europäischen Elektrizitätsmarkt, S. 149 f.

Erzeugungsanlagen grundsätzlich ein Netzentgelt auszuzahlen haben, da durch die dezentrale Erzeugung und Einspeisung von Strom der entsprechende Betrag nicht vom vorgelagerten ÜNB abgenommen werden muss, wofür ein Netzentgelt an diesen auszuzahlen wäre. Da Betreiber von EE-Anlagen gemäß § 18 Abs. 1 Satz 3 StromNEV keinen Anspruch auf dieses Netzentgelt haben, ist dieser Betrag seitens der lokalen VNB an die ÜNB zu entrichten. Die gegenseitigen Zahlungsansprüche sind zu saldieren. Zahlungen an die ÜNB sind als monatliche Abschläge in angemessenem Umfang zu entrichten, vgl. § 57 Abs. 4 EEG 2017.

c) *Dritte Stufe*

Auf der dritten Stufe werden die gesamten Strommengen sowie die Kosten der EEG-Förderung unter den ÜNB umverteilt und ausgeglichen (sog. horizontaler Ausgleich).[635] Gerade auf dieser Ebene werden die vormals bestehenden regionalen Unterschiede aufgelöst. Der Gesetzgeber hat sich bewusst für den Ausgleich der Stromproduktion sowie der finanziellen Mehrbelastungen auf der Ebene der ÜNB entschieden, da es sich hierbei mit insgesamt vier Beteiligten um eine übersichtliche Anzahl von Verantwortungsträgern handelt.[636] Aufgrund der finanziellen und technischen Ausstattung können sie die Ausgleichsanforderungen erfüllen und eine wechselseitige Überprüfung gewährleisten.[637]

Zum Zwecke der nachträglichen Durchführung des Belastungsausgleichs sind die ÜNB gemäß § 58 Abs. 1 EEG 2017 zunächst verpflichtet, Informationen über den unterschiedlichen Umfang und den zeitlichen Verlauf der Strommengen, für die entsprechende Zahlungen an die VNB erfolgten, zu speichern.[638] Zudem sind sie verpflichtet, die entsprechenden Strommengen unverzüglich untereinander vorläufig auszugleichen und hinsichtlich der finanziellen Belastungen monatliche Abschläge in angemessenem Umfang vorzunehmen, vgl. § 58 Abs. 1 Nr. 3, 4 EEG 2017. Im Falle der Wind- und Solarenergie geschieht dieser Ausgleich seit Anfang 2012 online in einem 15-Minuten-Takt, wobei die entsprechenden Abschlagszahlungen monatlich erfolgen.[639]

---

635 Ohms, Recht der Erneuerbaren Energien, S. 213.

636 BT-Drs. 16/8148 S. 61; Ohms, Recht der Erneuerbaren Energien, S. 213.

637 BT-Drs. 16/8148, S. 61; Böhme, BeckOK-EEG 2014, § 56 Rn. 5.

638 Gerstner/Heindrich/Ahnsehl, Grundzüge des Rechts der Erneuerbaren Energien, S. 595; Weck, Die garantierte Einspeisevergütung für Strom nach dem Gesetz über den Vorrang erneuerbarer Energien, S. 92.

639 Gerstner/Heindrich/Ahnsehl, Grundzüge des Rechts der Erneuerbaren Energien, S. 595.

Anhand dieser gespeicherten Informationen ermitteln die ÜNB jährlich bis Ende Juli die Strommenge, die sie im vorherigen Kalenderjahr nach den Regeln des EEG abgenommen, finanziell gefördert sowie vorläufig ausgeglichen haben. Sodann berechnen sie den Anteil dieser Menge an der gesamten Strommenge, die im selben Zeitraum von den EVU im Bereich ihres Netzes an Letztverbraucher geliefert wurde. Anhand dieser Summen berechnet und fordert der jeweilige ÜNB, der einen höheren Prozentsatz an Strom abnehmen musste, seine Ansprüche gegen die anderen ÜNB auf Abnahme und Vergütung, bis alle vier Betreiber den gleichen durchschnittlichen Prozentsatz an Strom aus Erneuerbaren Energien an der Gesamtstrommenge aufweisen, vgl. § 58 Abs. 3 EEG 2017.[640] Solche Ausgleichsansprüche haben aufgrund der hohen Dichte von Windenergieanlagen i.d.R. die norddeutschen gegen die süddeutschen ÜNB.

d) Vierte Stufe

Auf der vierten Stufe des bundesweiten Ausgleichsmechanismus waren die ÜNB bis Ende 2009 verpflichtet, neben der Geltendmachung des Vergütungsanspruches auch den abgenommenen Strom gemessen an der Marktteilnahme anteilsmäßig an die nachgelagerten EVU weiterzuleiten, sodass neben dem finanziellen auch der physikalische Ausgleich stattfand.[641] Mit der Einführung der Ausgleichsmechanismusverordnung wurde die physikalische Weiterleitungsverpflichtung ab Anfang 2010 aufgehoben, sodass die physisch-bilanzielle Umwälzung der Strommengen aus Erneuerbaren Energien bei den ÜNB endet. Seit diesem markanten Systemwechsel findet zwischen den ÜNB und den EVU nur noch ein rein finanzieller Ausgleich statt (sog. finanzielle Wälzung).[642]

Somit obliegt es den ÜNB selbst oder gemeinsam durch eine Vermarktungsgesellschaft, den im Wege der Einspeisevergütung[643] abgenommenen Strom diskriminierungsfrei, transparent und unter Beachtung der Regeln der Erneuerbare-Energien-Verordnung, die im Jahr 2016 die Ausgleichsmechanismusverordnung ablöste, auf dem Spotmarkt einer Strombörse zu vermarkten, vgl.

---

640 Kröger, Die Förderung erneuerbarer Energien im Europäischen Elektrizitätsmarkt, S. 150; Ohms, Recht der Erneuerbaren Energien, S. 213.

641 BT-Drs. 16/8148, S. 62; Gerstner/Heindrich/Ahnsehl, Grundzüge des Rechts der Erneuerbaren Energien, S. 591.

642 Böhme, BeckOK-EEG 2014, § 56 Rn. 8; Freitag, Die garantierte Einspeisevergütung nach dem EEG und das Zuschlagsmodell nach dem KWKG, S. 104 f.

643 Nur der im Wege der Einspeisevergütung geförderte Strom wird von den ÜNB vermarktet, da ansonsten die Anlagenbetreiber diese Aufgabe wahrnehmen.

§ 59 EEG 2017, § 2 Satz 1 Erneuerbare-Energien-Verordnung.[644] Anschließend verlangen sie gemäß § 60 Abs. 1 EEG 2017 und § 3 Erneuerbare-Energien-Verordnung von den EVU, die Strom an Letztverbraucher liefern, die Kosten für die erforderlichen Ausgaben nach Abzug der erzielten Einnahmen als sog. EEG-Umlage anteilig erstattet.[645] Auch dabei erfolgt eine gleichmäßige Belastung aller EVU, da der zu entrichtende Erstattungsanspruch so zu bestimmen ist, dass sie für jede von ihnen an die Letztverbraucher gelieferte kWh an geliefertem Strom dieselben Kosten zu tragen haben, vgl. § 60 Abs. 1 Satz 3 EEG 2017 (sog. vertikaler Belastungsausgleich).[646] Da das sog. Grünstromprivileg durch die EEG-Novelle 2014 komplett abgeschafft wurde, ist kein EVU von der anteiligen Entrichtung dieser Umlage befreit. Im Gegenzug hierzu erhalten die EVU gemäß § 78 Abs. 1 EEG 2017 das Recht, die entsprechende Strommenge als „Erneuerbare Energien, finanziert aus der EEG-Umlage" zu kennzeichnen.

Auch auf dieser Stufe sind monatliche Abschläge seitens der EVU zu entrichten, vgl. § 60 Abs. 1 Satz 4 EEG 2017. Insoweit sind die vier ÜNB gemäß § 5 Abs. 1 Erneuerbare-Energien-Verordnung verpflichtet, bis zum 15.10. eines Kalenderjahres die Höhe der verbindlichen, bundesweit einheitlichen EEG-Umlage für das anschließende Kalenderjahr zu veröffentlichen.[647]

e) Fünfte Stufe

Nach der gesetzlichen Ausformung des bundesweiten Ausgleichssystems sind die EVU als „Verursacher einer klima- und umweltschädigenden Energieerzeugung" die endgültigen Zahlungsverpflichteten.[648] Wie die Finanzierung der EEG-Umlage danach zu verlaufen hat, wird gesetzlich nicht entschieden. EVU übertragen die finanziellen Belastungen jedoch mit einer fünften Stufe auf ihre letztverbrauchenden Stromkunden.[649] Dieser Umwälzung stehen auch keine

---

644 BT-Drs. 17/6071 S. 82; Gerstner/Heindrich/Ahnsehl, Grundzüge des Rechts der Erneuerbaren Energien, S. 591.

645 Lamott, Marktintegration erneuerbarer Energien am Beispiel der Direktvermarktungsregelung des EEG 2012 wie auch des EEG 2014, S. 89 f.

646 Weck, Die garantierte Einspeisevergütung für Strom nach dem Gesetz über den Vorrang erneuerbarer Energien, S. 93; Pomana, Förderung erneuerbarer Energien in Deutschland und im Vereinigten Königreich, S. 218.

647 Freitag, Die garantierte Einspeisevergütung nach dem EEG und das Zuschlagsmodell des KWKG, S. 106.

648 BT-Drs. 16/8148, S. 62; Pomana, Förderung erneuerbarer Energien in Deutschland und im Vereinigten Königreich, S. 220.

649 Böhme, BeckOK-EEG 2014, § 56 Rn. 9.

gesetzlichen Bedenken entgegen, da insb. die §§ 63 f. EEG 2017 eine solche Abwälzbarkeit der Kosten auf die Letztverbraucher voraussetzen. Entsprechend des sog. Verursacherprinzips erscheint diese Kostenbelastung auch sachgerecht, da die Letztverbraucher durch den Stromverbrauch die klimaschädlichen Auswirkungen zu verantworten haben.[650] Letztlich wird also die gesamte Förderung der Erneuerbaren Energien durch die letztverbrauchenden Stromkunden finanziert, sodass die Akteure der vorherigen Stufen grundsätzlich keine finanziellen Einbußen erleiden.[651] Bei Privatverbrauchern ist die EEG-Umlage i.d.R. im Strompreis integriert, wobei im Falle von Gewerbekunden die Umlage grundsätzlich als eigenständiger Kostenpunkt umgewälzt wird.[652] In beiden Fällen müssen die Stromkunden aber über den prozentualen Anteil der EEG-Umlage an der Stromrechnung aufgeklärt werden.[653]

3. Sonderregelungen zu dem bundesweiten Ausgleichsmechanismus

Bereits im EEG 2000 regelte der Gesetzgeber unterschiedliche Sondervorschriften zum bundesweiten Belastungsausgleich, welche im Laufe der verschiedenen Novellierungen gravierende Änderungen erfuhren. Das bereits dargestellte Grünstromprivileg, welches einigen EVU bei der Zahlung der EEG-Umlage finanzielle Erleichterungen ermöglichte, wurde bspw. mit dem EEG 2014 ersatzlos gestrichen. Im Gegensatz hierzu sind sowohl der sog. besondere Belastungsausgleich als auch die sog. Eigenversorgung als Ausnahmen zur bundesweiten Ausgleichsregelung trotz erheblicher Modifizierungen weiterhin gesetzlich verankert.

a) Besonderer Belastungsausgleich

Gerade für die Industrieunternehmen bedeutet die anfallende EEG-Umlage eine kostentechnische Mehrbelastung, die zur unberechtigten Beeinträchtigung ihrer internationalen Wettbewerbsfähigkeit führen kann, da ausländische Unternehmen ggf. adäquate Mehrkosten zur Förderung der Erneuerbaren Energien nicht

---

650 Kröger, Die Förderung erneuerbarer Energien im Europäischen Elektrizitätsmarkt, S. 154; Freitag, Die garantierte Einspeisevergütung nach dem EEG und das Zuschlagsmodell nach dem KWKG, S. 108 f.

651 Lamott, Marktintegration erneuerbarer Energien am Beispiel der Direktvermarktungsregelung des EEG 2012 wie auch des EEG 2014, S. 92.

652 Böhme, BeckOK-EEG 2014, § 56 Rn. 9; Gerstner/Heindrich/Ahnsehl, Grundzüge des Rechts der Erneuerbaren Energien, S. 609.

653 Ohms, Recht der Erneuerbaren Energien, S. 215.

tragen müssen. Dieses Missverhältnis verschärft sich vor allem dann, wenn die industrielle bzw. gewerbliche Tätigkeit mit einem immensen Stromverbrauch verbunden ist.[654] Aufgrund dieser finanziellen Zusatzbelastung ist bei zu hohen Strompreisen die Abwanderung der belasteten Industriezweige ins Ausland zu befürchten. Entsprechende finanztechnische Bedenken lassen sich auch im Falle des Schienenbahnverkehrs erkennen, da auch diese einen hohen Strombedarf aufweisen und Verantwortung im Rahmen der Daseinsvorsorge übernehmen.[655] Gerade bei steigenden EEG-Umlagen könnten zu hohe Strompreise den intermodalen Wettbewerb des Schienenverkehrs zu den anderen Verkehrsträgern nachteilig beeinflussen.[656]

Um diesem Problem entgegenzutreten, schaffte der Gesetzgeber mit dem sog. besonderen Belastungsausgleich eine Ausnahme für stromkostenintensive Unternehmen sowie für Schienenbahnen. Diese können bei dem Bundesamt für Wirtschaft und Ausfuhrkontrolle (BAFA) die Begrenzung der zu entrichtenden EEG-Umlage beantragen. Damit soll neben der Gewährleistung der konkurrenzfähigen Teilnahme am nationalen und globalen Markt auch eine finanzielle Planungssicherheit geschaffen werden.[657] Bei der Aufstellung der privilegierenden Vorschriften achtet der Gesetzgeber aber aufgrund der widerstreitenden Interessen darauf, dass die Begrenzung der EEG-Umlage die schutzwürdigen Rechte der nicht privilegierten Stromverbraucher angemessen berücksichtigt. Denn letztlich tragen diese Letztverbraucher die Mehrkosten, von denen die privilegierten Stromverbraucher mit der besonderen Ausgleichsregelung befreit sind. Deshalb regelt der Gesetzgeber unterschiedliche Befreiungstatbestände und Befreiungshöhen, wobei aber jedes Unternehmen als absolute Mindestsumme 0,05 Eurocent/kWh als EEG-Umlage zu entrichten hat, vgl. § 64 Abs. 2 Nr. 4 a EEG 2017

aa. Historische Einführung

Weder das StrEG noch das EEG in seiner ursprünglichen Fassung enthielten Regelungen zur besonderen Ausgleichsregelung. Auf durchgreifende Kritik der Industrieverbände sowie der betroffenen Unternehmen fügte der Gesetzgeber

---

654 Moench/Dannecker/Ruttloff (Hrsg.)/von Andreae, Beiträge zum neuen EEG 2014, S. 136.

655 BT-Drs. 16/8148, S. 66.

656 Gerstner/Lünenberger, Grundzüge des Rechts der Erneuerbaren Energien, S. 609.

657 Ohms, Recht der Erneuerbaren Energien, S. 219; Regehr, Die Förderung erneuerbarer Energien auf dem liberalisierten Elektrizitätsmarkt in Europa, S. 133, 134.

jedoch mit dem § 11a EEG 2000 bereits im Jahr 2003 eine Vorschrift als Härtefallklausel ein und führte eine entsprechende Regelung auch in den kommenden Novellierungen mit detaillierten Modifizierungen sowie Ergänzungen fort.[658] Mit der EEG-Novelle 2004 wurde die besondere Ausgleichsregelung zudem auf die Schienenbahnunternehmen erstreckt.

Zwar wahrte der Gesetzgeber im Rahmen der anschließenden Novellierungen zum EEG stets die oben beschriebenen Grundgedanken zum besonderen Ausgleich. Jedoch weitete er bis einschließlich zum EEG 2012 deren Anwendungsbereich grundsätzlich aus und gewährte einer größeren Anzahl von Unternehmen die Begrenzung der zu entrichtenden EEG-Umlage.[659] Ursprünglich waren etwa nur solche Unternehmen zur Beantragung der Begrenzung berechtigt, deren Stromverbrauch eine kalenderjährliche Überschreitung von 100 GWh aufwies. Im Zuge der nachfolgenden Novellierungen wurde dieser Mindestbetrag schrittweise auf 10 GWh und darauf folgend auf lediglich 1 GWh verringert. Entsprechend reduzierte Anforderungen zeigen sich auch für das Verhältnis von Stromkosten zur Bruttowertschöpfung. Als Folge dieser Rechtsentwicklung beantragten immer mehr Unternehmen die Begrenzung der zu entrichtenden EEG-Umlage, sodass der Anteil der privilegierten Stromsumme kontinuierlich anstieg. Im Jahr 2014 waren bereits 22 Prozent der Gesamtkosten der EEG-Umlage – also ein Betrag von mehr als 5 Mrd. Euro – auf die Begrenzungsfolgen durch den besonderen Belastungsausgleich zurückzuführen.[660] Diese Expansion erhöhte den politischen Diskussionsbedarf über eine angemessene Verteilung der finanziellen Belastung auf die jeweiligen Stromverbraucher. Zudem führte dieser Umstand zur Gefährdung der breiten Akzeptanz über die Förderung der Erneuerbaren Energien.

Neben der kostentechnischen Problematik prägten aber vor allem europarechtliche Bedenken zum Fördersystem des EEG – insb. aber zum bundesweiten und besonderen Belastungsausgleich – die Novellierungsgespräche zu den jüngsten Fassungen des EEG.[661] Die seitens der EU-Kommission eingeleitete Eröffnung eines beihilferechtlichen Prüfverfahrens zum deutschen Ausgleichssystem führte zur Erhöhung dieser Spannungen. Obwohl die deutsche Bundesregierung die europarechtlichen Bedenken nicht teilte, arbeitete sie bei der Novellierung

---

658 Altrock/Oschmann/Große/Kachel, EEG 2012, § 40 Rn. 7 f.

659 Siehe insgesamt Moench/Dannecker/Ruttloff (Hrsg.)/von Andreae, Beiträge zum neuen EEG 2014, S. 137 f.; Oschmann, NVwZ 2004, 910 (914).

660 Moench/Dannecker/Ruttloff (Hrsg.)/von Andreae, Beiträge zum neuen EEG 2014, S. 137.

661 Große/Kachel, NVwZ 2014, 1122 (1123).

des besonderen Belastungsausgleichs zum EEG 2014 in enger Abstimmung mit der EU-Kommission und beachtete insb. die Vorgaben der kurz zuvor verabschiedeten Energiebeihilfeleitlinien.[662] Zwar erfuhr die Regelung zum besonderen Belastungsausgleich im EEG 2014 keine strukturelle Neuerung.[663] Es wurden jedoch viele Einzeländerungen zu den Voraussetzungen und den Rechtsfolgen vorgenommen, welche an den Energiebeihilfeleitlinien der EU-Kommission orientiert waren und Fehlanreize sowie Wettbewerbsverzerrungen aufheben sollten.[664] Durch die Verschärfung der Tatbestandsvoraussetzungen verkleinerte sich der Kreis der begünstigten Unternehmen wesentlich.[665]

Daneben waren die Modifizierungen der Vorschriften zum besonderen Belastungsausgleich bei der Novellierung zum EEG 2017, etwa mit der Änderung einiger Begriffsbestimmungen, der Ergänzung von Mitwirkungs- und Auskunftspflichten oder der Anhebung von den Schwellenwerten der Stromkostenintensität, eher unerheblich.[666]

bb. Aktueller Stand

Die besondere Ausgleichsregelung ist nunmehr in den §§ 63 bis 69a EEG 2017 geregelt. § 63 EEG 2017 gewährt im Falle von stromkostenintensiven Unternehmen oder Schienenbahnen die Möglichkeit, einen Antrag beim BAFA auf Begrenzung der grundsätzlich zu entrichtenden EEG-Umlage zu stellen. Privilegien zur Wahrung der internationalen sowie der intermodalen Wettbewerbsfähigkeit sind nur so lange gerechtfertigt, soweit die gesetzlichen Ziele zur Förderung der Erneuerbaren Energien nicht gefährdet werden und die Begrenzung mit dem Interesse der gesamten Stromverbraucher vereinbar ist, vgl. § 63 EEG 2017. Viele der Unternehmen, die nach den Regeln des EEG 2012 eine Umlagenbegrenzung beantragen konnten, schieden aus dem Adressatenkreis aus, sodass eine sofortige Belastung mit der kompletten EEG-Umlage gravierende wirtschaftliche Nachteile

662 Ekardt/Valentin, Das neue Energierecht, S. 65; Moench/Dannecker/Ruttloff (Hrsg.)/von Andreae, Beiträge zum neuen EEG 2014, S. 139.

663 Ekardt/Valentin, Das neue Energierecht, S. 66; Große/Kachel, NVwZ 2014, 1122 (1123).

664 Moench/Dannecker/Ruttloff (Hrsg.)/von Andreae, Beiträge zum neuen EEG 2014, S. 139, 140.

665 Moench/Dannecker/Ruttloff (Hrsg.)/von Andreae, Beiträge zum neuen EEG 2014, S. 141.

666 Boemke, NVwZ 2017, 1 (6); Große/Panknin, EnWZ 2016, 435 (440 f.).

ausgelöst hätte.[667] Nach der Übergangsregelung des § 103 Abs. 3 bis 7 EEG 2017 haben die Unternehmen deshalb weiterhin einen Anspruch auf eine ausdifferenzierte Umlagenbegrenzung, obwohl sie nach den allgemeinen Regelungen künftig nicht mehr befugt wären.[668]

(1) Stromkostenintensive Unternehmen

§ 64 Abs. 1 EEG 2017 zählt vier abschließende Antragsvoraussetzungen auf, die das jeweilige Unternehmen erfüllen muss, damit die reguläre Umlage durch die Entscheidung des BAFA entsprechend § 64 Abs. 2 EEG 2017 begrenzt werden kann.

(a) Voraussetzungen

Bis zum EEG 2014 konnten gemäß § 41 Abs. 1 EEG 2012 alle Unternehmen des produzierenden Gewerbes eine Umlagenbegrenzung wirksam beantragen. Dabei handelte es sich nach der Legaldefinition des § 3 Nr. 14 EEG 2012 um Unternehmen, die an der zu begünstigten Abnahmestelle dem Bergbau, der Gewinnung von Steinen und Erden oder dem verarbeitenden Gewerbe in entsprechender Anwendung der Abschnitte B und C der Klassifikation der Wirtschaftszweige des Statistischen Bundesamtes zuzuordnen waren. Mit dem EEG 2014 ist der Adressatenkreis aber wesentlich verkleinert worden, in dem nur noch Unternehmen von spezifisch aufgeführten Branchen gemäß der Listen 1 und 2 der Anlage 4 des EEG 2017 antragsberechtigt sind.[669] Zusätzlich können gemäß § 64 Abs. 5 EEG 2017 auch selbständige Teile eines Unternehmens, die einer Branche nach Liste 1 der Anlage 4 des EEG 2017 zuzuordnen sind, einen entsprechenden Antrag einreichen. Aufgrund der Einschränkung des Adressatenkreises sind etwa solche Unternehmen, welche im Rahmen der Beton-, Zement- oder Kalksandsteinproduktion tätig sind bzw. Solarzellen, Solarmodulen sowie Solarwärmekollektoren produzieren, nicht mehr zur Begrenzung der EEG-Umlage antragsbefugt und werden daher höchstens nach den Übergangs- sowie Härteregelungen privilegiert.[670]

Dabei sind die Listen 1 und 2 der Anlage 4 des EEG 2017 wortgetreu auf die Energiebeihilfeleitlinien der EU-Kommission zurückzuführen, welche die betroffenen Branchen aufzählt, die aufgrund ihres hohen Strombedarfs sowie ihrer Handelsintensität bei der Entrichtung der gesamten EEG-Umlage ihre

---

667 Moench/Dannecker/Ruttloff (Hrsg.)/von Andreae, Beiträge zum neuen EEG 2014, S. 152 f.

668 Ekardt/Valentin, Das neue Energierecht, S. 67.

669 Moench/Dannecker/Ruttloff (Hrsg.)/von Andreae, Beiträge zum neuen EEG 2014, S. 142.

670 Moench/Dannecker/Ruttloff (Hrsg.)/von Andreae, Beiträge zum neuen EEG 2014, S. 142.

internationale Wettbewerbsfähigkeit einbüßen könnten.[671] Mit der Differenzierung der verschiedenen Branchen in zwei Listen sollen die Unterschiede bei der Stromkostenintensität stärker berücksichtigt werden.[672] Falls ein Unternehmen mehreren Branchen der beiden Listen zugeordnet werden kann, wird in diesem Fall zu Gunsten des Unternehmens die Einstufung nach der Liste 1 vorgenommen, da hiernach eine geringere Stromkostenintensität gefordert wird.

Neben der Zugehörigkeit zum Adressatenkreis muss der Stromverbrauch an der spezifischen Abnahmestelle des Antrag stellenden Unternehmens im letzten abgeschlossenen Geschäftsjahr mehr als 1 GWh betragen, vgl. § 64 Abs. 1 Nr. 1 EEG 2017. Bei dem Begriff der Abnahmestelle ist gemäß § 64 Abs. 6 Nr. 1 EEG 2017 auf die einzelne Betriebsstätte abzustellen, sodass ein Großkonzern den Begrenzungsantrag nur hinsichtlich eines abgeschlossenen Betriebsgeländes stellen kann.[673] Der Stromverbrauch auf eindeutig verschiedenen Betriebsgeländen kann nicht summiert werden, um mit der Gesamtsumme eine Umlagenbegrenzung zu beantragen.[674] Jedoch wird bei der Berechnung des zu erzielenden Mindeststromverbrauchs neben der umlagepflichtigen auch der eigenverbrauchte Strom berücksichtigt. Der Stromverbrauch im Wege der Eigenversorgung wird aber nur insoweit beachtet, als dass hierfür eine Pflicht zur Entrichtung der EEG-Umlage besteht.[675] Denn für Strommengen, bei denen mit der Eigenversorgung bereits eine Befreiung von der EEG-Umlage vorliegt, muss und kann die EEG-Umlage nicht gekürzt werden.[676]

Mit dem EEG 2014 und später mit dem EEG 2017 wurde auch die sog. Stromkostenintensität im Vergleich zu den Vorgängernovellen erhöht sowie branchenbezogen ausdifferenziert.[677] Die sog. Stromkostenintensität wird in § 64 Abs. 6 Nr. 3 EEG 2017 legal definiert. Sie stellt das Verhältnis zwischen den zu entrichtenden Stromkosten zur durchschnittlichen Bruttoerwirtschaftung des einschlägigen

671 BT-Drs. 18/1891, S. 209; Moench/Dannecker/Ruttloff (Hrsg.)/von Andreae, Beiträge zum neuen EEG 2014, S. 142; Uibeleisen/Geipel, NJW 2014, 3276; Große/Kachel, NVwZ 2014, 1122 (1123).

672 Uibeleisen/Geipel, NJW 2014, 3276; Ekardt/Valentin, Das neue Energierecht, S. 66.

673 Salje, EEG 2014, § 64 Rn. 17, 18.

674 BT-Drs. 17/6071, S. 84, 85; Salje, EEG 2014, § 64 Rn. 19; Gerstner/Lünenberger, Grundzüge des Rechts der Erneuerbaren Energien, S. 614.

675 BT-Drs. 18/1449, S. 26; Hammer, BeckOK-EEG 2014, § 64 Rn. 17; Salje, EEG 2014, § 64 Rn. 16.

676 BT-Drs. 18/1449, S. 26.

677 Moench/Dannecker/Ruttloff (Hrsg.)/von Andreae, Beiträge zum neuen EEG 2014, S. 144.

Unternehmens in den letzten drei Geschäftsjahren dar und fungiert als Indikator für eine gerechtfertigte Umlagenbegrenzung.[678] Gemäß § 64 Abs. 1 Nr. 2 EEG 2017 müssen Unternehmen, die einer Branche nach Liste 1 der Anlage 4 zuzuordnen sind, für die Begrenzung der EEG-Umlage eine Stromkostenintensität von mindestens 14 Prozent aufweisen. Im Falle der Unternehmen, welche der Liste 2 zuzuordnen sind, muss sogar eine Stromkostenintensität von 20 Prozent vorliegen.

Als abschließende Voraussetzung zur Beantragung der Umlagenbegrenzung sind die Unternehmen verpflichtet, ein System zur Optimierung ihrer Energieeffizienz zu betreiben, vgl. § 64 Abs. 1 Nr. 3 2017. Sobald das Unternehmen aber im letzten abgeschlossenen Geschäftsjahr mehr als 5 GWh Strom verbraucht hat, ist es sogar zum Betrieb eines zertifizierten Energie- oder Umweltmanagementsystems verpflichtet, das den Anforderungen des § 64 Abs. 3 Nr. 2 EEG 2017 genügt. Mit diesem Erfordernis sollen die Unternehmen dazu angereizt werden, bestehende Minderungsmöglichkeiten beim Stromverbrauch intensiver zu nutzen und dadurch ein energieeffizienteres Gleichgewicht bei der Bewirtschaftung ihres Unternehmens vorzuweisen.

(b) Rechtsfolge

Beim Vorliegen der Voraussetzungen begrenzt das BAFA die zu entrichtende EEG-Umlage auf Antrag des Unternehmens für das anschließende Kalenderjahr, vgl. § 64 Abs. 2 EEG 2017.

Hinsichtlich des Stromanteils bis 1 GWh regelt der Gesetzgeber die allgemeine Verpflichtung zur Entrichtung der vollumfänglichen EEG-Umlage (sog. Selbstbehalt). Erst für den weiteren Stromverbrauch sind Begrenzungen vorgesehen, wobei i.d.R. eine Begrenzung auf 15 Prozent der regulären EEG-Umlage stattfindet, vgl. § 64 Abs. 2 Nr. 1, 2 EEG 2017. Im Falle der Unternehmen, die einer Branche nach Liste 1 der Anlage 4 des EEG 2017 zuzuordnen sind, findet sogar eine Begrenzung auf 20 Prozent der regulären EEG-Umlage statt, wenn die Stromkostenintensität mindestens 14 Prozent und weniger als 17 Prozent beträgt, vgl. § 64 Abs. 2 Nr. 2 b) EEG 2017.

Mit einem sog. Deckel wird die zu entrichtende EEG-Umlage aber dadurch eingeschränkt, dass kein privilegiertes Unternehmen für die Strommenge über 1 GWh eine höhere EEG-Umlage als 4 Prozent der Bruttowertschöpfung zu entrichten hat. Falls die Stromkostenintensität des Unternehmens mindestens 20 Prozent beträgt, beschränkt sich die EEG-Umlage sogar auf 0,5 Prozent der Bruttowertschöpfung (sog. Superdeckel).[679] Unternehmen sind gemäß § 65 Abs.

---

678 Hammer, BeckOK-EEG 2014, § 64 Rn. 19; Altrock/Oschmann/Große/Kachel, EEG 2012, § 41 Rn. 13; Kachel, ZUR 2012, 32 (34).

679 Große/Kachel, NVwZ 2014, 1122 (1124).

2 Nr. 4 EEG 2017 verpflichtet, für den Stromanteil über 1 GWh eine EEG-Umlage von 0,1 Eurocent/kWh als Mindestumlage zu entrichten, wobei sich diese Summe bei einigen aufgezählten Nichteisenmetall-Branchen aufgrund des besonderen globalen Wettbewerbs gemäß § 65 Abs. 2 Nr. 4 a) EEG 2017 auf 0,05 Eurocent/kWh beschränkt.[680] Damit stellt der Gesetzgeber sicher, dass auch bei den privilegierten Unternehmen die EEG-Umlagen einen absoluten Wert als Mindestumlage nicht unterschreiten.

(2) Schienenbahnen

Im Vergleich zu den Vorschriften der stromkostenintensiven Unternehmen sind sowohl die Voraussetzungen als auch die Rechtsfolgen bei der Begrenzung der EEG-Umlage bei Schienenbahnen wesentlich übersichtlicher. Nach § 65 Abs. 1 EEG 2017 reicht es zur Beantragung der Umlagenbegrenzung seitens des Betreibers einer Schienenbahn aus, wenn der im letzten abgeschlossenen Geschäftsjahr verbrauchte Strombetrag für den Fahrbetrieb im Schienenbahnverkehr unter Ausschluss des rückgespeisten Stroms mindestens 2 GWh beträgt. Sobald dies bejaht werden kann, wird mit der positiven Bescheidung des Antrags die zu entrichtende EEG-Umlage für die gesamte Strommenge, die das Unternehmen unmittelbar für den Fahrbetrieb im Schienenbahnverkehr selbst verbraucht, auf 20 Prozent der allgemeinen EEG-Umlage begrenzt, vgl. § 65 Abs. 2 EEG 2017. Ein etwaiger Mindestbetrag als Selbstbehalt ist im Falle der Schienenbahnen nicht vorgesehen.

(3) Formale Anforderungen an den Antrag

Bei der Stellung des Antrags sind die formalen Anforderungen besonders zu berücksichtigen, vgl. §§ 64 Abs. 3, 66 EEG 2017. Seit 2015 ist die Einreichung der Antragsunterlagen in elektronischer Fassung über das Portal des BAFA verpflichtend, sodass die Stellung des Antrags auf dem Postweg oder per E-Mail nicht mehr möglich ist. Zudem ist der Antrag gemäß § 66 Abs. 1 EEG 2017 spätestens bis zum 30. Juni des laufenden Geschäftsjahres zu stellen. Allein für neu gegründete Unternehmen und Schienenbahnen gemäß § 66 Abs. 3 EEG 2017 besteht eine verlängerte Ausschlussfrist bis zum 30. September eines Jahres. Bei der Antragsfrist handelt es sich um eine materielle Ausschlussfrist, sodass eine Fristverlängerung nicht möglich ist und sogar eine unverschuldete Fristversäumnis zwingend zur Ablehnung des Antrags führt.[681]

---

680 Moench/Dannecker/Ruttloff (Hrsg.)/von Andreae, Beiträge zum neuen EEG 2014, S. 150.

681 Gerstner/Lünenberger, Grundzüge des Rechts der Erneuerbaren Energien, S. 624; Ohms, Recht der Erneuerbaren Energien, S. 222; Uibeleisen/Geipel, NJW 2014, 3276.

b) Eigenversorgung

Obwohl der Gesetzgeber bis zum EEG 2012 keinerlei explizite Regelungen vorsah, war die Eigenversorgung bereits seit der Einführung des bundesweiten Ausgleichsmechanismus im EEG 2000 privilegiert. Soweit der Letztverbraucher Strom aus einer eigens betriebenen Stromerzeugungsanlage nutzte, musste er hinsichtlich dieser Strommenge keine EEG-Umlage entrichten. Dabei kam es vor allem nicht darauf an, ob bei der Stromproduktion Erneuerbare Energien oder herkömmliche Energiequellen zum Einsatz kamen.[682] Diese Befreiung folgte aus der Systematik der Vorschriften zum Belastungsausgleich sowie ihrem teleologischen Umkehrschluss, da die Verpflichtung zur anteilmäßigen Zahlung der EEG-Umlage an die Stromabnahme geknüpft war.[683] Von dieser finanziell anreizenden Möglichkeit machte vor allem die stromkostenintensive Industriewirtschaft umfangreich Gebrauch, die mit ihren Stromerzeugungsanlagen sogar verschiedene Werkstandorte bediente und hierfür teilweise über lange Strecken das öffentliche Netzsystem beanspruchten.[684] Denn auch die Nutzung des allgemeinen Netzes führte nicht zur Aufhebung der Umlagebefreiung.[685]

Mit dem Anstieg der EEG-Umlage erhöhte sich auch das Interesse der Stromverbraucher an einer entsprechenden Freistellung. Aufgrund dessen wuchs die Anzahl der stromkostenintensiven Unternehmen, die zum Ausschluss der Umlagepflicht eigene Stromerzeugungsanlagen betrieben.[686] In Kenntnis dieser Entwicklung regelte der Gesetzgeber mit dem § 37 Abs. 3 EEG 2012 erstmals die Grundsätze zur Eigenversorgung ausdrücklich. Dabei ordnete er einschränkend an, dass Letztverbraucher beim Betrieb einer Stromerzeugungsanlage zur Eigenversorgung nur dann von der Abgabe der EEG-Umlage zu befreien sind, wenn der produzierte Strom nicht durch ein öffentliches Versorgungsnetz durchgeleitet oder zumindest im räumlichen Zusammenhang zu der entsprechenden Erzeugungsanlage zur Eigenversorgung eingesetzt wird.[687] Mit der vorgenommenen einschränkenden Bestimmung zur Umlagenbefreiung wurde die Entlastung der öffentlichen Stromnetze bezweckt. Die Gewährung einer Privilegierung

682 Brahms/Maslaton, NVwZ 2014, 760 (761).

683 Ruttloff, NVwZ 2014, 1128; Riedel/Weiss, EnWZ 2013, 402 (404).

684 Gerstner/Heindrich/Ahnsehl, Grundzüge des Rechts der Erneuerbaren Energien, S. 605.

685 Brahms/Maslaton, NVwZ 2014, 760 (761).

686 Moench/Dannecker/Ruttloff (Hrsg.)/Moench/Lippert, Beiträge zum neuen EEG 2014, S. 165 f.

687 § 66 Abs. 15 EEG 2012 regelte aus Gesichtspunkten des Vertrauensschutzes gewisse Übergangsbestimmungen für Bestandsanlagen.

wurde bei der Eigenversorgung nur noch dann als gerechtfertigt erachtet, wenn zwischen Erzeugung und Verbrauch der Strommenge ein enger räumlicher Zusammenhang bestand.

Um die „Flucht in die Eigenerzeugung" und die damit einhergehende Entsolidarisierung bei der Förderung von Erneuerbaren Energien einzuschränken, wurde das Institut der Eigenversorgung mit dem EEG 2014 einer umfassenden Novellierung unterworfen.[688] Die rasant anwachsenden Summen der EEG-Umlage sollten durch eine größere Anzahl von Verpflichteten getragen werden. Diesbezügliche wirtschaftliche Anreize sollten reduziert werden, damit grundsätzlich jeder Stromverbraucher im Rahmen des bundesweiten Ausgleichsmechanismus finanzielle Verantwortung für den Ausbau der Erneuerbaren Energien übernehmen musste.[689] Nach § 61 EEG 2014 sollte eine Befreiung von der Entrichtung der EEG-Umlage im Falle der Eigenversorgung nur noch in den besonders geregelten Ausnahmefällen möglich sein. Insbesondere für die Industriewirtschaft bedeutete diese Umstellung eine erhebliche finanzielle Zusatzbelastung, da sie nunmehr i.d.R. zumindest teilweise zur Zahlung der EEG-Umlage verpflichtet war. Gerade der in § 5 Nr. 12 EEG 2014 angeordnete grundsätzliche Ausschluss der Nutzung des öffentlichen Netzes sowie das Erfordernis des unmittelbar räumlichen Zusammenhangs bedeuteten eine wesentliche Einschränkung, da somit die Belieferung von verschiedenen Standorten mit Eigenstrom regelmäßig ausgeschlossen wurde.[690]

Den Grundsatz für Neuanlagen bildete nunmehr die vollständige Belastung mit der EEG-Umlage. Vor allem konventionelle Stromerzeugungsanlagen mussten nach dieser Neuregelung grundsätzlich die vollständige EEG-Umlage entrichten, weil sie nicht zu den Zielen der Energiewende beitrugen und daher eine Privilegierung gegenüber dem anderweitig bezogenen Strom nicht gerechtfertigt sei.[691]

Nach § 61 Abs. 1 Satz 1, 2 EEG 2014 waren die Letztverbraucher hingegen mit zeitlich gestaffelten Prozentsätzen zur anteilig reduzierten Entrichtung von

---

688 BT-Drs. 18/1891, S. 207; Salje, EEG 2014, § 61 Rn. 1; Brahms/Maslaton, NVwZ 2014, 760 (761 f.).

689 Säcker, EnWZ 2015, 260; siehe auch EU-Kommission, Entscheidung vom 23.7.2014, Sa.38728, Rn. 324.

690 Moench/Dannecker/Ruttloff (Hrsg.)/Moench/Lippert, Beiträge zum neuen EEG 2014, S. 170 f.; Säcker, EnWZ 2015, 260 (264); Moench/Lippert, EnWZ 2014, 392 (394); Herz/Valentin, EnWZ 2014, 358 (363 f.).

691 BT-Drs. 18/1891, S. 208; Moench/Dannecker/Ruttloff (Hrsg.)/Ruttloff, Beiträge zum neuen EEG 2014, S. 198.

EEG-Umlagen verpflichtet, wenn sie bei der Eigenversorgung eine EE-Anlage betrieben, die den Anforderungen der Hocheffizienz nach § 53a Abs. 1 Satz 3 EEG 2014 entsprach. Auch nach der aktuellen Fassung des EEG wird seit Anfang Januar 2017 nur noch eine diesbezügliche Befreiung von 60 Prozent vorgesehen, sodass auch hocheffiziente EE-Anlagen i.d.R. zur Entrichtung der anteiligen EEG-Umlage i.H.v. 40 Prozent verpflichtet sind, vgl. § 61b EEG 2017.

Eine vollständige Befreiung von der EEG-Umlage war nunmehr nur noch möglich, wenn gemäß § 61 Abs. 3, 4 EEG 2014 eine Bestandsanlage vorlag oder einer der Ausnahmefälle des § 61 Abs. 2 EEG 2014 einschlägig war. Im letzteren Falle wurden vier verschiedene Sondertatbestände geregelt, die als Ausnahmen einer engen Auslegung bedurften. Nach dem ersten Ausnahmetatbestand musste der Strom in den Neben- oder Hilfsanlagen einer Stromerzeugungsanlage selbst verbraucht werden, sodass ein sog. Fall von Kraftwerkseigenverbrauch etwa zur Dampferzeugerwassereinspeisung, Frischluftzufuhr oder der Brennstoffversorgung vorliegen musste.[692] Ferner entfiel die komplette EEG-Umlage im Falle von sog. Inselanlagen, bei denen der Eigenversorger ein völlig autarkes Stromsystem aufwies und daher weder zur Abnahme noch zur Einspeisung von Strom in irgendeiner Weise mit dem allgemeinen Versorgungsnetz verbunden war.[693] Darüber hinaus war der Letztverbraucher von der Umlagepflicht befreit, wenn er zwar an das Netz angeschlossen war, sich aber als Eigenversorger vollständig selbst mit Strom aus Erneuerbaren Energien versorgte und den überschüssigen Strom seiner EE-Anlage allein auf dem freien Energiemarkt verkaufte. Somit beanspruchte er keinerlei finanzielle Förderung nach den Vorschriften des EEG. Mit der vollständigen Abkehr von Strom aus konventionellen Energiequellen hatten diese Eigenversorger für sich selbst die Energiewende bereits überwunden, sodass eine Belastung mit der EEG-Umlage nach dem Verursacherprinzip nicht gerechtfertigt erscheint.[694] Schließlich entfiel die Pflicht zur Zahlung der EEG-Umlage bei sog. Kleinanlagen mit einer installierten Kapazität bis 10 kW für höchstens 10 MWh/Kalenderjahr, wobei diese Ausnahme ab der Inbetriebnahme der Stromerzeugungsanlage nur für die Dauer von 20 Kalenderjahren zzgl. des Inbetriebnahmejahres beansprucht werden durfte.

Zwar änderte der Gesetzgeber in dem EEG 2017 die systematische Struktur der Eigenversorgung, indem er die Grundsätze in den §§ 61 bis 61k EEG 2017

---

692 BT-Drs. 18/1304, S. 155.

693 Ruttloff/Lippert, NVwZ 2015, 1716 (1718).

694 BT-Drs. 18/1304, S. 154; Moench/Dannecker/Ruttloff (Hrsg.)/Ruttloff, Beiträge zum neuen EEG 2014, S. 201; Herz/Valentin, EnWZ 2014, 358 (364).

zur Klarstellung neu regelte. Grundlegende Regelungen zur Eigenversorgung wurden jedoch ihrem Inhalt sowie ihrer Rechtsfolge nach nicht modifiziert.[695]

4. Fazit

Seit der Einführung des bundesweiten Belastungsausgleichs sieht der Gesetzgeber gewisse Ausnahmen bzw. Begrenzungen von der Verpflichtung zur Entrichtung der regulären EEG-Umlage vor, um den besonderen Bedürfnissen der Stromverbraucher gerecht zu werden und keine unangemessenen Belastungen zu verursachen. Obwohl sich an der Grundstruktur des allgemeinen sowie besonderen Belastungsausgleichs keine wesentlichen Veränderungen ergeben haben, sind die einzelnen Sonderregelungen im Laufe der verschiedenen Novellierungen modifiziert worden. Dabei bezweckte der Gesetzgeber stets den Zweck vor Augen, ein angemessenes Gleichgewicht auf dem Energiemarkt zu schaffen sowie die Kostentragungspflicht so gerecht wie möglich auf alle Stromverbraucher zu verteilen. Tendenziell kann hierbei festgestellt werden, dass vor allem in den letzten Jahren der gesetzliche Kreis der Umlagepflichtigen gestiegen ist, weil die Ausnahmevorschriften enger gefasst wurden. Zudem müssen die privilegierten Stromverbraucher tendenziell höhere Abgaben als in den früheren Fassungen des EEG entrichten. Vor allem der Anstieg der EEG-Umlage zwang den Gesetzgeber zur Umverteilung der finanziellen Verantwortung, sodass konsequenterweise Befreiungstatbestände eingeschränkt wurden. Die Einführung von Übergangsbestimmungen erwies sich dabei als effektive Lösung, um die andernfalls auf den abrupten drastischen Mehrbelastungen beruhenden unerträglichen Härtefälle zu vermeiden.

695 BR-Drs. 619/16, S. 123 f.; BNetzA, Leitfaden zur Eigenversorgung; abrufbar im Internet unter: https://www.bundesnetzagentur.de/DE/Sachgebiete/ElektrizitaetundGas/Unternehmen_Institutionen/ErneuerbareEnergien/Eigenversorgung/Eigenversorgung-node.html.

Kapitel 4 Recht der Erneuerbaren Energien in der Türkei

A. Historische Entwicklung der Förderung von Erneuerbaren Energien

Die Türkei weist bei der Förderung der Erneuerbaren Energien zur Stromerzeugung – verglichen mit der historischen Entwicklung in Deutschland – eine relativ junge Geschichte auf. Eine Ausnahme gilt jedoch für die großen türkischen Wasserkraftwerke[696], die im Rahmen dieser Arbeit nicht näher zu beleuchten sind.

Nachfolgend soll zunächst die tatsächliche Situation der Erneuerbaren Energien in der Türkei vor dem Erlass des YEK[697] im Jahr 2005 dargestellt werden. Anschließend werden die Auswirkungen des YEK sowie der verschiedenen Novellierungen des türkischen Strommarktgesetzes EPK[698] auf die Entwicklung zum Ausbau und zur Nutzung der Erneuerbaren Energien erörtert.

I. Rechtslage bis zum YEK 2005

Der drastische Anstieg des allgemeinen Energieverbrauchs in der Türkei ab dem Jahr 1980 führte den türkischen Staat zwangsläufig auf die Suche nach neuen Energieressourcen.[699] Der Bau von großen Wasserkraftwerken lässt sich vor allem als ein Resultat dieser Entwicklung qualifizieren. Ab dem Jahr 1984[700] fing die Türkei zusätzlich mit dem Import von Erdgas an und deckte schließlich nach

---

696 Im Januar 2014 waren mehr als 450 Wasserkraftwerke in Betrieb und über 150 Projekte in Bau. Im Jahr 2016 beträgt der Anteil der Wasserkraft an der Gesamtstromversorgung schon 33,7 Prozent; siehe hierzu Wennersten/Spitsyna, Renewable Energy in Turkey and Selected European Countries, S. 31 f.; Faradsch, Zielmarkt Türkei, S. 60 f.; abrufbar im Internet unter: http://www.ioew.de/uploads/tx_ukioewdb/Ziellandstudie_T%C3%BCrkei.pdf; http://www.enerji.gov.tr/tr-TR/Sayfalar/Hidrolik.

697 Die deutsche Übersetzung des YEK ist in aktueller Fassung ab S. 103 f. abrufbar im Internet unter: https://www.german-energy-solutions.de/GES/Redaktion/DE/Publikationen/Marktanalysen/2017/zma_tuerkei_2017.pdf?__blob=publicationFile&v=2.

698 EPK steht für „Elektrik Piyasası Kanunu“ und bedeutet sinngemäß Strommarktgesetz. EPK 2013 ist das aktuelle Energiewirtschaftsgesetz der Türkei.

699 Faradsch, Zielmarkt Türkei, S. 24.

700 Den ersten Gaslieferungsvertrag unterzeichnete die Türkei im Jahr 1984 mit der Sowjetunion; siehe hierzu u.a.: http://www.naturalgasworld.com/energy-cooperation-in-the-history-of-turkish-russian-relations-24672.

wenigen Jahren den Großteil ihrer Energieversorgung aus den einheimischen Energiequellen Kohle und Wasserkraft sowie aus den importierten Energiequellen Erdöl und Erdgas ab.[701] Aufgrund der notwendigen emmissionsverringernden Modernisierungsmaßnahmen in den Kohlekraftwerken entstanden jedoch erhebliche Unkosten. Zudem konnten die Wasserkraftwerke aufgrund der schwankenden Niederschlagswerte eine gesicherte und beständige Energieversorgung langfristig nicht gewährleisten. Deshalb stieg der Anteil der vergleichsweise günstigen Importenergiequellen Erdgas und Erdöl rasant an, sodass beide Energieträger bereits zur Jahrtausendwende insgesamt ca. 60 Prozent der türkischen Gesamtenergieversorgung ausmachten.[702] Im Jahr 1990 betrug dieser Prozentsatz mit einem Anteil von 45 Prozent an Erdöl sowie einem Anteil von 6 Prozent an Erdgas gerade noch 51 Prozent.[703]

Der gestiegenen Energienachfrage standen begrenzte finanzielle Rücklagen des türkischen Staates sowie ein hoher Kapitalbedarf zur Sanierung der staatlichen Energieversorgung gegenüber. In Erkenntnis dieser Umstände ermöglichte der Staat türkischen und ausländischen Investoren mit diesbezüglichen Ausnahmeregelungen den Markteintritt in den Energiesektor. Die schrittweise Öffnung des Energiemarktes ab dem Jahr 1984 durch die eingeführten Modelle wie „build-operate-transfer", „build-own-operate", „autoproducer" oder „transfer of operating rights" lockten zwar Investoren an.[704] Die administrativen Anforderungen und die grundsätzliche Monopolstellung des Staates führten aber zu einem begrenzten Interesse an diesen liberalen Markteintrittsmodellen.[705] Der insoweit erhoffte Durchbruch an Privatinvestitionen erfüllte sich deshalb nicht in gewünschter Intensität.

---

701 TÜBİTAK, Enerji ve Doğal Kaynaklar Paneli Raporu 2003, S. 12; abrufbar im Internet unter: https://www.tubitak.gov.tr/tr/kurumsal/politikalar/icerik-vizyon-2023.

702 Türkiye Petrolleri Strateji Geliştirme Daire Başkanlığı, 2014 Yılı Ham Petrol ve Doğal Gaz Sektör Raporu Mayıs 2015, S. 3.

703 TÜBİTAK, Enerji ve Doğal Kaynaklar Paneli Raporu 2003, S. 12.

704 Batı, Türkiye'de Sürdürülebilir Kalkınma ve Yenilenebilir Enerji Kaynakları, S. 198; Gezer, Yenilenebilir Enerji Kaynakları ve Türkiye, S. 97 f.; Atiyas/Çetin/Gülen, Reforming Turkish Energy Markets, S. 110 f.; Şekercioğlu, Renewable Energy: In the Context of Turkey's Energy Policy with Special Reference to the EU Policies, S. 64 f.

705 Karamustafaoğlu, Elektrik Üretimi Pazarındaki Mevcut Sözleşmelerin Pazarın Rekabetçi Yapısı Üzerindeki Etkileri, Rekabet Kurumu Uzmanlık Tezi, S. 30 f.; abrufbar im Internet unter: http://www.rekabet.gov.tr/File/?path=ROOT%2F1%2FDocuments%2FUzmanl%25c4%25b1k%2BTezi%2Ftez84.pdf; Faradsch, Zielmarkt Türkei, S. 27.

Die bezweckte Verringerung der Exportabhängigkeit durch die Einführung dieser Modelle blieb also aus, sodass ihr Anteil mit 67 Prozent zur Jahrtausendwende die politische und wirtschaftliche Instabilität des Landes verstärkte.[706]

Mit der Hoffnung auf eine Mitgliedschaft in der Europäischen Union und zum Zwecke der Verringerung der Importabhängigkeit öffnete die Türkei in einem radikalen Schritt den Strommarkt zum Jahr 2001 vollständig für den Wettbewerb.[707] Mit der Einführung des EPK am 3.3.2001 und der anschließenden Gründung der unabhängigen Energieregulierungsbehörde EPDK[708], die u.a. die Verantwortung zur Regulierung und Überwachung des Strommarktes übernehmen sollte, legte der türkische Gesetzgeber das Fundament für die Schaffung eines freien, objektiven und transparenten Strommarktes.[709]

Das EPK sieht für die Betätigung auf dem türkischen Energiemarkt die Beantragung einer Lizenz vor, die von der EPDK für eine Dauer von 10 bis 49 Jahren erteilt werden kann.[710] Insbesondere für die Errichtung einer Energieerzeugungsanlage ist grundsätzlich eine sog. Erzeugerlizenz nachzuweisen, welche zur Erzeugung und zur Veräußerung der Stromproduktion berechtigt. Die im Jahr 2003 in Kraft getretene Lizenzverordnung für den Strommarkt[711] sah bereits einige Privilegien für EE-Anlagen vor. Die reguläre Steuer für die Baugenehmigung von Erzeugungsanlagen wurde im Falle der EE-Anlagen auf 1 Prozent reduziert.[712] Zudem mussten die Anlagenbetreiber für die ersten 8 Betriebsjahre keine jährlich festgesetzten Lizenzsteuern entrichten. Ebenso gewährt der Netzbetreiber den Erneuerbaren Energien – aber auch den einheimischen Energiequellen wie etwa der Kohle – beim Netzzugang Vorrang gegenüber den anderen Energieträgern. Ferner waren die EVU zum Kauf der gesamten Stromproduktion

---

706 Türkyılmaz/Özgiresun, TMMOB Türkiye'nin Enerji Görünümü Raporu, S. 9; abrufbar im Internet unter: http://enerji.comu.edu.tr/belgeler/turkiyenin_enerji_gorunum_raporu.pdf.

707 Atiyas/Çetin/Gülen, Reforming Turkish Energy Markets, S. 104; Gözen, International Journal of Energy Economics and Policy, 2014/4, S. 275; Özdemir, Ankara Bar Review, 2008/2, S. 50.

708 Der Langtitel lautet „Enerji Piyasası Düzenleme Kurumu".

709 Yılmaz, Yenilenebilir Enerjiye Yönelik Teşvikler ve Türkiye, S. 101.

710 Ausführlich Alacalı, Enerji Hukukunda Lisans Usulü: Rüzgar Enerjisi Örneği, S. 56 f.; Pınarak, Das Genehmigungsverfahren über die Erteilung von Betreiber-Lizenzen für den Betrieb von Windkraftanlagen in der Türkei, S. 1; abrufbar im Internet unter: http://www.hukuk24.com/windkraftanlagen_genehmigungsverfahren_tuerkei.pdf.

711 Der Langtitel dieser Verordnung lautet „Elektrik Piyasası Lisans Yönetmeliği".

712 Atiyas/Çetin/Gülen, Reforming Turkish Energy Markets, S. 121.

aus EE-Anlagen verpflichtet, soweit es keine günstigeren Angebote auf dem Energiemarkt gab.[713]

II. Förderung der Erneuerbaren Energien zwischen 2005 und 2010

Dem türkischen Parlament lag zwar bereits im Jahr 2004 ein Gesetzesentwurf zur Förderung der Erneuerbaren Energien im Stromsektor mit der Gewährung einer gesetzlich variierenden Einspeisevergütung nach der jeweiligen Technologieart vor. Dieser Entwurf scheiterte jedoch mitunter aufgrund des starken Drucks der konventionellen Energielobby.[714] Im Mai 2005 verabschiedete die Türkei mit dem YEK 2005 jedoch in fast einheitlicher Zustimmung der anwesenden türkischen Abgeordneten den Gesetzesvorschlag in leicht revidierter Fassung.[715] Es stellte das erste türkische Rahmenwerk zur Förderung von Erneuerbaren Energien dar und stand im Einklang mit den europäischen Maßstäben, insb. weil die Grundsätze der EU-Richtlinie 2001 im Gesetzgebungsverfahren als Richtwerte herangezogen wurden.[716] Bei der weiteren rechtlichen Entwicklung spielten europarechtliche Einflüsse eine wesentliche Rolle.

Die im YEK 2005 enthaltene Definition der Erneuerbaren Energien erfuhr im weiteren Verlauf nur unwesentliche Modifizierungen. Nach der aktuellen Gesetzeslage sind Erneuerbare Energien gemäß § 3 Nr. 8 YEK 2011 folgende Quellen: Wasserkraft, Wind-, Solar- und Geothermalenergie, Biomasse, Gas aus Biomasse (einschließlich Abfallgas), Wellenenergie, Strömungs- und Gezeitenenergie. Damit steht die Definition im Einklang mit der entsprechenden Definition im deutschen und europäischen Recht.[717] Insbesondere bei der Begriffsbestimmung der Windenergie sind keine Unterschiede vorhanden.[718]

713 Atiyas/Çetin/Gülen, Reforming Turkish Energy Markets, S. 120.

714 Insbesondere der damalige Wirtschaftsminister Ali Babacan habe den Gesetzesvorschlag kritisiert, weil dieser den Staatshaushalt zu sehr belasten würde; siehe hierzu TBMM Tutanak Dergisi, Dönem 22, Toplantı 95, c. 83 (5 Mayıs 2005), S. 370, 372 (Protokollblätter des türkischen Parlaments); Die Erdgaslobby übe weiterhin starken Druck auf die politischen Kräfte aus; siehe hierzu u. a. Urgun, Yenilenebilir Enerji Kaynakları Bakımından Türkiye'nin Potansiyeli ve bu Potansiyelin Harekete Geçirilmesine Yönelik Stratejiler, S. 133.

715 Der Gesetzesentwurf wurde von 227 der 228 anwesenden Abgeordneten des türkischen Parlaments angenommen; siehe hierzu TBMM Tutanak Dergisi, Dönem 22, Toplantı 96, c. 83 (10 Mayıs 2005), S. 570 (Protokollblätter des türkischen Parlaments).

716 Altuntaşoğlu, Yenilenebilir Enerji Avrupa Birliği ve Türkiye Müktesebatı, S. 260; abrufbar im Internet unter: http://www.emo.org.tr/ekler/6edc1cd1f36e45d_ek.pdf.

717 Gözen, International Journal of Energy Economics and Policy, 2014/4, S. 278.

718 Atiyas/Çetin/Gülen, Reforming Turkish Energy Markets, S. 120.

Nach § 3 Nr. 11 YEK 2011 sind zudem alle Wasserkraftwerke auf Kanälen, Flüssen oder Reservoiren vom Förderrahmen des YEK miterfasst, wenn sie auf einer Gesamtfläche von weniger als 15 km² errichtet werden. Diese Vorschrift wurde insb. mit Verweis auf die mangelnde Begrenzung der zu installierenden Kapazität kritisiert und zum Gegenstand eines Rechtsstreits gemacht. Das türkische Verfassungsgericht lehnte diese Klage jedoch ab und stellte die Verfassungsmäßigkeit dieser Norm fest.[719] Aufgrund der streng eingehaltenen Prozedur bei der Lizenzerteilung und der Einbindung unterschiedlicher staatlicher Behörden sei es bei der Wasserkraft unschädlich, dass im Rahmen der Definition von Erneuerbaren Energien insoweit keine Beschränkung der zu installierenden Kapazität auf etwa bis zu 10 MW stattfinde.

Nach § 6 lit. b) YEK 2005 mussten Inhaber einer Einzelhandelsverkaufslizenz von den Anlagenbetreibern den durch Erneuerbare Energien produzierten Strom entsprechend ihres Anteils am Gesamtverkauf des Stroms im vorherigen Jahr abnehmen. Die Einspeisevergütung berechnete sich dabei für alle Erneuerbaren Energien einheitlich aus dem durchschnittlichen Großhandelsstrompreis und wurde für die ersten sieben Betriebsjahre der bis zum Ende 2011 in Betrieb genommenen Anlagen gewährt, vgl. § 6 lit. c), d) YEK 2005. Der Ministerrat war ermächtigt, diesen Vergütungssatz bei Bedarf um eine Summe von jährlich 20 Prozent zu erhöhen. Die Gewährung der gesetzlichen Einspeisevergütung hinderte die Anlagenbetreiber aber nicht daran, ihren Strom zu besseren Konditionen auf dem Energiemarkt persönlich zu vertreiben. Die Anlagenbetreiber bevorzugten in den Anfangsjahren der gesetzlichen Fördersystematik auch regelmäßig diese Variante, weil die dort erzielbaren Verkaufspreise grundsätzlich höher waren als die gesetzlich zugesicherten Einspeisevergütungen.[720] Dies galt insb. für die Betreiber der wenigen Windenergieanlagen.

Mit dem Inkrafttreten des YEK 2005 durften gemäß § 4 YEK 2005 auch keine Flächennutzungspläne mehr aufgestellt werden, die die Nutzung und den Ertrag von Erneuerbaren Energien auf öffentlichen Grundstücken beeinträchtigten. Gemäß § 7 Abs. 1 YEK 2005 gewährte der Staat für Flächen, über die ihm ein Verfügungsrecht zustand, auf die Gebühren von Genehmigungen, Vermietungen oder Nutzungsrechten für die gesamte Förderdauer einen Nachlass von 50 Prozent. Zudem mussten Anlagenbetreiber im Falle der Eigenversorgung bis zu einer Kapazitätsleistung von 1 MW für die Projektplanung, die Vorprüfung oder

719 Türkisches Verfassungsgericht (Anayasa Mahkemesi), Esas Sayısı 2011/27, Karar Sayısı 2012/101, S. 9 f.

720 Gözen, International Journal of Energy Economics and Policy, 2014/4, S. 275.

die Vorstudien keine Gebühren entrichten, vgl. § 7 Abs. 1 YEK 2005. Betreiber von EE-Anlagen waren auch von der Verpflichtung zur Gewährleistung einer Reservekapazität für Energieengpässe befreit. Diese Verantwortung betraf gemäß §§ 10 Abs. 1, 17 Abs. 1 Verordnung zu Nebenleistungen im Strommarkt[721] grundsätzlich Speicherwasserkraftwerke mit einer Energiekapazität von über 50 MW.[722] Aufgrund der intensiven Teilnahme solcher Anlagen am gesetzlichen Fördermechanismus wurde jedoch teilweise das Gleichgewicht des Strommarktes gefährdet. Diese Problematik wird im weiteren Verlauf dieser Arbeit noch eingehend erörtert.

Im Jahr 2007 modifizierte der türkische Gesetzgeber die Bestimmungen zur gesetzlichen Einspeisevergütung. Der durchschnittliche Großhandelsstrompreis des Vorjahres bildete zwar gemäß § 6 lit. c) YEK 2005 weiterhin den Maßstab. Allerdings durfte dieser Einspeisetarif in türkischer Lira nicht weniger als den Gegenwert von 5 Eurocent/kWh und nicht mehr als 5,5 Eurocent/kWh betragen.[723] Zudem stieg gemäß § 6 lit. a) YEK 2005 die Förderdauer von 7 Jahren auf 10 Jahre. Bei den Gebühren für die Genehmigungen, die Vermietungen oder die Nutzungsrechte von bzw. an staatlichen Flächen wurde der Nachlass von 50 auf 85 Prozent angehoben.[724] Zudem novellierte der Gesetzgeber das EPK und hob gemäß § 3 Abs. 3 EPK 2001 im Falle der Eigenversorgung für Anlagen mit einer Kapazitätsleistung bis 500 kW die Lizenzpflicht auf. Diese Anlagenbetreiber durften den überschüssigen Strom zu den gleichen Bedingungen des YEK 2005 an lokale Verteilunternehmen weiterleiten und dadurch von der gesetzlichen Einspeisevergütung profitieren.

Im Grundsatz stellten die Einführung des YEK im Jahr 2005 und die Privilegien im EPK einen Meilenstein bei der Förderung der Erneuerbaren Energien dar.[725] In Ermangelung einer fundierten sekundärrechtlichen Grundlage

721 Der Langtitel der Verordnung lautet „Elektrik Piyasası Yan Hizmetler Yönetmeliği".

722 Die Gewährleistung einer solchen Reservekapazität scheidet im Falle der Windenergie aufgrund ihrer Natur aus und ergibt sich auch aus den §§ 10 Abs. 1 lit. b), 17 Abs. 1 lit. b) der Verordnung zu Nebenleistungen im Strommarkt.

723 Altıntaş, Dünyada Yenilenebilir Enerji Kaynaklarından Güneş Enerjisinin Elektrik Üretimi Açısından Ekonomik Etkileri: Avrupa Birliği ve Türkiye Uygulamaları, S. 137; Faradsch, Zielmarkt Türkei, S. 44 f.

724 Altıntaş, Dünyada Yenilenebilir Enerji Kaynaklarından Güneş Enerjisinin Elektrik Üretimi Açısından Ekonomik Etkileri: Avrupa Birliği ve Türkiye Uygulamaları, S. 138.

725 Der damaliger Energieminister Güler bezeichnete das YEK 2005 sogar als ein „revolutionsartiges Gesetz"; siehe hierzu TBMM Tutanak Dergisi, Dönem 22, Toplantı 96, c. 83 (10 Mayıs 2005), S. 570 (Protokollblätter des türkischen Parlaments).

und aufgrund der vergleichsweise niedrigen gesetzlichen Einspeisevergütung blieben die Investitionen jedoch im Zeitraum bis zum Jahr 2011 relativ überschaubar.[726] Vor allem die einheitliche Gestaltung der gesetzlichen Einspeisevergütung ohne Differenzierung nach der jeweiligen Technologieart[727] und ohne Berücksichtigung der spezifischen finanziellen Bedürfnisse führte bei den Investoren zu einem mangelnden Interesse.[728] Aufgrund dieser vorgebrachten Gründe sah sich der türkische Gesetzgeber zu einer grundlegenden Novellierung des YEK und der weiteren energierechtlichen Gesetzeswerke gezwungen.

III. Förderung der Erneuerbaren Energien seit 2011

Bereits im Jahr 2008 diskutierte das türkische Parlament über eine Neuregelung der gesetzlichen Einspeisevergütung sowie die Einführung von Boni für die Nutzung von einheimischen Anlageprodukten. Kontroverse Auseinandersetzungen entstanden jedoch insb. darüber, ob die streitige Novellierung unverhältnismäßig hohe Zusatzkosten verursachen würde und Letztverbraucher mit stärkeren Strompreisen belastet werden sollten.[729] Diese Debatten im türkischen Parlament führten erst am 29.12.2010 zu der Verabschiedung der grundlegend überarbeiteten YEK-Novelle. Das am 8.1.2011 in Kraft getretene YEK 2011 fand auf alle bis Ende 2015 in Betrieb genommene Anlagen Anwendung. Im Dezember

726 ETKB, National Renewable Energy Action Plan for Turkey (2014), S. 11; abrufbar im Internet unter: http://enerjienstitusu.com/tag/national-renewable-energy-action-plan-for-turkey-pdf/; Ezbiderli, Avrupa Birliği Mevzuatı Çerçevesinde Türkiye'de Yenilenebilir Enerji Kaynakları Kullanımının Teşvik Edilmesi, S. 119 f.; Yılmaz, Yenilenebilir Enerjiye Yönelik Teşvikler ve Türkiye, S. 101; Gözen, International Journal of Energy Economics and Policy, 2014/4, S. 283 f.; Şekercioğlu, Renewable Energy: In the Context of Turkey's Energy Policy with Special Reference to the EU Policies, S. 64 f.; Ataman, Türkiye'de Yenilenebilir Enerji Kaynaklarının Arz Güvenliği, Açısından İncelenmesi, S. 63 f.

727 Dieser Aspekt wurde bereits bei den Parlamentssitzungen zur Verabschiedung des YEK 2005 kritisiert; siehe hierzu u. a. TBMM Tutanak Dergisi, Dönem 22, Toplantı 96, c. 83 (10 Mayıs 2005), S. 554 (Protokollblätter des türkischen Parlaments).

728 Gözen, International Journal of Energy Economics and Policy, 2014/4, S. 275, 280 f.; Boşça, Yenilenebilir Enerji Sektöründe Mevzuat Değişikliklerinin Yatırımlara Etkisi ve Hukuki Uyuşmazlıklar, Hukuk Gündemi Dergisi, S. 24; Arık, Yenilenebilir Enerji Politikalarının Sürdürülebilirliği: AB Ülkeleri ve Türkiye Açısından bir Değerlendirme, S. 79; Aydın/Tan/Akdoğan, Political Economy of Taxation, S. 167.

729 TBMM Tutanak Dergisi, Dönem 23, Toplantı 44, c. 88 (29 Aralık 2010), S. 334 (Protokollblätter des türkischen Parlaments).

2013 wurde ihre Gültigkeitsdauer mit einem Beschluss des Ministerrats bis zum 31.12.2020 verlängert.[730]

Das YEK 2011 differenziert bei der zu gewährenden Einspeisevergütung nunmehr nach den unterschiedlichen Arten der Erneuerbaren Energien. Anlagenbetreiber können für die Förderdauer von 10 Jahren von einer spezifischen Einspeisevergütung profitieren, die sich aus der Anlage 1 zum YEK 2011 ergibt. Im Falle der Windenergie beträgt die Einspeisevergütung 7,3 US-Dollarcent/kWh. Wer dem Fördermechanismus angehören möchte, um von diesem gesetzlich garantierten Festpreis zu profitieren, muss die jeweilige EE-Anlage bis Ende Oktober des vorigen Jahres bei der Energieregulierungsbehörde EPDK anmelden und darf aber sodann in dem gesamten anschließenden Kalenderjahr den Fördermechanismus nicht verlassen.

Zu den bereits bestehenden Privilegien führte der Gesetzgeber bei der Verwendung von Erzeugnissen aus heimischer Fertigung eine zusätzliche Fördermaßnahme ein. Betreiber von EE-Anlagen, die bei deren Errichtung lokale Anlagenkomponenten verwenden, erhalten für den Zeitraum der ersten fünf Betriebsjahre einen zusätzlichen Bonus für jede Anlagenkomponente, welche die Anlage 2 des YEK 2011 auflistet. Bei der kompletten Ausschöpfung der in der Anlage 2 aufgelisteten Boni zur Errichtung einer Windenergieanlage erhält der Anlagenbetreiber bspw. eine Einspeisevergütung von 11 US-Dollarcent/kWh.[731] Für die ersten fünf Betriebsjahre kann also bis zu 3,7 US-Dollarcent/kWh mehr an gesetzlicher Einspeisevergütung erzielt werden.

Ferner erweiterte der Gesetzgeber den Nachlass für Gebühren der Genehmigung, Anmietung oder Nutznießung von öffentlichen Flächen wie etwa Forsten, Liegenschaften, Weiden oder Wiesen auf 85 Prozent. Nunmehr ist nach vorheriger Zustimmung des zuständigen Ministeriums die Errichtung von EE-Anlagen u.a. auch in Nationalparks, Naturparks, Naturschutzgebieten und Waldschutzgebieten gestattet. Zudem profitierten Anlagenbetreiber auch insoweit von der o.g. Regelung zum Gebührennachlass. Vor allem Umweltschutzverbände kritisierten diese räumliche Erweiterung der Privilegien erheblich.

---

730 ETKB, National Renewable Energy Action Plan for Turkey (2014), S. 12; Beschluss des Ministerrates abrufbar im Internet unter: http://www.resmigazete.gov.tr/eskiler/2013/12/20131205-8.htm.

731 Aha/Bayar, Erneuerbare Energien in der Türkei (Newsletter 2011), S. 4; abrufbar im Internet unter: http://www.beiten-burkhardt.com/de/component/attachments/download/1922.

Im Oktober 2013 trat die Verordnung zur Lizenzfreien Stromerzeugung am Strommarkt[732] (Lizenzfreie-Stromerzeugungs-Verordnung) in Kraft. Danach entfällt bei Anlagen mit einer Kapazitätsleistung bis 1 MW die Lizenzpflicht. Mit der Novellierung des EPK im Jahr 2013 kamen zusätzliche Privilegien bei der Lizenzerteilung, dem Netzzugang und der Netznutzung hinzu. Das neue EPK sah ferner die Gründung der Energiebörse EPİAŞ[733] vor, die den Liberalisierungsprozess der türkischen Energiewirtschaft vorantreiben und weitere Investoren anlocken sollte. Folglich wurde im März 2015 die Energiebörse EPİAŞ gegründet und ist seit September 2015 insb. für die Planung, Entwicklung und Steuerung des türkischen Strommarkts zuständig.[734] Sie soll eine transparentere und verlässlichere Strompreisbildung gewährleisten und künftig vor allem die Investitionen europäischer Unternehmen erhöhen.[735]

Schließlich trat am 9.10.2016 die Verordnung zu den Erneuerbare-Energien-Flächen (YEKA-Verordnung) in Kraft.[736] Nach dieser Verordnung werden großräumige Flächen zur Errichtung von EE-Anlagen bestimmt, auf denen Investoren ihre wirtschaftsstarken Projekte in einem zügigen Prozess verwirklichen sollen. Aufgrund einiger zeitintensiver Vorarbeiten wie die Rentabilitätsprüfungen, die Einholung von Baugenehmigungen und die Aufstellung von infrastrukturellen Anbindungen, die seitens des staatlichen Direktorats für Erneuerbare Energien[737] (YEGM) getätigt werden, soll die Realisierung der Projekte zügig ablaufen. Da bei den zu errichtenden Megaanlagen größtenteils

---

732 Der Langtitel dieser Verordnung lautet „Elektrik Piyasasında Lisanssız Elektrik Üretimine İlişkin Yönetmelik".

733 Der Langtitel der Energiebörse lautet „Enerji Piyasaları İsletme A.Ş.". EPİAŞ gehört als Börsengesellschaft zu ca. 35 Prozent der Börse Istanbul (BIST) sowie zu 30 Prozent dem staatlichen ÜNB TEİAŞ. Der Restanteil von ca. 35 Prozent gehört verschiedenen türkischen und ausländischen Investoren; siehe hierzu EPİAŞ, 2015 Faaliyet Raporu, S. 34; abrufbar im Internet unter: https://www.epias.com.tr/mp-include/uploads/2016/03/1457087502_yonetim-kurulu-faaliyet-raporu.pdf.

734 EPİAŞ, 2015 Yılı Faaliyet Raporu, S. 21; abrufbar im Internet unter: https://www.epias.com.tr/wp-content/uploads/2016/03/1457021511-yonetim-kurulu-faaliyet-raporu.pdf.

735 Arseven/Ersin, Electricity Regulation in Turkey: overview, S. 1; abrufbar im Internet unter: http://uk.practicallaw.com/cs/Satellite?blobcol=urldata&blobheader=application%2Fpdf&blobkey=id&blobtable=MungoBlobs&blobwhere=1247840539090&ssbinary=true.

736 Der Langtitel dieser Verordnung lautet „Yenilenebilir Enerji Kaynak Alanları Yönetmeliği".

737 Der Langtitel dieses Direktorats lautet „Yenilenebilir Enerji Genel Müdürlüğü".

Komponenten aus einheimischer Fertigung genutzt werden sollen und hierzu regelmäßig entsprechende Produktionsstätten zu errichten sind, bezweckt die Verordnung auch die Stärkung der nationalen energiewirtschaftlichen Industrielandschaft. Interessenten können an den jeweiligen Ausschreibungsrunden teilnehmen, in denen die zu gewährende Einspeiseprämie – unter Beachtung der Fördersätze des YEK 2011 als Höchstgrenzen – wettbewerblich bestimmt wird. Nach der Analyse der grundlegenden Fördersystematik zum YEK wird insb. auf dieses aktuelle Fördermodell intensiv eingegangen.

B. Strom aus Erneuerbaren Energien in der türkischen Energiewirtschaft

Abgesehen von den großen Wasserkraftwerken steht die Türkei bei der Nutzung und Förderung der Erneuerbaren Energien zur Stromerzeugung relativ am Anfang. Das YEK 2005 ist als erstes türkisches Regelwerk zur Förderung Erneuerbarer Energien mit der Verabschiedung am 10.5.2005 im weltweiten Vergleich spät in Kraft getreten. Hinzu kommt, dass ihre praktische Entfaltung bis zur grundlegenden Novellierung im Jahr 2010 weitgehend ausgeblieben ist. Jedoch steht das Land energiepolitisch vor großen Aufgaben, insb. weil es in seiner Geschichte niemals einen so hohen Energieverbrauch aufwies.[738] Zudem ist die Türkei aufgrund mangelnder eigener Ressourcen zur Energiegewinnung aus konventionellen Energieträgern u.a. stark von den Nachbarländern Russland[739] und Iran abhängig.[740] Öl- und Gasvorkommen sind kaum vorhanden, obwohl sie mehr als die Hälfte der Energienachfrage ausmachen. Selbst die schätzungsweise 14 Mrd. Tonnen Kohlereserven bestehen vorwiegend aus minderwertigem Lignit, dessen Abbau kaum rentabel ist und deshalb stark subventioniert werden muss.[741] Rund ein Viertel der Gesamtimporte des Landes sind auf die fossilen Brennstoffe zurückzuführen. Dies führt zu einer politischen Schwächung in der geostrategisch wichtigen Zone zwischen Europa und Asien und verursachte

738 Atiyas/Çetin/Gülen, Reforming Turkish Energy Markets, S. 15; GTAI, Türkei Energiemarkt 2014, S. 4.

739 An der entfachten Krise aufgrund des Flugzeugabschusses an der türkischen Grenze wird nochmals deutlich, warum auch energiepolitisch vom „Pulverfass" die Rede ist. Siehe u. a. folgenden Artikel: http://www.faz.net/aktuell/politik/ausland/kommentar-pulverfass-der-weltpolitik-13929842.html.

740 Faradsch, Zielmarkt Türkei, S. 20 f.

741 Atiyas/Çetin/Gülen, Reforming Turkish Energy Markets, S. 170.

allein im Jahr 2016 ein Handelsbilanzdefizit von ca. 56 Mrd. US-Dollar.[742] Vor allem die Krise mit Russland in den Jahren 2015/2016 als Folge des Abschusses des russischen Militärflugzeugs an der türkisch-syrischen Grenze entfachte erneut die Diskussion über die starke Energieabhängigkeit und ließ Fragen darüber aufkommen, welche Maßnahmen im Falle eines möglichen Lieferstopps unternommen werden könnten.

Der Energieverbrauch der Türkei steigt jährlich um ca. 5,6 Prozent.[743] In den letzten 15 Jahren hat sich der Stromkonsum dadurch mehr als verdoppelt. Wenn keine alternativen Energieträger wie etwa die Erneuerbaren Energien genutzt werden, führt dieser Umstand zwangsläufig zu einer höheren Energieabhängigkeit durch andere Staaten. Im Gegensatz zum „Atomausstieg" Deutschlands plant die Türkei zudem durch die Errichtung von drei Atomkraftwerken einen „Atomeinstieg".[744] Seit Anfang 2015 ist bereits ein Atomkraftwerk in der Provinz Mersin im Errichtungsprozess und soll im Jahr 2023 in Betrieb gehen. Da jedoch dieses Atomkraftwerk durch Russland errichtet werden soll, kann trotz der Versöhnung nach dem Flugzeugabsturz nicht gesagt werden, wie sich der Prozess gestalten und ob der vorgegebene Zeitplan eingehalten wird. Ein weiteres Atomkraftwerk ist für die Provinzstadt Sinop in Planung.[745]

Die Türkei verfügt über ein sehr großes Potential im Bereich der Erneuerbaren Energien. In den weiten Küstenregionen im südlichen und westlichen Teil der Türkei besteht ein hohes Potential an Windenergienutzung.[746] Dieses liegt nach Angaben des türkischen Windenergieverbandes TÜREB um 25 bis 30 Prozent höher als in Europa.[747] Bis vor ca. 10 Jahren wurde dieser Umstand jedoch fast vollkommen ausgeblendet. Im Jahr 2005 war mit einer installierten Kapazität von ca. 20 MW in der Türkei de facto keine Stromerzeugung durch

742 Türkiye İstatik Kurumu, Dış Ticaret İstatistikleri, Aralık 2016; abrufbar im Internet unter: http://www.tuik.gov.tr/PreHaberBultenleri.do?id=24821.

743 GTAI, Türkei Energiemarkt 2014, S. 4.

744 Atiyas/Çetin/Gülen, Reforming Turkish Energy Markets, S. 5, 12.

745 Siehe u.a. folgende Artikel zu den aktuellen Plänen der türkischen Regierung: http://www.enerji.gov.tr/en-US/Pages/Nuclear-Power-Plant-Planned-Projects-In-Our-Country; http://www.n-tv.de/wirtschaft/Tuerkei-baut-erstes-Atomkraftwerk-article14899031.html.

746 Wennersten/Spitsyna, Renewable Energy in Turkey and Selected European Countries, S. 14 f., 34 f.

747 GTAI, Türkei Energiemarkt 2014, S. 15; Çepik, Sürdürülebilir Kalkınma Çerçevesinde Türkiye'de Yenilenebilir Enerji Politikaları, S. 90.

Windenergie vorhanden.[748] Dieser Betrag stieg im Jahr 2011 auf ca. 115 MW und bis zum Jahr 2016 auf bereits 5300 MW.[749] Im Jahr 2007 betrug der Anteil der Erneuerbaren Energien an der installierten Kapazitätsleistung bei Nichtbeachtung der großen Wasserkraftwerke weniger als 0,5 Prozent.[750] Dieser Betrag lag jedoch im Jahr 2013 bei 3,7 Prozent und im Jahr 2016 bereits bei 7,8 Prozent.[751] Allein die Windenergie bildete dabei ca. 6,9 Prozent der installierten Gesamtkapazitätsleistung.[752] Vor allem die Fördermechanismen des YEK 2011 führten im Gegensatz zum YEK 2005 zu einem verstärkten Interesse der Investoren an einem Einstieg in den Sektor der Erneuerbaren Energien und gaben daher der ganzen Branche einen weiteren Anschub. In Anbetracht der aktuellen nationalen Entwicklung und der globalen Ausrichtung ist auch in den kommenden Jahren von einem weiteren Anstieg der Erneuerbaren Energien auszugehen.

C. Zielvorgaben

Weder das YEK 2005 noch das YEK 2011 beinhalten zum Ausbau der Erneuerbaren Energien an der Gesamtenergie- bzw. Gesamtstromversorgung etwaige verbindliche oder unverbindliche Zielvorgaben. Die türkische Regierung verkündete jedoch in ihrem Strategiepapier 2010-2014[753] erstmals ihr Ziel, zum 100-jährigen Bestehen der Türkischen Republik im Jahr 2023 mindestens 30 Prozent der Gesamtstromerzeugung auf Erneuerbare Energien zurückführen zu wollen.[754] Die großen Wasserkraftwerke werden jedoch bei dieser Berechnung

---

748 Bayındır, Yenilenebilir Enerji Kaynakları Avrupa Birliği ve Türkiye Uygulamaları, S. 111.

749 TÜREB, Rüzgar Enerjisi ve Etkileşim Raporu Kasım 2016, S. 35; abrufbar im Internet unter: http://www.tureb.com.tr/files/tureb_sayfa/duyurular/2016_10_ekim_duyuru/tureb_ruzgar_enerjisi_ve_etkilesim_raporu.pdf; TETAŞ, 2015 Yılı Sektör Raporu, S. 14.

750 Adıyaman, Türkiye'nin Yenilenebilir Enerji Politikaları, S. 120; Gülay, Yenilenebilir Enerji Kaynakları açısından Türkiye'nin Geleceği ve Avrupa Birliği ile Karşılaştırılması, 124; DENA, Ermittlung des Erschließungspotenzials Erneuerbarer Energien in der Türkei, S. 8; abrufbar im Internet unter: https://www.dbu.de/OPAC/ab/DBU-Abschlussbericht-AZ-23739.pdf; ETKB, Strategic Plan 2015-2019, S. 35; abrufbar im Internet unter: http://sp.enerji.gov.tr/ETKB_2015_2019_Stratejik_Plani.pdf.

751 ETKB, Dünya ve Ülkemiz Enerji ve Tabii Kaynaklar Görünümü, S. 17.

752 TÜREB, Rüzgar Enerjisi ve Etkileşim Raporu Kasım 2016, S. 35.

753 ETKB, 2010-2014 Strategic Plan, S. 16.

754 ETKB, National Renewable Energy Action Plan For Turkey 2014, S. 8.

mit einbezogen. Seitdem gehört diese Zielvorgabe zum festen Regierungsprogramm und wird bei den entsprechenden staatlichen Anlässen zum Ausdruck gebracht. Dieser Prozentsatz lag in den Jahren 2007 bis 2009 bei ca. 20 Prozent.[755] Im Jahr 2014 betrug dieser Anteil etwa 23 Prozent, im Jahr 2016 aber bereits 30 Prozent.[756] Angesichts dieser Werte ist das von der türkischen Regierung unverbindlich gesetzte Ziel nicht als optimistisch, sondern als realistisch einzustufen.[757]

Im gleichen Strategiepapier führt die türkische Regierung an, bis zum Jahr 2023 die Windenergiekapazität auf 20000 MW, die Solarenergiekapazität auf 5000 MW sowie die Kapazitäten der Biomasse und Geothermie auf jeweils 1000 MW aufzustocken. Noch Ende 2011 lag insb. die errichtete Windenergiekapazität bei rund 1700 MW, im Jahr 2016 aber schon bereits bei 5150 MW.[758] Bis zum Jahr 2023 müsste es somit innerhalb von sieben Jahren zu einer Vervierfachung der Windenergiekapazität kommen. Diese Aufgabe stellt jedoch sowohl bzgl. der Kapazitäten an Investitionsquellen als auch hinsichtlich der Netzinfrastruktur eine große Herausforderung dar. Das türkische Energieministerium gibt an, dass zur Erreichung des Ziels im Jahr 2023 gegenüber der installierten Kapazität an Windenergie im Jahr 2013 ein Ausbau von 625 Prozent notwendig ist und erkennt selbst, dass es „durchaus schwierige Ziele" sind.[759] Mit großflächigen Investitionsvorhaben versucht die türkische Regierung diesem Maßstab zwar nahezukommen. Das Erreichen dieses ambitionierten Zieles wird unter den Experten allerdings durchaus bezweifelt.[760]

---

755 Atiyas/Çetin/Gülen, Reforming Turkish Energy Markets, S. 122.

756 TMMOB, Türkiye Enerji Görünümü Eylül 2017, S. 32; abrufbar im Internet unter: https://www.mmo.org.tr/sites/default/files/TURKIYE%20ENERJ%C4%B0%20G%C3%96R%C3%9CN%C3%9CM%C3%9C_EYL%C3%9CL%202017%20%281%29.pdf.

757 Elektrik Üretim Anonim Şirketi, Elektrik Üretim Sektör Raporu 2014, S. 15; abrufbar im Internet unter: http://www.enerji.gov.tr/File/?path=ROOT%2F1%2FDocuments%2FSekt%C3%B6r+Raporu%2FEUAS-Sektor_Raporu2014.pdf; Atiyas/Çetin/Gülen, Reforming Turkish Energy Markets, S. 103, 122.

758 TÜREB, Ekim-Kasım 2016 Dergisi, S. 20.

759 Siehe hierzu ETKB, National Renewable Energy Action Plan for Turkey (2014), S. 18, 50.

760 Atiyas/Çetin/Gülen, Reforming Turkish Energy Markets, S. 103, 122; TBMM Tutanak Dergisi, Dönem 23, Toplantı 44, c. 88 (29 Aralık 2010), S. 274 (Protokollblätter des türkischen Parlaments).

D. Grundlegende Bestimmungen bei der Förderung der Erneuerbaren Energien

I. Lizenzpflicht

1. Grundsätzliche Bestimmungen

Um auf dem türkischen Energiemarkt aktiv zu sein, ist grundsätzlich für jede Tätigkeit wie etwa die Erzeugung, die Übertragung oder die Verteilung der Stromproduktion eine Vorlizenz und anschließend eine Lizenz zu beantragen. Die Erzeugungslizenz gewährt das Recht zur Erzeugung sowie zur Veräußerung der erzeugten Strommenge. Nach der Erteilung der Vorlizenz kann der künftige Anlagenbetreiber gemäß § 6 Abs. 1 EPK 2013 innerhalb der vorgeschriebenen Zeit die nötigen Genehmigungen einholen und die jeweilige Erzeugungsanlage errichten.[761] Der künftige Anlagenbetreiber benötigt für jede einzelne Anlage grundsätzlich eine separate Vorlizenz sowie eine Lizenz.[762] Davon macht der Gesetzgeber gemäß §§ 5 Abs. 1 lit. f), 6 Abs. 4 lit. a) EPK 2013 dann eine Ausnahme, wenn mehrere Einrichtungen an einem bestimmten Ort zur Stromerzeugung aus einer Erneuerbaren Energie aufgestellt werden und alle Einrichtungen an einem Verknüpfungspunkt an das Stromnetz anzuschließen sind. In diesem Fall benötigt die Gesamtanlage nur eine Vorlizenz sowie eine Lizenz, was vor allem bei Windenergiefarmen einschlägig ist.

Ausnahmsweise darf der Anlagenbetreiber jedoch auch lizenzfrei Strom erzeugen, wenn gemäß § 14 Abs. 1 lit. d) EPK 2013 der aus Erneuerbaren Energien erzeugte Strom zur Eigenversorgung bestimmt ist und nicht über den Übertragungs- sowie Verteilernetzverbund transportiert wird. Zudem besteht zugunsten des Anlagenbetreibers auch dann keine Lizenzpflicht, wenn gemäß § 14 Abs. 1 lit. b) EPK 2013 die EE-Anlage eine installierte Kapazität von weniger als 1 MW aufweist. Entsprechendes ergibt sich auch aus § 5 Abs. 1 der Lizenzfreie-Stromerzeugungs-Verordnung. Durch einen Beschluss des Ministerrates kann dieser Betrag gemäß § 14 Abs. 2 EPK 2013 auf bis zu 5 MW gesteigert werden.[763] Obwohl es eine hohe Nachfrage nach der lizenzfreien Stromerzeugung gibt und das vorhandene Potential mangels bisheriger Ausschöpfung sehr groß ist, hält

761 Arseven/Ersin, Electricity Regulation in Turkey: overview, S. 6.

762 Kelecioğlu, Türkiye'de Yenilenebilir Enerji Yatırımlarının Finansmanı, Sorunlar ve Çözüm Önerileri, S. 39 f.

763 Kelecioğlu, Türkiye'de Yenilenebilir Enerji Yatırımlarının Finansmanı, Sorunlar ve Çözüm Önerileri, S. 42; Boden Law, Energy Regulatory Report October – November 2013, S. 5.

sich die Zahl der vorhandenen Anlagen in Grenzen. Vor allem die bestehenden bürokratischen Hindernisse tragen hierbei maßgebliche Verantwortung.[764] Die Errichtung einer lizenzfreien Anlage müsste nach Experten ca. 1 bis 2 Monate in Anspruch nehmen, wohingegen der tatsächlich bürokratische Verfahrensablauf einen Zeitraum von nicht weniger als 7 bis 8 Monaten erfasse.[765] Die Überwindung dieser Hürden sowie die zeitliche Straffung der Verfahrensprozedur würden zum beschleunigten Ausbau der lizenzfreien Stromerzeugung führen. Zur Vereinfachung des Genehmigungsprozesses wird auch vorgeschlagen, spezielle Abteilungen und Gerichte zu bilden, die sich allein mit der Vergabe und der Prüfung von Genehmigungen im Rahmen der Errichtung von EE-Anlagen beschäftigen.[766] Von dieser Entwicklung würden viele Seiten profitieren.[767] Aus aktuell stromverbrauchenden Haushalten und Gewerbetreibenden würden lizenzfreie stromerzeugende Anlagenbetreiber entstehen.[768]

Lizenzen vergibt die EPDK gemäß § 5 Abs. 2 lit. c) EPK 2013 einmalig für den Zeitraum von bis zu 49 Jahren, wobei Erzeugung-, Übertragungs- und Verteilungslizenzen für mindestens 10 Jahre gewährt werden können. Die Dauer der Vorlizenz darf hingegen gemäß § 6 Abs. 5 EPK 2013 unter gewöhnlichen Umständen den Zeitraum von 24 Monaten nicht überschreiten. Damit soll sichergestellt werden, dass Stromerzeugungsanlagen zur allgemeinen Energieversorgung in einem überschaubaren Zeitraum fertiggestellt werden. Ausnahmsweise darf dieser Zeitraum bis zur Beantragung der Lizenz gemäß § 6 Abs. 5 Satz 2 EPK 2013 auch maximal 36 Monate betragen, insb. wenn außerhalb der Machtsphäre des

---

764 Ersanlı, Renewable Energy in Regional Planning and Development: An Evaluation of Development Agencies in Turkey, S. 65 f.; Nicht nur bei der lizenzfreien – sondern auch bei der lizenzierten – Stromerzeugung gibt es nach Ansicht der Investoren zu viele bürokratische Hindernisse; siehe hierzu Arseven/Ersin, Electricity Regulation in Turkey: overview, S. 4.

765 Yılmaz, Yenilenebilir Enerjiye Yönelik Teşvikler ve Türkiye, S. 133.

766 Özcan, Yenilenebilir Enerjide Mevzuat: Mevzuat Sorunlarına Yönelik Bir Araştırma, S. 135; Arık, Yenilenebilir Enerji Politikalarının Sürdürülebilirliği: AB Ülkeleri ve Türkiye Açısından bir Değerlendirme, S. 80.

767 Der Präsident der Energieregulierungsbehörde EPDK Yılmaz berichtete über Pläne zur Vereinfachung dieser Prozedur. Die Genehmigungen sollen künftig aus einem Kanal kommen; abrufbar im Internet unter: http://enerjienstitusu.com/2016/09/15/epdk-baskani-yilmaz-enerji-yatirim-izni-tek-merkezden-verilecek/.

768 Çepik, Sürdürülebilir Kalkınma Çerçevesinde Türkiye'de Yenilenebilir Enerji Politikaları, S. 103; Urgun, Yenilenebilir Enerji Kaynakları Bakımından Türkiye'nin Potansiyeli ve bu Potansiyelin Harekete Geçirilmesine Yönelik Stratejiler, S. 131.

künftigen Anlagenbetreibers liegende Gründe die Wahrung der regulären Frist unmöglich machen.

Der künftige Anlagenbetreiber erhält gemäß § 12 Abs. 5 lit. c) Satz 2 Lizenzverordnung für den Strommarkt bei der Vorlizenz sowie gemäß § 20 Abs. 6 lit. e) Satz 2 Lizenzverordnung für den Strommarkt bei der Lizenz auf die Lizenzerhaltungsgebühr einen Nachlass von 90 Prozent. Ferner ist er gemäß § 43 Abs. 4 Lizenzverordnung für den Strommarkt für den Zeitraum von acht Betriebsjahren von der Entrichtung der jährlichen Lizenznutzungsgebühr befreit.

Die EPDK legt durch einen Beschluss gemäß § 43 Abs. 1 Lizenzverordnung für den Strommarkt bis zum 31. Dezember jeden Jahres für das anschließende Kalenderjahr die Höhe der Vorlizenz- sowie der Lizenzerhaltungsgebühren und der jährlichen Lizenznutzungsgebühr fest.[769] Auch diese Nachlässe und Zahlungsbefreiungen sind dem Fördermechanismus für die Erneuerbaren Energien zuzuordnen.

2. *Wettbewerbliche Erteilung der Vorlizenz*

a) *Grundsätzliches Verfahren zur Erteilung der Vorlizenz*

Die EPDK vergibt als staatliche Regulierungsbehörde etwaige Erzeugerlizenzen für die Errichtung von Windenergieanlagen nur im Rahmen der vorhandenen Kapazitäten und verfolgt insoweit eine strenge Vergabeprozedur. Der staatliche ÜNB TEİAŞ[770] teilt der EPDK im Falle der Windenergie gemäß § 12 Abs. 7 lit. a) Lizenzverordnung für den Strommarkt bis zum 1. Oktober jeden Jahres mit, welche Kapazität an Windenergie für die kommenden 5 sowie für die kommenden 10 Jahre in den verschiedenen Regionen und Verknüpfungspunkten vom Stromnetz aufgenommen werden können. Auch wenn die aktuelle Nachfrage zur Errichtung von solchen Anlagen groß ist, kann der Ausbau der Windenergie nur im Rahmen der freigegebenen Kapazitäten erfolgen und regelmäßig mit der bestehenden Nachfrage nicht mithalten. Dies hängt insb. mit dem unzureichenden veralteten System des Übertragungsnetzes zusammen, das

769 Alle aktuellen Daten und Veröffentlichungen sind unter folgendem Link der EPDK abrufbar: http://www.epdk.gov.tr/TR/Dokumanlar/Elektrik/Lisanslar/LisansBedelleri.

770 Der Langtitel lautet „Türkiye Elektrik İletim Anonim Şirketi“. TEİAŞ ist als ÜNB in einer staatlichen Monopolstellung. Das Erzeuger-, Handels- und Verteilersystem wurden hingegen weitgehend privatisiert; siehe u. a. Atiyas/Çetin/Gülen, Reforming Turkish Energy Markets, S. 20 f.; Atiyas/Dutz, Turkey's Electricity Industry in: Turkey – Economic Reform & Accession to the European Union, S. 191 f.

in den kommenden Jahren einer grundlegenden Renovierung und Ausweitung bedarf.[771] Andernfalls kann die erhoffte Ausweitung der Erneuerbaren Energien langfristig nicht erfolgreich umgesetzt werden.[772]

Anschließend haben Investoren gemäß § 12 Abs. 7 lit. b) Lizenzverordnung für den Strommarkt bis zum 5. April jeden Jahres im Rahmen dieser zugelassenen Kapazitäten die Möglichkeit, bei der EPDK eine Vorlizenz zur Errichtung einer Windenergieanlage zu beantragen. Sobald in derselben Region bzw. an demselben Verknüpfungspunkt des Stromnetzes die Projektanträge die zugelassene Aufnahmekapazität überschreiten, findet unter den jeweiligen Antragstellern ein Wettbewerb zur Erteilung der Vorlizenzen statt. Dieser Wettbewerb wird von TEİAŞ organisiert und durchgeführt. Die hierzu wesentlichen Grundsätze sind in der Verordnung für den Wettbewerb bei der Vergabe der Vorlizenz für Wind- und Solarenergieanlagen[773] (Vorlizenz-Verordnung) geregelt.

Bis Mai 2016 gewannen diesen Wettbewerb in chronologischer Reihenfolge diejenigen Anbieter, welche dem Netzbetreiber TEİAŞ für jeden MW an zu installierender Windenergiekapazität die höchste jährliche „Beitragszahlung"[774] anboten, die sie gemäß § 8 Abs. 1 der Vorlizenz-Verordnung a.F. innerhalb von drei Jahren zu jährlich gleichmäßigen Raten zu zahlen hatten.[775] Diese Beitragszahlung floss in den Haushalt des TEİAŞ.

b) Änderung der Bestimmungen zur Erteilung der Vorlizenz

Der Gesetzgeber hat sich jedoch im Juni 2016 mit der Änderung der §§ 5 Abs. 12, 7 Abs. 4 lit. ç) EPK 2013 von diesem Vorgehen verabschiedet. Nunmehr soll derjenige Bewerber unter den Antragsstellern eine Vorlizenz für die Errichtung einer Windenergieanlage erhalten, der für die gesamte Förderdauer von der gesetzlichen Einspeisevergütung nach Anlage 1 des YEK 2011 den geringsten Betrag als gesetzliche Einspeisevergütung beansprucht. Mit anderen Worten soll der künftige Anlagenbetreiber selbst die Höhe der ihm zustehenden gesetzlichen

771 Für die technische Situation bereits im Jahr 2006 siehe Faradsch, Zielmarkt Türkei, S. 32; Atiyas/Çetin/Gülen, Reforming Turkish Energy Markets, S. 18; Şekercioğlu, Renewable Energy: In the Context of Turkey's Energy Policy with Special Reference to the EU Policies, S. 65.

772 Urgun, Yenilenebilir Enerji Kaynakları Bakımından Türkiye'nin Potansiyeli ve bu Potansiyelin Harekete Geçirilmesine Yönelik Stratejiler, S. 135.

773 Der Langtitel dieser Verordnung lautet „Rüzgar veya Güneş Enerjisine Dayalı Üretim Tesisi Kurmak Üzere Yapılan Önlisans Başvurularına İlişkin Yarışma Yönetmeliği".

774 Auf Türkisch „Katkı Payı".

775 Boden Law, Energy Regulatory Report December 2013 – January 2014, S. 4.

Einspeisevergütung wettbewerblich bestimmen. Unter den Bewerbern bekommt mithin derjenige den Zuschlag für sein Projekt, der die niedrigsten Vergütungswerte angibt und am wenigsten von dem gesetzlichen Fördermechanismus profitieren möchte. Damit möchte der Gesetzgeber die finanziellen Belastungen der Letztverbraucher, die letztlich die Förderkosten der Erneuerbaren Energien zu tragen haben, abmildern.[776] Einzelheiten zu dem künftigen Wettbewerbsverfahren sollten in der grundlegend zu novellierenden Vorlizenz-Verordnung festgelegt werden.

In diesem Rahmen bestand jedoch zwischen den Akteuren der Energiewirtschaft erhebliche Meinungsverschiedenheit darüber, wie TEİAŞ als Leiter des Wettbewerbs künftig verfahren sollte, wenn eine Vielzahl der Bieter einen Gebotswert von 0 US-Dollarcent/kWh abgibt. Eine solche Konstellation war durchaus realistisch, weil die Antragssteller in diesem Fall auf die gesetzlich gewährte Einspeisevergütung für die gesamte Förderdauer verzichten und ihre Stromproduktion selbständig auf dem freien Strommarkt veräußern konnten. Diese Befürchtung war jedenfalls im Falle der Wirtschaftlichkeit der konkreten Anlage nicht auszuschließen. Verschiedene Optionen wie die Entrichtung eines Zusatzbetrages durch die Anlagenbetreiber für jeden MW an zu installierender Kapazitätsleistung, die Möglichkeit der exklusiven Geltendmachung der bezuschlagten Einspeisevergütung unter Ausschluss der Teilnahme am freien Strommarkt sowie die Entrichtung des jeweils höchsten Betrages als Sicherheitsleistung wurden als zusätzliche Wettbewerbskriterien angesprochen. Die Vergabe der Vorlizenz hätte zudem von der räumlichen Intensität der zu installierenden Kapazitätsleistung abhängig gemacht werden können. Letzterer Vorschlag im veröffentlichten Entwurf zur neuen Vorlizenz-Verordnung erfuhr jedoch im Rahmen des Konsultationsprozesses erhebliche Kritik, weil bei der Einreichung der letzten Anträge zur Erteilung einer Vorlizenz für Windenergieanlagen im Jahr 2015 eine solche Regelung nicht vorgesehen war.[777] Deshalb hatten viele Antragssteller ihre Projektflächen auf einen räumlich weiten Radius ausgerichtet, damit sie diese Zusatzfläche bei einer künftigen Kapazitätserweiterung nutzen konnten. Die Einführung einer Pflicht zur Beachtung der räumlichen Intensität würde praktisch die Bestrafung einer zuvor erlaubten Handlung bedeuten. Eine solche Umstellung wäre aber gerechtfertigt, wenn die

---

776 TÜREB, Rüzgar Enerjisi ve Etkileşim Raporu Kasım 2016, S. 43.

777 Siehe § 6 Abs. 4 lit. f) der Vorlizenz-Verordnung im Entwurfsstadium; abrufbar im Internet unter: http://www.tureb.com.tr/files/tureb_sayfa/duyurular/2016_11_kasim/yarisma_yonetmeligi_taslagi_10_11_16.pdf.

entsprechenden Investoren vor dem Beginn des Wettbewerbs die Möglichkeit zur nachträglichen Anpassung ihrer Anlageflächen bekämen, um diese zur Verbesserung ihrer Wettbewerbsbedingungen zu verkleinern.

Knapp ein Jahr nach der Änderung des EPK verkündete die EPDK im Mai 2017 die seit langem erwartete neue Vorlizenz-Verordnung und hob die bis dahin geltende Regelung auf, vgl. § 23 Vorlizenz-Verordnung. Dabei orientieren sich die Vorschriften an den Maßgaben der §§ 5 Abs. 12, 7 Abs. 4 lit. ç) EPK. Gemäß § 4 Abs. 1, 2 Vorlizenz-Verordnung bieten die Antragssteller zur Erteilung der Vorlizenz auf die gesetzliche Einspeisevergütung nach Anlage 1 des YEK 2011, wobei die Anträge mit den niedrigsten Gebotswerten bis zu der freigeschalteten Kapazitätsleistung bezuschlagt werden. Als Höchstgrenzen für die Gebotswerte sehen die § 5 Abs. 12 Satz 3 EPK 2013 i.V.m. § 4 Abs. 3 Satz 1 Vorlizenz-Verordnung die jeweiligen Einspeisevergütungen nach Anlage 1 des YEK 2011 vor. Diese betragen für die Windenergie 7,3 US-Dollarcent sowie für die Solarenergie 13,3 US-Dollarcent/kWh. Der bezuschlagte Angebotswert gilt jedoch gemäß § 4 Abs. 7 Vorlizenz-Verordnung auch für die künftigen Kapazitätserweiterungen. Entsprechend den zuvor bestehenden Erwartungen der Marktakteure können Antragssteller als Gebotswerte einen Betrag von 0 US-Dollarcent/kWh bzw. Negativbeträge angeben, vgl. § 4 Abs. 3 Vorlizenz-Verordnung. In diesem Fall können die Antragssteller nur noch die Einspeisevergütungen nach Anlage 2 des YEK 2011 beanspruchen, soweit die Anlagen mit den entsprechenden lokalen Anlagenkomponenten errichtet werden. Wenn ein solcher Negativbetrag bezuschlagt wird, muss der jeweilige Antragssteller den pro kWh an Stromproduktion gebotenen Negativpreis gemäß § 4 Abs. 4 Vorlizenz-Verordnung für den Zeitraum von 10 Jahren ab der Inbetriebnahme als sog. Teilnahmeleistung an den Marktregulierer entrichten. Eine solche Zahlungsverpflichtung besteht auch dann, wenn der Anlagenbetreiber seine Stromproduktion auf dem freien Energiemarkt veräußert und demgemäß auf die gesetzliche Einspeisevergütung nach Anlage 2 des YEK 2011 verzichtet. Diese zu entrichtenden Teilnahmeleistungen fließen als zusätzliche Einnahmen nicht mehr an TEİAŞ, sondern gemäß § 9 Abs. 6 Vorlizenz-Verordnung in den YEKDEM-Fördermechanismus beim Marktregulierer, und führen letztlich neben der Entrichtung von niedrigeren Einspeisevergütungen für andere Projekte zur finanziellen Entlastung der Letztverbraucher.

TEİAŞ ist als der nationale ÜNB gemäß den §§ 5 f. Vorlizenz-Verordnung weiterhin für die Durchführung des Wettbewerbs zuständig. Nach der Ankündigung des Wettbewerbstermins und der Veröffentlichung der auszufüllenden Formulare geben die Antragssteller in einem verschlossenen Umschlag neben allen wichtigen Daten zum geplanten Projekt auch ihre Gebotswerte ab, welche sodann vor allen anwesenden Teilnehmern geöffnet und verlesen werden, §§ 6 Abs. 2, 7 Abs. 2, 5 Vorlizenz-Verordnung. Die niedrigsten Gebotswerte erhalten solange den Zuschlag, bis für die jeweilige Region die freizugebende Kapazitätsleistung erreicht ist, vgl. § 7 Abs. 6 Vorlizenz-Verordnung. Soweit diese Kapazitätsleistung erstmals überschritten ist, wird dem jeweiligen Antragssteller unter Beibehaltung seines Gebotswertes angeboten, seine beantragte Kapazitätsleistung auf das noch vorhandene Maß zu reduzieren. Falls er dies ablehnen sollte, werden in der jeweiligen Reihenfolge die Antragssteller mit den nächstniedrigen Gebotswerten zur Reduzierung der beantragten Kapazitätsleistung gebeten, bis die freizugebende Kapazitätsleistung insgesamt bezuschlagt ist. Neben weiteren Verpflichtungen müssen die Antragssteller gemäß § 6 Abs. 3 Vorlizenz-Verordnung für jede zu installierende Kapazität von 1 MW eine Sicherheit i.H.v. 50000 türkische Lira (TL) erbringen. Falls sie aus dem Gebotsverfahren leer ausgehen oder die jeweilige Anlage in Betrieb genommen wird, gibt TEİAŞ die geleistete Sicherheit umgehend zurück, vgl. § 9 Abs. 1, 3 Vorlizenz-Verordnung.

Im Anschluss an die Verabschiedung der neuen Vorlizenz-Verordnung kündigte TEİAŞ bereits für den Zeitraum vom 21. bis zum 23.6.2017 den ersten diesbezüglichen Wettbewerb an und führte ihn sodann ordnungsgemäß durch.[778] Dabei wurden in 13 verschiedenen Regionen eine Kapazitätsleistung von insgesamt 710 MW wettbewerblich vergeben. Diese Kapazität hatte TEİAŞ bereits im Jahr 2013 angekündigt, wofür auch bereits seit April 2015 die Projektanträge vorlagen. Ein großer Teil der Kapazitätsleistung wurde mit einem negativen Gebotswert von bis zu -1,61 US-Dollarcent/kWh bezuschlagt, sodass die Anlagenbetreiber für einen Zeitraum von 10 Jahren ab Inbetriebnahme die jeweiligen Teilnahmeleistungen monatlich an den Marktregulierer entrichten mussten.[779]

c) Kritik an der neuen Vorlizenz-Verordnung

Diese Neuregelung führte jedoch seitens der Marktakteure zu erheblicher Kritik. Die Verringerung bzw. der komplette Ausschluss der gesetzlichen Einspeisevergütung führt dazu, dass insb. Investoren von kleineren Projekten einen

---

778 TÜREB, RES Bağlantı Kapasitesi Yarışma Sonuçları Raporu; abrufbar im Internet unter: http://www.tureb.com.tr/files/yarismalar/res_yarisma_sonuclari.pdf.

779 Vgl. etwa auch die Ausschreibungen im Dezember 2017, wo die meisten der Zuschläge mit einem höheren Negativpreis bezuschlagt wurden; abrufbar im Internet unter: http://www.tureb.com.tr/files/yarismalar/nisan_2015_res_muracaatlari_yarisma_sonuclari.pdf; siehe auch folgende Links: http://www.enerjigunlugu.net/icerik/23330/4-bolgedeki-220-mwlik-res-kapasitesi-5-projeye.html; http://www.enerjigunlugu.net/icerik/23313/res-anatoila-rekor-eksi-fiyatla-kirklareli-res-ihalesini-kazandi.html.

schwierigen Zugang zu Kreditmöglichkeiten haben und daher die Realisierung solcher Projekte künftig gefährdet ist.[780] Ohne die garantierte Einspeisevergütung fehlt den Kreditinstituten eine der wesentlichen Sicherheiten, weshalb zumindest höhere Risikoabschläge nicht zu vermeiden sind. Insoweit dürfte es grundsätzlich nicht zu beschränkenden Neuregelungen kommen. Vielmehr sollten andere administrative Zusatzanforderungen aufgestellt werden. In der Regel werden entsprechende Kredite zudem über den US-Dollar – und nicht über die türkische Währung – finanziert. Da die Einnahmen auf dem freien Strommarkt jedoch in türkischer Lira erfolgen, führt dies zu erheblichen Währungsrisiken. Gleiche Problematik stellt sich auch aufgrund der zu entrichtenden Teilnahmeleistung, für die sich die Investoren in US-Dollar verpflichten sollen. Soweit die Interessenten aufgrund des Willens zur Teilnahme am freien Energiemarkt geringe oder negative Gebotswerte abgeben und sich bewusst die Option der gesetzlichen Einspeisevergütung von Vornherein abschneiden, setzen sie sich dem erheblichen Risiko der schwankenden Strompreise aus und gefährden damit die Refinanzierung des Gesamtprojekts. Diese Risiken könnten insgesamt das Interesse an der Investition in die Erneuerbaren Energien belasten und dadurch deren Ausbau dämpfen. Andererseits werden die Anlagenbetreiber näher an den wettbewerblichen Energiemarkt herangeführt, ohne etwaige Mitnahmeeffekte zulasten der Allgemeinheit zu beanspruchen. Um die Refinanzierung der jeweiligen EE-Anlage aber sicherzustellen, sollten die Investoren insgesamt realistische und ökonomisch sinnvolle Gebotswerte abgeben.

II. Ausschließlichkeitsprinzip

Um von dem Fördermechanismus und den weiteren Privilegien Gebrauch machen zu können, erhält der Betreiber von EE-Anlagen gemäß § 5 YEK 2011 von der EPDK ein Zertifikat über Erneuerbare Energien (YEKDEM-Zertifikat). Die EPDK erstellt ein solches Zertifikat entsprechend § 25 YEKDEM-Verordnung[781] grundsätzlich nur bei ausschließlicher Stromerzeugung durch Erneuerbare Energien. Wenn der Strom in einer Hybridanlage – etwa durch den Einsatz einer Erneuerbaren Energie sowie zusätzlich einer anderen Energiequelle – erzeugt wird, so kann der Anlagenbetreiber für den aus Erneuerbaren Energien erzeugten Strom von dem YEKDEM-Fördermechanismus nur profitieren, soweit für diesen Strom ein separater Stromzähler angebracht ist, vgl. § 26 Abs. 1

780 TÜREB, Rüzgar Enerjisi ve Etkileşim Raporu Kasım 2016, S. 84.

781 Der Langtitel dieser Verordnung lautet „Yenilenebilir Enerji Kaynaklarının Belgelendirilmesi ve Desteklenmesine İlişkin Yönetmelik".

lit. b) Nr. 1 YEKDEM-Verordnung. Bei einem gemeinsamen Stromzähler kann der Anlagenbetreiber bei gemischt erzeugtem Strom gemäß § 26 Abs. 1 lit. b) Nr. 2 der YEKDEM-Verordnung vom Fördermechanismus – vor allem von der gesetzlichen Einspeisevergütung – nicht profitieren, da insoweit die Gesamtstromproduktion über den Fördermechanismus abgewickelt werden muss, vgl. § 5 Abs. 1 a.E. YEKDEM-Verordnung. Auch der türkische Gesetzgeber legt einen großen Wert auf die Einhaltung dieser zwingenden Anforderungen. Denn im Falle der Nichtbeachtung drohen dem Anlagenbetreiber gemäß § 26 Abs. 4 YEKDEM-Verordnung erhebliche Rück- sowie Strafzahlungen bis ggf. hin zum Entzug der Erzeugerlizenz und der kompletten Einstellung des Anlagenbetriebs.

III. Vorrangige Anschluss-, Übertragungs- und Verteilungspflicht

Nach § 4 Abs. 1 der Verordnung für den Anschluss und die Netznutzung des Strommarktes[782] (Netz-Verordnung) sind die Anträge zum Anschluss und zur Nutzung der Übertragungs- und Verteilungsnetze grundsätzlich nach dem Gleichbehandlungsgrundsatz zu bearbeiten. TEİAŞ und die privatisierten Verteilungsnetzbetreiber haben hiernach die Anträge der künftigen Anlagenbetreiber im Rahmen der technischen Möglichkeiten grundsätzlich positiv zu bescheiden und einen adäquaten Anschluss zu gewährleisten.[783] Ausnahmsweise dürfen sie aber entsprechend § 4 Abs. 3 lit. e) der Netz-Verordnung den Antrag auf einen konkreten Verknüpfungspunkt bei Windenergie- oder Solaranlagen ablehnen, wenn ein wirtschaftlich erheblich geeigneter Verknüpfungspunkt mit geringerem technischem Stromverlust vorhanden ist.

Nach § 6 Abs. 1, 5 der Netz-Verordnung kommt zwischen dem Anlagenbetreiber sowie TEİAŞ hinsichtlich des Anschlusses und der Nutzung des Übertragungsnetzes ein Vertrag zustande, der die gegenseitigen Rechte und Pflichten regelt. Jedoch ist der Anlagenbetreiber gemäß § 6 Abs. 6 der Netz-Verordnung auch ohne Unterzeichnung des Vertrages zur Vergütung des erfolgten Anschlusses an das Stromnetz und der Nutzung verpflichtet. Mithin ist der Vertragsschluss für die Wirksamkeit des zwischen den Parteien bestehenden Rechtsverhältnisses kein notwendiges Kriterium. Vielmehr liegt der Beziehung der Parteien als Auffangtatbestand ein gesetzliches Schuldverhältnis zugrunde.

---

782 Der Langtitel dieser Verordnung lautet „Elektrik Piyasası Bağlantı ve Sistem Kullanım Yönetmeliği".

783 Yenilmez, Yenilenebilir Enerji Kaynakları Teşvik Politikalarının Karşılaştırılması, S. 160.

Wenn an demselben Verknüpfungspunkt des Übertragungsnetzes mehrere Anträge zur Anbindung vorliegen, denen nicht vollumfänglich entsprochen werden kann, so ist TEİAŞ gemäß § 6 Abs. 3 lit. c) der Netz-Verordnung zur vorrangigen Behandlung der Anträge für EE-Anlagen verpflichtet.[784] Mithin handelt es sich um eine Ausnahme von dem soeben erwähnten Gleichbehandlungsgrundsatz. Nach § 10 Abs. 3 der Netz-Verordnung sind die Anträge für EE-Anlagen auch von den Verteilernetzbetreibern bei der Aufnahme in das Verteilernetz vorrangig zu behandeln.[785] Somit genießen sie aufgrund dieser Abnahmegarantie sowohl bei der Übertragung als auch der Verteilung einen grundsätzlichen Vorrang, soweit sie dem YEKDEM-Fördermechanismus angehören. Außerhalb des Fördermechanismus sind sie jedoch wie alle anderen Erzeugungsanlagen zu behandeln und können sich deshalb auf keine vorzugsweise Behandlung berufen.

Als weitere Fördermaßnahme werden bei Energieerzeugungsanlagen schließlich gemäß der Übergangsbestimmung 4 Abs. 1 lit. a) und b) EPK 2013 in den ersten fünf Betriebsjahren der Nutzung des Übertragungsnetzes die Hälfte der Nutzungsgebühren sowie während der Investitionsphase einige Steuern wie z.B. die Stempelsteuer erlassen.

IV. Finanzielles Fördersystem zu den Erneuerbaren Energien in der Türkei

Das YEK 2005 ist das erste türkische Gesetz, das die Erneuerbare Energien umfassend regelt, ihre regionalen Merkmale kennzeichnet sowie schützt und den daraus produzierten Strom finanziell fördert. Obwohl ein solcher Fördermechanismus bereits mit dem YEK 2005 eingeführt wurde, fand ein beschleunigter Ausbau der Erneuerbaren Energien erst infolge der Novellierung des YEK im Jahr 2011 statt.[786] Das YEK 2011 beinhaltet neben gesetzlichen Einspeisevergütungen oder der Förderung der lizenzfreien Stromerzeugung auch andere zusätzliche Finanzvorteile, auf die nachfolgend intensiv einzugehen ist.

---

784 Akalın/Balcı, Electricity Regulation 2014, S. 198.

785 Altıntaş, Dünyada Yenilenebilir Enerji Kaynaklarından Güneş Enerjisinin Elektrik Üretimi Açısından Ekonomik Etkileri: Avrupa Birliği ve Türkiye Uygulamaları, S. 138.

786 Yılmaz, Yenilenebilir Enerjiye Yönelik Teşvikler ve Türkiye, S. 107; mit verschiedenen Gründen zum langsamen Ausbau der Erneuerbaren Energien siehe Ersanlı, Renewable Energy in Regional Planning and Development: An Evaluation of Development Agencies in Turkey, S. 64 f.

1. Gesetzliche Einspeisevergütung

Das zentrale Förderinstrument des YEK stellt die gesetzlich garantierte Einspeisevergütung dar. Als weltweit gängigstes Fördermittel beim Strom aus Erneuerbaren Energien ist dieses Förderinstitut in vielen anderen Rechtsordnungen verankert.

Nach § 6 Abs. 1 Satz 1 YEK 2011 erhalten Anlagenbetreiber mit einem YEKDEM-Zertifikat die in Anlage 1 des YEK 2011 vorgesehene Einspeisevergütung, wenn sie ihre EE-Anlage bis zum 31.12.2015 in Betrieb genommen haben und dem Fördermechanismus angehören. Mit einem Beschluss vom November 2013 verschob der Ministerrat diese Frist entsprechend § 6 Abs. 1 Satz 2 YEK 2011 auf den 31.12.2020.[787] Eine weitere Verlängerung ist zur Wahrung der in den Anlagen des YEK 2011 gewährten Einspeisevergütungen sowie der gesetzlich fixierten Förderdauer als Höchstgrenzen möglich.

Die gesetzliche Zusicherung der Einspeisevergütung stellt zugleich eine Abnahmegarantie dar.[788] Auch diese Abnahmepflicht begründet wie die Pflichten zum Anschluss, zur Übertragung sowie zur Weiterleitung des Stroms ein gesetzliches Schuldverhältnis. Die Einhaltung der gesetzlichen Verpflichtungen kann daher zugunsten des Anlagenbetreibers auch dann nicht verweigert werden, wenn kein Vertragsschluss vorliegt. Die unberechtigte Ablehnung der Stromabnahme führt daher zu Schadensersatzansprüchen aus gesetzlichem Schuldverhältnis.

Schließlich sei angemerkt, dass der Betreiber einer EE-Anlage nicht verpflichtet ist, in den Fördermechanismus des YEK 2011 einzutreten.[789] Vielmehr kann er auf Grundlage seiner Erzeugerlizenz gemäß § 6 Abs. 8 YEK 2011 den zu erzeugenden Strom im Wettbewerb mit den anderen Produzenten selbständig auf dem Energiemarkt veräußern. Diese Alternative ist vor allem dann lukrativ, wenn die Voraussetzungen auf dem Energiemarkt vorteilhafter sind, insb. weil die aktuellen Strompreise höher als die gesetzlich zugesicherten Einspeisevergütungen sind.[790] Andernfalls präferieren Anlagenbetreiber den Fördermechanismus. Dies

---

787 Bakanlar Kurulu Kararı (Entscheidung des türkischen Ministerrates), Karar Sayısı 2013/5625.

788 Bayındır, Yenilenebilir Enerji Kaynakları Avrupa Birliği ve Türkiye Uygulamaları, S. 148.

789 Danıştay (höchstes türkisches Verwaltungsgericht) 13. Daire, E. 2016/1097, K. 2016/1409.

790 Atiyas/Çetin/Gülen, Reforming Turkish Energy Markets, S. 121; Gözen, International Journal of Energy Economics and Policy, 2014/4, S. 280, 284.

ist vor allem seit dem Jahr 2015 der Fall, weil die Strompreise auf dem türkischen Energiemarkt gesunken sind und der US-Dollar gegenüber der türkischen Lira erstarkt ist. Diese Entwicklung wird im weiteren Verlauf eingehend analysiert.

a) Förderhöhe

Der in § 6 Abs. 1 Satz 1 YEK 2011 i.V.m. Anlage 1 geregelte Vergütungsanspruch ist die stärkste praktische Umsetzung des im § 1 YEK 2011 festgehaltenen Willens des Gesetzgebers, die Nutzung der Erneuerbaren Energien zur Stromerzeugung auszuweiten. Anlage 1 des YEK 2011 regelt dabei für die unterschiedlichen Arten der Erneuerbaren Energien variierende Einspeisevergütungen als garantierte Festpreise. In der Vorgängernovelle des YEK 2011 sah der Gesetzgeber noch eine einheitliche Einspeisevergütung ohne Differenzierung nach den jeweiligen Besonderheiten der unterschiedlichen Quellen vor, vgl. § 6 Abs. 3 YEK 2005. Um diesen Unterschieden der jeweiligen Art auch bei der Bestimmung der Höhe der zugesicherten Einspeisevergütung gerecht zu werden, fügte der Gesetzgeber dem YEK 2011 eine Anlage bei, die für die unterschiedlichen Arten ausdifferenzierte Vergütungshöhen bestimmt. Für die Wasser- und Windenergie sind danach eine Einspeisevergütung von 7,3 US-Dollarcent/kWh vorgesehen, für die Geothermie 10,5 US-Dollarcent/kWh, für Biomasse und Solarenergie hingegen 13,3 US-Dollarcent/kWh. Wie zuvor erörtert übersteigen bei der Wind- und Solarenergie die eingereichten Projektanträge von Investoren die freigegebenen Aufnahmekapazitäten, sodass über die Regelungen der Vorlizenz-Verordnung hinsichtlich der zu beanspruchenden Einspeisevergütung ein Unterbietungswettbewerb stattfindet. Die bezuschlagten Gebotswerte liegen grundsätzlich weit unter den gesetzlich vorgegebenen Einspeisetarifen. Teilweise handelt es sich sogar um Negativpreise, sodass der Anlagenbetreiber pro kWh an Stromproduktion eine monatliche Teilnahmeleistung an den Marktregulierer zu entrichten hat. Da es sich bei der Wind- und Solarenergie um die auch künftig dominierenden Technologiearten handelt, kann entgegen der gesetzlichen Bestimmungen de facto von der grundsätzlich wettbewerblichen Bestimmung der Förderhöhen gesprochen werden. Letztlich dominiert derzeit also die Festlegung der Förderhöhen im Wege der Ausschreibungen, sodass insoweit die Abschaffung der gesetzlichen Einspeisevergütung offenkundig ist.

Als Währung sieht der Gesetzgeber den US-Dollar – und nicht etwa die türkische Lira – vor, um inländische aber auch internationale Investoren vor dem starken Inflationsrisiko der nationalen Währung nicht abzuschrecken und den Banken eine höhere Kreditsicherheit bei der Finanzierung der entsprechenden Projekte zu gewährleisten. Hinsichtlich der europäischen Investoren und Anlagenprojektierer muss jedoch angemerkt werden, dass gewisse Kursschwankungen zwischen dem Euro und dem US-Dollar zu fiskalischen Risiken führen können.[791] Dieses Risiko betrifft insb. die Windenergiebranche, da die ausländischen Anlagenkomponenten zu mehr als 80 Prozent aus dem EU-Raum importiert werden.[792] Insoweit ist ungewiss, warum sich der türkische Gesetzgeber bei der Novellierung des YEK im Jahr 2010 „in letzter Minute" gegen die Beibehaltung des Euro als maßgebliche Währung zur Berechnung der Einspeisevergütung entschieden hat.[793]

b) Förderdauer

Die erste Fassung des YEK 2005 sah gemäß § 6 lit. d) YEK 2005 eine Förderungsdauer von 7 Jahren vor. Mit der Gesetzesnovellierung im Jahr 2007 stieg sie auf die weiterhin geltende Dauer von 10 Jahren. Anlagenbetreiber können von dem Fördermechanismus aber gemäß § 8 Abs. 1 der YEKDEM-Verordnung nur im Rahmen der ersten 10 Betriebsjahre profitieren. Das erste Betriebsjahr fängt hiernach zum erstmaligen Eintrittsdatum in den YEKDEM-Fördermechanismus an, wenn der Anlagenbetreiber nach der Lizenzerteilung die Anlage zumindest teilweise betreibt. Die vollständige Errichtung der Gesamtanlage ist nicht erforderlich. Dies ist etwa der Fall, wenn bei der Errichtung einer Windenergiefarm nur eine von vielen Windrädern betriebsfertig ist.

Andernfalls beginnt die Betriebsdauer gemäß § 8 Abs. 1 lit. a) YEKDEM-Verordnung, wenn die Anlage im Ganzen betrieben wird. Entsprechendes ergibt sich auch aus § 6 Abs. 3 Satz 1 YEK 2011, wonach die im Fördermechanismus vorgesehenen Fristen für laufende Anlagen mit dem Datum ihrer ursprünglichen Betriebsaufnahme und für zukünftige Betreiber mit dem Datum ihrer Betriebsaufnahme beginnen. Der Anlagenbetreiber kann nach Ablauf dieser Zehnjahresfrist nicht geltend machen, dass er dem

---

791 Özbuğday, Türkiye'de Yenilenebilir Enerji Yatırımları için Risk Algısı, Türkiye Enerji Vakfı Mayıs 2016, S. 17; Aha/Bayar, Erneuerbare Energien in der Türkei (Newsletter 2011), S. 2; abrufbar im Internet unter: http://www.beiten-burkhardt.com/de/component/attachments/download/1922.

792 TÜREB, Turkish Wind Energy Statistics Report Januar 2017, S. 14.

793 Der Abgeordnete Osman Coşkunoğlu beschwerte sich bei der Parlamentssitzung am Tage der Gesetzesnovellierung am 29.12.2010 darüber, dass nunmehr der US-Dollar maßgeblich sein solle und warum diese Entscheidung so prompt gefallen sei; siehe hierzu TBMM Tutanak Dergisi, Dönem 23, Toplantı 44, c. 88 (29 Aralık 2010), S. 322 (Protokollblätter des türkischen Parlaments).

Fördermechanismus teilweise ferngeblieben ist, um seinen Strom im Wege der Direktvermarktung auf dem Energiemarkt zu veräußern. Die feste Einspeisevergütung ist nicht nur als Preisgarantie für den Anlagenbetreiber zu verstehen. Der Gesetzgeber geht vor allem davon aus, dass Kreditinstitute durch ihre gesetzliche Zusicherung für eine Förderzeit von 10 Jahren eine größere Sicherheit bei der Vergabe von Krediten und Garantiezusagen verspüren.[794] Die bereits potentielle Möglichkeit der Nutzung eines Fördermechanismus führt bei Verhandlungsgesprächen mit den Kreditinstituten zu einer vorteilhafteren Position und erlaubt i.d.R. den Abschluss günstigerer projektbezogener - und eben nicht bilanzbezogener - Kreditkonditionen. Dadurch verringern sich mitunter auch der Prozentsatz des zu erbringenden Eigenkapitals sowie die zu zahlenden Zinssummen des Anlagenbetreibers für die gewährten Kredite und erlauben folglich eine schnellere Amortisierung des gesamten Projektes.

2. *Boni für lokale Anlagenkomponenten*

Mit der Novellierung des YEK 2005 im Dezember 2010 regelte der Gesetzgeber ein weiteres wichtiges Instrument bei der Förderung der Erneuerbaren Energien. Nach § 6/B YEK 2011 erhalten die Anlagenbetreiber einen Aufschlag auf die feste Einspeisevergütung, wenn sie bei Errichtung der EE-Anlage mechanische und/ oder elektromechanische Ausrüstungen aus heimischer Fertigung verwenden, welche in der Anlage 2 des YEK 2011 explizit aufgeführt sind. Diese Anlage regelt für alle Arten der Erneuerbaren Energien bestimmte Komponenten, die bei lokaler Beschaffung zur Erhöhung der Einspeisevergütung führen. Ein Bonus wird jedoch etwa im Falle einer Windenergieanlage mit mehreren Windrädern nur dann gewährt, wenn die zu verwendende Anlagenkomponente in allen Windrädern genutzt wird.[795] Zu beachten ist indes, dass diese zusätzliche Förderung allein für die ersten fünf Betriebsjahre gilt. Der Gesetzgeber führte ein solches Privileg ein, da fast alle Komponenten der EE-Anlagen aus dem Ausland importiert wurden. Diese Zusatzförderung sollte den Aufbau der lokalen Erneuerbare-Energien-Industrie voranbringen und dadurch den Kapitalzufluss

794 TBMM Tutanak Dergisi, Dönem 23, Toplantı 44, c. 88 (29 Aralık 2010), S. 271, 334, 340 (Protokollblätter des türkischen Parlaments); Kelecioğlu, Türkiye'de Yenilenebilir Enerji Yatırımlarının Finansmanı, Sorunlar ve Çözüm Önerileri, S. 191.

795 Siehe § 6 Abs. 3 Yenilenebilir Enerji Kaynaklarından Elektrik Enerjisi Üreten Tesislerde Kullanılan Aksamın Yurt İçinde İmalatı Hakkında Yönetmeliği.

ins Ausland hemmen.[796] Zudem sollte durch die Schaffung von neuen Beschäftigungsmöglichkeiten die hohe Arbeitslosigkeit bekämpft werden.

Nur für aufgelistete Anlagenteile kann der Anlagenbetreiber entsprechende Boni geltend machen, sodass die Verwendung anderer einheimischer Produkte auf die Preisbildung keinen Einfluss hat. Bei der Windenergie beträgt gemäß Anlage 2 des YEK 2011 der Aufschlag pro kWh für die lokale Beschaffung der Flügel 0,8 US-Dollarcent, des Generators und der Steuerelektronik 1,0 US-Dollarcent, des Turbinenturms 0,6 US-Dollarcent sowie der mechanischen Teile der Rotor- und Rumpfeinheiten 1,3 US-Dollarcent. Wenn bei der Errichtung einer Windenergieanlage alle aufgezählten Komponenten aus einheimischer Fertigung stammen, beträgt die gesetzliche Einspeisevergütung insgesamt 11 US-Dollarcent/kWh. In einem solchen Fall würde ein Anlagenbetreiber im Rahmen des gesetzlichen Fördermechanismus für die Dauer der ersten fünf Betriebsjahre 11 US-Dollarcent/kWh sowie für weitere fünf Betriebsjahre 7,3 US-Dollarcent/kWh als Einspeisevergütung bekommen. Anschließend kann er den erzeugten Strom nur noch nach den wettbewerbsrechtlichen Bedingungen auf dem freien Energiemarkt vertreiben.

Aus dem unteren Diagramm geht die Höhe der verschiedenen Einspeisevergütungen für die ersten fünf Betriebsjahre bei der Verwendung von lokalen Anlagenkomponenten hervor:[797]

Hinsichtlich dieser Fördermethode wird aber von einigen Stimmen kritisiert, dass sie kein effektives Mittel darstelle, um den Import von qualitativ höherwertigem Material aus dem Ausland zu verhindern. Mangels eines hinreichenden inländischen Knowhows seien internationale Unternehmen bei der Errichtung von Komponenten für EE-Anlagen wesentlich fortgeschrittener als ihre türkischen Kontrahenten und könnten daher ein besseres Preis-Leistungs-Verhältnis anbieten.[798] Insoweit wird von vielen Seiten kritisiert, dass der türkische Staat zu wenig für die Förderung der neuen Technologien und die Ausbildung des Fachpersonals im Energiesektor leiste.[799] Interessant ist daher die Frage, nach welchen

---

796 Siehe u.a. folgenden diesbezüglichen Artikel: http://www.yenienerji.com/roportaj/eie-genel-muduru-mustafa-kemal-buyukmihci-yek-degisikliginde-yerli-imalat-in-desteklenmesi-gunese-ve.

797 Das Diagramm kann unter folgender Quelle abgerufen werden: http://www.mondaq.com/turkey/x/500908/Renewables/Revolutionary+Changes+In+The+Renewable+Support+Mechanism+New+YEKDEM+For+Turkey.

798 Atiyas/Çetin/Gülen, Reforming Turkish Energy Markets, S. 112, 133 f.

799 Yalkı, Toplam Enerji Arzı içerisinde Yenilenebilir Enerjinin Payı ve OECD Ülkeleri Üzerine Bir Uygulama, S. 100; Adıyaman, Türkiye'nin Yenilenebilir Enerji Politikaları,

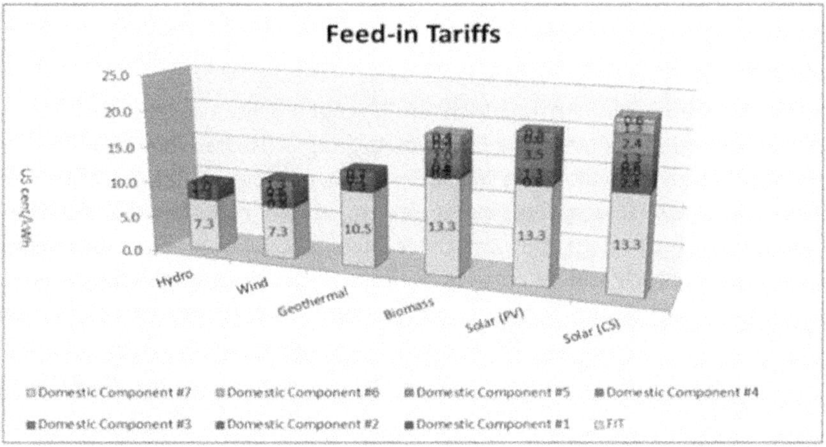

Abb. 2: Einspeisevergütungen für die Technologiearten

Kriterien die Anlage 2 des YEK 2011 entstanden ist und ob es in naher Zukunft zu einer Modifizierung der Liste kommen wird.

3. *Lizenzfreie Stromerzeugung*

Wie zuvor erörtert ist der Anlagenbetreiber unter gewissen Umständen von der Einholung einer Lizenz befreit. Nach § 6/A Abs. 2 YEK 2011 können Betreiber von EE-Anlagen auch im Falle der lizenzfreien Stromerzeugung nach § 3 Abs. 3 EPK 2001 (jetzt: § 14 Abs. 3 EPK) für die Dauer von 10 Betriebsjahren von den Regelungen zur gesetzlichen Einspeisevergütung profitieren. Regional zuständige EVU sind zur Abnahme dieses Stroms verpflichtet, vgl. § 5 Abs. 2 YEKDEM-Verordnung. Entsprechendes ergibt sich aus §§ 5 Abs. 2, 18 Abs. 1, 3 der Lizenzfreie-Stromerzeugungs-Verordnung.[800] Dass dieses Privileg erst mit der Novellierung des YEK im Dezember 2010 eingeführt wurde, ist unschädlich. Denn vor diesem Zeitpunkt gab es de facto keine lizenzfreien Erzeugungsanlagen. Das erste türkische lizenzfreie Solarkraftwerk wird erst seit August 2012 betrieben.[801] Wie mit der die Eigenversorgung überschießenden

---

S. 129, 135 f.; Urgun, Yenilenebilir Enerji Kaynakları Bakımından Türkiye'nin Potansiyeli ve bu Potansiyelin Harekete Geçirilmesine Yönelik Stratejiler, S. 129, 136.

800 Entsprechendes ergibt sich zudem aus §§ 5 Abs. 2, 8 Abs. 3 YEKDEM-Verordnung.

801 Siehe hierzu einen diesbezüglichen Artikel auf folgender Internetseite: http://www.milliyetemlak.com/dergi/iste-turkiyenin-ilk-resmi-gunes-enerjisi-santrali/.

Stromproduktion nach Ablauf der gesetzlichen Förderdauer zu verfahren ist, steht derzeit nicht fest und führt deshalb bei den Teilnehmern des lizenzfreien Energiemarktes zur Unsicherheit.[802]

Diesem Bedenken wird jedoch entgegengebracht, dass die lizenzfreie Stromproduktion vor allem die Eigenversorgung – also den Eigenverbrauch – bezweckt. Die Möglichkeit der Veräußerung der Überproduktion sollte nach dem Willen des Gesetzgebers nicht der tragende Grund bei der Entscheidung zur Investition in die lizenzfreie Stromproduktion sein. Tatsächlich hat sich dies jedoch anders entwickelt. Es wird davon ausgegangen, dass die zuständigen staatlichen Stellen in den kommenden Jahren vor Ablauf der zehnjährigen Förderdauer der ältesten lizenzfreien Anlagen eine gesetzliche Lösung hinsichtlich des überschüssigen Stroms entwickeln werden. Als Möglichkeiten werden angeführt, dass die lizenzfreien Anlagenbetreiber ggf. gegen ein moderates Entgelt eine Erzeugungslizenz beantragen könnten bzw. der überschüssige Strom zu festgesetzten Preisen auf dem Energiemarkt veräußert werden dürfte. Eine rechtliche Prognose ist in diesem frühen Stadium nicht möglich.

Zudem regelte § 21 Abs. 1 der Lizenzfreie-Stromerzeugungs-Verordnung, dass der Verteilernetzbetreiber bei der Preisermittlung zusätzlich zum gesetzlichen Einspeisepreis die nach der Anlage 2 des YEK 2011 für die Dauer von fünf Betriebsjahren zugesicherten Boni für die Verwendung von einheimischen Komponenten bei der Errichtung einer EE-Anlage berücksichtigen musste. Im Oktober 2016 schaffte die EPDK jedoch diese Regelung mit der Änderung der Lizenzfreie-Stromerzeugungs-Verordnung ab. Dieser Umstand hatte jedoch keine tatsächlichen Auswirkungen auf die Anlagenbetreiber. Die Betreiber von lizenzfreien Solaranlagen konnten bereits zuvor von diesen Boni regelmäßig nicht profitieren. Die Einholung der nötigen Bescheinigungen zum Nachweis der Verwendung von lokalen Anlagenkomponenten stellte sich als eine schwierige bürokratische Prozedur dar. Zudem waren die entsprechenden Anlagenteile im internationalen Vergleich grundsätzlich erheblich teurer, sodass auch die vorgesehenen Boni diese Diskrepanz nicht ausglichen. Insgesamt erhalten Anlagenbetreiber also im Falle der lizenzfreien Stromerzeugung – mit Ausnahme der Boni für einheimische Komponenten – dieselben Privilegien wie bei gewöhnlichen lizenzierten EE-Anlagen, wenn sie ihren überschüssigen Strom

802 Özbuğday, Türkiye'de Yenilenebilir Enerji Yatırımları için Risk Algısı, Türkiye Enerji Vakfı Mayıs 2016, S. 17.

ins Stromnetz einspeisen.[803] Die gesetzliche Betriebszeit beginnt für diese Anlagen mit der teilweisen oder vollständigen Betätigung der EE-Anlage und der erstmaligen Stromerzeugung, sodass der Anlagenbetreiber ab diesem Zeitpunkt hinsichtlich des überschüssigen Stroms von dem YEKDEM-Fördermechanismus profitieren kann.

Um insb. die längere Verfahrensdauer, die erheblich höheren Zusatzkosten sowie den Wettbewerb bei der Vergabe von Lizenzen zu umgehen, entschieden sich viele Investoren für die Variante der lizenzfreien Stromerzeugung durch EE-Anlagen mit einer installierten Kapazität von bis zu 1 MW. Dabei verknüpften viele Betreiber sogar mehrere solcher 1-MW-Anlagen auf einem einheitlichen Standort, sodass rechtlich zwar einzelne Erzeugungsanlagen vorhanden waren, es sich de facto jedoch um eine Gesamtanlage mit einer installierten Kapazität von teilweise mehr als 20 MW handelte. Damit umgingen sie entgegen des gesetzlichen Sinn und Zweckes den für eine lizenzierte Anlage einzuhaltenden Verfahrensweg. Zudem gab es keine gesetzliche Anordnung, die einen eigenen Mindestverbrauch für die lizenzfreien Anlagen festlegte. Die Betreiber dieser lizenzfreien Anlagen veräußerten deshalb regelmäßig 99 Prozent des erzeugten Stroms auf dem freien Energiemarkt. Dies lief dem Sinn der Ausnahmevorschrift entgegen, da durch diese Privilegierung Industrieakteure sowie Haushalte zur Eigenerzeugung des verbrauchten Stroms angehalten werden sollten und nur im Falle eines zusätzlichen Restwertes eine Einspeisung in das Stromnetz ermöglicht werden sollte. Diese ungewollte Situation führte im März 2016 zur grundlegenden Novellierung der Lizenzfreie-Stromerzeugung-Verordnung. Durch diese Reform wurden verschiedene Hürden eingeführt, um diese Entwicklung künftig zu verhindern. § 6 Abs. 10 Lizenzfreie-Stromerzeugungs-Verordnung regelt nunmehr, dass Betreiber von EE-Anlagen mit Ausnahme von Dachkonstruktionen im Falle der Solar- und Windenergie an jedem einzelnen regionalen Umspannwerk eine installierte Kapazität von nicht mehr als 1 MW betreiben dürfen. Mit dieser Regelung wird künftig verhindert, dass durch eine einzelne Person mehrere lizenzfreie Anlagen an einem Standort funktional gebündelt werden.[804]

---

803 Gedik/Eraksoy, Renewable Energy: A Quick Guide to Turkish Regulatory Framework (December 2013), S. 6 f.; abrufbar im Internet unter: http://www.gedikeraksoy.com/publications/Renewable_Energy_Legislation.pdf.

804 Siehe hierzu insgesamt folgende Artikel: http://enerjimaden.com/son-haberler/lisanssiz-elektrik-uretiminde-istismar-ortadan-kaldirilacak.html; http://www.erdem-erdem.av.tr/yayinlar/hukuk-postasi/lisanssiz-elektrik-uretimi-yonetmeliginde-onemli-degisiklikler/; http://www.hurriyet.com.tr/enerjide-es-dost-istismarina-son-40075229;

Zudem bestimmt § 6 Abs. 12 Lizenzfreie-Stromerzeugungs-Verordnung, dass bei der Errichtung dieser Anlagen künftig als Höchstgrenze darauf zu achten ist, dass die zu installierende Kapazität nicht 30 Mal höher als die verbrauchte Kapazität der Einrichtung ist, zu deren Eigenversorgung die EE-Anlage errichtet werden soll. Soweit die Einrichtung etwa mit einer Erzeugungsanlage von 30 kW vollständig versorgt werden kann, darf in diesem Falle die lizenzfreie EE-Anlage im Falle der Solar- und Windenergie eine zu installierende Kapazität von höchstens 900 kW – und nicht etwa 999 kW – aufweisen. Insbesondere durch diese Neuregelung wird eine diesbezügliche wirtschaftliche Betätigung erheblich eingeschränkt. Hinzu kommt, dass die eigentümerrechtliche Übertragung der lizenzfreien Erzeugungsanlage vor der Inbetriebnahme[805] erheblich eingeschränkt wurde und nunmehr auch bei juristischen Personen die Umschreibung der Inhaberbriefe untersagt ist, vgl. §§ 29 Abs. 1, 31 Abs. 20 Lizenzfreie-Stromerzeugungs-Verordnung. Diejenigen Personen, die entsprechende Genehmigungen zur Errichtung dieser EE-Anlagen nur zu Weiterveräußerungszwecken beantragen, sollen so aus dem Markt verdrängt werden.

4. *Weitere finanzielle Vorteile*

Neben den bereits angeführten Fördermitteln regelt das YEK 2011 zugunsten der Betreiber von EE-Anlagen weitere Vorteile.

Nach § 6/C YEK 2011 können Betreiber an ihren EE-Anlagen etwaige Kapazitätserweiterungen vornehmen, falls sie innerhalb des in der Lizenz angegebenen Gebiets bleiben und die insgesamt in das Stromnetz einzuspeisende Leistung nicht die in der Lizenz bewilligte installierte Leistung übersteigt. Diese Anträge werden bei der Prüfung der vorhandenen Netzkapazitäten seitens der EPDK bevorzugt berücksichtigt. Ein Antrag auf Lizenzerweiterung zur Erhöhung der Kapazität, zur Modernisierung sowie zur Reparatur der vorhandenen Windenergieanlagen wird gemäß § 7 Abs. 7 EPK 2013 außerdem genehmigt, wenn die ÜNB sowie VNB den Antrag hinsichtlich der Anbindung der neuen Menge positiv bescheiden, in derselben Region kein weiterer Lizenzantrag vorliegt und für die neu zu berechnende Kapazität derselbe Verknüpfungspunkt, dasselbe Stromnetz und die gleiche Spannungsebene maßgeblich sind, vgl. § 24 Abs. 5 Lizenzverordnung für den Strommarkt. So erleichtert der türkische Gesetzgeber die Kapazitätserweiterung für Betreiber von Windenergieanlagen, insb. weil sie

---

http://www.lbfpartners.com/tr/yayin/lisanssiz-elektrik-uretimine-iliskin-yenilikler.html.

805 „Geçici Kabul", also die vorübergehende Genehmigung der Anlage, ist notwendig.

hierdurch nicht zur Teilnahme an einem Ausschreibungsverfahren gezwungen werden. Von dieser Privilegierung machen daher auch viele Anlagenbetreiber Gebrauch. In der Regel realisieren sie aufgrund hoher Investitionskosten erst einen Teil des möglichen Projektes.[806] Gerade wenn sie finanziell positive Erfahrungen mit dem Projekt machen, erweitern sie die Anlage nach einigen Jahren um weitere Windräder und erhöhen so das Volumen ihrer installierten Kapazität und somit auch ihre Gewinneinnahmen. Grundsätzlich beschied TEİAŞ als nationaler ÜNB in der Vergangenheit auch positiv über die gestellten Anträge. Die rasante Zunahme der zu installierenden Kapazität, die Anzahl der vorhandenen Anlagen und die damit einhergehende Zunahme der Anträge zur Kapazitätserweiterung zwangen TEİAŞ im Februar 2016 zu einer diesbezüglichen Neuregelung. Neben den bereits geltenden Bewertungskriterien bei der Zulassung von Kapazitätserweiterungen prüft sie nunmehr auch den prozentualen Anteil der Windenergieanlagen an der regional installierten Stromkapazität und bestimmt anhand dessen eine Höchstsumme für die zu installierende Kapazitätserweiterung.

Neben den bereits aufgezählten Privilegierungen enthält § 7 YEK 2011 für Betreiber von EE-Anlagen zur Eigenversorgung weitere Vorteile, die zu wesentlichen Kostenerleichterungen führen. Danach sind Betreiber, die für den Eigenbedarf eine Anlage mit der Kapazitätsleistung von maximal 1 MW errichten, von den Gebühren der folgenden Leistungen befreit: verbindliches Projekt, Planung, Leitplan, Vorprüfung, Vorstudien oder die vom Amt des Staatlichen Wasserwerkes bzw. vom Forschungsamt zur Stromwirtschaft erstellte Planungen. Diese Privilegierungen fördern den Ausbau von Kleinanlagen, insb. in der produzierenden Wirtschaft sowie in den Haushalten.

Nach § 4 YEK 2011 dürfen zudem keine Flächennutzungspläne erstellt werden, welche die Nutzung und den Ertrag von Erneuerbaren Energien auf öffentlichen Flächen beeinträchtigen. Damit wird vermieden, dass Ortschaften mit einem ertragsreichen Potential zur Stromerzeugung aus Erneuerbaren Energien anderweitig genutzt werden. Die diesbezüglichen Ausbaumöglichkeiten zur Stromproduktion sollen durch nachteilige Planungen nicht gehemmt werden.

Schließlich enthält § 8 YEK 2011 hinsichtlich der zur Errichtung der EE-Anlagen notwendigen Grundflächen weitere Förderbestimmungen. Nach § 8 Abs. 1 YEK 2011 bekommt der Anlagenbetreiber für ein Grundstück dann eine Genehmigung, ein Mietrecht, oder eine Nutz- bzw. Nutznießungsrecht, wenn es sich

---

806 Kelecioğlu, Türkiye'de Yenilenebilir Enerji Yatırımlarının Finansmanı, Sorunlar ve Çözüm Önerileri, S. 34f.

um eine öffentliche Grundfläche wie etwa eine Forst oder ein Sonderbesitz des Schatzamtes mit öffentlicher Verfügungsgewalt handelt und der Antragssteller das Gebiet für die Errichtung der EE-Anlage, der Verkehrswege oder der Stromnetzanbindung nutzen will.[807] Das gleiche Nutzungs- und Mietrecht erhalten Antragssteller gemäß § 8 Abs. 2 YEK 2011 für solche Grundflächen, bei denen es sich bspw. um öffentliche Weiden, Almen, Winterquartiere oder Wiesen handelt. Mit der Novellierung des YEK Ende 2010 fügte der türkische Gesetzgeber ein höchst umstrittenes Privileg zugunsten der Anlagenbetreiber hinzu.[808] Nach § 8 Abs. 5 YEK 2011 ist mit Zustimmung des zuständigen Ministeriums die Errichtung von EE-Anlagen in Nationalparks, Naturparks, Naturschutzgebieten, Waldschutzgebieten, Gebieten zur Förderung des Wildlebens und Sonderumweltschutzgebieten gestattet. Mit Zustimmung des zuständigen Regionalrates für Denkmalschutz ist die Errichtung solcher Anlagen auch in unter Denkmalschutz stehenden Naturgebieten möglich. In diesem Zusammenhang ist jedoch hervorzuheben, dass EE-Anlagen im größtmöglichen Sinne im Einklang mit ihrem natürlichen Umfeld stehen und die natürlichen Ressourcen nicht zerstören bzw. unverhältnismäßig beschädigen sollen.[809] Insbesondere bei der Errichtung der Wasserkraftwerke wird regelmäßig kritisiert, dass der Grundsatz der Verhältnismäßigkeit aufgrund der Missachtung der Bedürfnisse der Anwohner sowie der umweltrechtlichen Interessen verletzt werde.[810] Eines der Hauptziele der Förderung der Erneuerbaren Energien liegt in ihrer Umweltfreundlichkeit, sodass „umweltfeindliche" Anlagen grundsätzlich nicht errichtet werden dürfen. Daher erscheint es nicht zweckmäßig, dass diesbezügliche Genehmigungen von Ministerien – und nicht etwa von unabhängigen Institutionen wie dem Amt für Denkmalschutz bzw. dem Amt für Kultur- und Naturschutz – vergeben

---

807 Ersanlı, Renewable Energy in Regional Planning and Development: An Evaluation of Development Agencies in Turkey, S. 61 f.; Gedik/Eraksoy, Renewable Energy: A Quick Guide to Turkish Regulatory Framework (December 2013), S. 6 f.

808 Öztaşkan, Avrupa Birliği Sürdürülebilir Kalkınma Politikaları Kapsamında Yenilenebilir Enerji Kaynaklarına Yönelim ve Türkiye'nin Durumunun Değerlendirilmesi, S. 77, 86.

809 Öztaşkan, Avrupa Birliği Sürdürülebilir Kalkınma Politikaları Kapsamında Yenilenebilir Enerji Kaynaklarına Yönelim ve Türkiye'nin Durumunun Değerlendirilmesi, S. 77, 86 f.; Adıyaman, Türkiye'nin Yenilenebilir Enerji Politikaları, S. 137.

810 Urgun, Yenilenebilir Enerji Kaynakları Bakımından Türkiye'nin Potansiyeli ve bu Potansiyelin Harekete Geçirilmesine Yönelik Stratejiler, S. 146; hierzu ein kritischer Beitrag in der deutschen Presse: http://www.zeit.de/2013/19/tuerkei-staudamm-umweltzerstoerung.

werden.[811] Eine diesbezügliche Genehmigung bzw. Untersagung der Errichtung solcher EE-Anlagen sollte grundsätzlich politisch neutral ausfallen. Eine solche objektive Entscheidungspraxis kann aber dann nicht sichergestellt sein, wenn das Entscheidungsgremium eine politische Instanz ist. Zudem besteht die Gefahr, dass diesbezügliche Entscheidungen in Zeiten von politischen Spannungen aufgrund anderer Belange verschoben bzw. ausgesetzt werden. Dies führt letztlich zu dem erhöhten Risiko, dass der Ausbau der Erneuerbaren Energien gehemmt wird. Staatlich neutrale Institutionen sind einem solchen Risiko in geringerem Maße ausgesetzt. Jedoch hat das türkische Verfassungsgericht diese Vorschrift mit Verweis darauf, dass sie nicht per se die Errichtung von EE-Anlagen erlaubt, als verfassungskonform erklärt.[812] Es seien zudem einfachrechtliche Genehmigungen gemäß den Fachgesetzen notwendig, die der staatlichen Überprüfung zugänglich seien. Ohne die Einholung dieser Genehmigungen könne auch die streitige Norm keine rechtlichen Wirkungen entfalten. Bei deren Vergabe seien die staatlichen Stellen umfassend an die umweltrechtlichen Schutzvorschriften gebunden.[813]

In allen Fällen der Genehmigung, der Vermietung oder der Gewährung eines Nutzungs- bzw. Nutznießungsrechtes für die öffentlichen Grundstücke erhält der Anlagenbetreiber gemäß § 8 Abs. 3 YEK 2011 für die ersten 10 Jahre der Investitionsphase und des Betriebs für die EE-Anlagen, die Zufahrtswege und die Energietransportleitungen einen Nachlass von 85 Prozent auf die Genehmigungsgebühren, Mietzinsen, Gebühren für Dienstbarkeitsrechte und Nutzungsgenehmigungsgebühren. Aufgrund dieser Nachlässe verringert sich insb. die Höhe der bei den Kreditinstituten zu beantragenden Fremdfinanzierung.

5. *YEKDEM-Fördermechanismus*

Die YEKDEM-Verordnung regelt die Ausstellung und Nutzung des YEKDEM-Zertifikats. Daneben bestimmt sie vor allem die Zulassungs- und Teilnahmeregeln eines Anlagenbetreibers zum YEKDEM-Fördermechanismus.

---

811 TBMM Tutanak Dergisi, Dönem 23, Toplantı 44, c. 88 (29 Aralık 2010), S. 365 (Protokollblätter des türkischen Parlaments).

812 Türkisches Verfassungsgericht (Anayasa Mahkemesi), Esas Sayısı 2011/27, Karar Sayısı 2012/101, S. 12.

813 Türkisches Verfassungsgericht (Anayasa Mahkemesi), Esas Sayısı 2011/27, Karar Sayısı 2012/101, S. 12.

a) *YEKDEM-Zertifikat*

Für jeden Betreiber von EE-Anlagen, der gemäß §§ 4 Abs. 3, 7 Abs. 1 EPK 2013 notwendigerweise den Status einer juristischen Person innehat[814], stellt der EPDK gemäß § 5 YEK 2011 ein „Zertifikat über Erneuerbare Energieressourcen", also ein YEKDEM-Zertifikat, aus. § 24 YEKDEM-Verordnung regelt für die Vergabe des YEKDEM-Zertifikats die näheren Einzelheiten. Hiernach besteht der Sinn und Zweck eines solchen Zertifikats darin, die Art der Erneuerbaren Energie im nationalen und internationalen Handel auszuweisen, die Zulassung zum YEKDEM-Fördermechanismus zu ermöglichen sowie den Emissionshandel zu gewährleisten. Ein solches Zertifikat wird grundsätzlich nur ausgestellt, wenn der erzeugte Strom ausschließlich aus Erneuerbaren Energien gewonnen wird.

b) *Anspruchsgegner*

Gemäß § 6 Abs. 6 YEK 2011 sind alle EVU, die Letztverbraucher mit Strom beliefern, zur Finanzierung der Einspeisevergütung zugunsten der teilnehmenden Anlagenbetreiber im YEKDEM-Fördermechanismus verpflichtet. Bei der Ermittlung der Höhe des zu tragenden Anteils vom Gesamtbetrag kommt es darauf an, in welchem Umfang das EVU im Verhältnis zu den anderen Versorgern am Strommarkt aktiv ist. Derzeit sind insgesamt 171 EVU auf dem Energiemarkt vorhanden, wobei 21 Teilnehmer regional beauftragte EVU sind.[815] Auch insoweit sind die wesentlichen Grundsätze in der YEKDEM-Verordnung geregelt. Nähere Einzelheiten zu dem Ablauf der Zahlungskette sowie dem Ausgleich innerhalb der Erwerbs- und Veräußerungsstruktur werden im Rahmen der Besprechung zum Ausgleichsmechanismus erörtert.

c) *Ausschluss der anteilmäßigen Teilnahme am YEKDEM-Fördermechanismus*

Nach Erhalt eines YEKDEM-Zertifikats kann der Betreiber einer EE-Anlage von dem YEKDEM-Fördermechanismus profitieren oder sich für die eigenständige Vermarktung seines Stroms auf dem freien Energiemarkt entscheiden. Der Anlagenbetreiber kann sich jedoch nicht für einen zuvor konkretisierten Prozentsatz jeweils für den YEKDEM-Fördermechanismus und hinsichtlich der

---

814 Anlagenbetreiber sind gemäß § 5 Abs. 1, 2 Lizenzfreie-Stromerzeugungs-Verordnung im Falle des zulässigerweise lizenzfreien Betriebs auch von der Verpflichtung befreit, den Status einer juristischen Person vorzuweisen.

815 Siehe hierzu: http://enerjienstitusu.com/2017/02/24/epdk-elektrik-tedarikcilerine-yaptirim/.

restlichen Stromproduktion für die selbständige Veräußerung auf dem Strommarkt entscheiden. Begehrt der Anlagenbetreiber den Beitritt in den Fördermechanismus, so ist er gemäß § 23 YEKDEM-Verordnung verpflichtet, den in der eingetragenen Anlage produzierten Strom vollständig über den YEKDEM-Fördermechanismus abzuwickeln. Eine anderweitige wirtschaftliche Weitergabe des Stroms ist in diesem Fall gemäß § 5 Abs. 1 Satz 2 a.E. YEKDEM-Verordnung vollkommen ausgeschlossen.[816]

d) Dauer der Teilnahme am YEKDEM-Fördermechanismus

Der YEKDEM-Fördermechanismus ist gemäß § 7 Abs. 3 YEKDEM-Verordnung für den Zeitraum von jeweils einem Kalenderjahr vom 1. Januar bis zum 31. Dezember geregelt. Anlagenbetreiber, die für das kommende Jahr an dem Fördermechanismus teilnehmen möchten, müssen gemäß § 6 Abs. 2 YEK 2011 und § 5 YEKDEM-Verordnung bis zum 31. Oktober des laufenden Jahres bei der EPDK einen Antrag zur Aufnahme stellen. Nach Einreichung des Antrags hat der Antragssteller zwar die Möglichkeit, diesen wieder schriftlich zurückzuziehen. Jedoch endet die Frist gemäß § 5 Abs. 4 YEKDEM-Verordnung auch diesbezüglich am 31. Oktober, sodass der Antrag nach diesem Zeitpunkt nicht mehr disponibel ist.[817]

Im Rahmen der Antragsstellung muss der Anlagenbetreiber neben dem YEKDEM-Zertifikat gemäß § 5 Abs. 3 YEKDEM-Verordnung insb. das vorgegebene ausgefüllte Antragsformular mit der Auflistung der wichtigsten Daten zur Anlage und zum Anlagenbetreiber sowie eine Bescheinigung zur Erzeugerlizenz einreichen.

Der Energieregulierungsbehörde EPDK steht das diesbezügliche Prüfungsrecht zu, sodass sie darüber zu entscheiden hat, welche der EE-Anlagen im anschließenden Kalenderjahr in den YEKDEM-Fördermechanismus aufgenommen werden. Dabei steht der EPDK aber kein Ermessen zu, sodass sie den Antrag nicht ablehnen darf, wenn die seitens des Antragsstellers eingereichten Unterlagen vollständig sind und der Antrag den gesetzlichen Anforderungen genügt. Bei rechtmäßiger Antragsstellung fügt die EPDK die jeweilige Anlage daher in eine sog. Vorliste. Diese enthält allgemeine Informationen zum Alter der Anlagen, zur installierten Kapazität und zur Art der Erneuerbaren Energie. Die Vorliste wird gemäß § 6 Abs. 1 YEKDEM-Verordnung innerhalb der ersten zehn Oktobertage auf der offiziellen Internetpräsenz der EPDK veröffentlicht.

---

816 Gözen, International Journal of Energy Economics and Policy, 2014/4, S. 281.
817 Gözen, International Journal of Energy Economics and Policy, 2014/4, S. 281.

Anhand dieser Informationen haben Antragssteller gemäß § 6 Abs. 2 YEKDEM-Verordnung innerhalb von fünf Tagen die Möglichkeit, zuvor getätigte unrichtige Angaben zu korrigieren bzw. fehlende Daten zu vervollständigen. Zudem können unbeteiligte Dritte auf Grundlage dieser Vorliste der Aufnahme einer bestimmten Anlage in den YEKDEM-Fördermechanismus widersprechen, soweit ihre persönlichen Rechte verletzt sind. Die bloße Verletzung von allgemeinen Rechtsgütern oder die Tangierung der Rechte einer anderen Person kann jedoch niemand geltend machen. Diese Widersprüche und Korrekturvorschläge werden seitens der EPDK geprüft und bis zum 25. November endgültig beschieden. Anschließend erstellt die EPDK bis zum 30. November mit der Auflistung der EE-Anlagen, die im folgenden Kalenderjahr dem YEKDEM-Fördermechanismus angehören werden, eine endgültige Liste. Diese wird gemäß § 7 YEKDEM-Verordnung über die offizielle Internetpräsenz veröffentlicht und dem Marktregulierer mitgeteilt.[818] Bis September 2015 war die Zentralstelle des Energiemarktes für Finanzausgleich (PMUM)[819] als Teil des nationalen ÜNB TEİAŞ der zuständige Marktregulierer. Mit der Aufnahme der operationellen Geschäfte durch die Energiebörse EPİAŞ ging insoweit sämtliche Verantwortung im September 2015 auf diese über. Gemäß § 7 Abs. 2 YEKDEM-Verordnung enthält die sog. endgültige Liste Angaben zur Art der eingesetzten Erneuerbaren Energie, zum Datum der Betriebsaufnahme, zur jährlichen Stromerzeugungskapazität und zum jährlichen Energieerzeugungsplan.[820]

Falls die dem YEKDEM-Fördermechanismus angehörenden Anlagenbetreiber für das anschließende Kalenderjahr weiterhin die gesetzliche Einspeisevergütung beanspruchen wollen, müssen sie entsprechend der aufgeführten Anforderungen einen erneuten Antrag stellen. Insbesondere müssen sie dann die entsprechenden Fristenregelungen beachten. Eine automatische Fortführung des Fördermechanismus ist nicht vorgesehen. Deshalb sind die jeweiligen Teilnehmer auch nicht gezwungen, irgendwelche Maßnahmen zum Austritt aus dem YEKDEM-Fördermechanismus für das kommende Kalenderjahr vorzunehmen, da dies mit dem Ablauf des Kalenderjahrs automatisch geschieht.

---

818 Bis zur Eröffnung der Energiebörse EPİAŞ im März 2015 wurde diese Liste dem damaligen Marktregulierer TEİAŞ zugestellt.

819 Der Langtitel lautet „Piyasa Mali Uzlaştırma Merkezi".

820 Die YEKDEM-Liste für das Kalenderjahr 2017 ist unter folgendem Link der EPDK abrufbar: http://www.epdk.org.tr/TR/Dokumanlar/Elektrik/Yekdem/2017; Kelecioğlu, Türkiye'de Yenilenebilir Enerji Yatırımlarının Finansmanı, Sorunlar ve Çözüm Önerileri, S. 45.

e) Bestimmungen zur Berechnung der Förderhöhe

aa. Ursprüngliche Regelung

Bis zum Jahr 2011 erfolgte die Berechnung der gesetzlichen Einspeisevergütung unmittelbar nach den Vorschriften des YEK 2005, da die YEKDEM-Verordnung 2005 insoweit keinerlei Berechnungsmaßstäbe enthielt. Sie berechnete sich gemäß § 6 lit. c) YEK 2005 aus dem von der EPDK für jedes Kalenderjahr festgelegten durchschnittlichen Großhandelsverkaufspreis für Strom in der Türkei im Vorjahr. Dieser Preis durfte jedoch nicht weniger als den Gegenwert in türkischer Lira von 5 Eurocent/kWh und nicht mehr als den Gegenwert in türkischer Lira von 5,5 Eurocent/kWh betragen. Grundsätzlich wurde also der einspeiste Strom des Anlagenbetreibers mit dem durchschnittlichen Großhandelsstrompreis des Vorjahres und sodann mit dem aktuellen Tageskurs der türkischen Lira multipliziert. Die verantwortliche juristische Person mit einer Einzelhandelsverkaufslizenz, die zur Abnahme und Vergütung des Stroms verpflichtet war, zahlte an den Anlagenbetreiber den Endbetrag in türkischer Währung aus.

bb. Novellierung der YEKDEM-Verordnung im Jahr 2011 sowie Überarbeitung im Jahr 2013

Im September 2011 verkündete die EPDK eine grundlegend überarbeitete YEKDEM-Verordnung. Die gesetzliche Einspeisevergütung berechnete sich mit der ursprünglichen Fassung der YEKDEM-Verordnung 2011 i.V.m. YEK 2011 grundsätzlich nach der folgenden einfachen Formel: Die nach Anlage 1 des YEK 2011 vorgesehene gesetzliche Einspeisevergütung wurde – falls vorhanden – gemäß Anlage 2 des YEK 2011 zu den Boni für die einheimischen Anlageprodukte addiert. Dieser Wert wurde mit der erzeugten Strommenge multipliziert, um schließlich für die Gesamtsumme in US-Dollar anhand der Statistiken der Türkischen Zentralbank den aktuellen Tageswert der türkischen Lira zu bestimmen, § 12 Abs. 1 a. E. YEKDEM-Verordnung 2011.[821] Diese Rechnung wurde gemäß § 20 Abs. 1, 3, 7 YEKDEM-Verordnung 2011 im jeweiligen Kalendermonat täglich aufgestellt, damit der Anlagenbetreiber anschließend von dem Marktregulierer die monatliche Gesamtsumme geltend machen konnte.

Die Teilnehmer des YEKDEM-Fördermechanismus hatten weder im Falle eines bestehenden Überangebotes eine gesetzliche Verpflichtung zur Abregelung ihrer Stromproduktion noch ein entsprechendes Preis- und Abnahmerisiko zu befürchten. Nach § 11 YEKDEM-Verordnung 2011 waren sie zwar

821 Yenilmez, Yenilenebilir Enerji Kaynakları Teşvik Politikalarının Karşılaştırılması, S. 163.

verpflichtet, dem Marktregulierer ihre Prognosen zur Stromproduktion weiterzuleiten, damit dieser den voraussichtlich einzuspeisenden Strom auf dem Day-Ahead-Markt verkaufen konnte. Jedoch mussten sie für die Über- und Unterschreitung dieser fehlerhaften Prognoseangaben finanziell nicht selbst aufkommen, da gemäß § 18 Abs. 2 YEKDEM-Verordnung 2011 auch diese Mehrkosten auf die EVU umverteilt wurden. Finanzielle oder anderweitige Sanktionen sah die Verordnung nicht einmal bei grob fahrlässigen oder bewusst falschen Leistungsprognosen vor.

Darüber hinaus mussten die Teilnehmer des YEKDEM-Fördermechanismus nicht in den Ausgleichsmarkt eintreten und bei dem Ausgleich zwischen der Stromproduktion sowie dem Stromverbrauch Verantwortung übernehmen. An diesen Grundsätzen änderte sich auch mit der Novellierung der YEKDEM-Verordnung im Jahr 2013 nichts, vgl. § 23 Abs. 3 YEKDEM-Verordnung 2013.

Bis dahin übertrugen also die am YEKDEM-Fördermechanismus teilnehmenden Anlagenbetreiber ihre Stromproduktion in das YEKDEM-Portfolio, das von dem Marktregulierer geleitet und verwaltet wurde. Nach dieser Einspeisung waren sie von jeglichen weiteren Verpflichtungen auf dem Strommarkt befreit und bekamen für die gesamte Stromproduktion eine gesetzlich fixierte Einspeisevergütung, ohne gewisse Abzüge durch selbst verursachte Schwankungen zu befürchten („produce and forget“).[822]

cc. Änderung des YEKDEM-Fördermechanismus im April 2016

(1) Gründe der Novellierung

Im Jahr 2011 betrug die installierte Kapazität der am YEKDEM-Fördermechanismus teilnehmenden Anlagen noch 500 MW, wohingegen dieser Wert im Jahr 2014 auf ca. 1800 MW und sodann im Jahr 2015 auf bereits 5400 MW anstieg. Innerhalb eines Jahres zwischen 2014 und 2015 verdreifachte sich also die im YEKDEM-Fördermechanismus vorhandene Kapazitätsleistung. Im Jahr 2016 stieg die Zahl der am YEKDEM-Fördermechanismus teilnehmenden Anlagen sogar auf 556 und der Gesamtbetrag der installierten Kapazität bildete einen Rekordwert von 14684 MW, sodass erneut innerhalb eines Jahres eine Verdreifachung der teilnehmenden Kapazitätsleistung vorlag.[823] Im Jahr 2017 betrug die

---

822 Diesen Ausdruck benutzte u. a. der damalige Bundeswirtschaftsminister Gabriel in Bezug auf das EEG 2012; abrufbar im Internet unter: http://www.zeit.de/wirtschaft/2014-04/eeg-reform-kabinett.

823 Siehe hierzu:http://www.enerjigunlugu.net/icerik/16368/2016-yekdem-listesi-kesinlesti.html#.WIdaqht942w.

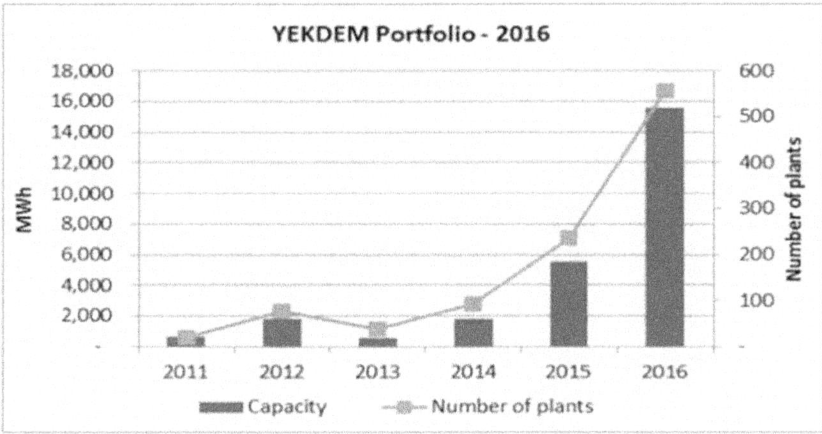

Abb. 3: Installierte Kapazität im YEKDEM-Fördermechanismus

Gesamtsumme der Kapazitätsleistung im Fördermechanismus ca. 17400 MW, sodass ein vergleichsweise geringer Anstieg zu den Vorjahren zu verzeichnen ist.[824] Zur Veranschaulichung dieser exponentiellen Entwicklung bis zum Jahr 2016 ist das folgende Diagramm hilfreich[825]:

Vor allem zwei Gründe haben dazu beigetragen, dass die Summe der installierten Kapazität im YEKDEM-Fördermechanismus von 2014 mit 1800 MW auf ca. 17400 MW im Jahr 2017 angestiegen ist.[826] Die Erstarkung des US-Dollars gegenüber der türkischen Lira[827] in den letzten Jahren hat dazu geführt, dass die gesetzliche Einspeisevergütung für die Anlagenbetreiber lukrativer geworden ist, da diese gemäß den Anlagen 1 und 2 des YEK 2011 nach dem US-Dollar berechnet und über den jeweils aktuellen Tageswert in

---

824 Siehe hierzu: http://enerjienstitusu.com/2016/11/29/yekdem-2017de-647-tesise-destek-verecek/.

825 Dieses Diagramm kann unter folgender Internetseite abgerufen werden: http://www.mondaq.com/turkey/x/500908/Renewables/Revolutionary+Changes+In+The+Renewable+Support+Mechanism+New+YEKDEM+For+Turkey.

826 Diese Summe stellt 23 Prozent der gesamten türkischen Kapazitätsleistung im Jahr 2017 dar.

827 Camadan, YEK'i yeniden demlesek de mi desteklesek yeniden demlemesek de mi, S. 9; abrufbar im Internet unter:https://my4e.files.wordpress.com/2017/04/yeki-yeniden-demlesek-de-mi-demlemesek-de-mi.pdf.

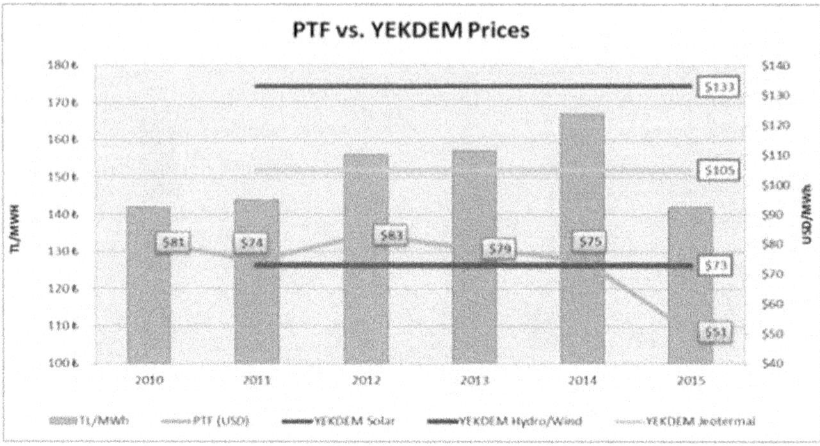

Abb. 4: Marktstrompreise und Einspeisevergütungen im Vergleich

türkischer Lira monatlich ausgezahlt wird.[828] Zudem sank der Strompreis auf dem Energiemarkt in den letzten Jahren erheblich und liegt aktuell regelmäßig weit unter den gesetzlichen Einspeisevergütungen.[829] Anhand der unteren Tabelle werden die Unterschiede zwischen den schwankenden Marktstrompreisen und den jeweiligen Einspeisevergütungen zwischen den Jahren 2010 und 2015 deutlich[830]:

Im Falle der Windenergie und Wasserkraft war der durchschnittliche Marktstrompreis (PTF[831]) bis zum Jahr 2014 gegenüber der gesetzlichen Einspeisevergütung grundsätzlich höher. Danach nahm dieser Wert jedoch stark ab, sodass bereits im Jahr 2015 die Differenz zwischen den beiden Werten im Falle der Windenergie und Wasserkraft zugunsten der gesetzlichen Einspeisevergütung ca. 22 US-Dollar/MWh betrug.[832] Im Falle der Geothermie und der Solarenergie waren die gesetzlichen Einspeisevergütungen bisher stets vorteilhafter, sodass

828 Turan, Enerji Piyasası Bülteni April-Juni 2016, S. 10 f.

829 Batı, Türkiye'de Sürdürülebilir Kalkınma ve Yenilenebilir Enerji Kaynakları, S. 195.

830 Die Tabelle kann unter folgender Quelle abgerufen werden: http://www.mondaq.com/turkey/x/500908/Renewables/Revolutionary+Changes+In+The+Renewable+Support+Mechanism+New+YEKDEM+For+Turkey.

831 Auf Türkisch „Piyasa Takas Fiyatı“.

832 Bis zum Jahr 2017 hat sich diese Differenz sogar weiter erhöht; siehe Camadan, YEK’i yeniden demlesek de mi desteklesek yeniden demlemesek de mi, S. 12.

der durchschnittliche Marktstrompreis insoweit mit der gesetzlichen Einspeisevergütung nicht konkurrieren konnte.

(2) Hervorgerufene Probleme

Dieser drastische Anstieg der Kapazitätsleistung im YEKDEM-Fördermechanismus verursachte bzw. vergrößerte die folgenden zwei gravierenden Probleme:

Da die teilnehmenden Anlagenbetreiber gemäß § 24 Abs. 3 lit. b) YEKDEM-Verordnung 2013 von der Verpflichtung zur Herstellung des Stromausgleichs bei einer bestehenden Imbalance befreit waren, führte dies – insb. bei Wasserkraftwerken mit Speicherkapazitäten von über 10 MW – zu der Gefährdung der allgemeinen Energieversorgungssicherheit.

Die Teilnehmer des YEKDEM-Fördermechanismus waren zwar gemäß § 10 YEKDEM-Verordnung 2013 verpflichtet, entsprechende Prognosen über die Stromproduktion für den anschließenden Tag an den Marktregulierer weiterzuleiten.[833] Da die Einhaltung dieser Verpflichtung nicht an Sanktionen geknüpft war, machten einige der teilnehmenden Anlagenbetreiber willkürliche und sogar über Wochen hinweg einheitliche, auf falschen Tatsachen beruhende Angaben. Mangels bestehender Sanktionen fühlten sie sich nicht genötigt, einen genauen Energieerzeugungsplan zu erstellen und die für diese Mehrarbeit notwendigen Personal- und Sachkosten aufzubringen. Dies führte zur Unkalkulierbarkeit der aufgestellten Daten und zum stärkeren Ungleichgewicht auf dem Energiemarkt. Sehr stark schwankende bzw. willkürliche Prognosewerte gab es zwar unter fast allen Teilnehmern des YEKDEM-Fördermechanismus. Vor allem Betreiber von Windenergieanlagen aber wiesen bei ihren Prognosen drastische Ungleichmäßigkeiten auf.[834]

Schließlich kam als weiterer Grund zur Novellierung der YEKDEM-Verordnung hinzu, dass es in der Schwarzmeerregion im Frühling 2016 aufgrund der Eisschmelze sowie der ungewöhnlich starken Regenniederschläge zu einem außergewöhnlich starken Wasservorrat kam.[835] Da die Stromnetzleitungen nicht ausreichten, mussten viele Betreiber von Wasserkraftwerken auf Anordnung des TEİAŞ den Betrieb einstellen.[836] Ohne eine Umstellung der

833 Siehe folgenden Link: http://www.dunya.com/sektorler/enerji/yekdem-elektrik-fiyatini-yukseltiyor-haberi-292299.

834 TÜREB, YEKDEM Yönetmeliği Değerlendirme Raporu 2016, S. 1; abrufbar im Internet unter: http://www.tureb.com.tr/files/yayinlar/yekdem_calistay_raporu.pdf.

835 Siehe hierzu: http://www.hurriyet.com.tr/enerji-bakanindan-elektrikte-sistem-uyarisi-40132034.

836 Sakarya, Elektrik Mühendisliği Dergisi Temmuz 2016, S. 53 f.; abrufbar im Internet unter: http://www.emo.org.tr/ekler/cae8e1866aa3315_ek.pdf?dergi=1039.

YEKDEM-Verordnung konnte den Anlagenbetreibern, die im Jahr 2016 dem YEKDEM-Fördermechanismus angehörten, aufgrund dieser Abregelungen keine finanzielle Entlastung zugesprochen werden, da sie nicht dem Gleichgewichtsmarkt unterworfen waren. Langfristig hätten diese finanziellen Nachteile bei den Betreibern der Wasserkraftwerke erhebliche Unruhen ausgelöst. Insbesondere war bereits am Anfang des Kalenderjahres abzusehen, dass im Mai und Juni 2016 viele solcher Betriebsunterbrechungen angeordnet werden mussten. Unter diesen Rahmenbedingungen wurde eine unverzügliche Novellierung der Verordnung als notwendig eingestuft, die auch entsprechend der befürchteten Abregelungen eine zügige Geltungswirkung entfalten sollte.

Es war mithin eine gesetzliche Neuregelung erforderlich, die den Teilnehmern des YEKDEM-Fördermechanismus eine umsetzbare und sanktionsfähige Verpflichtung zur konkreten Ermittlung der Prognosewerte auferlegte, um so das Gleichgewicht des Strommarktes zu garantieren und damit auch die technische und finanzielle Verantwortung der anderen Marktteilnehmer zu reduzieren. Letztere waren bereits zur Abgabe von richtigen Daten gesetzlich verpflichtet und mussten bei etwaigen Diskrepanzen entsprechende finanzielle Sanktionen befürchten. Letztlich sollte die Änderung des Fördermechanismus auch zur finanziellen Entlastung der Stromverbraucher führen, auf welche die durch das Ungleichgewicht des Energiemarktes produzierten Mehrkosten weiterhin regelmäßig zurückfielen.

(3) Neuerungen im YEKDEM-Fördermechanismus

Als Reaktion auf die dargestellte Entwicklung hat die EPDK am 29.4.2016 die YEKDEM-Verordnung grundlegend novelliert. Die Neuregelungen traten bereits am 1.5.2016 in Kraft.[837] Mangels einer Übergangsvorschrift fanden sie sogar auf alle Anlagenbetreiber Anwendung, die sich im Oktober 2015 für den YEKDEM-Fördermechanismus angemeldet hatten und im Kalenderjahr 2016 daran teilnahmen.

Durch die erfolgte Abschaffung des YEKDEM-Portfolios sind seitdem alle Anlagenbetreiber für die finanzielle Leitung ihrer Anlagen persönlich verantwortlich und tragen daher hinsichtlich schwankender Stromerzeugungsprognosen das finanzielle Risiko grundsätzlich selbst. Die Teilnehmer des YEKDEM-Fördermechanismus sind unter Beachtung der technischen Möglichkeiten nunmehr auch verpflichtet, auf dem Gleichgewichtsmarkt[838] Verantwortung zu

837 Umfassende Angaben zu den Neuregelungen sind auf folgender Internetseite nachzulesen: http://www.mondaq.com/turkey/x/500908/Renewables/Revolutionary+Changes+In+The+Renewable+Support+Mechanism+New+YEKDEM+For+Turkey.

838 Auf Türkisch „Dengeleme Güç Piyasası“.

übernehmen und ihre Stromerzeugung entsprechend diesbezüglicher Bedürfnisse der Energieversorgung zu optimieren.

Bei der Umstrukturierung der YEKDEM-Verordnung liegt die wichtigste Neuerung unstreitig darin, dass die Teilnehmer des YEKDEM-Fördermechanismus zu aktiven Mitgliedern des Energiemarktes geworden sind. Wie alle anderen Anlagenbetreiber sind sie gemäß §§ 15 Abs. 1, 23 Abs. 1 YEKDEM-Verordnung persönlich für die Veräußerung ihrer Stromproduktion verantwortlich. Dafür können sie sich vor allem auf dem Day-Ahead-Markt betätigen und ihre Stromproduktion am jeweils vorigen Tag über das vorgegebene Online-Programm der Strombörse EPİAŞ vermarkten.

Durch die Übertragung dieser Verantwortung werden die Anlagenbetreiber zu korrekten Angaben hinsichtlich der prognostizierten Stromproduktion veranlasst. Bei dieser Betätigung können sie ihr eigenes Portfolio mit denen der anderen Anlagenbetreiber zusammenführen. Zudem dürfen sie entsprechend § 23 Abs. 1, 2 der YEKDEM-Verordnung zur Vermarktung ihrer Stromproduktion sowie zur Verwaltung des Gesamtportfolios ein Direktvermarktungsunternehmen zivilrechtlich beauftragen. Jenseits des Day-Ahead-Markts können die Teilnehmer des YEKDEM-Fördermechanismus zur Veräußerung ihres Stroms auch den Intraday-Markt und - soweit es sich um eine zugelassene Anlage handelt – den Gleichgewichtsmarkt nutzen bzw. bilaterale Verträge abschließen.[839]

Die zweite wichtigste Neuerung besteht darin, dass die Anlagen im YEKDEM-Fördermechanismus durch die Änderung des § 23 Abs. 3 YEKDEM-Verordnung nicht mehr von der Verpflichtung zur Teilnahme am Gleichgewichtsmarkt befreit sind.[840] In diesem Sinne müssen sie entsprechend der Verordnung über die Ausgleichung und Schlichtung am Strommarkt[841] (DUY-Verordnung) wie alle weiteren Stromerzeugungsanlagen nunmehr auch kurz-, mittel- und langfristige Erzeugungsprognosen ermitteln und für die fehlerhaften Prognosen ab einem gewissen Prozentsatz kostenrechtlich Verantwortung übernehmen, vgl. § 23 Abs. 3 YEKDEM-Verordnung. Bei einer Bedrohung für die Systemsicherheit sind die entsprechenden Anlagenbetreiber verpflichtet, den Weisungen zur Stromerzeugung Folge zu leisten. Der Gleichgewichtsmarkt ist vor allem für

839 Atiyas/Çetin/Gülen, Reforming Turkish Energy Markets, S. 125.

840 Hinsichtlich der früheren Situation siehe u. a. Gözen, International Journal of Energy Economics and Policy, 2014/4, S. 279.

841 Der Langtitel dieser Verordnung lautet „Elektrik Piyasası Dengeleme ve Uzlaştırma Yönetmeliği".

Wasserkraftwerke mit Speicherkapazitäten von über 50 MW von Bedeutung.[842] Hingegen können etwa Windenergieanlagen bereits kraft Natur der Sache keine Rolle am Gleichgewichtsmarkt übernehmen und kommen aufgrund ihrer Eigenschaft als fluktuierende Stromerzeugungsanlagen nicht in Betracht, vgl. §§ 10 Abs. 1 lit. b), 17 Abs. 1 lit. b) der Verordnung zu Nebenleistungen im Strommarkt. Bei entsprechender Anordnung können sie nicht unverzüglich die angegebene Strommenge zusätzlich erzeugen und können ferner keine Reservekapazitäten aufstellen. Aus diesem Grunde kann ihnen auch nicht die Verpflichtung auferlegt werden, im Rahmen des Gleichgewichtsmarktes Verantwortung zu übernehmen, sodass Betreiber von Windenergieanlagen zumindest insoweit keine rechtliche und administrative Umstrukturierung vorzunehmen haben.

Um zugunsten der Anlagenbetreiber die neue kostenrechtliche Verantwortung etwas abzumildern und ihnen bei richtigen Prognoseermittlungen zusätzliche finanzielle Vorteile zu sichern, sieht die Übergangsbestimmung 2 der YEKDEM-Verordnung einen sog. Toleranzwert[843] vor. Für Betreiber von Windenergieanlagen sollen bspw. keine finanziellen Nachteile entstehen, wenn die wegen falscher Leistungsprognosen entstandenen Unausgeglichenheiten zwischen dem im Day-Ahead-Markt erzielten Marktstrompreis und dem Systemgrenzpreis im Ausgleichsmarkt den Betrag von 3 Prozent nicht überschreiten, vgl. § 15 Abs. 2 YEKDEM-Verordnung.[844] Das bedeutet umgekehrt, dass einem Anlagenbetreiber Kosten wegen einer Imbalance dann entstehen können, wenn er im Day-Ahead-Markt höhere oder niedrigere Stromerzeugungsprognosen angibt. Somit bekommen nunmehr auch Anlagenbetreiber derselben Erneuerbaren Energien untereinander unterschiedliche Vergütungen, da die Endsummen anhand der richtigen und falschen Prognosewerte der Anlagenbetreiber unterschiedlich ausfallen können.[845] Anlagenbetreiber sollen sich zur Aufstellung von korrekten Angaben bemühen, damit eine Über- oder Unterprognostizierung für die Zukunft vermieden wird. Die Energieregulierungsbehörde EPDK sah bei den

---

842 Die verpflichteten Anlagenbetreiber haben jedoch gemäß § 6 Abs. 3 DUY-Verordnung die Möglichkeit, sich zwecks Abmilderung der Verpflichtungen zur Schaffung des Gleichgewichts am Markt mit anderen Anlagenbetreibern zu einer Gemeinschaft zu organisieren und das finanzielle Risiko zu verringern.

843 Auf Türkisch „Tolerans Katsayısı".

844 Siehe hierzu: http://enerjienstitusu.com/2016/04/29/yekdem-yenilenebilir-enerji-duzenlemesi-resmi-gazete/.

845 Suphi, Enerji Panorama-Zeitschrift Mayıs 2016, S. 36 f.; http://calterraenergy.com/tr/haberler/283-elektrik-piyasasinda-yekdem-depremi; http://www.dunya.com/ekonomi/yenilenebilir-enerji-yonetmeliginde-erteleme-yok-haberi-316549.

Besprechungen zur Novellierung der YEKDEM-Novelle zunächst einen Toleranzwert von 0,90 vor, sodass auch eine wesentlich höhere Abweichung bei der Aufstellung der Prognosen keine negativen Auswirkungen verursacht hätte.[846] Im Zuge der Novellierungsphase erhöhte sie jedoch diesen Wert zulasten der Anlagenbetreiber einheitlich auf 0,98. Im Dezember 2017 regelte sie schließlich energietechnologisch spezifische Toleranzwerte. Diese erhöhten Sorgfaltsanforderungen bezwecken letztlich, dass das Gleichgewicht am Strommarkt stabilisiert wird und zugunsten der Letztverbraucher langfristig positive Effekte auf die Strompreise entfaltet werden.

Diese Neuerungen können im Rahmen der weltweit vielfältigen Instrumentarien der Fördermechanismen bei den Erneuerbaren Energien als durchaus innovativ bezeichnet werden, da nunmehr neben der gesetzlichen Einspeisevergütung (feed-in-tariff) z.T. von der potentiellen Auszahlung einer sog. Einspeiseprämie (feed-in-premium) gesprochen werden kann.[847] Diejenigen Anlagenbetreiber, die ihre erzeugten Stromkapazitäten effektiv steuern und ihren Verpflichtungen auf dem freien Energiemarkt – insb. bei der Prognoseabgabe im Day-Ahead-Markt – nachkommen, haben durch den umgestellten Fördermechanismus die Möglichkeit, einen zusätzlichen finanziellen Gewinn zu erlangen.

Die Neuregelungen können für einige Anlagenbetreiber jedoch auch dazu führen, dass sie im Vergleich zur vorigen Fassung der YEKDEM-Verordnung relativ wahrscheinlich Gewinneinbußen i.H.v. ca. 4 Prozent erleiden, wenn sie keine exakten Stromerzeugungsprognosen aufstellen.[848] Vor allem Betreiber von Windenergieanlagen sind aufgrund der geänderten rechtlichen Umstände zu höherer Sorgfalt angewiesen, wenn sie trotz der bestehenden praktischen Hindernisse zur Prognostizierung der Windstärke korrekte Stromerzeugungsprognosen aufstellen möchten. Aus diesem Grunde wurde die Neuregelung der Verordnung insb. von der Windenergiebranche als ungerecht kritisiert.

---

846 Siehe hierzu folgenden Artikel, abrufbar im Internet unter: http://www.baseak.com/tr/insights/alerts/2016/may/2/enerjiregulasyonu?ParentItemID=440ymEOm1qNzuDA ToZ1rUlHcgNNN0csAQG2FaHooIOVWFCm9GbPdkA==&Archive=False.

847 Siehe hierzu insgesamt die folgenden Artikel im Internet: http://enerjienstitusu.com/2016/04/29/yekdem-yenilenebilir-enerji-duzenlemesi-resmi-gazete/; http://www.baseak.com/tr/insights/alerts/2016/may/2/enerji-regulasyonu?ParentItemID=440ymEOm1qNzuDA ToZ1rUlHcgNNN0csAQG2FaHooIOVWFCm9GbPdkA==&Archive=False.

848 TÜREB, YEKDEM Yönetmeliği Değerlendirme Raporu 2016, S. 1.

dd. Berechnung der Einspeisevergütung mit der novellierten YEKDEM-Verordnung

Im Rahmen der Neuordnung der YEKDEM-Verordnung schaffte die EPDK viele der geltenden Bestimmungen wie § 9 Abs. 1 und 2 und §§ 10, 11, 16, 17 und 25 YEKDEM-Verordnung komplett ab und fasste die Formel zur Berechnung der gesetzlichen Einspeisevergütung gemäß § 18 i.V.m. § 23 Abs. 1 YEKDEM-Verordnung insgesamt neu.

Nach der neuen Berechnungsformel zum YEKDEM-Fördermechanismus erhalten die teilnehmenden Anlagenbetreiber von dem Marktregulierer EPİAŞ für den eingespeisten Strom zwar grundsätzlich die gesetzlich vorgesehene Einspeisevergütung. Jedoch sind gemäß § 18 Abs. 1 YEKDEM-Verordnung ggf. auch sie zu entsprechenden Zahlungen an EPİAŞ verpflichtet.

Welche Zahlungsströme insoweit vorliegen, hängt von dem Verhältnis der prognostizierten und der tatsächlich produzierten Strommengen ab. Wie oben erörtert sind nunmehr auch die am YEKDEM-Fördermechanismus teilnehmenden Anlagenbetreiber zur selbständigen Veräußerung ihrer Stromproduktion verpflichtet. Eine entsprechende Zahlung an EPİAŞ müssen sie dann vornehmen, wenn der durchschnittliche Börsenstrompreis im Day-Ahead-Markt oder im Intraday-Markt bzw. der durch bilateralen Vertrag veräußerte Strompreis höher ausfällt als die gesetzliche Einspeisevergütung. Falls die auf dem Energiemarkt erzielte Vergütung jedoch geringer ist, zahlt EPİAŞ die kalkulierte Differenz zur gesetzlichen Einspeisevergütung separat aus. In jedem Falle werden somit die Differenzen zwischen diesen beiden Werten ausgeglichen. Letztlich entscheiden der Toleranzwert und die Angabe korrekter Leistungsprognosen darüber, ob die Anlagenbetreiber im YEKDEM-Fördermechanismus mit der neuen Berechnungsformel höhere oder niedrige Gewinneinnahmen erzielen.

ee. Konkrete Beispiele zu den unterschiedlichen Fördermechanismen

Zum Verständnis des neuen YEKDEM-Fördermechanismus ist es hilfreich, mit konkreten Beispielen für eine Windenergieanlage die jeweiligen Unterschiede der beiden Berechnungsformeln zu beleuchten, wobei der ursprüngliche einheitliche Toleranzwert zugrunde gelegt wird.

Folgende Parameter sind bei der Berechnung dieser Werte von Relevanz[849]:

---

849 Die Tabelle und die Formeln stammen aus dem Aufsatz mit dem Titel „YEKDEM Değişikliğinin YE Santrallerinin Gelirlerine Etkisi" des Herrn Dr. Kürşad Derinkuyu; abrufbar im Internet unter: http://www.tenva.org/yekdem-degisikliginin-

$\bar{q}$	Tatsächlich erzeugter Strombetrag (stündlich)
q	Prognostizierter Strombetrag (stündlich)
j	Toleranzwert
PTF	Durchschnittlicher Marktstrompreis
SMF	Systemmarginalpreis
Y	Gesetzlich bestimmte Einspeisevergütung
K	Kurswert des US-Dollar gegenüber der türkischen Lira
I	Koeffizient
N_E	Einspeisevergütung (alte YEKDEM-Verordnung)
N_Y	Einspeisevergütung (neue YEKDEM-Verordnung)

Beispiel 1:[850]
Bei der Darstellung dieses Beispiels sollen folgende Werte maßgeblich sein:

$\bar{q}$	Tatsächlich erzeugter Strombetrag (stündlich)	196 MW
q	Prognostizierter Strombetrag (stündlich)	190 MW
j	Toleranzwert	0,98
PTF	Durchschnittlicher Marktstrompreis	170 TL
SMF	Systemmarginalpreis	200 TL
Y	Gesetzlich bestimmte Einspeisevergütung (US-Dollar/MWh)	73
K	Kurswert des US-Dollar gegenüber der türkischen Lira	2,8
I	Koeffizient durch EPDK zur Gewährleistung der Marktbalance	0,3

Vor der Novellierung der YEKDEM-Verordnung berechnete sich für die Anlagenbetreiber im YEKDEM-Fördermechanismus die gesetzliche Einspeisevergütung nach folgender einfacher Formel:

$$N_E = \tilde{q} * Y * K$$

ye-santrallerinin-gelirlerine-etkisi/; Eine weitere Verweisung auf diese Quellen wird daher in den anschließenden Seiten für entbehrlich gehalten.

850 Die aufgeführten Beispiele stammen mit leichten Modifizierungen aus dem Aufsatz mit dem Titel „Turkey: Revolutionary changes in the Renewable Support Mechanism – New YEKDEM for Turkey“ der Herrn Şahin Ardiyok und Tolga Turan; abrufbar im Internet unter: http://www.mondaq.com/turkey/x/500908/Renewables/Revolutionary+Changes+In+The+Renewable+Support+Mechanism+New+YEKDEM+For+Turkey; Eine weitere Verweisung auf diese Quellen wird daher in den anschließenden Seiten für entbehrlich gehalten.

Ausgehend von den genannten Werten ergab sich nach alter Berechnungsmethode bis Ende April 2016 insgesamt folgende Einspeisevergütung, die EPİAŞ an den Anlagenbetreiber auszuzahlen hatte:

N_E = 196 MW x 73 US-Dollar/MWh x 2,8 = 40062,4 TL

Der Anlagenbetreiber erhielt also mit der früheren YEKDEM-Verordnung für die produzierte Strommenge die gesetzlich fixierte Einspeisevergütung, ohne dass weder Zuschüsse noch Abzüge erfolgten bzw. die Prognoseermittlungen zur Stromproduktion die endgültige Vergütungshöhe beeinflussten. Der Anlagenbetreiber konnte sich auf exakt zu berechnende Einnahmen verlassen. Im konkreten Beispiel betrug die gesetzliche Einspeisevergütung daher 40062,4 TL.

Aufgrund der Novellierung der YEKDEM-Verordnung lautet die neue Formel zur Berechnung der zu entrichtenden Einspeisevergütung für Anlagenbetreiber im YEKDEM-Fördermechanismus ab Mai 2016 hingegen wie folgt:

$$N_Y = \tilde{q} * (Y * K - j * PTF) + q * PTF + \begin{cases} (\tilde{q} - q) * \min(PTF, SMF) * 0.97 * I_{\{\tilde{q}>q\}} \\ (\tilde{q} - q) * \max(PTF, SMF) * 1.03 * I_{\{\tilde{q}>q\}} \end{cases}$$

An der Formel wird ersichtlich, dass viele Parameter hinzugekommen sind, insb. dass nunmehr der Toleranzwert sowie die Prognoseangaben zu den Strommengen bei der Ermittlung der gesetzlichen Einspeisevergütung maßgeblich sind. Ausgehend von den obigen Werten ergibt sich mithin nach neuer Berechnungsmethode insgesamt folgende Einspeisevergütung, die dem Anlagenbetreiber in dem YEKDEM-Fördermechanismus zusteht:

N_Y = 196 MW x (73 US-Dollar/MWh x 2,8 – 0,98 x 170 TL) + 190 MW x 170 TL + [(196 MW – 190 MW) x min (170 TL, 200 TL) x 0,97]
N_Y = 7408,8 TL + 32300 TL + 989,4 TL
N_Y = 40698,2 TL

Hiernach erzielt der Anlagenbetreiber am Day-Ahead-Markt für die prognostizierte Strommenge von 190 MW den Strompreis von 32300 TL. Die Anlage produzierte jedoch 6 MW mehr Strom als die angegebene Prognosemenge. Diese Differenz wird auf dem Ausgleichsmarkt unter Beachtung des niedrigeren Preises zwischen dem durchschnittlichen Marktstrompreis und dem Systemmarginalpreis veräußert, wobei der Toleranzwert zulasten des Anlagenbetreibers negativen Einfluss entfaltet. Für die Kapazitätsleistung von 6 MW ergibt sich mithin die Vergütungssumme von 989,4 TL. Darüber hinaus ist dem Anlagenbetreiber für jeden MW an erzeugtem Strom die Differenz zwischen der gesetzlichen Einspeisevergütung und dem durchschnittlichen Marktstrompreis abzgl. des Toleranzwertes zu zahlen. Insoweit ergibt sich eine Summe von 7408,8 TL, die EPİAŞ separat an den Anlagenbetreiber auszahlt. Addiert man diese drei Summen, ergibt sich mit dem neuen YEKDEM-Fördermechanismus eine Gesamteinspeisevergütung von 40698,2 TL.

Vergleicht man im konkreten Beispiel die erzielte Einspeisevergütung vor und nach der Novellierung der YEKDEM-Verordnung, stellt man mit der neuen Regelung für Anlagenbetreiber im YEKDEM-Fördermechanismus einen zusätzlichen Gewinn von 635,8 TL fest. Dieses Ergebnis bedeutet jedoch nicht, dass es sich bei der Besserstellung des Anlagenbetreibers um ein absolut geltendes Prinzip handelt. Vielmehr ist es auch durchaus realistisch, dass die Neuregelung für den Anlagenbetreiber langfristig negative finanzielle Konsequenzen hervorruft. Dies soll anhand des zweiten Rechnungsbeispiels verdeutlicht werden.

Beispiel 2:
Bei der Darstellung dieses Beispiels sollen folgende Werte maßgeblich sein:

$\bar{q}$	Tatsächlich erzeugter Strombetrag (stündlich)	178 MW
q	Prognostizierter Strombetrag (stündlich)	200 MW
j	Toleranzwert	0,98
PTF	Durchschnittlicher Marktstrompreis	175 TL
SMF	Systemmarginalpreis	200 TL
Y	Gesetzlich bestimmte Einspeisevergütung (US-Dollar/MWh)	73
K	Kurswert des US-Dollar gegenüber der türkischen Lira	2,8
I	Koeffizient durch EPDK zur Gewährleistung der Marktbalance	0,3

Ausgehend von den genannten Werten ergab sich nach alter Berechnungsmethode bis Ende April 2016 folgende Einspeisevergütung:

$$N_E = 178 \text{ MW x } 73 \text{ US-Dollar/MWh x } 2{,}8 = 36.383{,}2 \text{ TL}$$

Nach neuer Berechnungsmethode ergibt sich mithin folgendes Ergebnis:

$$N_Y = 178 \text{ MW x } (73 \text{ US-Dollar/MWh x } 2{,}8 - 0{,}98 \text{ x } 175 \text{ TL}) + 200 \text{ MW x } 175 \text{ TL} + [(178 \text{ MW} - 200 \text{ MW}) \text{ x } \max(175 \text{ TL}, 200 \text{ TL}) \text{ x } 1{,}03]$$

$$N_Y = 5856{,}2 \text{ TL} + 35000 \text{ TL} - \mathbf{4532\ TL}$$

$$N_Y = 36324{,}\ 2 \text{ TL}$$

Vorliegend produziert der Anlagenbetreiber 12 MW weniger Strom als er am Day-Ahead-Markt angibt. Da dieses Defizit auf dem Ausgleichsmarkt reguliert werden muss, bezahlt der Anlagenbetreiber für die nicht produzierte Menge an Strom eine „Pönale“ i.H.v. 4532 TL. Aufgrund dessen erzielt der Anlagenbetreiber nach der neuen YEKDEM-Verordnung insgesamt eine Einspeisevergutung i.H.v. 36342,2 TL. Somit erhält er exakt (36383,2 TL - 36342,2 TL =) 41 TL weniger als nach dem alten YEKDEM-Fördermechanismus. Vergrößert sich etwa die Schere zwischen den prognostizierten und den tatsächlich produzierten Strommengen, erhöht sich auch zwangsläufig der finanzielle Verlust des Anlagenbetreibers.

Im Rahmen dieser Berechnungen darf zudem nicht außer Acht gelassen werden, dass dem Anlagenbetreiber durch den neuen YEKDEM-Fördermechanismus zusätzliche Personal- und Sachkosten entstehen, welche im Rahmen dieser Formeln nicht berücksichtigt werden.

ff. Neue Probleme und offene Fragen

Der größte Zweck bei der Novellierung der YEKDEM-Verordnung besteht darin, die teilnehmenden Anlagenbetreiber in den Wettbewerb zu drängen und sie bei der Erstellung von Prognosen mit finanziellen Auswirkungen zu disziplinieren. Durch die neue Berechnungsformel zur gesetzlichen Einspeisevergütung wird die potentielle Einstellung des Anlagenbetreibers „produce and forget" aufgehoben. Der Anlagenbetreiber wird etwaige Prognosen über zu erzeugende Strommengen nicht mehr ohne positive oder negative Konsequenzen aufstellen können und dadurch den Marktpreis nicht mehr unnötig destabilisieren. Nach einigen Monaten der Anlaufschwäche sei es zu Preisrückgängen im YEKDEM-Fördermechanismus und zur Verringerung der Strompreise auf dem Börsenmarkt gekommen.[851] Die Einführung eines Toleranzwertes führt hingegen zu einem weiteren finanziellen Anreiz, der dazu beiträgt bei der Aufstellung der zu erzeugenden Strommengen richtige Ermittlungen vorzunehmen. In diesem Fall können Anlagenbetreiber zu der bislang gewährten gesetzlichen Einspeisevergütung einen zusätzlichen Kostenaufschlag erzielen. Abgesehen von diesem finanziellen Anreiz sowie den positiven Auswirkungen auf die Balancierung des Strommarkts lässt die Neuregelung der YEKDEM-Verordnung insb. für Anlagenbetreiber viele Fragen offen.

Mit der Neuregelung des YEKDEM-Fördermechanismus wird eine stärkere Marktnähe des Anlagenbetreibers bezweckt. Dieser soll durch die selbständige Veräußerung seines Stroms Verantwortung auf dem Energiemarkt übernehmen. Die Ermöglichung eines zusätzlichen Gewinns in Form einer Einspeiseprämie ist für den Anlagenbetreiber finanziell verlockend und stärkt ihn wohlmöglich auch für die künftigen Betriebsjahre in seinem Entschluss zur Teilnahme in dem YEKDEM-Fördermechanismus. Vor allem Betreiber von EE-Anlagen, bei denen aufgrund der diesbezüglich vorteilhaften Eigenschaft eine relativ exakte Prognoseermittlung zur Stromerzeugung erstellt werden kann, profitierten zunächst von dieser Situation. Dies traf insb. auf die Wasserkraft und die Biomasse zu. Wie bereits erwähnt richtet sich die Höhe der in türkischer Währung auszuzahlenden Einspeisevergütung nach dem US-Dollar. Insbesondere in Zeiten der Erstarkung des US-Dollars gegenüber der türkischen Landeswährung erschien die durch den Toleranzwert resultierende

851 TÜREB, Rüzgar Enerjisi ve Etkileşim Raporu Kasım 2016, S. 55; siehe ferner folgenden Atikel: http://www.enerjigunlugu.net/icerik/19802/yekdem-odemeleri-yuzde-20-geriledi-.html#.WI7XEht942y.

Zusatzvergütung zugunsten der jeweiligen Anlagenbetreiber als eine teilweise unberechtigte Zusatzbelohnung.

Rechtlich problematisch erscheint der Umstand, dass die neuen Regelungen in der YEKDEM-Verordnung – insb. die neuere Berechnungsmethode zur Einspeisevergütung und die Verpflichtung zur Selbstvermarktung des eigenen Stroms – bereits im Mai 2016 in Kraft getreten sind. Mangels entsprechender Übergangsbestimmungen galten die Regelungen auch für die Teilnehmer des YEKDEM-Fördermechanismus im Jahr 2016. Diese Anlagenbetreiber hatten sich jedoch bereits im Oktober 2015 für den Eintritt in den Fördermechanismus entschieden. Zu diesem Zeitpunkt stand aber nicht fest, dass sich die YEKDEM-Verordnung im Jahr 2016 ändern würde. Ende November 2015 bestätigte ihnen zudem die EPDK die Teilnahme an dem YEKDEM-Fördermechanismus 2016. Diese Teilnahmebestätigung erfolgte zu den damals geltenden Bestimmungen, insb. zu den damals geltenden Einspeisevergütungen und den damaligen Verpflichtungen am Energiemarkt. Gegebenenfalls hätten sich einige Anlagenbetreiber in Kenntnis der aus damaliger Sicht in Kraft zu tretenden Bestimmungen gegen einen Beitritt zum YEKDEM-Fördermechanismus entschieden. Hinzu kommt, dass den Teilnehmern des YEKDEM-Fördermechanismus 2016 nicht die Option eingeräumt wurde, den neuen Bedingungen der YEKDEM-Verordnung zu widersprechen, um mit dem alten YEKDEM-Fördermechanismus das Förderjahr 2016 zu beenden. Zudem räumt die neue YEKDEM-Verordnung auch keine Option ein, in Ausnahmefällen innerhalb des Kalenderjahres den YEKDEM-Fördermechanismus zu verlassen. Diese Rechtsfolgen führen dazu, dass die Regelung insgesamt bzw. zumindest teilweise aufgrund von Vertrauensschutzgesichtspunkten rechtlichen Wirksamkeitszweifeln begegnet. Unter diesen Umständen wäre es rechtlich angebracht gewesen, den zu geltenden Toleranzwert und die Verpflichtung zur selbständigen Vermarktung spätestens zum Zeitpunkt der Anmeldefrist zum YEKDEM-Fördermechanismus zu veröffentlichen.[852] In diesem Fall hätten die Anlagenbetreiber eine Abwägung dahingehend treffen können, ob sie dem Fördermechanismus im anschließenden Jahr tatsächlich beitreten wollen.

Unter Beachtung dieser Gesichtspunkte ist es rechtlich angemessen, den für das anschließende Kalenderjahr zu geltenden Toleranzwert vor der Anmeldefrist zum YEKDEM-Fördermechanismus festzulegen und eine diesbezügliche Änderung zumindest für das laufende Kalenderjahr nicht mehr vorzunehmen bzw. im Falle einer solchen Änderung den Teilnehmern des

852 Aydın/Tan/Akdoğan, Political Economy of Taxation, S. 174.

YEKDEM-Fördermechanismus zumindest die Option des vorzeitigen Austritts in Ausnahmefällen offenzuhalten.[853]

Die gleiche rechtliche Problematik resultiert auch aus folgender Erwägung: Alle Anlagenbetreiber, die vor der Novellierung der YEKDEM-Verordnung im April 2016 ihre Lizenz zur Errichtung der EE-Anlage erhalten bzw. spätestens im April 2016 mit dem Betrieb ihrer Anlage begonnen haben, durften grundsätzlich auf die geltenden Förderbestimmungen des YEK und der YEKDEM-Verordnung vertrauen.[854] Denn sie haben sich regelmäßig zur Errichtung einer entsprechenden EE-Anlage entschieden und sind hierbei davon ausgegangen, über einen Zeitraum von 10 Betriebsjahren zu den geltenden Voraussetzungen von dem YEKDEM-Fördermechanismus – also der gesetzlichen Einspeisevergütung, der Förderhöhe und der Förderdauer – sowie den anderen finanziellen Vorteilen theoretisch profitieren zu können.[855] In der Regel haben sie sogar aufgrund dieser Regelungen Kredite zur finanziellen Realisierung ihrer Projekte erhalten. Die Neuregelungen mit der Verpflichtung zur Selbstvermarktung und dem Prognoserisiko könnten aber zu hohen ökonomischen Einbußen führen. Unter Umständen hätte in Kenntnis dieser Sachlage möglicherweise weder der Anlagenbetreiber eine solche Investition getätigt noch hätten Kreditinstitute unter den gleichen Konditionen Finanzierungsoptionen gewährt. Auch aufgrund dieser Schlussfolgerung erscheinen die Neuregelungen im Falle der Betreiber von Bestandsanlagen aus Gesichtspunkten des Vertrauensschutzes rechtlich bedenklich.

Allein fiskalpolitische Erwägungen des Staates dürfen die Durchbrechung eines solchen Vertrauenstatbestandes jedenfalls nicht rechtfertigen. Staatlich gewährte Privilegierungen dürfen nicht jederzeit ex nunc widerrufen werden. Dies trifft insb. auf die Gewährung von finanziellen Vorteilen zu, bei denen die Möglichkeit eines späteren Widerrufs bzw. einer etwaigen Einschränkung nicht ausdrücklich geregelt ist. Im vorliegenden Fall wäre es zur Abschaffung der rechtlichen Zweifel daher angemessen und ausreichend gewesen, mit einer Übergangsbestimmung die Maßgaben der alten Rechtsordnung zugunsten der Bestandsanlagen für weiterhin geltend zu erklären.

---

853 Derinkuyu, Enerji Panorama-Zeitschrift Eylül 2016, S. 33.

854 Suphi, Enerji Panorama-Zeitschrift Eylül 2016, S. 30, 32; siehe hierzu insgesamt folgenden Artikel: http://www.baseak.com/tr/insights/alerts/2016/may/2/enerjiregulasyonu?ParentItemID=440ymEOm1qNzuDAToZ1rUlHcgNNN0csAQG2FaHooIOVWFCm9GbPdkA==&Archive=False; http://enerjienstitusu.com/2016/04/29/yekdem-yenilenebilir-enerji-duzenlemesi-resmi-gazete/.

855 Energyworld-Zeitschrift, Mayıs-Haziran 2016, S. 59.

Eine solche Regelung ohne eine entsprechende Übergangsbestimmung ist auch aus weiteren Gründen schädlich. Investoren werden durch solche unvorhergesehenen Eingriffe des Gesetzgebers oder der staatlichen Institutionen in ihrer Investitionsbereitschaft eingeschüchtert.[856] Diese Erkenntnis trifft vor allem dann zu, wenn die Investitionsphase einen langen Zeitraum einnimmt.[857] Die Betroffenen haben in diesem Falle nicht die Möglichkeit, klare und realistische Prognosen hinsichtlich der Realisierbarkeit und der Amortisationszeit des Projektes aufzustellen.[858] Zudem ist durch keine gesetzliche Vorschrift geregelt, welche Parameter bei der nachträglichen Änderung des Toleranzwertes anzuwenden sind. Mithin könnte die EPDK mit entsprechenden Änderungen der sekundärrechtlichen YEKDEM-Verordnung den Toleranzwert jederzeit weiter kürzen bzw. komplett abschaffen.[859] Bereits diese Ungewissheit erhöht die Unsicherheit der Investoren und Kreditgeber.[860] Mit dem Vorwand, das Stromnetzsystem ausbalancieren zu wollen, sollte daher keine Regelung entstehen, die den YEKDEM-Fördermechanismus zulasten der Anlagenbetreiber willkürlich verändert.[861]

Auch aus praktischen Gesichtspunkten begegnet die Vorgehensweise der Novellierung rechtlichen und wirtschaftlichen Bedenken. Wie zuvor erwähnt trat die novellierte YEKDEM-Verordnung direkt am 1.5.2016 in Kraft. Den im YEKDEM-Fördermechanismus teilnehmenden Anlagenbetreibern wurde zur Vorbereitung auf den neuen Mechanismus somit lediglich ein einziger Tag gewährt, da die Verordnung am 29.4.2016 verabschiedet und veröffentlicht wurde. Gerade für Betreiber von kleineren EE-Anlagen mit geringerem Personalbestand bereitete die Kürze der Vorbereitungszeit eine wesentliche Belastung. Die Umstellung auf das neue System im YEKDEM-Fördermechanismus hatte daher sowohl personal- als auch sachkostentechnisch zunächst negative

---

856 Özbuğday, Türkiye'de Yenilenebilir Enerji Yatırımları için Risk Algısı, Türkiye Enerji Vakfı Mayıs 2016, S. 27 f., 41; Arseven/Ersin, Electricity Regulation in Turkey: overview, S. 4.

857 Kelecioğlu, Türkiye'de Yenilenebilir Enerji Yatırımlarının Finansmanı, Sorunlar ve Çözüm Önerileri, S. 35.

858 TÜREB, Rüzgar Enerjisi ve Etkileşim Raporu Kasım 2016, S. 54.

859 TÜREB, Rüzgar Enerjisi ve Etkileşim Raporu Kasım 2016, S. 55; Entsprechendes fand etwa bei der kompletten Streichung des Toleranzwertes für Pumpspeicherkraftwerke im Dezember 2017 statt.

860 Zaimler, TÜREB Ekim-Kasım 2016 Dergisi, S. 23 f.; Arseven/Ersin, Electricity Regulation in Turkey: overview, S. 5.

861 TÜREB, YEKDEM Yönetmeliği Değerlendirme Raporu 2016, S. 3 f.

finanzielle Auswirkungen auf die Anlagenbetreiber.[862] Viele der Teilnehmer des YEKDEM-Fördermechanismus wussten noch nicht einmal, wie sie auf dem freien Energiemarkt vorzugehen hatten, etwa wie sie das Programm zum Day-Ahead-Markt nutzen sollten. Da sie solche Vorgänge zuvor nicht zu steuern hatten, fehlten ihnen bereits hinsichtlich der einfachsten Schritte fundamentale Kenntnisse. Viele Unternehmen hatten sich für die Investition in eine EE-Anlage gerade aufgrund des ursprünglichen YEKDEM-Fördermechanismus entschieden. Einige Anlagenbetreiber wussten bspw. nicht einmal, in welches der verschiedenen Programme ihre Prognosewerte einzutragen waren.[863] Ein entsprechender Zeitraum zur Ausbildung vorhandenen Personals bzw. zur Einholung fremder Unterstützung wurde trotz des offensichtlichen Bedürfnisses nicht einkalkuliert.

Das Bestehen dieser Wissenslücken kann zwar nicht dazu führen, dass künftig von den Anlagenbetreibern die Übernahme einer entsprechenden Verantwortung für das Energiesystem in keiner Weise erwartet werden darf. Jedenfalls musste es ihnen zu Beginn ihres Investitionsvorhabens bewusst gewesen sein, dass es sich bei dem Strommarkt um ein teilweise streng reguliertes Betätigungsfeld handelt, in dem durch gesetzliche Neustrukturierung die Erfüllung von zusätzlichen regulatorischen Anforderungen an die Beteiligten gerichtet werden kann. Jedoch müssen die Anlagenbetreiber sowohl zeitlich als auch technisch in der Lage sein, diesen zusätzlichen Verpflichtungen zu entsprechen. Zur Lösung der bestehenden praktischen Probleme veröffentlichte EPİAŞ erst am 30.4.2016 einen Leitfaden, mit dem die YEKDEM-Teilnehmer bei ihrer erstmaligen Betätigung auf dem freien Strommarkt aufgeklärt werden sollten. Trotz dieses Leitfadens konnten sich die Betroffenen in einem Zeitraum von einem einzigen Tag personal- und sachtechnisch nicht effektiv aufstellen. Zudem war der 13-seitige Leitfaden nicht dazu geeignet, sich einen vollumfänglichen Eindruck zu verschaffen und enthielt erhebliche Wissenslücken.[864] Für einige der Anlagenbetreiber war eine professionelle Teilnahme am Day-Ahead-Markt in den ersten Tagen deshalb kaum möglich.

Hinzu kommt, dass die Einreichung einer Vereinbarung zur Teilnahme an diesem organisierten Energiemarkt ca. eine Woche dauert, wobei die

862 Adler, Enerji Panorama-Zeitschrift Eylül 2016, S. 31.

863 Siehe hierzu folgenden Link: http://www.emo.org.tr/genel/bizden_detay.php?kod=114034#.WIYUrxt942w.

864 EPİAŞ, YEKDEM Kullanıcıları Kullanıcı Kılavuzu; abrufbar im Internet unter: https://www.epias.com.tr/tum-duyurular/piyasa-duyurulari/kayit-ve-uzlastirma/yekdem-kullanicilari-katilim-kilavuzu.

Unterlagen persönlich am Sitz der Energiebörse EPİAŞ in Istanbul abgegeben werden müssen. Der Abschluss einer solchen Teilnahmevereinbarung ist jedoch verpflichtend. Um nunmehr auf dem Energiemarkt aktiv mitwirken zu können, mussten die Anlagenbetreiber außerdem die zu ihren jeweiligen Anlagen bestehenden Sicherheitsleistungen aufstocken. Ferner hatten viele kleinere Anlagenbetreiber zur Ermittlung der Leistungsprognosen bis zu diesem Zeitpunkt noch nicht mit einem Wetterprognoseunternehmen zusammengearbeitet und mussten kurzfristig ein solches Vertragsverhältnis eingehen. Wie zuvor erwähnt konnten die Teilnehmer des YEKDEM-Fördermechanismus ihr Portfolio mit denen der anderen Anlagenbetreiber zusammenschließen, um einheitlich auf dem Energiemarkt agieren zu können und die bestehenden Prognoserisiken zu minimieren. Dieser Zusammenschluss musste aber bei der EPİAŞ angezeigt werden, sodass auch für diese Prozedur der vorhandene einzige Tag nicht ausreichte. Große Unternehmen mit einem breitgefächerten Energieportfolio konnten den Ausgleich über ihre eigenen Potentiale gewährleisten.

Die kostenrechtlichen Folgen dieser zu kurz anberaumten Frist musste der Anlagenbetreiber selbst tragen. Die daraus entstandene Kostenlast und die tatsächliche Unmöglichkeit der rechtzeitigen Erfüllung der aufgezählten rechtlichen Anforderungen zur Teilnahme am Energiemarkt machen die Wirksamkeit der Novellierung der YEKDEM-Verordnung ab dem 1.5.2016 rechtlich bedenklich. Angemessen und notwendig wäre es gewesen, den Anlagenbetreibern einen ausreichenden Zeitraum von mindestens einem halben Jahr einzuräumen, um sich auf die Abläufe auf dem Energiemarkt vorbereiten zu können.[865] Unter Beachtung der technischen und finanziellen Probleme bei den Wasserkraftwerken in der Schwarzmeerregion sowie den Leitungstrassen ist es zwar verständlich, dass die Änderungen zur YEKDEM-Verordnung bereits im Mai 2016 in Kraft treten mussten.[866] In diesem Fall wäre es aber aufgrund der voraussehbaren Folgen angemessen gewesen, die entsprechende Novellierung bereits ein halbes Jahr zuvor durchzuführen. Deshalb können allein die wetter- und jahreszeitbedingten Umstände die vorgenommene Novellierung in dieser Form nicht rechtfertigen.

Die neue Formel zur Berechnung der gesetzlichen Einspeisevergütung sah für EE-Anlagen ohne Unterscheidung nach der Technologieart, Ertragsqualität, Größe der Anlage oder deren Standort einen einheitlichen Toleranzwert vor. Die

865 TÜREB, YEKDEM Yönetmeliği Değerlendirme Raporu 2016, S. 2.
866 Sakarya, Elektrik Mühendisliği Dergisi Temmuz 2016, S. 53 f.

gravierenden unterschiedlichen Merkmale mussten jedoch zumindest danach differenziert werden, ob exakte Leistungsprognosen zur Stromproduktion aus technischer Sicht überhaupt aufgestellt werden können. Der Vergleich zwischen Wasser- und Windenergie zeigt aber insoweit, dass bei Wasserkraftanlagen mit einer durchschnittlichen Fehleinschätzung von 1 bis 2 Prozent eine relativ exakte Prognose abgegeben werden kann, wohingegen die Leistungsprognosen zu den Windenergieanlagen im Day-Ahead-Markt weitaus größeren Schwankungen unterliegen. Eine entsprechende Fehleinschätzung von 4 bis 6 Prozent ist dabei nicht ungewöhnlich. Diese Abweichungsquote kann in den ersten Betriebsjahren sogar ca. 10 Prozent betragen und sich erst anschließend durch die gesammelten Erkenntnisse über die Windhöffigkeit des Standorts und die Leistungsfähigkeit der jeweiligen Anlage einpendeln.[867] Es ist zwar insgesamt verständlich, dass von den Anlagenbetreibern mehr Verantwortung bei der Erstellung der Leistungsprognosen erwartet wird. Es war jedoch nicht angemessen, dass bei der Aufstellung des Toleranzwertes keine Differenzierung hinsichtlich der besonderen technischen Eigenschaften der Erneuerbaren Energien vorgenommen wurde. Diese unterschiedlichen Energieträger gleich zu behandeln bedeutete zugleich, die Wesensunterschiede nicht zu berücksichtigen.

Unter Beachtung der aufgezählten Kritikpunkte entschloss sich die EPDK im Dezember 2017 zur technologiespezifischen Ausgestaltung des Toleranzwertes.[868] Für die Windenergie beträgt der Toleranzwert nunmehr den erhöhten Betrag von 0,97. Ob dieser Betrag künftig für den Ausgleich der nicht zu vermeidenden Leistungsprognosen ausreicht, wird sich erst nach einem gewissen Zeitraum feststellen lassen. Im Falle der prognosesichereren Technologiearten erfolgt jedoch eine Reduzierung des Toleranzwertes, sodass er für die Geothermie 0,995 und für die Biomasse 0,99 beträgt. Im Falle von Pumpspeicherkraftwerken wird die zusätzliche Gewinnmöglichkeit einer Einspeiseprämie künftig sogar mit einem Toleranzwert von 1,0 komplett ausgeschlossen, da bei diesen Anlagen die exakte Leistungsprognose ohne Schwierigkeiten angegeben werden kann.

gg. Empfehlungen für Betreiber von Windenergieanlagen

Betreiber von Windenergieanlagen sind aufgrund der möglichen Fehlprognosen ihrer Stromproduktion zur Effektivierung ihres Arbeitsablaufs besonders

---

867 TÜREB, YEKDEM Yönetmeliği Değerlendirme Raporu 2016, S. 1;

868 EPDK, Kurul Kararı, Nr. 74522-1; abrufbar im Internet unter: http://www.epdk.org.tr/TR/Dokuman/8776.

verpflichtet. Andernfalls sind mit der neuen Berechnungsformel der YEK-DEM-Verordnung etwaige Gewinnkürzungen bis zu 4 Prozent durchaus realistisch.[869]

Die Betreiber von größeren Windenergieanlagen sollten bei dieser Umstellung anfängliche Personal- und Sachkosten nicht scheuen. Nur durch eine professionelle Positionierung auf dem Day-Ahead-Markt und vor allem auf dem Intraday-Markt kann ein Anlagenbetreiber hohe Gewinneinbußen vermeiden und ggf. sogar zusätzliche Einnahmen erzielen. Daher sollte nicht nur mit einem einzigen professionellen Wetter- und Windprognostizierungsunternehmen eine entsprechende Leistungsbeziehung eingegangen werden. Der Vertragsabschluss mit drei verschiedenen Unternehmen ist dabei nicht ungewöhnlich, da jedes alternative Programm durch die Verwendung unterschiedlicher Algorithmen abweichende Leistungsprognosen ermitteln kann und unter Zugrundelegung der vergleichsweise niedrigen Vertragspreise die Berücksichtigung dieser Werte bei der Abgabe der Leistungsprognosen im Energiemarkt lohnenswert ist.

Soweit der Anlagenbetreiber diese Verantwortung – etwa im Falle des Betriebes einer kleineren Windenergieanlage – nicht persönlich tragen möchte, kann er sich mit anderen Anlagenbetreibern zu einer Zweckgemeinschaft zusammenschließen.[870] Im Rahmen dieser Gemeinschaft kann sodann die Verantwortung zur Durchführung der operationellen Geschäfte auf eine interne oder externe Person, Personengruppe oder ein Direktvermarktungsunternehmen übertragen werden. Die hierdurch entstehenden Personalkosten rentieren sich langfristig, da eine professionelle Teilnahme am Strommarkt mit korrekten Leistungsprognosen zu erheblich höheren Gewinneinnahmen führt.

Schließlich kann der Anlagenbetreiber etwaigen Direktvermarktern die Stromproduktion zu den Voraussetzungen des vor Mai 2016 geltenden YEK-DEM-Fördermechanismus veräußern.[871] In diesem Fall müsste er weder auf dem Energiemarkt tätig werden noch hätte er aufgrund falscher Prognoseermittlungen etwaige Gewinneinbußen zu befürchten. Der Direktvermarkter würde dem Anlagenbetreiber für den tatsächlich produzierten Strom die gleiche Einspeisevergütung auszahlen, die der Anlagenbetreiber auch

869 TÜREB, Rüzgar Enerjisi ve Etkileşim Raporu Kasım 2016, S. 90; TÜREB, YEKDEM Yönetmeliği Değerlendirme Raporu 2016, S. 3.

870 Derinkuyu/Tanrısever, Enerji Panorama-Zeitschrift Haziran 2016, S. 65.

871 Derinkuyu/Tanrısever, Enerji Panorama-Zeitschrift Haziran 2016, S. 65; so auch vorgeschlagen für deutsche Betreiber von Windenergieanlagen in Herz/Valentin, EnWZ 2013, 16 (18).

nach der zuvor geltenden YEKDEM-Verordnung erhalten hätte. Aufgrund des bestehenden Toleranzwertes könnte er selbst durch die Angabe richtiger Leistungsprognosen gegenüber EPİAŞ hohe Gewinneinnahmen verbuchen. Gerade für die Windenergie dürfte sich dieses Geschäftsmodell jedoch grundsätzlich nicht anbieten. Insoweit ist das finanzielle Risiko zu hoch, weil diesbezügliche exakte Leistungsprognosen auch im Falle professioneller Betätigung nicht garantiert werden können. Etwas anderes gilt jedoch für Anlagen, in denen etwa Wasserkraft bzw. Biomasse zum Einsatz kommen. Auf ein solches Geschäftsmodell sollten sich die Anlagenbetreiber jedoch nur dann einlassen, wenn das jeweilige Unternehmen ein starkes Energieportfolio sowie ein hohes Investitionskapital aufweist. Andernfalls kann nicht garantiert werden, dass das Unternehmen die EE-Anlage auf dem freien Strommarkt tatsächlich ökonomisch sinnvoll verwaltet und seine vertraglichen Verpflichtungen gegenüber dem Anlagenbetreiber erfüllt.

6. *Neue Fördermethode: Errichtung von großflächigen EE-Anlagen*

a) YEKA-Verordnung 2013

Nach § 4 YEK 2011 dürfen keine Flächennutzungspläne erstellt werden, die auf öffentlichen Flächen die Nutzung und den Ertrag von Erneuerbaren Energien beeinträchtigen. Die Verfahren und Grundsätze zur Ermittlung und Klassifizierung sowie zum Schutz und zur Nutzung von Erneuerbare-Energien-Flächen bei der Stromerzeugung sollen in einer Verordnung geregelt werden, vgl. § 4 Satz 2 YEK 2011. Gestützt auf diese Vorschrift erließ das türkische Energieministerium im November 2013 die Verordnung zur Bestimmung, Einordnung, Wahrung sowie Nutzung von Erneuerbare-Energien-Flächen zur Stromerzeugung[872] (YEKA-Verordnung 2013), vgl. § 3 YEKA-Verordnung 2013. Dabei begrenzte sich die Reichweite dieser Verordnung jedoch nur auf öffentliche Großflächen, auf denen mindestens eine der Erneuerbaren Energien ein hohes Potential zur Stromerzeugung aufwies (YEKA-Fläche).[873] Solche YEKA-Flächen sollten durch die gemeinsame Zusammenarbeit verschiedener Ministerien, Ämter und staatlicher Institute ermittelt, qualifiziert und nach Ertragsfähigkeit

872 Der Langtitel dieser Verordnung lautet „Elektrik Enerjisi Üretimine Yönelik Yenilenebilir Enerji Kaynak Alanlarının Belirlenmesi, Derecelendirilmesi, Korunması ve Kullanılmasına İlişkin Usul ve Esaslara Dair Yönetmelik".

873 Özcan, Yenilenebilir Enerjide Mevzuat: Mevzuat Sorunlarına Yönelik Bir Araştırma, S. 53 f.; Arık, Yenilenebilir Enerji Politikalarının Sürdürülebilirliği: AB Ülkeleri ve Türkiye Açısından bir Değerlendirme, S. 83.

eingestuft werden, vgl. §§ 6, 7 YEKA-Verordnung 2013. Nach der amtlichen Einstufung eines Ortes als YEKA-Fläche waren gemäß § 8 YEKA-Verordnung 2013 sämtliche nachteilige Einwirkungen auf diese Fläche unzulässig, soweit nicht das öffentliche Interesse betroffen war bzw. der nationale Schutz etwas anderes für geboten hielt.

§ 9 YEKA-Verordnung 2013 sah zwar vor, dass die YEKA-Flächen durch entsprechende Parzellierungen im Wege des Ausschreibungsverfahrens zur Nutzung freigegeben werden konnten. Einzelheiten über die Art und Weise dieser Zuweisung waren jedoch nicht explizit vorgesehen, sodass aufgrund vieler Regelungslücken der Verordnung die Bestimmung von YEKA-Flächen nicht stattfand. Zudem lag der Fokus des Energieministeriums im Rahmen der Energiepolitik zu den Erneuerbaren Energien bis zum Jahr 2016 nicht auf der Bestimmung und Entwicklung von YEKA-Flächen.[874]

b) YEKA-Verordnung 2016

Mit dem Erlass der „Verordnung zu den Erneuerbare-Energien-Flächen“[875] (YEKA-Verordnung 2016) hob die EPDK die YEKA-Verordnung 2013 auf, vgl. § 20 YEKA-Verordnung 2016.[876] Diese Neuregelung wurde von den Akteuren der Energiewirtschaft seit langem erwartet und bezweckt, durch einen neuen Fördermechanismus den Ausbau der Erneuerbaren Energien in der Türkei mit großangelegten Projekten wesentlich voranzutreiben. Das erste Projekt im Rahmen der YEKA-Verordnung stellt die in der Provinzstadt Konya entstehende Solaranlage mit einer zu installierenden Kapazität von 1000 MW dar. Es soll sich dabei um eine der weltweit größten Solaranlagen handeln. Näheres zu diesem Projekt wird unten aufgeführt.

aa. Zweck der YEKA-Verordnung

Nach § 1 YEKA-Verordnung 2016 verfolgt der Gesetzgeber die folgenden Ziele:

---

874 Im November 2015 wurde Berat Albayrak zum neuen türkischen Energieminister ernannt. Er legt im Vergleich zu seinen Vorgängern höheren Wert auf den Ausbau von großflächigen YEKA-Projekten; siehe u.a.: http://www.enerjigunlugu.net/icerik/19895/albayrak-yeni-yeka-alanlari-ilan-edecegiz.html.

875 Der Langtitel dieser Verordnung lautet „Yenilenebilir Enerji Kaynak Alanları Yönetmeliği“.

876 Die YEKA-Verordnung 2016 wurde im April 2017 teilweise novelliert. Vorliegend wird auf die aktuelle Fassung Bezug genommen, soweit nichts Anderes ausdrücklich erklärt wird.

- Bildung von großräumigen Erneuerbare-Energien-Flächen auf öffentlichen und privaten Grundstücken zur Errichtung groß angelegter EE-Anlagen
- effektivere und nachhaltigere Nutzung der Erneuerbaren Energien
- schnellere Verwirklichung der Erneuerbare-Energien-Projekte durch eine zügigere Zuweisung von YEKA-Flächen an Investoren
- Einsatz von hochtechnologischen Komponenten aus eigens produzierter bzw. anderweitig erworbener einheimischer Fertigung bei der Errichtung der EE-Anlagen
- Steigerung des nationalen technologischen Knowhows in dieser Branche.

Zusammengefasst sollen durch die Errichtung von verhältnismäßig großen EE-Anlagen, bei denen überwiegend einheimische Produkte zur Verwendung kommen, der Ausbau der Erneuerbaren Energien beschleunigt sowie fachspezifisches Knowhow ins Land geholt werden.[877] Experten gehen davon aus, dass die YEKA-Verordnung 2016 in den kommenden Jahren vor allem bei dem Ausbau der Solar- und Windenergie eine wesentliche Rolle spielen wird.[878]

bb. Bestimmung von YEKA-Flächen

Nach § 4 Abs. 1 lit. l) YEKA-Verordnung 2016 können YEKA-Flächen entgegen der Vorgängerverordnung nicht nur auf öffentlichen, sondern auch auf privaten Grundflächen angeordnet werden. Dabei gibt es gemäß § 5 Abs. 1 YEKA-Verordnung 2016 zwei verschiedene Möglichkeiten, YEKA-Flächen zur Errichtung von EE-Anlagen zu bestimmen. Eine solche Qualifizierung erfolgt entweder infolge der eigenen Betätigungen des Direktorats für Erneuerbare Energien YEGM oder durch Ausschreibungen von regionalen Netzanbindungskapazitäten zur Bestimmung solcher YEKA-Flächen.

(1) Bestimmung von YEKA-Flächen durch die YEGM

Zunächst kann das YEGM durch größtenteils eigene Vorarbeiten einen zur Nutzung geeigneten Ort als YEKA-Fläche bestimmen. Die dabei zu beachtenden Schritten listet § 5 Abs. 2 YEKA-Verordnung 2016 detailliert auf.[879]

877 Turkish Republic Investment Support and Promotion Agency, Teaser for 1 GW Wind RE-Zone (YEKA) Tender Package; abrufbar im Internet unter: http://www.camarahispano-turca.org/wp-content/uploads/2017/04/1-GW-WIND-YEKA_TEASER.pdf.

878 Siehe hierzu folgenden Link: http://www.lbfpartners.com/dosyalar/023310.pdf.

879 Die nunmehr aufgezählten Anforderungen können aus den § 5 Abs. 2 lit. a) bis k) YEKA-Verordnung 2016 entnommen werden, weshalb sich eine weitere Verweisung erübrigt.

Zu Beginn führt das YEGM an dem anvisierten Ort eine Vorprüfung hinsichtlich der Rentabilität, der Standorteigenschaften und der Netzanbindungsvoraussetzungen durch. Falls diese Voranalysen positiv verlaufen, beantragt das YEGM beim TEİAŞ eine Prognose über die potentiell ausschreibbare Netzkapazität. Auf Grundlage der vorhandenen Prognosen und Ermittlungen erklärt es die untersuchte Fläche als „YEKA-Kandidat" und verkündet dies auf ihrer offiziellen Internetseite. Damit auf dieser Fläche jedoch keine Umstrukturierungen vorgenommen werden, welche die Errichtung von EE-Anlagen verhindern bzw. ihrer Effektivität schaden könnten, werden die zuständigen Ämter und Institutionen diesbezüglich in Kenntnis gesetzt. Nunmehr kann das YEGM zur Ermittlung der maximal installierbaren Stromkapazität und der Ertragsfähigkeit die notwendigen Messanlagen installieren. Auch auf Basis der hierdurch gewonnenen Messwerte nimmt sie sodann technische und ökonomische Analysen auf und ermittelt, ob der YEKA-Kandidat mindestens bzgl. einer Art der Erneuerbaren Energien ein ausreichendes Investitionspotential aufweist. Im Falle einer positiven Bescheidung dieser Untersuchungen wird der YEKA-Kandidat auf der offiziellen Internetpräsenz des YEGM und im Amtlichen Bundesblatt als YEKA-Fläche verkündet. Anschließend werden die einschlägigen Ämter damit beauftragt, im Rahmen der bauplanungs- und bauordnungsrechtlichen Amtsdokumente eine entsprechende Kennzeichnung der Ortschaft als YEKA-Fläche vorzunehmen.

Nach dieser Qualifizierung werden die bis dato verkündeten YEKA-Flächen im Lichte der politischen Zielvorgaben des türkischen Energieministeriums, der möglichen Arten der Erneuerbaren Energien, der bestehenden Potentiale sowie der voraussichtlichen Investitionskosten untereinander verglichen und eingestuft. Ob eine dieser YEKA-Flächen sodann zur Investition freigegeben wird und welche der freigegebenen Varianten vorrangig behandelt werden sollen, steht zur Disposition des türkischen Energieministeriums. Dabei werden auch die notwendigen bürokratischen sowie technischen Maßnahmen wie etwa immissionsschutzrechtliche, geologische sowie geotechnische Untersuchungen, die Einleitung von Enteignungsverfahren bzw. die Erstellung von revidierten Flächennutzungsplänen, die Beantragung der Parzellierungen sowie die Gewährleistung der Stromnetzanbindung seitens des YEGM durchgeführt. Anschließend werden die YEKA-Flächen im Wege der Ausschreibungsverfahren zur Investition freigegeben.

(2) Bestimmung von YEKA-Flächen durch Ausschreibungen

Alternativ ist es jedoch auch möglich, dass YEKA-Flächen durch die Ausschreibung von regionalen Netzanbindungskapazitäten verwirklicht werden. In diesem Fall sind die speziellen Vorgaben des § 5 Abs. 3 YEKA-Verordnung 2016 einzuhalten.[880] Das türkische Energieministerium kann zur beschleunigten Realisierung großflächiger EE-Anlagen diese Alternative nach eigenem Ermessen bevorzugen.

Bei dieser Alternative verkündet das Energieministerium unter Bezeichnung der einschlägigen Art der Erneuerbaren Energie sog. regionale Anschlussgebiete sowie mögliche Anschlusskapazitäten und eröffnet zur Zuweisung dieser Kapazitäten ein Ausschreibungsverfahren. Investoren haben sodann die Möglichkeit, für die angebotenen Kapazitäten am Ausschreibungswettbewerb teilzunehmen. Der Gewinner des Ausschreibungsverfahrens unterzeichnet mit dem Energieministerium einen YEKA-Nutzungsvertrag. Nach gemeinsamer Abstimmung mit dem YEGM werden anschließend innerhalb von 90 Kalendertagen im Rahmen der vorgegebenen Regionen die konkreten Koordinaten der YEKA-Flächen zur Errichtung der EE-Anlage sowie die am jeweiligen Standort zu installierende Kapazitätsleistung bestimmt, um dies danach im Amtlichen Bundesblatt zu verkünden.

Der wesentliche Unterschied zwischen den alternativen Möglichkeiten zur Bestimmung von YEKA-Flächen liegt darin, dass im Gegensatz zur ersten Alternative vorliegend alle zur Errichtung der EE-Anlage erforderlichen Maßnahmen wie etwa die konkreten Standortauswahlentscheidungen, die Durchführung von Studien sowie die Beantragung der verschiedenen Genehmigungen unter Beachtung der Anforderungen der YEKA-Verordnung 2016 sowie des YEKA-Nutzungsvertrages von dem Gewinner des Ausschreibungsverfahrens persönlich vorgenommen werden müssen. Insoweit bestehen zu den verpflichtenden Anforderungen einer gemäß dem YEK 2011 zu errichtenden EE-Anlage grundsätzlich keine Unterschiede. Daher trägt der Gewinner des Ausschreibungsverfahrens bei dieser Alternative auch die diesbezügliche Kostentragungspflicht. Eine entsprechende Vorarbeit muss das YEGM hierbei weder durchführen noch die entstandenen Kosten der Interessenten ausgleichen. Zur schnelleren und effektiveren Realisierung der Energieprojekte auf den YEKA-Flächen garantiert das türkische Energieministerium lediglich eine vertrauensvolle Zusammenarbeit. Was darunter im Konkreten zu verstehen ist, geht weder aus den gesetzlichen Vorschriften hervor noch wird dies durch eine separate Auskunftsmitteilung der staatlichen Behörden geklärt. Der erfolgreiche Ausschreibungsteilnehmer kann sich aber unter keinen Umständen bei etwaigen Verspätungen

---

880 Die nunmehr aufgezählten Anforderungen können aus den § 5 Abs. 3 lit. a) bis f) YEKA-Verordnung 2016 entnommen werden, weshalb sich eine weitere Verweisung erübrigt.

hinsichtlich der Projektrealisierung mit entschädigungsrechtlichen Ansprüchen an die öffentliche Gewalt wenden, auch wenn die Verspätungen auf einem diesbezüglichen Verschulden beruhen sollten.

cc. Vorbereitung des Ausschreibungsverfahrens

Das Ausschreibungsverfahren zur Erteilung des Nutzungsrechtes, um auf einer YEKA-Fläche eine EE-Anlage zu errichten und zu betreiben, findet nach den Grundsätzen der §§ 6 f. YEKA-Verordnung 2016 statt. Sowohl auf der Internetseite des YEGM als auch in dem Amtlichen Bundesblatt werden alle diesbezüglich notwendigen Informationen zur Durchführung der Ausschreibung angegeben. Potentielle Antragsteller erhalten vor allem Kenntnis über die rechtlichen Anforderungen an die Person des Antragsstellers, über ausgeschriebene Kapazitäten sowie die jeweilige Technologieart, über den Ort der Einreichung der Bewerbungsunterlagen sowie über das Ende der Bewerbungsfrist, über das Datum sowie den Ort des Ausschreibungsverfahrens und über die angebotene Höchstprämie.

Nach der YEKA-Verordnung 2016 sind die Ausschreibungsverfahren stets derart gestaltet, dass die Investoren entweder dazu verpflichtet werden, für die bei der Errichtung der EE-Anlagen zu verwendenden Komponenten im Vorhinein eine Produktionsstätte zu errichten oder etwa die zu verwendenden Komponenten aus einheimischer Fertigung anderweitig zu besorgen. Alle Ausschreibungsrunden enthalten eine dieser alternativen Verpflichtungen, da die YEKA-Verordnung 2016 insb. die Stärkung der nationalen Erneuerbare-Energien-Industrie bezweckt, vgl. § 7 YEKA-Verordnung 2016. Die Experten gehen jedoch davon aus, dass gerade bei den anfänglichen Ausschreibungsrunden die erste Alternative bevorzugt wird, um den Aufbau der Industrie voranzutreiben und somit die Importabhängigkeit zu reduzieren. Im Falle des Ausschreibungsverfahrens, bei dem zusätzlich zur EE-Anlage auch eine Produktionsstätte errichtet werden muss, verpflichtet sich der Gewinner ergänzend zu einem weiteren Vorhaben. Gemäß § 15 YEKA-Verordnung 2016 muss er in diesem Fall zusätzlich ein Forschungs- und Entwicklungszentrum errichten. In diesem Rahmen ist er verpflichtet, einen entsprechenden Plan über die Forschungsziele zu erstellen sowie jährliche Auskunft über den Stand und die Entwicklung seiner Studien zu erteilen.

An den Ausschreibungen konnten Interessenten gemäß § 4 Abs. 1 lit. k) YEKA-Verordnung 2016 a.F. nur in der Gestalt einer juristischen Person teilnehmen. Mit der Novellierung im April 2017 wurde der persönliche Anwendungsbereich jedoch auch auf nicht-juristische Personenvereinigungen und natürliche Personen erweitert. Erwähnenswert ist zudem, dass neben türkischen Investoren auch ausländische Unternehmen zugelassen sind, wobei für jede Ausschreibungsrunde separat bestimmt wird, wie hoch der Anteil der Investoren mit türkischer Staatsangehörigkeit sein muss. Zu beachten ist jedoch, dass nach den Vorschriften des EPK[881] lediglich juristische Personen energierechtliche Lizenzen erhalten dürfen, sodass spätestens zu Beginn der Vorlizenzphase dieser Status vorzuweisen ist, vgl. § 7 Abs. 2 YEKA-Verordnung 2016.

Nach Ablauf der anberaumten Frist zur Gebotsabgabe untersucht eine durch das Energieministerium ernannte Kommission gemäß den §§ 7 bis 9 YEKA-Verordnung 2016 alle eingegangenen Anträge danach, ob die in der Verordnung sowie in der konkreten Ausschreibungsrunde angeordneten Voraussetzungen eingehalten sind. Bei positiver Bescheidung erhält der jeweilige Antragssteller gemäß § 10 Abs. 1 YEKA-Verordnung 2016 das Recht, am Gebotsverfahren teilzunehmen. Der Kommission steht es jedoch gemäß § 9 Abs. 6, 7 YEKA-Verordnung 2016 sogar in dieser fortgeschrittenen Phase zu, das Ausschreibungsverfahren ohne Angabe von Gründen zu verschieben bzw. komplett aufzuheben, ohne dass die Teilnehmer entschädigungsrechtliche Ansprüche geltend machen können.

dd. Durchführung des Ausschreibungsverfahrens sowie Ernennung des Gewinners

Das Gebotsverfahren nach § 10 YEKA-Verordnung 2016 richtet sich grundsätzlich nach den Prinzipien der sog. Descending-Clock-Auktion, also einem öffentlichen Unterbietungswettbewerb. In diesen Fällen nennt derjenige, der die Ausschreibung organisiert, eine Höchstprämie, wobei die Teilnehmer nach Maßgabe dieser Höchstsumme ihre Gebote abgeben und im Anschluss den Preis wettbewerblich so lange reduzieren, bis seitens des Gewinners der Ausschreibung der niedrigste Preis angeboten wird. Nach § 10 Abs. 3 YEKA-Verordnung 2016 wird stets auf die zu produzierende kWh an Strom geboten. Die Ausschreibungsgebote dürfen gemäß § 10 Abs. 3 Satz 2 YEKA-Verordnung 2016 nicht höher sein als die nach den Anlagen 1 und 2 des YEK 2011 zu addierenden Einspeisevergütungen. Für jede Ausschreibungsrunde werden zudem die konkrete Höchstgrenze der Förderprämie sowie die gewährte Förderdauer gesondert festgelegt.

---

881 Siehe § 4 Abs. 3 EPK 2013 und auch §§ 12 Abs. 3, 20 Abs. 3 Lizenzverordnung für den Strommarkt.

Zunächst werden in Anwesenheit aller Ausschreibungsteilnehmer ihre in den Bewerbungsunterlagen separat eingereichten verschlossenen Briefe, in denen die Gebotswerte aufgeführt sind, geöffnet sowie verlesen. Diejenigen Teilnehmer, welche eine der niedrigsten fünf Gebotswerte abgegeben haben, kommen in die nächste Runde der Ausschreibung. Alle anderen Teilnehmer scheiden bereits in diesem Stadium aus dem Wettbewerb aus. Im Rahmen einer offenen Ausschreibung bieten nunmehr die übrigen fünf Teilnehmer untereinander so lange auf eine geringere Förderprämie, bis die geringste Summe ermittelt ist, vgl. § 10 Abs. 3 YEKA-Verordnung 2016. Sobald der Gewinner des Gebotsverfahrens feststeht, wird das Gebotsprotokoll der Kommission gemäß § 10 Abs. 8 YEKA-Verordnung 2016 dem türkischen Energieminister zur Bestätigung vorgelegt. Mit dessen Zustimmung zum durchgeführten Ausschreibungsverfahren findet der Ausschreibungswettbewerb seinen Abschluss, sodass erst hiernach der Gewinner zur Unterzeichnung des YEKA-Nutzungsvertrages geladen werden kann. Das Energieministerium kann gemäß § 10 Abs. 9 YEKA-Verordnung 2016 sogar zu diesem Zeitpunkt den Wettbewerb ohne das Erfordernis einer sachgerechten Begründung für beendet erklären, sodass in einem entsprechenden Fall der Zuschlag an den Gewinner der Ausschreibung keinerlei rechtliche Wirkung entfalten würde und die getätigten Investitionen des Gewinners der Ausschreibungen grundlos erfolgt wären.

Nach Bestätigung des Gebotsprotokolls durch den Energieminister wird der Gewinner des Gebotsverfahrens zur Unterzeichnung des YEKA-Nutzungsvertrages geladen. Sollte er jedoch anschließend innerhalb von 30 Kalendertagen nach Eingang der schriftlichen Ladung nicht zur Unterzeichnung erscheinen, wird gemäß § 11 Abs. 1 YEKA-Verordnung 2016 sein Garantiebrief liquidiert und in der Reihenfolge des Ausschreibungswettbewerbs der Teilnehmer mit dem zweitbesten und ggf. anschließend der mit dem drittbesten Gebotswert zur Unterzeichnung des Nutzungsvertrags geladen. Durch diese Fristenregelung soll die beschleunigte Realisierung der EE-Anlagen auf den YEKA-Flächen gesichert werden. Zudem werden die Ausschreibungsteilnehmer dazu angehalten, bei der Gebotserteilung nur realistische Angaben zu tätigen, da sie andernfalls durch die Entwertung ihrer Sicherheitsleistung einen erheblichen finanziellen Nachteil zu erleiden haben.

ee. Lizenzphase und Veräußerung der Stromproduktion

Die Teilnahme an dem Gebotsverfahren, der Zuschlag sowie die Unterzeichnung des YEKA-Nutzungsvertrages entbinden den Gewinner jedoch nicht davon, zur Errichtung und zum Betrieb der EE-Anlage eine Vorlizenz und sodann eine

Lizenz zu beantragen. Alle wesentlichen Voraussetzungen hierzu sind in den §§ 12 und 13 YEKA-Verordnung 2016 aufgeführt. Diesbezüglich besondere Anforderungen ergeben sich vor allem dann, wenn sich der Gewinner der Ausschreibung auch zur Errichtung einer Produktionsstätte verpflichtet hat, aus der die Anlagenkomponenten stammen sollen, die bei der zu errichtenden EE-Anlage zu verwenden sind. In diesem Fall sind die diesbezüglichen zeitlichen und technischen Anforderungen in der Vorlizenz- und Lizenzphase zu beachten, vgl. etwa § 12 Abs. 7, 8 sowie § 13 Abs. 2, 4 YEKA-Verordnung 2016.

Grundsätzlich hat der Gewinner bei der Errichtung der vorgesehenen Anlagen darauf zu achten, dass die zeitlichen und kapazitätstechnischen Anforderungen eingehalten werden. Andernfalls drohen etwa gemäß den §§ 12 Abs. 12 sowie 13 Abs. 5 YEKA-Verordnung 2016 neben Pönalen in Form von finanziellen Abstrichen sogar der Widerruf der Vorlizenz bzw. der Lizenz und die vollständige Entwertung der Sicherheitsleistungen. Auch bzgl. der vollstreckungsrechtlichen Maßnahmen enthält jede Ausschreibungsrunde spezielle Sonderbestimmungen, wobei teilweise sehr strenge Vorgaben zu der mangelnden Fertigstellung von separaten Anlagen vorgesehen werden können. Im Falle einer verspäteten Errichtung der Produktionsstätte drohen etwa gemäß § 12 Abs. 9 YEKA-Verordnung 2016 schwerwiegende Konsequenzen, welche die Investoren teilweise von einem Vorhaben in der Türkei abschrecken könnten.

Im Anschluss an das Gebotsverfahren sowie den Errichtungsprozess verkauft der Anlagenbetreiber den produzierten Strom im gesamten Förderzeitraum entsprechend des unterzeichneten YEKA-Nutzungsvertrages und zu den Bedingungen des YEKDEM-Fördermechanismus, vgl. § 14 Abs. 1 YEKA-Verordnung 2016. Als Vergütung erhält er für jede produzierte kWh den zugeschlagenen Gebotswert, wobei er gemäß § 14 Abs. 1 Satz 3 YEKA-Verordnung 2016 aus keinerlei Gründen einen höheren Strompreis verlangen darf. Nach § 14 Abs. 4 YEKA-Verordnung 2016 kann der Anlagenbetreiber auch nicht die Boni der Anlage 2 des YEK 2011 geltend machen, weil er entsprechende einheimische Komponenten verwendet habe. Deren Einsatz stellt gerade eine notwendige Voraussetzung zur Nutzung einer YEKA-Fläche dar und ist in der zugeschlagenen Förderprämie bereits abgegolten.

Außerhalb von höherer Gewalt ist auch keine Verlängerung des in der Ausschreibung vorgesehenen Förderzeitraums möglich, vgl. § 14 Abs. 1 Satz 2 YEKA-Verordnung 2016. Nach der Beendigung des Förderzeitraumes veräußert der Anlagenbetreiber seinen Strom gemäß § 14 Abs. 3 YEKA-Verordnung 2016 für die Dauer der restlichen Lizenzdauer auf dem freien Energiemarkt, wobei ein diesbezüglich vorzeitiger Eintritt ausgeschlossen ist. Andernfalls könnten die Teilnehmer der Ausschreibung den Wettbewerb aushebeln, indem sie eine sehr niedrige Summe – etwa auch den Betrag von 0 Cent/kWh – anböten, um die Stromproduktion letztlich auf dem freien Energiemarkt zu verkaufen. Unabhängig davon, welcher Förderzeitraum bei der jeweiligen Ausschreibung festgelegt wurde, ist für die YEKA-Flächen gemäß § 13 Abs. 4 YEKA-Verordnung 2016 eine Lizenzdauer von maximal 30 Jahren vorgesehen.[882] Nach § 25 Abs. 1 Satz 2 Lizenzverordnung für den Strommarkt kann diese Erzeugerlizenz nach Ablauf der einmalig erhaltenen Lizenz nicht mehr verlängert werden. Ob diese Vorschrift künftig aufrechterhalten bleiben kann, darf durchaus bestritten werden. Im Falle der stromwirtschaftlich effektiven Nutzung einer YEKA-Fläche auch nach Ablauf von 30 Jahren kann eine anschließende Lizenzverlängerung zum weiteren Betrieb der EE-Anlage durchaus sinnvoll sein.

ff. Erste YEKA-Ausschreibung zur Errichtung einer Solaranlage

Das türkische Energieministerium erklärte bereits im September 2015 den Standort Karapınar in der türkischen Provinz Konya mit einer Gesamtfläche von ca. 20 km^2 zu einer YEKA-Fläche und verkündete dies entsprechend § 5 Abs. 1 lit. a) YEKA-Verordnung 2016 im Amtlichen Bundesblatt.[883] Am 20.10.2016 verkündete es sodann für diese YEKA-Fläche die – von den Marktakteuren seit langem erwartete – erste Ausschreibung zur Errichtung einer Solaranlage mit einer zu installierenden Kapazität von 1000 MW.[884] Der Gewinner der Auktion verpflichtete sich, die Anlage innerhalb von 36 Monaten nach Unterzeichnung des YEKA-Nutzungsvertrages fertigzustellen.

Neben allgemein zugänglichen Eckdaten zu dem Ausschreibungsverfahren erließ das Energieministerium auch einen zusätzlichen Anforderungsbogen, welcher die detaillierten Angaben zum Ausschreibungsverfahren und zu den Verpflichtungen des Gewinners auflistete.[885] Dieser Anforderungsbogen war jedoch nur gegen die Entrichtung einer Gebühr i.H.v. 10000 TL an das türkische Ministerium für Wissenschaft, Industrie und Technologie zu erhalten.[886]

---

882 Die gleiche Lizenzdauer ergibt sich sinngemäß aus § 9 Abs. 2 Satz 3 Lizenzverordnung für den Strommarkt.

883 Resmi Gazete (Amtlicher Bundesblatt) vom 20.10.2016, Sayı 29863, 9163/1-1.

884 Siehe hierzu folgenden Artikel: http://online.energisingtheindustry.com/tabs/blog/2017/05/turkey-boosts-large-scale-solar-investments.

885 Auf Türkisch „Şartname“.

886 Auf Nachfrage bei der zuständigen Abteilung im türkischen Energieministerium erklärten die Verantwortlichen, dass eine unentgeltliche Weitergabe der Anforderungsbögen sogar für akademische Absichten ausscheide.

Das türkische Energieministerium verpflichtete den Gewinner dieser ersten Ausschreibung erwartungsgemäß nicht nur dazu, lokale Anlagenkomponenten bei der Errichtung der Solaranlage zu verwenden. Vielmehr muss der Gewinner innerhalb von 21 Monaten nach Unterzeichnung des YEKA-Nutzungsvertrages eine Produktionsstätte errichten, in der PV-Module für die zu errichtende Solaranlage hergestellt werden sollen. Dabei muss die Fabrik eine jährlich zu produzierende Mindestkapazität von PV-Solarmodulen i.H.v. 500 MW nachweisen.

Innerhalb desselben Zeitraums verpflichtete sich der Gewinner auch zur Errichtung eines Forschungs- und Entwicklungszentrums. Zur Erfüllung ihres Zweckes muss es mindestens für den Zeitraum von 10 Jahren betrieben werden, wobei mindestens 100 Vollzeitbeschäftigte einzustellen sind und Ingenieure mit türkischer Staatsangehörigkeit langfristig einen Anteil von 80 Prozent der Gesamtbeschäftigten ausmachen müssen.

Die Teilnahme an der Ausschreibung knüpfte aber an einige Präqualifikationsvoraussetzungen an. Zunächst mussten die Interessenten eine gewisse Erfahrung im Bereich des Solargeschäfts vorweisen, damit die Realisierungswahrscheinlichkeit des Gesamtprojektes erhöht werden konnte. Hierzu mussten sie insb. darlegen, dass sie von Anfang 2014 bis Mitte 2016 mindestens 3000 MW an PV-Solarmodulen produziert hatten. Weitere Einzelheiten hierzu regelte der Anforderungsbogen. Für diese konkrete Ausschreibungsrunde sah das Energieministerium zudem vor, dass im Falle einer gemeinschaftlichen Teilnahme von unterschiedlichen Interessenten eine türkische Mindestbeteiligung von 25 Prozent vorzuweisen war. Sobald ein solches Gemeinschaftsunternehmen den Zuschlag erhalten sollte, war es zudem zur Errichtung eines selbständigen Unternehmens verpflichtet, mit dem das türkische Energieministerium den YEKA-Nutzungsvertrag unterzeichnen konnte. Schließlich konnten an der Ausschreibung nur solche Interessenten teilnehmen, die eine Sicherheitsleistung in Form eines unwiderruflichen Garantiebriefes im Wert von 50 Mio. US-Dollar beim türkischen Energieministerium einreichten.

Laut der ursprünglichen Ankündigung der Ausschreibung mussten die Teilnehmer ihre Gebote an das YEGM bis zum 12.12.2016 zustellen, damit das offene Zuschlagsverfahren am anschließenden Tag durchgeführt werden konnte. Entsprechend der ausdrücklichen Mitteilung des türkischen Energieministeriums stand es jedoch in seinem freien Ermessen, das Ausschreibungsverfahren zu verschieben oder gar überhaupt durchzuführen. Vielmehr konnte es sogar die komplette Ausschreibung ohne die Angabe von berechtigten Gründen für beendet erklären. Entgegen der erstmaligen Ankündigung wurde die ursprüngliche Frist zur Gebotsabgabe vom 12.12.2016 zunächst auf den 14.2.2017 und sodann noch einmal auf den 14.3.2017 verschoben. Eine anschließende Fristverlängerung fand nicht mehr statt, sodass entsprechend der letzten Ankündigung am 20.3.2017 der öffentliche Ausschreibungswettbewerb stattfinden konnte.

An dieser ersten YEKA-Ausschreibung nahmen vier Unternehmensgruppen in türkischer und internationaler Kooperation teil. Unter Beachtung des angegebenen Höchstwertes i.H.v. 8,00 US-Dollarcent/kWh gaben die Teilnehmer ihre jeweiligen Gebote ab, um ihre Stromproduktion für den Zeitraum von 15 Jahren ab Unterzeichnung des YEKA-Nutzungsvertrages zu diesem Einheitspreis zu veräußern. Letztlich setzte sich bei diesem Projekt mit einer voraussichtlichen Investitionssumme von 1,3 Mrd. US-Dollar die Unternehmenskooperation zwischen dem türkischen Unternehmen Kalyon sowie dem südkoreanischen Partner Hanwha durch und erhielt mit einem Gebotswert von 6,99 US-Dolarcent/kWh in der 18. Gebotsrunde den endgültigen Zuschlag. Mit diesem international konkurrenzfähigen Ergebnis verspricht sich die türkische Regierung die langfristige Gewährleistung einer günstigen Stromproduktion, wodurch langfristig auch die Kostenlast der Allgemeinheit bei der Förderung der Erneuerbaren Energien verringert werden soll.

gg. Zweite YEKA-Ausschreibung zur Errichtung einer Windenergieanlage

Einen Monat nach der Zuschlagserteilung im ersten YEKA-Ausschreibungsverfahren kündigte das türkische Energieministerium am 13.4.2017 im Offiziellen Amtsblatt mit einer sog. Windenergiesonderzone die zweite YEKA-Ausschreibung an und gab erneut ein Investitionspotential von mehr als einer Milliarde US-Dollar zum Wettbewerb frei.[887] Neben den öffentlichen Eckdaten zur Ausschreibung waren die konkretisierten Vorgaben zu der Ausschreibung in dem Anforderungsbogen aufgelistet, der erst nach Zahlung von 20000 TL seitens des türkischen Energieministeriums ausgehändigt wurde. Gebote konnten bis zum 27.7.2017 abgegeben werden.[888]

Auch bei dieser Ausschreibung verpflichtete sich der Gewinner dazu, neben der Windenergieanlage mit einer zu installierenden Kapazität von 1000 MW

887 DIHK, Windenergie, Zielmarktanalyse 2017 mit Profilen der Marktakteure, S. 62; IEA, Renewable Energy, Renewable Policy Update, S. 5; abrufbar im Internet unter: https://www.iea.org/media/pams/REDRenewablePolicyUpdateNo1420170606_FINALweb.pdf.

888 Die zusätzlichen Anforderungen, insb. aus dem Anforderungsbogen, sind im folgendem Artikel aufgelistet: Turkish Republic Investment Support and Promotion Agency, Teaser for 1 GW Wind RE-Zone (YEKA) Tender Package; abrufbar im Internet unter: http://www.camarahispano-turca.org/wp-content/uploads/2017/04/1-GW-WIND-YEKA_TEASER.pdf.

eine Produktionsstätte zur Herstellung von Windturbinen sowie ein Forschungs- und Entwicklungszentrum zu errichten. Bei der Aufstellung der Windenergieanlage müssen mindestens 65 Prozent der zu verwendenden Komponenten aus heimischer Fertigung stammen, wobei der Anforderungsbogen für die einzelnen Anlagenteile zusätzlich konkrete Vorgaben aufstellt.[889] Somit findet auch bei diesem Projekt ein erheblicher Großteil der Wertschöpfung in der Türkei statt. Daneben muss die Herstellungsfabrik ein jährliches Produktionsvermögen von 150 Windturbinen innehaben. In dem Forschungs- und Entwicklungszentrum mit einem Mindestjahreskapital von 5 Mio. US-Dollar sind mindestens für den Zeitraum von 10 Jahren 50 Vollzeitkräfte zu beschäftigen, wobei 80 Prozent des Personals eine türkische Staatsangehörigkeit vorzuweisen hat. Sowohl die Produktionsstätte als auch das Forschungs- und Entwicklungszentrum müssen innerhalb von 21 Monaten nach Unterzeichnung des YEKA-Nutzungsvertrages fertiggestellt sein. Die Windenergieanlagen müssen hingegen erst 36 Monate nach dem Erhalt der Vorlizenz betriebsbereit errichtet sein. Für den Gewinner der Ausschreibung garantiert der Staat für einen Zeitraum von 15 Jahren ab der Unterzeichnung des YEKA-Nutzungsvertrages die vollständige Stromabnahme zu dem bezuschlagten Preis, wobei bei der Gebotsabgabe in diesem Ausschreibungsverfahren eine Höchstgrenze von 7,0 US-Dollarcent/kWh vorgesehen wurde.

Das zweite Ausschreibungsverfahren ist von der ersten YEKA-Ausschreibung jedoch vor allem dadurch zu unterscheiden, dass die konkrete YEKA-Fläche nicht seitens des YEGM vorgegeben ist. Eine solche Konzentration der angegebenen Kapazität ist aufgrund der charakteristischen Eigenschaften der Windenergie und der stark variierenden Windhöffigkeit zwischen einzelnen – wenn auch sogar örtlich naheliegenden Koordinaten – kaum möglich. Entsprechend § 5 Abs. 1 lit. b), Abs. 3 YEKA-Verordnung 2016 führte der Gewinner der Ausschreibung eigene Untersuchungsmaßnahmen durch und schlug dem YEGM die möglichen Koordinaten zur Errichtung der einzelnen Windenergieturbinen vor. Insoweit sah der Anforderungsbogen in fünf verschiedenen Regionen der West- und Zentraltürkei eine insgesamt installierbare Kapazität von 2000 MW vor, wobei für jede Region ein Mindestwert von 50 MW und ein spezifischer Höchstwert vorgesehen waren.[890] Der Gewinner der Ausschreibung musste nach

---

889 Turkish Republic Investment Support and Promotion Agency, Teaser for 1 GW Wind RE-Zone (YEKA) Tender Package, S. 11.

890 Zuvor waren die beiden Regionen Malatya sowie Burdur-Denizli-Uşak mit eingebunden, wurden jedoch anschließend nicht mehr berücksichtigt; siehe Turkish Republic

dem Zuschlagsverfahren eigene Ermittlungen durchführen und anschließend dem türkischen Energieministerium potentielle YEKA-Flächen für eine Kapazität von 1000 MW vorschlagen. Dieses erklärte die passenden Vorschläge sodann zu YEKA-Flächen und verkündete dies im Amtlichen Bundesblatt. Die Mindestverteilung der Gesamtkapazität auf verschiedene Regionen dient vor allem der Dezentralisierung der Stromerzeugung und der Stärkung von wirtschaftsschwachen Regionen.

Zum Ausschluss kleinerer Interessenten mussten Bieter bei diesem Ausschreibungsverfahren nachweisen, dass sie innerhalb des Zeitraumes von Anfang 2014 bis Ende 2016 mindestens 2000 MW zu den wesentlichen Komponenten der Gondel einer Windenergieanlage produziert hatten. Weitere detaillierte Einzelheiten enthielt der Anforderungsbogen. Zur Teilnahme an dieser Ausschreibung mussten die Bieter zudem nur noch eine Sicherheitsleistung i.H.v. 10 Mio. US-Dollar – bei der ersten Ausschreibung war es noch ein Betrag von 50 Mio. US-Dollar – in Form eines Garantiebriefes erbringen. Mit dieser Reduzierung kam das türkische Energieministerium den Bedürfnissen der Interessenten nach, da durch die allzu hohe Vereinbarung einer Sicherheitsleistung in den meisten Fällen letztlich zwecklose Entgelte getätigt werden müssen. Der Gewinner musste aber bis zur Unterzeichnung des YEKA-Nutzungsvertrages zusätzlich eine 20-jährige Sicherheit i.H.v. 50 Mio. US-Dollar leisten, wobei im Gegenzug die Erstsicherheit zurückerstattet wurde.

Bei dieser Ausschreibung nahmen die weltweit größten 8 Windenergieunternehmen in Gemeinschaft mit ihren türkischen Partnern teil und bekundeten hiermit ihr hohes Interesse an der Expansion auf dem türkischen Energiemarkt.[891] Die Unternehmenskonsortien mit den drei höchsten Gebotswerten wurden entsprechend § 10 Abs. 4 Satz 2 YEKA-Verordnung 2016 aus dem öffentlichen Unterbietungsverfahren ausgeschlossen. Das Ausschreibungsverfahren gewann schließlich mit einem Zuschlagswert in Höhe von 3,48 US-Dollarcent/kWh ein Gemeinschaftsunternehmen, das die

Investment Support and Promotion Agency, Teaser for 1 GW Wind RE-Zone (YEKA) Tender Package, S. 8.

891 Siehe hierzu insgesamt folgende Artikel: https://www.gtai.de/GTAI/Navigation/DE/Trade/Maerkte/suche,t=siemens-erhaelt-zuschlag-fuer-1000-mwwindparks-in-der-tuerkei,did=1766556.html; http://enerjienstitusu.com/2017/08/04/bakan-albayrak-ruzgar-yeka-ihalesi-bir-dunya-rekoru-fiyatla-gerceklesti; https://deutsche-wirtschafts-nachrichten.de/2017/08/15/siemens-gewinnt-milliarden-auftrag-der-tuerkei.

Energie- und Bauunternehmen Siemens-Gamesa[892], Türkerler sowie Kalyon Enerji umfasst.[893] Es setzte sich erst in der 30. Runde des öffentlichen Unterbietungsverfahrens gegen die chinesisch-türkische Unternehmensgruppe Ming Yang-İlk İnşaat durch und stellte mit ihrem Zuschlagswert einen der weltweit geringsten Gebotswerte in der Stromproduktion durch Windenergie dar. Die Energiebranche zeigte sich über diesen niedrigen Gebotswert teilweise sehr überrascht.[894] Dieser Preis liegt zudem deutlich unter der YEKDEM-Einspeisevergütung für die Windenergie, die 7,3 US-Dollarcent – bei der Verwendung von lokalen Anlagenkomponenten sogar bis zu 11 US-Dollarcent – pro kWh beträgt.

hh. Kritische Bewertung

Mit großräumig angelegten YEKA-Projekten versucht das türkische Energieministerium die hochgesteckten politischen Ziele zum Ausbau der Erneuerbaren Energien zu verwirklichen. Zu deren Ein- und Durchführung können jedoch neben positiven Kritikpunkten auch negative Anmerkungen aufgelistet werden, worauf nunmehr intensiv einzugehen ist.

(1) Positive Aspekte

Der Wille zur Errichtung von Megaanlagen, bei denen die bürokratische Prozedur weitestgehend seitens des türkischen Energieministeriums durchgeführt bzw. eine vertrauensvolle Zusammenarbeit eine Beschleunigung dieser administrativen Verfahren gewährleistet, erscheint ein effektives Konzept zur Realisierung von Großprojekten und damit zur Erhöhung des Anteils von Erneuerbaren Energien an der Gesamtstromversorgung darzustellen. Insbesondere im Falle der Solar- und Windenergie mit zu installierenden Kapazitäten ab 1000 MW kann diese alternative Förderstruktur neben den allgemein freigegebenen Kontingenten beim zügigen Ausbau der Erneuerbaren Energien behilflich sein. Gerade bürokratische

892 Dabei handelt es sich um den deutsch-spanischen Zusammenschluss von Siemens und Gamesa, der nunmehr unter der Firmenbezeichnung Siemens Gamesa Renewable Energy, S.A tätig ist.

893 Der türkische Energieminister Albayrak betonte hinsichtlich der Beteiligung von Siemens, dass deren Beteiligung an der Ausschreibung positiven Einfluss auf die deutsch-türkischen Verhältnisse haben werde; abrufbar im Internet unter: http://enerjienstitusu.com/2017/08/04/bakan-albayrak-ruzgar-yeka-ihalesi-bir-dunya-rekoru-fiyatla-gerceklesti.

894 Siehe hierzu folgende Artikel: http://bizzenergytoday.com/siemens_gamesa_geht_der_tuerkei_aufs_ganze; http://www.hurriyet.com.tr/ruzgarda-dunyayi-yekaladik-40540911; http://www.hurriyet.com.tr/ruzgarda-dunyayi-yekaladik-40540911.

Ungereimtheiten führen zur verspäteten Realisierung neuer Projekte und schrecken vor allem durch die Steigerung der Investitionskosten internationale Unternehmen ab. Eine wohlwollende Zusammenarbeit mit den zuständigen Ämtern wird aller Voraussicht nach diese Schwierigkeiten zu einem gravierenden Teil auflösen und durch die zügige Steigerung des Anteils von Erneuerbaren Energien an der Stromproduktion eine diesbezügliche Importabhängigkeit verringern. Langfristig soll diese Entwicklung auch dazu beitragen, dass der in diesen Anlagen erzeugte Strom zum Exportgut wird und eine neue staatliche Einnahmequelle generiert.

Die Verknüpfung von YEKA-Projekten mit der Verpflichtung zur Errichtung von Forschungs- und Entwicklungszentren sowie von Produktionsstätten, in denen Komponenten hergestellt werden, die beim Bau der EE-Anlagen zu verwenden sind, bringt neues Knowhow, verringert die Importabhängigkeit und schafft zudem neue Arbeitsplätze. Das bezweckte Konzept ist daher grundsätzlich zu begrüßen. Durch die verpflichtenden prozentualen Vorgaben zur Beschäftigung türkischen Personals sowie zur Verwendung lokaler Anlagenkomponenten wird den Ausschreibungsgewinnern von Anfang an eine detaillierte Marschroute vorgegeben, bei deren Beachtung die lokale Wirtschaft angekurbelt werden soll. Insoweit ist jedoch intensiv zu überprüfen, ob die aufgestellten Anforderungen realistisch sind und von den Interessenten erfüllt werden können.[895]

Die Zuschlagserteilung in den ersten Ausschreibungsrunden verleiht den Gewinnern ferner den anfänglichen Vorteil, dass sie mit ihrer Investition – insb. in eine Produktionsstätte sowie in ein Forschungs- und Entwicklungszentrum – eine gesicherte Grundlage in dem türkischen Energiemarkt erhalten und langfristig von dieser bereits aufgebauten Infrastruktur profitieren können.[896] Die Erfüllung der verbindlichen Anforderungen führt ferner zu einem hohen administrativen Erfahrungsgrad und zu einem intensiven Austausch mit den zuständigen Ämtern, sodass der Gewinner bei den künftigen YEKA-Ausschreibungsrunden auf diese Erfahrungen zurückgreifen und effektiver neue Projekte realisieren kann. Die intensive Zusammenarbeit der unterschiedlichen Unternehmen in einem Konsortium führt schließlich zu einem nicht zu

---

895 Im Rahmen der ersten YEKA-Ausschreibung kritisierten die Interessenten die Verpflichtung zur Herstellung von Ingots, sodass der Anforderungsbogen insoweit nachträglich gelockert werden musste und u. a. deshalb das Ausschreibungsverfahren verschoben wurde; siehe http://solarhaber.org/2016/11/11/karapinar-yeka-ihalesinde-duzeltme.

896 Hierzu bekundete der türkische Energieminister Albayrak, dass in den kommenden Jahren mindestens vier weitere größere Windenergieprojekte ausgeschrieben werden sollen, ohne die konkreten Termine zu benennen.

unterschätzenden soliden Vertrauensverhältnis und kann eine weitere Zusammenarbeit auf diesem Gebiet in der Türkei anregen.

Schließlich führt der Ausbau der YEKA-Projekte zu einem verstärkten Umweltschutz und verringert etwa den jährlichen Kohlenstoffausstoß erheblich.[897] Durch die intensivere Stromerzeugung aus Erneuerbaren Energien werden die konventionellen Energiequellen wie Kohle und Erdöl langfristig entlastet und ihre umweltschädlichen Auswirkungen verringert.

(2) Negative Aspekte

Die großräumige Zuweisung von YEKA-Flächen wird jedoch überwiegend den größten Energieunternehmen – also den „Big Playern" des Energiemarktes – zugutekommen, wenn die Ausschreibungsbedingungen keine Mechanismen enthalten, die etwa auch mittelständischen Unternehmen eine erfolgreiche Teilnahme an den Ausschreibungsverfahren gewährleisten. Andernfalls kann es schnell zu einer Monopolisierung bei der Nutzung der YEKA-Flächen kommen und den kleineren Unternehmen eine Betätigung auf dem Markt zu den Erneuerbaren Energien insgesamt erschweren. Dieser Aspekt erscheint auch deshalb kritisch, weil die politische Entscheidung zur künftigen schwerpunktmäßigen Konzentration auf YEKA-Flächen und der diesbezügliche Ausbau der Energieinfrastruktur anderweitige Projekte zu den Erneuerbaren Energien aufgrund zwangsläufiger Investitionskürzungen nachteilig beeinflussen können. Bei der strategischen Festlegung, im Rahmen der Vergabe von YEKA-Flächen tatsächlich nur „Big Playern" reale Chancen zu ermöglichen, sollten zur Erhaltung der vielfältigen Unternehmerlandschaft im Gegenzug bei den YEK-Projekten hohe Kapazitäten für mittlere und kleinere Investoren eröffnet werden. Trotz der soeben beschriebenen Risiken kann es aber zumindest für die Anfangszeit zweckmäßig sein, größeren Unternehmen beim Gewinn der ersten Projektausschreibungen keine tatsächlichen und rechtlichen Hindernisse zu bereiten. Denn diese sind aufgrund ihrer finanziellen Mittel sowie der vorhandenen Expertise im Bereich der Erneuerbaren Energien in der Lage, größere Kapazitäten in einem zügigen Prozess zu installieren. In Anbetracht der ambitionierten politischen Ziele der türkischen Regierung sowie des immensen Energiebedarfs sollten die aufgezählten Nachteile daher als tragbar gewertet werden. Langfristig sollten jedoch besondere Privilegien zugunsten mittlerer Unternehmen sowohl in der YEKA-Verordnung als auch in den konkreten Anforderungsbögen der jeweiligen Ausschreibungsrunden vorgesehen werden.

897 Siehe hierzu: https://www.gtai.de/GTAI/Navigation/DE/Trade/Maerkte/suche,t=siemens-erhaelt-zuschlag-fuer-1000-mwwindparks-in-der-tuerkei,did=1766556.html.

Problematisch ist ferner, dass weder die entsprechenden Gesetze noch irgendwelche verbindlichen Regierungsprogramme ein langfristiges Konzept zur Expansion der YEKA-Projekte vorsehen. Weder zeitliche noch mengenmäßige Ausbauziele sind diesbezüglich vorhanden, sodass die angekündigten Ausschreibungen ohne Weiteres verschoben werden dürfen. Die Investoren sind demgemäß nicht in der Lage, einen voraussehbaren Investitionsplan aufzustellen. Daher können sich mitunter die Gewinner der ersten YEKA-Ausschreibungen bei der Errichtung der Produktionsstätten nicht sicher sein, ob und inwieweit sich ihre Investition langfristig lohnen wird. Es ist daher erforderlich, dass etwa das türkische Energieministerium diesbezügliche Vorgaben wenigstens für die aktuelle Legislaturperiode aufstellt, von denen sie aus Vertrauensschutzgesichtspunkten unter gewöhnlichen Umständen nicht abweicht. Effektiver wäre es, wenn die YEKA-Verordnung jährliche Zubaumengen zu den unterschiedlichen Technologiearten sowie die konkreten Zeitpunkte für die jeweiligen Ausschreibungsrunden verbindlich fixiert. Dabei sollte auch darauf geachtet werden, dass zwischen der ursprünglichen Ankündigung und der tatsächlichen Durchführung der Ausschreibung genügend zeitlicher Abstand eingeplant ist, damit sich die Investoren auf eine Teilnahme gründlich vorbereiten können und eine mögliche Verschiebung des Ausschreibungstermins vermieden wird.

Seitens der Marktakteure wird zusätzlich kritisiert, dass sowohl die einberufene Kommission als auch das Energieministerium bis zur Unterzeichnung des YEKA-Nutzungsvertrages ohne Angabe von plausiblen Gründen das Ausschreibungsverfahrens verschieben bzw. beenden können und den Teilnehmern des Ausschreibungsverfahren keine diesbezüglichen materiellen bzw. immateriellen Entschädigungsansprüche zustehen. Mit dem Widerrufsrecht des Energieministeriums wollte man von Anfang an verhindern, dass sich die entsprechenden Teilnehmer bei möglicher Auflösung der Ausschreibung auf ein bestandskräftiges subjektiv-öffentliches Recht berufen.[898] Die intransparente Entscheidungsgewalt über das jederzeit auflösbare Ausschreibungsverfahren führt jedoch zu einem hohen zeitlichen und finanziellen Risiko für die potentiellen Interessenten. Diese Risiken können zu abschreckenden Wirkungen führen und den Kreis der investitionswilligen Teilnehmer der Ausschreibungsverfahren erheblich verringern. Insbesondere ausländische Investoren

---

898 Das höchste türkische Verwaltungsgericht entschied hinsichtlich der Diskussion über ein bestandskräftiges subjektives Recht, dass vor dem endgültigen Lizenzerwerb ein solches Recht nicht geltend gemacht werden könne; Danıştay 13. Daire, E. 2010/729, K. 2011/729.

werden durch solche Klauseln abgeschreckt. Daher erscheint es angebracht, die Möglichkeit der Verschiebung, zumindest jedoch die Option der Auflösung, seitens der zuständigen Ämter erheblich strikter zu gestalten. Eine diesbezügliche Entscheidung könnte an gerechtfertigte bzw. plausible, objektive sowie seitens der Gerichte überprüfbare Bedingungen angeknüpft werden. Gerade im Falle der Auflösung eines YEKA-Ausschreibungsverfahrens ohne einen entsprechenden Grund sollte den Investoren die Option zustehen, ihre möglicherweise bestehenden entschädigungsrechtlichen Ansprüche vor nationalen Gerichten wirksam geltend zu machen.

Fraglich ist zudem, wie es sich auf die Investitionsfreudigkeit auswirken wird, dass der Strom der auf den YEKA-Flächen errichteten EE-Anlagen während der Förderzeit nur innerhalb des YEKDEM-Fördermechanismus zu dem bezuschlagten Gebotspreis verkauft werden darf. Es wäre für Investoren jedenfalls attraktiver, wenn sie auch während des Förderzeitraumes die Entscheidung darüber bekämen, sich ggf. kalenderjährlich für oder gegen den Eintritt in den freien Energiemarkt zu entscheiden. Die Offenhaltung dieser Option ergäbe zugunsten der Investoren jedenfalls deshalb Sinn, weil sie nicht wissen, wie sich der Energiemarkt sowie die Strompreise in den anschließenden Jahren entwickeln werden. Jedoch scheidet diese Option wohl insgesamt aus, da der Sinn und Zweck des Ausschreibungswettbewerbs ausgehebelt werden könnte. Es bestünde die Gefahr, dass die Teilnehmer der Ausschreibung sehr niedrige Beträge bis hin zu 0 Cent/kWh anböten, um nach der Zuschlagserteilung den produzierten Strom gänzlich auf dem freien Energiemarkt zu verkaufen. Zur Ermöglichung der alternativen Nutzung des freien Energiemarktes müssten daher – entsprechend der aktuellen Vorlizenz-Verordnung – weitere Parameter im Rahmen des Ausschreibungsverfahrens aufgestellt werden, um das oben erwähnte Risiko der Aushebelung des Wettbewerbs zu vermeiden.

Insoweit ist zudem problematisch, dass gemäß § 14 Abs. 2 i.V.m. § 11 Abs. 1 YEKA-Verordnung 2016 der Förderzeitraum bereits mit Unterzeichnung des YEKA-Nutzungsvertrages beginnt. Unter Umständen kann es jedoch dazu führen, dass die dazwischenliegende Vorlizenz- und Lizenzphase mit der Errichtung der Anlage und ggf. der Errichtung einer Produktionsstätte sowie eines Forschungs- und Entwicklungszentrums einen Zeitraum von mehreren Jahren einnimmt. Der Anlagenbetreiber verliert so mehrere Förderjahre, in denen er mangels Stromerzeugung die zugeschlagene Einspeisevergütung nicht geltend machen kann. Zwar wurde wohl seitens der Verantwortlichen bewusst auf diesen Zeitpunkt abgestellt, um den Gewinner der Ausschreibung bei der schnelleren Verwirklichung des Projektes finanziell zu motivieren. Denn je schneller mit dem Betrieb der EE-Anlage angefangen wird, desto länger profitiert der

Anlagenbetreiber von dem garantierten Zuschlagswert. Der große Anteil der potentiellen Investoren kritisiert aber bereits die Förderdauer von 15 Jahren, da ein höherer Zeitrahmen der gesicherten Förderung erforderlich sei. Unter Berücksichtigung dieser Interessen erscheint es deshalb angemessen, entsprechend den Regelungen der YEKDEM-Verordnung hinsichtlich des Beginns des Förderzeitraums auf den Zeitpunkt der erstmaligen tatsächlichen Stromerzeugung, zumindest jedoch auf den diesbezüglich in dem YEKA-Nutzungsvertrag verbindlich festgelegten Zeitpunkt, abzustellen. Andernfalls besteht auch die Option, unter Beibehaltung der diesbezüglich bestehenden Regelungen die Förderdauer etwa auf 20 Jahre anzuheben. In diesem Rahmen kritisieren einige Stimmen auch die für YEKA-Projekte gemäß § 9 Abs. 2 Satz 3 Lizenzverordnung für den Strommarkt und § 13 Abs. 4 YEKA-Verordnung 2016 vorgesehene beschränkte Lizenzdauer von 30 Jahren und fordern die Verlängerung auf die reguläre Lizenzdauer von 49 Jahren. Dadurch könne der Anlagenbetreiber durch eine etwaige Repowering-Maßnahme nach ca. 20 Jahren die YEKA-Fläche für die gesamte Lizenzdauer effektiv nutzen und aufgrund dieser Grundvoraussetzungen die Teilnahme an dem Ausschreibungsverfahren sinnvoller planen.[899]

Aufgrund der relativ veralteten Infrastruktur des türkischen Stromnetzes ist schließlich nicht sicher, wie sehr solche YEKA-Flächen erfolgreich umgesetzt werden können. Denn im Falle einer zu installierenden Kapazität von 1000 MW müssten zur Übertragung und Verteilung des Stroms eine technisch einwandfreie Netzanbindung sowie Stromübertragung gewährleistet werden. Da der Netzausbau mit erheblichen Zusatzkosten verbunden ist, kann jedenfalls nicht innerhalb weniger Jahre von einem größeren Aufschwung bei der Nutzung solcher YEKA-Flächen ausgegangen werden. Hinzu kommt, dass die Konzentration von fluktuierenden Erneuerbaren Energien – insb. der Solarenergie – sowohl wetter- als auch jahres- und tageszeitbedingt zu erheblichen Ungleichgewichten bei der Stromproduktion führen kann. Insoweit muss von Beginn an darauf geachtet werden, alternative Möglichkeiten für Über- und Unterproduktionen freizuhalten, um das Gleichgewicht der Energieversorgung langfristig nicht zu gefährden.

V. Finanzierungs- und Ausgleichsmechanismus

Die Abwälzung der durch den YEKDEM-Fördermechanismus entstehenden Kosten, also der sog. Ausgleichsmechanismus, hat im Zuge der verschiedenen

---

899 Siehe hierzu folgenden Artikel, abrufbar im Internet unter: https://www.dunya.com/sektorler/enerji/yekadaki-reslere-49-yillik-lisans-verilsin-haberi-353949.

Novellierungen des YEK und der YEKDEM-Verordnung ständige Änderungen erfahren. Dabei kann vor allem zwischen drei zeitlichen Abschnitten differenziert werden. Die erste Phase erfasst den Zeitraum zwischen den Jahren 2005 und 2011. Die zweite Phase erstreckt sich sodann bis zum Jahr 2016 und läutet sodann mit der grundlegenden Novellierung der YEKDEM-Verordnung die dritte Phase ein.

1. Ausgleichsmechanismus bis 2011

Der Ausgleichsmechanismus verlief ursprünglich ausschließlich nach den Vorschriften des YEK 2005. Die im Oktober 2005 verabschiedete und bis Juli 2011 wirksame YEKDEM-Verordnung 2005 enthielt allerdings lediglich Vorschriften zur Beantragung, Erteilung und Wirkung des YEKDEM-Zertifikats.

Nach § 6 lit. a) YEK 2005 waren juristische Personen mit einer Einzelhandelsverkaufslizenz innerhalb der gewährten Förderdauer verpflichtet, von Anlagenbetreibern im Besitze des YEKDEM-Zertifikats die Stromproduktion abzunehmen und zu vergüten. Diese Pflicht bestand für jede einzelne juristische Person mit einer Einzelhandelsverkaufslizenz bis zu einem Anteil, der ihrem Verkaufsanteil an der im vergangenen Kalenderjahr landesweit verkauften Gesamtstrommenge entsprach, vgl. § 6 lit. b) YEK 2005.[900] Somit kam es bei der Berechnung der Lastenverteilung auf den Kundenbestand der Einzelhändler vom Vorjahr an. Die 21 staatlichen regionalen Stromverteilerunternehmen mit einer Einzelhandelsverkaufslizenz waren gemäß der Übergangsbestimmung 2 des YEK 2005 von dieser Abnahme- und Vergütungspflicht entbunden. Sie sollten während des laufenden Liberalisierungsprozesses nicht mit zusätzlichen Kosten belastet werden, die diesen Vorgang negativ beeinflussen könnten.[901]

Die verpflichteten Stromhändler gaben diese Zusatzkosten, die durch die Förderung der Erneuerbaren Energien entstanden, regelmäßig an die Letztverbraucher weiter.[902] Da die Kosten nicht von vornherein ermittelbar waren, konnte den Letztverbrauchern keine sog. YEK-Umlage als gesonderter Kostenpunkt in

900 Akkaya, Yenilenebilir Enerji Kaynaklarının Türkiye Açısından Önemi ve bir Rüzgar Enerjisi Uygulaması, S. 49 f.; Altuntaşoğlu, Yenilenebilir Enerji Avrupa Birliği ve Türkiye Müktesebatı, S. 257 f.

901 TBMM Tutanak Dergisi, Dönem 22, Toplantı 96, c. 83 (10 Mayıs 2005), S. 564 (Protokollblätter des türkischen Parlaments).

902 Im Falle des Einspeisevergütungsmodells werden die Mehrkosten weltweit grundsätzlich auf den Letztverbraucher verlagert; siehe u. a. https://www.linkedin.com/pulse/lisanss%C4%B1z-santrallerin-yekdem-mekanizmas%C4%B1na-etkisi-sinanco%C5%9Fkun?trk=mp-reader-card.

Rechnung gestellt werden. Vielmehr erhöhten sie entsprechend prognostischer Ermittlungen den Einheitspreis des Stroms. Da die installierte Kapazität in dem Förder- und Ausgleichsmechanismus in den ersten Jahren nach Verabschiedung des YEK 2005 sehr gering gewesen ist, hielt sich auch die Kostenlast für die Letztverbraucher in Grenzen. Aufgrund dieser unerheblich höheren Mehrbelastungen stellten diese Intransparenz der Kostenermittlung und der fehlende ausdrückliche Hinweis zur Förderung der Erneuerbaren Energien keinen Diskussionsgrund dar.

Die geringe Anzahl der bestehenden EE-Anlagen zwang den Gesetzgeber ursprünglich nicht zu einer detaillierteren Regelung des YEKDEM-Fördermechanismus. Jenseits der geringen Anzahl der vorhandenen Anlagen bis zum Jahr 2011[903] waren die aktiven Anlagenbetreiber wegen der besseren finanziellen Konditionen des Energiemarktes auch nicht an diesem Fördermechanismus des YEK 2005 interessiert.[904] In den Jahren 2007 und 2008 betrug der im freien Markt angebotene Strompreis zwischen 7 und 10 Eurocent/kWh, wohingegen die gesetzlich feststehende Einspeisevergütung mit 5 bis 5,5 Eurocent/kWh erheblich niedriger war.[905] Mit dem Ausbau der Erneuerbaren Energien und der Zunahme der Teilnehmer des Fördermechanismus musste jedoch eine grundlegende Novellierung des Ausgleichssystems zur Gewährleistung einer fairen und transparenten Umverteilung der entstehenden Mehrbelastungen erfolgen.

2. *Ausgleichsmechanismus ab 2011*

Nachdem der türkischer Gesetzgeber Ende 2010 das YEK 2005 novellierte, verkündete die EPDK im Juli 2011 eine neugefasste YEKDEM-Verordnung. Diese enthielt im Gegensatz zur Vorgängerregelung nicht nur Vorschriften zur Erteilung und Wirkung des YEKDEM-Zertifikats, sondern umfasste nunmehr auch ausführliche Regelungen zum YEKDEM-Fördermechanismus. Zudem überarbeitete sie die Vorschriften zum Ausgleich der finanziellen Mehrbelastungen, die durch die Förderung der Erneuerbaren Energien entstanden.

---

903 Im Jahr 2005 betrug deren installierte Leistung ca. 70 MW, im Jahr 2008 immer noch gerade einmal 450 MW; siehe hierzu Uluatam, Ekonomik Forum-Zeitschrift Oktober 2010, S. 41; abrufbar im Internet unter: https://www.tobb.org.tr/AvrupaBirligiDairesi/Dokumanlar/Raporlar/YenilenebilirEnerjiTesvikleri.pdf.

904 Camadan, YEK'i yeniden demlesek de mi desteklesek yeniden demlemesek de mi, S. 6.

905 Batı, Türkiye'de Sürdürülebilir Kalkınma ve Yenilenebilir Enerji Kaynakları, S. 195; Ocak, Türkiye Elektrik Piyasasi, S. 30; abrufbar im Internet unter: http://www.odtumd.org.tr/etkinlik/2008/11/Elektrik_Sektoru_Yatirimlarina_Yerli_Katki/Elektrik_Sektoru_Yatirimlarina_Yerli_Katki_Ahmet-Ocak.pdf.

Nunmehr musste der Anlagenbetreiber bei der EPDK bis zum 31. Oktober eines Jahres unter Vorlage eines YEKDEM-Zertifikats einen Antrag stellen, um im anschließenden Kalenderjahr am YEKDEM-Fördermechanismus teilzunehmen.[906] Die EPDK erstellt weiterhin nach Abschluss der Anmeldefrist eine Teilnehmerliste, schickt diese an den Marktregulierer und veröffentlicht sie auf ihrer offiziellen Internetseite, vgl. § 8 Abs. 1 YEKDEM-Verordnung 2011.

Die neue YEKDEM-Verordnung orientierte sich maßgeblich an dem Day-Ahead-Markt. Nach § 11 Abs. 1 YEKDEM-Verordnung 2011 teilte der Teilnehmer des YEKDEM-Fördermechanismus dem Zentrum für Nationale Lastenverteilung (MYTM)[907] täglich bis 9:00 Uhr mit, welche Stromproduktion er für den anschließenden Tag stündlich erwartete. Anhand dieser Leistungsprognosen erstellte das MYTM wiederum einen Prognoseplan, in welchem die potentiellen Erzeugungs- und Verbrauchskapazitäten auf stündlicher Basis eingetragen wurden, § 11 Abs. 3 YEKDEM-Verordnung 2011. Zu Überprüfungszwecken konnte sie stets von den Anlagenbetreibern ihre entsprechenden Unterlagen verlangen, anhand welcher die Leistungsprognosen ermittelt wurden. Die stündlichen Prognosen für die jeweilige Region und für das gesamte Land innerhalb des YEKDEM-Fördermechanismus leitete das MYTM gemäß § 11 Abs. 4 YEKDEM-Verordnung 2011 an den Marktregulierer weiter. Der Marktregulierer – in dem Fall die Zentralstelle für Finanzausgleich PMUM und seit September 2015 die Energiebörse EPİAŞ – veröffentlichte täglich bis 11:00 Uhr für den anschließenden Tag die Einspeisedaten der Anlagen im YEKDEM-Fördermechanismus und gab dabei die stündlichen regionalen und nationalen Leistungsprognosen an.

Um den Ausgleich zwischen den teilnehmenden Anlagenbetreibern sowie den verpflichteten EVU zu gewährleisten, errichtete PMUM gemäß § 10 Abs. 1 YEKDEM-Verordnung 2011 ein YEKDEM-Portfolio. Im Rahmen dieses Portfolios verkaufte PMUM den durch die teilnehmenden Anlagen produzierten Strom gemäß § 12 Abs. 1, 2 YEKDEM-Verordnung 2011 im Namen der EVU auf

906 Für den gesamten Ausgleichsmechanismus siehe Gözen, International Journal of Energy Economics and Policy, 2014/4, S. 280, 284.

907 Der Langtitel lautet „Milli Yük Tevzi Merkezi (MYTM)"; MYTM ist ein Teil des staatlichen Netzbetreibers TEİAŞ und als solcher dafür zuständig, dass die Stromversorgung geregelt und zuverlässig abläuft. Zudem regelte es das Gleichgewicht zwischen der Stromerzeugung und dem Stromverbrauch und verfolgte die ins System eingetragenen Daten der Anlagenbetreiber. Mit der Eröffnung der Energiebörse EPİAŞ im März 2015 ging diese Verantwortung auf EPİAŞ über. Der aufgeführte Verlauf änderte sich aber grundsätzlich nicht.

dem Day-Ahead-Markt.[908] Anschließend flossen die Gesamteinnahmen gemäß § 16 YEKDEM-Verordnung 2011 in das YEKDEM-Portfolio.[909] Die Anlagenbetreiber waren weder für verursachte Ungleichgewichte im Strommarkt noch für die Über- und Unterschreitung der Leistungsprognosen finanziell verantwortlich, vgl. § 18 Abs. 2 YEKDEM-Verordnung 2011. Auch diese Zusatzkosten wurden anteilsmäßig auf die EVU umverteilt, vgl. § 20 Abs. 7 YEKDEM-Verordnung 2011.

Nachdem die aufgeführte Prozedur für den jeweiligen Kalendermonat täglich durchgeführt wurde, verkündete PMUM anschließend für die jeweilige Rechnungsperiode den Gesamtbetrag der an die teilnehmenden Anlagenbetreiber zu zahlenden Einspeisevergütungen.[910] Nach § 3 Abs. 1 lit. d) YEKDEM-Verordnung 2011 i.V.m § 4 Abs. 1 lit. z) DUY-Verordnung umfasste jede Rechnungsperiode den Zeitraum eines Kalendermonats. Die EVU[911] trugen die finanzielle Verantwortung über die Gesamtsumme der gesetzlichen Einspeisevergütung, wobei jeder entsprechend seines Anteils an der Gesamtstromlieferung an Letztverbraucher verpflichtet wurde, vgl. § 6 Abs. 6 YEK 2011, §§ 14, 15 YEKDEM-Verordnung 2011.[912]

§ 20 YEKDEM-Verordnung 2011 fasste den für jede Rechnungsperiode kalendermonatlich vorzunehmenden Ablauf zusammen. Gemäß § 20 Abs. 7 YEKDEM-Verordnung 2011 wurden die durch den Stromverkauf erzielten Gesamteinnahmen im YEKDEM-Konto, die an die teilnehmenden Anlagenbetreiber zu zahlende Einspeisevergütung, die durch die Falschprognosen entstehenden Mehrkosten sowie die rückwirkend zu erfolgenden Nachzahlungen oder Abzüge mit einer sog. Schlichtungserklärung verkündet. Den Gesamteinnahmen

---

908 Für das Verständnis der ganzen Prozedur siehe Gözen, International Journal of Energy Economics and Policy, 2014/4, S. 280 f.

909 Özcan, Yenilenebilir Enerjide Mevzuat: Mevzuat Sorunlarına Yönelik Bir Araştırma, S. 26; Gözen, International Journal of Energy Economics and Policy, 2014/4, S. 282.

910 Kelecioğlu, Türkiye'de Yenilenebilir Enerji Yatırımlarının Finansmanı, Sorunlar ve Çözüm Önerileri, S. 57f.

911 Nach § 3 Abs. 1 lit. r) YEKDEM-Verordnung 2011 sind EVU solche Stromerzeuger, die auf dem Energiemarkt an freie und nicht freie Verbraucher Strom vertreiben, Eigenproduzierer sowie Großhandels- und Einzelhandelslieferanten. Mit der Novellierung im Jahr 2013 bestimmte die EPDK, dass alle Stromerzeuger sowie Lieferungslizenzinhaber gemäß § 3 Abs. 1 lit. p) YEKDEM-Verordnung EVU sind.

912 Diejenigen Anlagenbetreiber, welche ihren Strom auf dem freien Markt veräußern, werden im Rahmen des YEKDEM-Fördermechanismus nicht berücksichtigt und daher nicht erwähnt; siehe hierzu Danıştay (höchstes türkisches Verwaltungsgericht), 13. Daire, E. 2016/1097, K. 2016/1409.

des YEKDEM-Kontos stellte man die Summe der Einspeisevergütungen, die Mehrkosten für die Unausgeglichenheiten sowie die Zahlungen aufgrund von Nachberechnungen gegenüber. Den diesbezüglichen Differenzwert stellte PMUM jeweils jedem EVU in Rechnung und zahlte sodann den teilnehmenden Anlagenbetreibern im jeweiligen Kalendermonat für ihre Stromproduktion die gesetzliche Einspeisevergütung, vgl. § 20 Abs. 4 YEKDEM-Verordnung 2011. Die EVU verlagerten hingegen die Mehrkosten aufgrund des YEKDEM-Fördermechanismus nach ihren eigenen marktwirtschaftlichen Berechnungen auf die letztverbrauchenden Stromkunden.

Die Betreiber von lizenzfreien EE-Anlagen konnten gemäß §§ 5 Abs. 2, 9 Abs. 3 YEKDEM-Verordnung 2011 für den Zeitraum von 10 Jahren von dem Fördermechanismus profitieren. Der überschüssige Strom wurde dabei von den regionalen Stromverteilerunternehmen abgenommen und vergütet. Anstatt der lizenzfreien Anlagenbetreiber sind sie dem YEKDEM-Fördermechanismus angeschlossen, wofür sie sich gemäß § 6 Abs. 2 YEKDEM-Verordnung 2011 bis Ende Oktober jeden Jahres zum YEKDEM-Fördermechanismus bei der EPDK anmelden müssen.

Auch nach der YEKDEM-Verordnung 2011 wurden die verursachten Mehrkosten nicht als gesonderter Kostenpunkt für die Stromkunden aufgeführt, sondern durch die EVU im Strompreis je Einheit mitberechnet. Diesbezüglich erhoben sich nunmehr aber aufgrund des Anstiegs der Mehrbelastungen einige kritische Stimmen, die eine mangelnde explizite Auflistung der durch den YEKDEM-Fördermechanismus entstandenen Mehrkosten als einen rechtswidrigen Verstoß gegen den finanzrechtlichen Transparenzgrundsatz einstuften.[913]

3. *Ausgleichsmechanismus ab 2013*

Im Oktober 2013 verkündete die EPDK eine novellierte YEKDEM-Verordnung und hob gemäß § 30 YEKDEM-Verordnung die alte Fassung komplett auf. Die neue YEKDEM-Verordnung sieht sowohl hinsichtlich des Zugangs und Ablaufs des YEKDEM-Fördermechanismus als auch hinsichtlich des zwischen den verschiedenen Parteien ablaufenden Ausgleichs grundsätzlich keine Änderungen vor. Sie erwähnt jedoch nicht mehr die Zentralstelle für Finanzausgleich PMUM, sondern spricht in ihrer ursprünglichen Fassung allgemein gefasst nur noch vom sog. Marktregulierer. Dabei handelt es sich

913 Bülent Çebin, Elektrik Faturalarında Yer Alan Kayıp-Kaçak Bedelinin Faturada Gösterilmemesi; abrufbar im Internet unter: http://enerjienstitusu.com/2016/04/12/yorum-elektrik-faturalarinda-yer-alan-kayip-kacak-bedelinin-faturada-gosterilmemesi/.

gemäß § 3 Abs. 1 lit. m) YEKDEM-Verordnung um die Stelle, die für die Abwicklung des Day-Ahead-Marktes und des Ausgleichsmarktes sowie für die Abwicklungen der Zahlungen zwischen den teilnehmenden Anlagenbetreibern und EVU zuständig ist. Mit Betriebsaufnahme ging die Verantwortung zur Marktregulierung im September 2015 von der PMUM an die Energiebörse EPİAŞ über.

Lizenzfreie Anlagenbetreiber können ihre überschüssige Stromproduktion weiterhin über den YEKDEM-Fördermechanismus abwickeln, wobei anstatt der regionalen Verteilerunternehmen nunmehr die regional zuständigen EVU zur Abnahme des Stroms sowie zur Vergütungszahlung verpflichtet sind. Diese wurden im Zuge des Liberalisierungsprozesses von den regionalen Stromverteilerunternehmen entflochten und als eigenständiges Unternehmen gegründet, vgl. § 8 Abs. 3 YEKDEM-Verordnung. Im Gegensatz zur vorigen Regelung sind die regional zuständigen EVU gemäß § 5 Abs. 2 Satz 2 YEKDEM-Verordnung gesetzliche Teilnehmer des YEKDEM-Fördermechanismus, ohne dass es einer diesbezüglichen Anmeldung bedarf. Die Gesamtvergütungssumme der lizenzfreien Anlagen wird im Rahmen der Berechnung der Kosten zu den lizenzierten Anlagen gemäß §§ 18 Abs. 2 i.V.m. § 12 YEKDEM-Verordnung mitberechnet und allen EVU anteilig in Rechnung gestellt.

4. *Ausgleichsmechanismus ab April 2016*

Wie oben ausführlich erörtert, fand die YEKDEM-Verordnung durch eine grundlegende Novellierung im April 2016 eine weitreichende Umstellung. Der finanzielle Ausgleich unter den Parteien findet nunmehr nach folgenden Prinzipien statt:

Aufgrund der Abschaffung des YEKDEM-Portfolios sind die teilnehmenden Anlagenbetreiber für die Vermarktung ihrer Stromproduktion selbst verantwortlich und können hierzu grundsätzlich alle Veräußerungsvarianten nutzen, die ihnen auch außerhalb des YEKDEM-Fördermechanismus zustehen würden, vgl. § 15 Abs. 1 YEKDEM-Verordnung. Jeder der Anlagenbetreiber verwaltet folglich sein eigenes oder gründet durch den Zusammenschluss mit Dritten ein gemeinschaftliches Portfolio, in welches die durch die selbständige Veräußerung eingenommenen Vergütungen einfließen. Die eingenommenen Summen zahlt der Anlagenbetreiber im Gegenzug zur gesetzlichen Einspeisevergütung an den Marktregulierer EPİAŞ, vgl. § 15 Abs. 1 Satz 2 YEKDEM-Verordnung. Hierbei findet eine Aufrechnung der gegenseitigen Ansprüche statt, sodass nur der Restbetrag der zu zahlenden Summe – i.d.R. durch EPİAŞ an den Anlagenbetreiber – zu entrichten ist.

Weiterhin sind gemäß § 3 Abs. 1 lit. p) YEKDEM-Verordnung die EVU gesetzlich verpflichtet, die Gesamtkosten des YEKDEM-Fördermechanismus auszugleichen, vgl. § 12 Abs. 1 YEKDEM-Verordnung.[914] Die Summe dieser Kostentragungslast berechnet sich aus dem eingespeisten Strombetrag der teilnehmenden Anlagen, welcher mit den einschlägigen Werten der Anlage 1 und 2 des YEK 2011 sowie dem tagesaktuellen Kurswert der türkischen Lira zu multiplizieren ist. Davon ist sodann der Verkaufspreis abzuziehen, den die Anlagenbetreiber auf dem Energiemarkt persönlich erzielt haben. Durch die Neuerungen der Vorlizenz-Verordnung sind von diesem Betrag künftig auch die sog. Teilnahmeleistungen der Anlagenbetreiber abzuziehen, die sie für die Dauer von 10 Jahren zu entrichten haben. Den Restbetrag zahlen die EVU gemäß §§ 13, 14 YEKDEM-Verordnung in Höhe ihres prozentualen Anteils am Strommarkt jeweils monatlich an die Energiebörse EPİAŞ, die in ihrer Funktion als Marktregulierer den entsprechenden Betrag als Einspeisevergütung an die Anlagenbetreiber weiterleitet.

Nunmehr sind die Anlagenbetreiber für ihre Fehlprognosen persönlich verantwortlich. Aufgrund des vorgesehenen technologiespezifischen Toleranzwertes können sie gemäß der Übergangsbestimmung 2 der YEKDEM-Verordnung auf dem freien Energiemarkt einen höheren Strompreis als die gesetzlich fixierte Einspeisevergütung erzielen. Unter Beachtung dieser Werte berechnet EPİAŞ die dem jeweiligen Anlagenbetreiber nunmehr zustehende gesetzliche Einspeisevergütung. Es ist möglich, dass aufgrund dieser Kalkulation der Marktregulierer an den Anlagenbetreiber eine Zahlung als „Resteinspeisevergütung" vorzunehmen hat oder der Anlagenbetreiber den „zu viel erlangten" Überschuss zur gesetzlich berechneten Einspeisevergütung – beruhend auf den erheblich abweichenden Leistungsprognosen – an den Marktregulierer entrichten muss. In diesem Sinne ist erstmals eine Zahlung in beide Richtungen möglich, vgl. § 18 Abs. 1 YEKDEM-Verordnung. Im Falle der Übereinstimmung der Summen führt dies zur Aufrechnung beider Werte, sodass keine Zahlungen in die jeweiligen Richtungen erfolgen müssen. Weiterhin werden die Kosten des YEKDEM-Fördermechanismus seitens der EVU auf die Letztverbraucher umgelagert, ohne dass es eine diesbezügliche gesetzliche Regelung gibt.

Die Änderungen der YEKDEM-Verordnung im Jahr 2016 wirkten sich jedoch nicht zulasten der lizenzfreien Anlagen aus. Deren Anlagenbetreiber können weiterhin für den Zeitraum von 10 Jahren von dem Fördermechanismus profitieren, indem sie ihre Stromproduktion an die regional zuständigen

---

914 Siehe auch § 13 YEKDEM-Verordnung 2011.

EVU weiterreichen, welche diese Strommengen vergüten und selbst als Teilnehmer des YEKDEM-Fördermechanismus gemäß § 5 Abs. 1, 2, § 8 Abs. 3, § 18 Abs. 2 YEKDEM-Verordnung sowie § 5 Abs. 1 lit. c), Abs. 2 Lizenzfreie Stromerzeugungs-VO für die Veräußerung und die Risiken der Leistungsprognosen verantwortlich sind. Betreiber von lizenzfreien Anlagen können weiterhin ohne die Beachtung der Marktsignale produzieren und sich hinsichtlich der gesamten Stromproduktion auf die gesetzliche Einspeisevergütung berufen. Anstatt derer sind aber die regional zuständigen EVU zu korrekten Leistungsprognosen verpflichtet, wenn sie keine Gewinneinbußen erleiden möchten. Falls in ihrem Gebiet jedoch viele lizenzfreie Anlagen vorhanden sein sollten, müssen sie umso mehr auf eine effektive Teilnahme an dem Energiemarkt achten, da sie dadurch auch zusätzliche Einnahmen erzielen können.

5. Novellierung der YEKDEM-Verordnung im Jahr 2017

Insbesondere der starke Kurswert des US-Dollars gegenüber der türkischen Lira führte in den letzten Jahren dazu, dass der YEKDEM-Fördermechanismus die Anlagenbetreiber anlockte. Die Kapazitätsleistung im YEKDEM-Fördermechanismus betrug im Jahr 2011 noch ca. 500 MW und stieg zum Jahr 2017 mit 647 angemeldeten Anlagen bereits auf 17400 MW.[915] Für das Kalenderjahr 2015 lag der Gesamtbetrag an gesetzlichen Einspeisevergütungen bei umgerechnet 3,8 Mrd. US-Dollar.[916] Für das Jahr 2017 wird von einem prognostizierten Gesamtbetrag von bereits 5,5 Mrd. US-Dollar ausgegangen. Durch diese Entwicklung stiegen zeitgleich die Mehrkosten zulasten der Stromverbraucher. Im Jahr 2013 betrugen die durch den YEKDEM-Fördermechanismus entstehenden Mehrkosten lediglich 0,50 TL/MWh und stiegen zum ersten Halbjahr 2015 auf durchschnittlich 9,17 TL/MWh.[917] Innerhalb eines Jahres stieg dieser Betrag drastisch um mehr als 300 Prozent und betrug im ersten Halbjahr des Jahres 2016 mit ca.

915 Siehe hierzu folgende Artikel: http://www.ensiatr.com/tr/haberler-ve-duyurular/haberler/153-2017-nihai-yekdem-analizi;http://www.ensiatr.com/images/2017_Nihai_YEKDEM_ENS%C4%B0A.pdf; http://www.ensiatr.com/images/2017_Nihai_YEKDEM_ENS%C4%B0A.pdf; http://www.itohaber.com/haber/guncel/205324/yenilenebilir_enerjiye_11_5_milyar_liralik_destek_verildi.html.

916 Im Jahr 2016 betrug der durchschnittliche Währungskurs für den US-Dollar 3,02 TL.

917 Siehe hierzu: http://www.dunya.com/sektorler/enerji/yekdem-elektrik-fiyatini-yukseltiyor-haberi-292299; http://www.enerjiatlasi.com/haber/yekdem-birim-maliyeti-3-kat-artti; http://www.enerjigunlugu.net/icerik/18254/mwh-basina-30-lira-yekdem-maliyeti.html.

30 TL/MWh das Viertel des gesamten Nettostrompreises. Im April 2017 kam sogar eine Rekordsumme von 53,5 TL/MWh zustande.[918]

Die verpflichteten EVU waren aufgrund des rasanten Anstiegs nicht immer in der Lage, ihr Preis- und Abwälzungssystem effektiv anzupassen. Weiterhin versuchen sie die voraussichtlich entstehenden Mehrkosten durch den YEKDEM-Fördermechanismus zu prognostizieren und anhand dieser Vermutungen den Letztverbrauchern einen entsprechenden Strompreis anzubieten. Insbesondere seit der Novellierung der YEKDEM-Verordnung im April 2016 ist es jedoch kaum möglich, die diesbezügliche Höhe der künftigen Belastungen einzuschätzen. Des Öfteren vereinbaren die EVU mit ihren Letztverbrauchern daher vertraglich, dass die Kosten zum YEKDEM-Fördermechanismus stets umgewälzt werden.[919] Zur Vermeidung von Preisrisiken haben sich sogar bereits Versicherungsoptionen gebildet.

Wenn die prognostizierten Mehrkosten zu hoch eingeschätzt werden, führt der zwangsläufig höhere Strompreis auf dem wettbewerblichen Strommarkt zu dem Risiko etwaiger Vertragsauflösungen durch die Letztverbraucher und der Abnahme des Kundenbestandes. Im Falle der zu niedrig angesetzten Prognostizierung können die finanziellen Einbußen der EVU jedoch zu erheblichen kostentechnischen Folgen bis hin zum Insolvenzrisiko führen.[920] Zur Vermeidung einer etwaigen Insolvenz kann es deshalb vorkommen, dass das jeweilige EVU sogar von zuvor abgegebenen unverbindlichen Versprechungen abweichen und den Strompreis vorzeitig erhöhen muss. Dies führt letztlich zum Vertrauensverlust des Marktes gegenüber dem jeweiligen EVU. Da er die Mehrkosten durch die ursprünglich selbständige Bestimmung der jeweiligen Höhe in den Nettostrompreis einpreist, findet keine – wie unter den EVU geregelte – ausnahmslos

---

918 Camadan, YEK'i yeniden demlesek de mi desteklesek yeniden demlemesek de mi, S. 12.

919 Siehe zu dem gesamten Abschnitt insgesamt folgende Artikel: http://www.cumhuriyet.com.tr/haber/turkiye/662395/Elektrik_faturasi_82_TL_yi_gecenler_dikkat__EMO_dan__ucuz_elektrik__uyarisi.html; https://tr.linkedin.com/pulse/yekdemli-elektrik-tedarik-teklifleri-kabul-edilebilir-b%C3%BClent-%C3%A7ebin; http://www.dunya.com/sektorler/enerji/yekdem-elektrik-fiyatini-yukseltiyor-haberi-292299; http://www.enerjihaber.com/yazarlar/bulent-cebin/elektrik-piyasasinda-revize-edilen-anlasmalar-sorunu/16/; https://www.linkedin.com/pulse/yekdem-maliyeti-riskinin-sigortalanmasi-ozan-korkmaz?articleId= 6222807844945829888.

920 Eine Liste von einigen insolventen EVU ist auf folgender Internetseite abrufbar: http://www.ekohaber.com.tr/ekohaber-ahmet-ozenalp-05-09-2016-yazisi-yazi_id-26402.html.

gleichmäßige Verteilung unter den Letztverbrauchern statt.[921] Diese aufgeführten Schwierigkeiten durch die Zusatzbelastungen des YEKDEM-Fördermechanismus führen daher vermehrt zu der Ansicht, die Förderung der Erneuerbaren Energien komplett abzuschaffen und die entsprechenden Anlagenbetreiber ausnahmslos in den freien Strommarkt zu drängen oder aber die Förderkosten direkt an die Letztverbraucher weiterzuleiten.[922]

Aufgrund der oben geschilderten Entwicklung novellierte die EPDK im Mai 2017 die YEKDEM-Verordnung. Künftig soll es hiernach für EVU möglich sein, die Mehrbelastungen des YEKDEM-Fördermechanismus den Letztverbrauchern als gesonderten Kostenpunkt in Rechnung zu stellen, vgl. §§ 14 Abs. 2, 18 Abs. 1 YEKDEM-Verordnung. Nunmehr will die EPDK bis Ende Dezember jeden Jahres für das anschließende Kalenderjahr prognostisch angeben, welchen Betrag die EVU für jede einzuspeisende Stromeinheit im YEKDEM-Fördermechanismus monatlich zu entrichten haben. Die EVU können dadurch die Mehrbelastungen als einen gesonderten Kostenpunkt – etwa als eine „YEK-Umlage" – in den Stromrechnungen angeben. Sie sind folglich nicht mehr verpflichtet, ihre Nettostrompreise aufgrund dieser schwankenden Mehrbelastungen zu heben oder zu senken. Durch die transparente Ausgestaltung der Kosten zum YEKDEM-Fördermechanismus müssten sie sich auch nicht mehr bei den Letztverbrauchern für den Anstieg der Strompreise rechtfertigen. Soweit es die EPDK für notwendig erachten sollte, darf sie gemäß § 14 Abs. 2 Satz 2 YEKDEM-Verordnung diese veröffentlichte Umlage auch innerhalb des Kalenderjahres revidieren. Dies käme vor allem dann in Betracht, wenn sich die Mehrkosten – etwa aufgrund des US-Dollarkurses oder des Anstiegs der Energiepreise – überraschenderweise drastisch erhöhen. Andernfalls sollte die EEG-Umlage unter gewöhnlichen Umständen keinen Änderungen unterworfen werden, um die EVU gerade mit den oben angeführten Schwierigkeiten nicht zu belasten. Durch diese Neuerung können die EVU die zu tragenden Mehrkosten für den YEKDEM-Fördermechanismus für das jeweilige Kalenderjahr grundsätzlich voraussehen und zur Erhöhung der Transparenz diesen Betrag auch

921 Im türkischen Energierecht gibt es keine besondere Ausgleichsregelung für stromintensive Unternehmen. Gewerbetreibende beziehen Strom zu vergünstigten Konditionen; siehe hierzu u. a. http://www.enerjiatlasi.com/elektrik-fiyatlari/.

922 Hierzu eine kritische Meinung, abrufbar im Internet unter: http://www.ekohaber.com.tr/ekohaber-ahmet-ozenalp-05-09-2016-yazisi-yazi_id-26402.html; siehe ferner: https://my4e.wordpress.com/2017/05/28/yek-yonetmeligindeki-son-degisiklik-birim-yek-bedelinin-ongorulebilirligini-etkiler-mi/; Camadan, YEK'i yeniden demlesek de mi desteklesek yeniden demlemesek de mi, S. 15.

in den jeweiligen Stromrechnungen mit den Letztverbrauchern als gesonderten Kostenpunkt anführen. Hierzu verkündete die EPDK bereits im Juni 2017 die entsprechenden „YEK-Umlagen" für die Kalendermonate ab Mai 2017, die zwischen 37,41 TL/MWh und 25,44 TL/MWh variierten.[923] Ob die EPDK an den ursprünglich für das jeweilige Kalenderjahr angegebenen Daten festhalten oder aufgrund der aufgezählten Gründe eine regelmäßige Änderung vornehmen wird, kann derzeit nicht beurteilt werden.

923 EPDK, Karar Örnegi, Nr. 7085; abrufbar im Internet unter: http://www.epdk.org.tr/TR/Dokuman/7968.

Kapitel 5 Kritischer Vergleich ausgewählter Themen

A. Einleitung

Die technologisch rasante Fortentwicklung der Erneuerbare-Energien-Branche, das wachsende Bedürfnis nach alternativen Energieressourcen sowie das hiermit einhergehende gesellschaftliche Umdenken erfordern eine dynamische Novellierung des energierechtlichen Regelungswerks. Dabei kann eine rechtsvergleichende Analyse der eigenen nationalen Vorschriften mit den Prinzipien anderer Rechtsordnungen, vor allem im Konsultationsprozess eines Gesetzgebungsverfahrens, wichtige Impulse für eine erforderliche Neuordnung bzw. Anpassung verschaffen und hierdurch zur Schließung bestehender Regelungslücken und zur Aufhebung fehlerhafter Vorschriften beitragen.[924] Insoweit können sich die bestehenden Förderstrukturen der jeweiligen Länder ähneln, bei einzelnen, nicht unwesentlichen Elementen indes von erheblichen Unterschieden gekennzeichnet sein. Vor allem die jeweils unterschiedlichen förderrechtlichen Instrumentarien können – soweit die Einführung einer entsprechenden Regelung aufgrund der eigenen rechtlichen, wirtschaftlichen und gesellschaftlichen Rahmenbedingungen möglich, sinnvoll und zweckmäßig ist – neue Impulse zur effizienteren Gestaltung der eigenen nationalen Rechtsordnung verleihen und sich gegenseitig befruchten. Diese Grundsätze gelten auch für den energierechtlichen Vergleich zwischen dem deutschen und türkischen Rechtssystem, bei deren näherer Betrachtung neben einigen Parallelen auch wesentliche gesetzliche Unterschiede aufgezeigt werden können.

Nunmehr werden die wichtigsten Themenkomplexe zum Recht der Erneuerbaren Energien, die in den jeweiligen Kapiteln zur jeweiligen Rechtsordnung ausführlich analysiert wurden, kritisch gegenübergestellt. Dieser Rechtsvergleich erhebt nicht den Anspruch, die grundsätzliche Überlegenheit einer dieser Rechtssysteme zu belegen. Vielmehr sollen neben den Stärken insb. die Schwächen und Lücken der jeweiligen Rechtsordnung aufgezeigt werden,

---

924 Pause, Rechtswissenschaftliche Analyse des Rechts der Erneuerbaren Energien in Spanien unter besonderer Berücksichtigung der europarechtlichen Entwicklung, S. 20; abrufbar im Internet unter: https://www.erneuerbare-energien.de/EE/Redaktion/DE/Downloads/Berichte/rechtswissenschaftliche-analyse-erneuerbare-energien-spanien.pdf?__blob=publicationFile&v=2.

um anschließend geeignete Verbesserungsvorschläge zu unterbreiten.[925] Zudem kann aufgrund der Breite der Themenkomplexe nicht auf jede Problematik, die in dem jeweiligen Landesbericht analysiert wurde, eingegangen werden. Soweit es notwendig erscheint, werden aber bei den konkreten Gegenüberstellungen zusätzliche Informationen mitgeteilt, die zuvor noch nicht angesprochen wurden.

B. Mindestziele und Ausbaukorridore

Bereits hinsichtlich der bestehenden Zielvorgaben weisen beide Länder erhebliche Unterschiede auf. Schon in der ursprünglichen Fassung zum EEG 2000 sah der deutsche Gesetzgeber entsprechende Mindestziele hinsichtlich eines Anteils der Erneuerbaren Energien am Gesamtenergie- bzw. am Gesamtstromverbrauch vor. Im Laufe der anschließenden Novellierungen des EEG passte er diese theoretischen Zielsetzungen an die tatsächliche Entwicklung sowie die Ausbaupotentiale korrigierend an. Mit dem EEG 2014 wurden diese Mindestziele jedoch durch erstmalige Einführung von Obergrenzen überwiegend durch Ausbaukorridore ersetzt. Dies erfolgte vor dem Hintergrund eine planvollere Steuerung der Gesamtförderkosten zu etablieren.[926] Aktuell sieht § 1 Abs. 2 EEG 2017 einen zeitlich abgestuften Ausbaukorridor bis zum Jahr 2025 sowie anschließend bis zum Jahr 2035 vor. Bis zum Jahr 2050 soll hingegen mindestens 80 Prozent der Stromproduktion am Bruttostromverbrauch auf Erneuerbare Energien zurückzuführen sein. Dies hat zur Folge, dass neben einer rechtlichen Anpassung vor allem eine grundlegend wirtschaftliche sowie technische Umstrukturierung der Energiebranche zu erwarten ist. Mit der Einführung des Ausbaukorridors führte der deutsche Gesetzgeber auch spezifische Ausbaupfade für die wichtigsten Technologiearten, mithin der Windenergie, Solarenergie und Biomasse ein, um den größtmöglichen Ausbau der Erneuerbaren Energien auf diese kostengünstigen Technologien zu fokussieren, vgl. § 4 EEG 2017. Damit diese technologiespezifischen Ausbaupfade möglichst strikt eingehalten werden, sollen etwa bei Unterschreitung der quantitativen Ziele die anzulegenden Werte zur Berechnung der konkreten Förderzahlungen mit Hilfe des sog. atmenden Deckels erhöhend angepasst und hierdurch finanzielle Anreize zugunsten der Anlagenbetreiber geschaffen werden, vgl. §§ 46a Abs. 3, 4, 49 Abs. 4 EEG. Aufgrund der kurzen Zeitspanne seit der Einführung der Ausbaupfade liegen keine

925 Ezbiderli, Avrupa Birliği Mevzuatı Çerçevesinde Türkiye'de Yenilenebilir Enerji Kaynakları Kullanımının Teşvik Edilmesi, S. 96.

926 Kreuter-Kirchhof, NVwZ 2015, 1480 (1481).

hinreichend belastbaren Erkenntnisse vor, welche den Rückschluss auf eine langfristige Entwicklung erlauben. Die Entwicklung der EEG-Umlage in den letzten Jahren zeigt zwar auf, dass weitere immense Anstiege – wie sie vor der Einführung von Ausbaukorridoren einschlägig waren – ausgeblieben sind.[927] Diesbezüglich größere Erfolgssprünge durch einen starken Rückgang der EEG-Umlage können aber erst dann verzeichnet werden, wenn die aktuell verhältnismäßig intensiv geförderten Bestandsanlagen, deren Inbetriebnahme auf einen Zeitpunkt vor der starken Reduzierung der Fördersätze fällt, nach Ablauf der vorgesehenen Förderdauer dem Finanzierungs- und Ausgleichsmechanismus nicht mehr beitreten können und somit ausschließlich auf dem freien Energiemarkt veräußern.[928]

Gänzlich anders verhält es sich mit der türkischen Rechtsordnung. Sie enthält zum künftigen Ausbau der Erneuerbaren Energien weder gesetzlich verankerte Mindestziele noch entsprechende Ausbaukorridore. Insoweit sind lediglich – wie es etwa in dem Nationalen Aktionsplan für Erneuerbare Energien im Jahr 2014 seitens des türkischen Energieministeriums der Fall ist[929] - außergesetzlich einzuordnende, unverbindliche Ziele der türkischen Regierung vorhanden. Bis zum 100-jährigen Bestehen der Türkischen Republik im Jahr 2023 soll etwa 30 Prozent des Bruttostromverbrauchs durch Erneuerbare Energien abgedeckt werden.[930] Vor dem Hintergrund des Bestandes großer Wasserkraftwerke kann die Einhaltung dieses Mindestziels als realistisch eingestuft werden. Darüber hinaus ist bis zum Jahr 2023 die Installation einer Kapazitätsleistung von 20000 MW bei der Windenergie sowie von 5000 MW bei der Solarenergie beabsichtigt. Von diesen, sich selbst auferlegten Projektzielen, ist die Türkei jedoch aufgrund des unzureichenden Ausbaus in den letzten Jahren noch weit entfernt. Daher erscheint die Einhaltung dieser unverbindlichen Mindestziele aufgrund der derzeitigen politischen, wirtschaftlichen und technologischen

---

927 Die Tabelle der BNetzA enthält insoweit vor allem die prozentuale Änderung der EEG-Umlage zum Vorjahr; abrufbar im Internet unter: https://www.bundesnetzagentur.de/SharedDocs/FAQs/DE/Sachgebiete/Energie/Verbraucher/Energielexikon/EEGUmlage.html.

928 Ähnlich die Auffassung der Agora Energiewende, Die Entwicklung der EEG-Kosten bis 2035, Kurzstudie, S. 25; abrufbar im Internet unter: https://www.agora-energiewende.de/fileadmin/Projekte/2015/EEG-Kosten-bis-2035/Agora_EEG_Kosten_2035_web_05052015.pdf.

929 ETKB, National Renewable Energy Action Plan for Turkey (2014), S. 51, 71.

930 ETKB, National Renewable Energy Action Plan for Turkey (2014), S. 8, 71.

Ausrichtung unrealistisch erscheint.[931] Mit einer rechtlich festgelegten Strategie hätten sich die Ausbauziele wohlmöglich anders entwickelt, insb. wenn der türkische Gesetzgeber entsprechende Zielvorgaben bereits mit der Urfassung des YEK oder bei der grundlegenden Novellierung im Jahr 2010 vorgesehen hätte.[932] Insoweit wären neben dem türkischen Energieministerium auch die anderen staatlichen Einrichtungen wie TEİAŞ angehalten gewesen, die aufgestellten gesetzlichen Zielvorgaben wesentlich konsequenter zu verfolgen. Denn allein durch die Gestaltung effizienterer rechtlicher, wirtschaftlicher und technischer Rahmenbedingungen hätten diese hinreichend erfüllt werden können. Nicht zuletzt durch die Etablierung jährlicher Entwicklungsprognosen hätte aufgezeigt werden können, welche Umstellungen zwingend gewesen wären, um diesen Mindestanforderungen gerecht zu werden. Hinzu kommt, dass der deutsche Gesetzgeber langfristige Ziele bis zum Jahr 2050 gesetzlich festgesetzt hat, wohingegen die türkische Regierung entsprechende Absichtsbekundungen für den Zeitraum bis 2023 vornimmt.[933] Nach alledem bleibt bereits an dieser Stelle festzuhalten, dass eine langfristige Planung bei der Energieversorgung unentbehrlich ist.

Insgesamt lässt sich das Fehlen von gesetzlichen Mindestzielen im YEK und den anderen Rechtsvorschriften daher als eine unbefriedigende Lücke qualifizieren, weshalb eine entsprechende Novellierung zu empfehlen ist.[934] Auch wenn die entsprechenden gesetzlichen Zielvorgaben in den jeweiligen Fassungen des EEG bei etwaiger Zielunterschreitung an keine sanktionsrechtlichen Sekundärmaßnahmen anknüpfen, dienten sie stets als Auslegungshilfe und bildeten sowohl für den Gesetzgeber als auch für den Gesetzesanwender einen

---

931 Atiyas/Çetin/Gülen, Reforming Turkish Energy Markets, S. 122; DT-IHK, Windenergie, Zielmarktanalyse 2017 mit Profilen der Marktakteure, S. 47 f.; abrufbar im Internet unter: https://www.german-energy-solutions.de/GES/Redaktion/DE/Publikationen/Marktanalysen/2017/zma_tuerkei_2017.pdf?__blob=publicationFile&v=2.

932 Insoweit kritisierte die Abgeordnete Gaye Erbatur bereits bei der Verabschiedung des YEK 2005 das Fehlen von konkreten Mindestzielen und machte darauf aufmerksam, dass die Einhaltung der Ziele der türkischen Regierung ohne eine gesetzliche Fixierung nicht oder verspätet eintreten könnten; siehe TBMM Tutanak Dergisi, Dönem 22, Toplantı 96, c. 83 (10 Mayıs 2005), S. 523 (Protokollblätter des türkischen Parlaments).

933 Hierzu ebenso Atiyas/Çetin/Gülen, Reforming Turkish Energy Markets, S. 159 f.

934 Altuntaşoğlu, Yenilenebilir Enerji Avrupa Birliği ve Türkiye Müktesebatı, S. 260; World Energy Council, Turkish National Comittee, Dünya'da ve Türkiye'de Güneş Enerjisi, S. 181.

zu berücksichtigenden Maßstab.[935] Neben stufenweisen Angaben von etwaigen Mindestzielen für die kommenden Jahre und Jahrzehnte empfiehlt sich auch die Aufstellung von technologiespezifischen Zielsetzungen, etwa in Form von jährlich neu zu installierenden Kapazitätsleistungen. Soweit es seitens des türkischen Gesetzgebers für notwendig erachtet werden sollte, können zur besseren Steuerung der Gesamtförderkosten mit der Einarbeitung von entsprechenden Höchstgrenzen auch gesetzliche Ausbaukorridore bestimmt und mit entsprechenden zweckerfüllenden Maßnahmen ergänzt werden. Damit ließe sich ein unkontrollierter Ausbau der Erneuerbaren Energien vermeiden. Etwaige Mindestziele könnten auch in der YEKA-Verordnung für jährlich auszuschreibende Großprojekte integriert werden, sodass ein rasanter Ausbau der Erneuerbaren Energien, die Verringerung der Importabhängigkeit durch die neuen Produktionsstätten sowie die Erhöhung des nationalen Knowhows durch die einzurichtenden Forschungs- und Entwicklungszentren gewährleistet wären. Im Gegensatz zur deutschen Rechtsordnung sind die aufgezählten verpflichtenden Regelungen in der YEKA-Verordnung notwendig. Als weiterer Vorteil des Auf- und Ausbaus der benannten Industrie- und Forschungszweige, ist die Verringerung der diesbezüglichen Abhängigkeit vom Ausland sowie die Schaffung neuer Beschäftigungsmöglichkeiten zu nennen.

Bei der Aufstellung von ambitionierten Mindestzielen muss der Gesetzgeber einen Spagat zwischen dem Wunsch nach einem beschleunigten Ausbau der Erneuerbaren Energien auf der einen Seite und der tatsächlichen Gegebenheiten wegen der einschränkenden technischen sowie wirtschaftlichen Rahmenbedingungen auf der anderen durchführen. Weder die Verteilung der Kostentragungspflicht noch die etwaigen Stromnetzkapazitäten erlauben einen diesbezüglich willkürlichen Anstieg, sodass zur potentiellen Einhaltung der Zielvorgaben erreichbare Zukunftsprognosen aufzustellen sind. Zudem spielt die gesellschaftliche Akzeptanz zur Förderung von Erneuerbaren Energien eine wesentliche Rolle. Dies wird insbesondere an dem deutlichen Anstieg der jeweiligen Förderkosten in beiden Ländern und der hierdurch ausgelösten Kritik an der diesbezüglichen Unterstützung zur Herstellung der Wettbewerbsfähigkeit deutlich.[936]

---

935 Danner/Theobald/Oschmann, EEG 2017, § 1 Rn. 32, 33.

936 Teilweise wird das EEG als ein „Fremdkörper in einer liberalen Wirtschaftsordnung" kritisiert; siehe Pomana, Förderung erneuerbarer Energien in Deutschland und im Vereinigten Königreich, S. 264.

C. Vertrauensschutz und Übergangsbestimmungen

Der Anspruch des Gesetzgebers muss bei jeder Neuregelung der Rechtsordnung darin bestehen, das schutzwürdige Vertrauen des betroffenen Adressatenkreises hinreichend zu beachten und dabei keine willkürlichen Gesetzesänderungen vorzunehmen. Belastende Änderungen der Rechtslage sind daher regelmäßig unzulässig, wenn sie rückwirkende Rechtsfolgen entfalten und schutzwürdige subjektive Interessen beeinträchtigen. Gleicher Grundsatz gilt auch beim Recht der Erneuerbaren Energien. Begünstigende Vorschriften zugunsten der Betreiber von Bestandsanlagen können daher, wenn sie die Planungs- und Investitionssicherheit beeinträchtigen, nur unter strengen Voraussetzungen nachträglich aufgehoben oder eingeschränkt werden. Zudem führen unberechtigte Änderungen der Rechtsordnung auch zu einer Unsicherheit in der gesamten Energiebranche sowie den staatlichen Einrichtungen und blockieren bzw. hemmen den administrativen Errichtungsprozess von EE-Anlagen.[937] Jede rückwirkende Maßnahme ist nur unter der besonderen Rechtfertigung zulässig, dass sie insgesamt keine negativen Auswirkungen auf die Amortisationskonditionen, also auf die finanziellen Gewinnaussichten, entfaltet.[938] Daher sind vor allem einschränkende Änderungen zur Vorrangigkeit der Abnahmepflicht, zu den Fördermodellen, zur Förderdauer sowie den Förderhöhen grundsätzlich unzulässig. Auf die rasche technologische und wirtschaftliche Entwicklung des Energiemarktes kann und darf der Gesetzgeber grundsätzlich nur dadurch reagieren, indem er etwaige Über- bzw. Fehlförderungen für künftige Neuanlagen aufhebt. Denn sogar vor dem Kapitaleinsatz müssen sich Investoren ab einem gewissen Zeitpunkt auf den langfristigen Bestand der geltenden Förderregeln verlassen können.

Der technische Fortschritt zu den maximalen Kapazitätsleistungen von Windrädern, die ökonomische Optimierung der Errichtungs- und Betriebskosten sowie die steigenden Ertragspotentiale weisen darauf hin, dass eine gewisse Schnelllebigkeit des Rechts der Erneuerbaren Energien unentbehrlich ist. In diesem Sinne muss der Gesetzgeber eine praktische Konkordanz zwischen dem schutzwürdigen Interesse des Investors nach einer Planungs- und Investitionssicherheit und dem Bedürfnis der Allgemeinheit nach der dynamischen Anpassung der Rechtsordnung an die ökonomischen, technologischen sowie gesellschaftlichen Rahmenbedingungen vornehmen. Dabei können

937 Boşça, Yenilenebilir Enerji Sektöründe Mevzuat Değişikliklerinin Yatırımlara Etkisi ve Hukuki Uyuşmazlıklar, Hukuk Gündemi Dergisi, S. 24.

938 Klinski, EEG-Vergütung: Vertrauensschutz bei künftigen Änderungen der Rechtslage, S. 10.

Übergangsbestimmungen dazu dienen, zulässige und zweckmäßige Rechtsfolgen für Ausnahmekonstellationen – insb. im Falle von Bestandsanlagen – zu regeln.

Insoweit kann sowohl dem deutschen als auch dem türkischen Recht der Erneuerbaren Energien ein hoher Grad an Flexibilität sowie eine relativ offene Einstellung für neue Rechtselemente attestiert werden. Die Beibehaltung eines langfristig geltenden Gesetzeswerkes ist aufgrund des dynamischen Fortschritts der Rahmenumstände von keiner Seite intendiert. Ferner wird bei den entsprechenden Novellierungen grundsätzlich in beiden Rechtsordnungen darauf geachtet, dass die schutzwürdigen Interessen der Betreiber von Bestandsanlagen hinreichend zum Ausdruck kommen. Demgemäß bleiben die einmal gewährten Förderinstrumente für Bestandsanlagen grundsätzlich unangetastet. Ausnahmsweise kommt es bei rückwirkenden Gesetzesänderungen aber auch vor, dass vertrauensschutzrechtliche Aspekte zugunsten der Betreiber von Bestandsanlagen nicht hinreichend berücksichtigt werden. Insbesondere in der türkischen Rechtsordnung führen die teilweise kritischen Änderungen derselben zu einem gewissen Vertrauensverlust der Investoren.

Der deutsche Gesetzgeber ist sich vor allem bei den Novellierungen zum EEG im Klaren darüber, dass er das schutzwürdige Vertrauen der Adressatenkreise von begünstigenden Normen hinreichend zu beachten hat.[939] Insoweit enthalten – mit § 21 EEG 2004 beginnend – alle Fassungen zum EEG entsprechende, mittlerweile hochkomplexe Übergangsbestimmungen.[940] Sie führen vor allem dazu, dass zugunsten der Betreiber von Bestandsanlagen die ursprünglichen förderrechtlichen Bestimmungen zum Zeitpunkt der Inbetriebnahme der jeweiligen EE-Anlage weiterhin gültig sind und sich diesbezügliche Änderungen nur auf etwaige Neuanlagen auswirken. Deshalb können die Betroffenen bspw. weiterhin von den Regelungen zur gesetzlichen Einspeisevergütung profitieren, obwohl sie nach der aktuellen Fassung des EEG auf die verpflichtende Direktvermarktung umsteigen müssten.[941] Entsprechendes gilt vor allem für die Höhe der Förderbeträge, bei deren Bestimmung nachträgliche Gesetzesänderungen grundsätzlich keine negativen Rechtsfolgen auslösen dürfen.[942] Solche Übergangsregelungen werden sogar zugunsten von Investoren vorgesehen, die sich

939 In den Gesetzesbegründungen sind grundsätzlich separate Abschnitte für diesen Aspekt integriert; siehe u.a. BT-Drs. 18/8860, S. 157; 18/1304, S. 105.

940 Greb/Boewe/Gordalla, BeckOK-EEG 2017, § 100 Rn. 4 f.

941 Siehe etwa § 100 Abs. 1 Nr. 6, 10 EEG 2014.

942 Siehe insgesamt § 100 Abs. 2 Nr. 10 EEG 2017; vgl. hierzu bereits Bönning, ZNER 2000, 268 (269 f.).

noch im Planungs- bzw. Errichtungsprozess ihrer EE-Anlage befinden und bis zu einem festgelegten Zeitpunkt das Vorliegen gewisser Präqualifikationsanforderungen, wie etwa die Einholung der notwendigen immissionsschutzrechtlichen Genehmigung, nachweisen.[943] Dieser vorwirkende Schutz rechtfertigt sich insb. aus der Tatsache, dass die Projektierungsphase von EE-Anlagen einen erheblichen Zeitraum einnehmen kann und der Investor bereits zu Beginn seiner Investitionsbetätigung auf die Fortgeltung der bestehenden Förderbedingungen vertrauen können sollte.[944] Andernfalls würde er eine hohe Kapitalinvestition aufnehmen, ohne eine notwendige Gewissheit über die Beibehaltung der ursprünglichen Amortisationskonditionen zu haben. Diesbezügliche Anstrengungen des deutschen Gesetzgebers sind daher zweckmäßig, wobei aufgrund der vielschichtigen Ausnahme-, Rückausnahme- sowie Rückrückausnahmetechnik der Übergangsvorschriften die Übersichtlichkeit und somit das Verständnis des Gesetzes in Mitleidenschaft gezogen wurden.[945] Diese teilweise als unnötig empfundene Komplexität knüpft auch an die regelmäßig stattfindende Novellierung des EEG an, welche aufgrund der kurzfristigen Durchführungen keinen gründlich durchdachten Prozess durchlaufen können und daher regelmäßig unvorhersehbare Lücken bzw. Verweisungsfehler enthalten. Die Schnelllebigkeit der jeweiligen Novellen lässt sich bereits daran erkennen, dass auch die wissenschaftlichen Kommentierungen zum EEG mit diesem raschen Prozess kaum mithalten können. Aufgrund der Komplexität der Rechtsordnung erhöht sich automatisch der Verwaltungsaufwand der Marktteilnehmer, weshalb auch Anlagenbetreiber steigende Verwaltungskosten bemängeln. In diesem Rahmen ist dem Gesetzgeber deshalb dringend zu empfehlen, die zyklischen Novellierungen zum EEG zu minimieren und eine verständlichere Strukturierung der Übergangsbestimmungen vorzunehmen.[946]

Darüber hinaus nahm der deutsche Gesetzgeber im Laufe der Gesetzesnovellierungen etwa im Bereich der Regelungen zum Einspeisemanagement, zur vergütungsrechtlichen Fiktion einer einheitlichen Anlage, zur Privilegierung

943 Vgl. § 102 Nr. 3 EEG 2014; Siehe u.a. Brahms/Maslaton, NVwZ 2014, 760 (764); kritisch zu den Stichtagsregelungen die Fraktion Bündnis 90/Die Grünen in BT-Drs. 18/1891, S. 194.

944 BT-Drs. 15/2864, S. 43 f.; BT-Drs. 18/1891, S. 221.

945 Zum teilweise unklaren Verhältnis der Übergangsbestimmungen untereinander siehe Frenz/Müggenborg/Ekardt/Hennig, EEG 2014, § 101 Rn. 4.

946 Siehe bspw. § 101 EEG 2017 für die Übergangsbestimmungen hinsichtlich der Biogasanlagen.

der Eigenversorgung[947] oder zur Privilegierung von stromkostenintensiven Unternehmen im Rahmen der besonderen Ausgleichsregelung zahlreiche rückwirkende Gesetzesänderungen vor. Obwohl es teilweise kritische Stimmen zur Rechtmäßigkeit bestimmter Einschnitte gab, kann im Allgemeinen festgehalten werden, dass der Gesetzgeber bei den Verhältnismäßigkeitsprüfungen unter Beachtung der gegensätzlichen Interessen, also insb. auch dem Interesse der Allgemeinheit an der Erhaltung der Funktionsfähigkeit des Finanzierungs- und Ausgleichssystems, grundsätzlich rechtmäßig vorgegangen ist.[948] Zu den letzteren Einschnitten ist ausdrücklich zu erwähnen, dass sich weder die Anlagenbetreiber noch die jeweiligen Unternehmen auf die dauerhafte und uneingeschränkte Bewahrung entsprechender Vorzüge berufen dürfen, da weder in einer Fassung des EEG eine Geltungsfrist für diese Vorteile fixiert war noch in irgendeiner Weise vertrauensschaffende Anhaltspunkte für die dauerhafte Geltung von begünstigenden Regelungen zur Eigenerzeugung oder bei stromkostenintensiver Unternehmensführung vorlagen.[949] Vielmehr müssen die Unternehmen auch mit entsprechenden steuerrechtlichen Änderungen für die Zukunft rechnen, sodass insoweit mit Vertrauensschutzgesichtspunkten regelmäßig nicht argumentiert werden kann.

Hingegen führen einige rückwirkende Änderungen der türkischen Rechtsordnung zu einer vertrauensbelastenden Situation. Einer der wesentlichen Kritikpunkte der Marktteilnehmer, der Verantwortungsträger in den staatlichen Einrichtungen sowie der Fachverbände zum türkischen Energierecht besteht darin, dass vor allem vertrauensschutzrechtliche Aspekte der Investoren teilweise missachtet und mangels der entsprechenden Vorhersehbarkeit der Rechtsordnung die Planungs- und Investitionssicherheit unverhältnismäßig beeinträchtigt werden.

Diese Unsicherheit beruht bereits auf der Tatsache, dass die Geltung des YEK stets mit einer Befristung von fünf Jahren verknüpft gewesen ist. Wie die Förderung etwa nach Ende 2020[950] aussehen bzw. ob überhaupt eine Förderstruktur weiterhin bestehen soll, steht trotz der übriggebliebenen kurzen Zeitspanne nicht fest und führt schon deshalb zu einer mangelnden Investitionssicherheit. Da Energieprojekte aufgrund der immensen Investitionssummen und der

947 Moench/Dannecker/Ruttloff (Hrsg.)/Ruttloff, Beiträge zum neuen EEG 2014, S. 225 f.

948 Klinski, EEG-Vergütung: Vertrauensschutz bei künftigen Änderungen der Rechtslage, S. 47 f.; Salje, RdE 2005, 250 (251 f.).

949 Kreuter-Kirchhof, NVwZ 2014, 770 (775).

950 Mit Beschluss des Ministerrates wurde die Geltungsdauer des YEK bis Ende 2020 verlängert.

administrativen Herausforderungen aber von einer langfristigen Planungs- und Errichtungsphase geprägt sind, müssen sich Investoren auf eine langfristige Geltung von Förderregelungen verlassen dürfen. Gerade im türkischen Energierecht sind langfristig geltende Fördervorschriften notwendig, da bereits die Erteilung einer Vorlizenz eine erhebliche Zeit in Anspruch nimmt und bis zur endgültigen Lizenzerteilung regelmäßig mehrere Jahre verstreichen. Um gerade diese Ungewissheiten zu vermeiden, hat sich der deutsche Gesetzgeber ausdrücklich gegen etwaige Befristungen der verschiedenen Fassungen zum EEG entschieden. Ein solches Vorgehen steht tatsächlich dem „postulierten Langfristziel" des deutschen Gesetzgebers entgegen und beeinträchtigt die Investitionssicherheit.[951] Daher kann dem türkischen Gesetzgeber nahegelegt werden, die bestehende Befristung zum YEK aufzuheben und zur Stärkung des Vertrauensschutzes der Investoren eine dauerhaft geltende Fördersystematik vorzusehen, die ohne Weiteres jederzeit für die Zukunft geändert werden kann.

Der türkische Gesetzgeber hat auch bei der grundlegenden Novellierung des YEK zum Jahr 2011 keine Übergangsbestimmungen für Bestandsanlagen oder für Anlagen im Errichtungsprozess vorgesehen. Rechtliche Bedenken können deshalb trotzdem nicht angeführt werden, da die rückwirkenden Gesetzesänderungen keine nachteiligen Auswirkungen auf die Amortisationsbedingungen entfalteten. Vielmehr blieben die Förderbedingungen entweder gleich oder wurden – wie bei der Erhöhung und Differenzierung der Förderhöhen einschlägig – zugunsten der Anlagenbetreiber umgestellt. Etwas anderes gilt aber für die im April 2016 erfolgte grundlegende Umstellung der YEKDEM-Verordnung, mit der auch die Betreiber von Bestandsanlagen im YEKDEM-Fördermechanismus zu aktiven Teilnehmern des Energiemarktes wurden. Im Falle der Abgabe von falschen Leistungsprognosen im Day-Ahead-Markt mussten sie nunmehr sanktionsrechtliche Gewinneinbußen befürchten. Der Wille zur Einführung einer entsprechenden Verpflichtung auch für die Betreiber von Bestandsanlagen kann zwar als sinnvoll bewertet werden, da diese bereits zu Beginn ihrer Investitionstätigkeit sowie bei der Inbetriebnahme ihrer Anlage Kenntnis über den Eintritt in einen streng regulierungsbedürftigen Energiemarkt hatten. Zudem dürfen entsprechende Gesetzesänderungen ausnahmsweise auch bei Vorliegen des besonderen Vertrauensschutzes von Anlagenbetreibern erfolgen, soweit andernfalls erhebliche Beeinträchtigungen für Gemeinschaftsgüter drohen.[952] Eine

---

951 BT-Drs. 18/1304, S. 104; BR-Drs. 619/16, S. 73; für die besondere Ausgleichsregelung siehe BT-Drs. 18/1449, S. 24.

952 Ebenso Klinski, EEG-Vergütung: Vertrauensschutz bei künftigen Änderungen der Rechtslage, S. 28/29.

entsprechende Gefahrensituation lag aufgrund der starken Eisschmelze sowie der ungewöhnlich starken Niederschläge im türkischen Schwarzmeergebiet vor, welche die drastische Abregelung von unverhältnismäßig vielen Anlagen zur Folge hatte, was zur Vermeidung von größeren Nachteilen für die Energieversorgungssicherheit unentbehrlich war. Rechtlich bedenklich ist die Umstellung aber vor allem deshalb, weil die Änderung auch Rechtsfolgen für die Anlagenbetreiber entfaltete, die sich für das Jahr 2016 im YEKDEM-Fördermechanismus befanden und bei der diesbezüglichen Anmeldung entsprechende Verpflichtungen zur aktiven Teilnahme am Energiemarkt mit sanktionsrechtlichen Folgen nicht vorlagen. Gerade deshalb wäre es grundsätzlich notwendig gewesen, entsprechende Modifizierungen der YEKDEM-Verordnung vor dem Ablauf der Anmeldefrist zum YEKDEM-Fördermechanismus für das Jahr 2016 – also spätestens bis Ende Oktober 2015 – vorzunehmen bzw. zumindest darauf hinzuweisen, damit der bestehende Vertrauensschutz der Anlagenbetreiber entkräftet werden konnte. Infolge eines solchen Hinweises hätten die Betroffenen zunächst einmal die Möglichkeit gehabt, sich aufgrund der rechtlichen Umstellung gegen oder für den Eintritt in den Fördermechanismus zu entscheiden. Darüber hinaus hätten sie im Falle der anschließenden Umstellung der YEKDEM-Verordnung ab Mai 2016 einen ausreichenden Zeitraum zur personalbedingten und technischen Vorbereitung der Teilnahme auf dem freien Energiemarkt gehabt, der ihnen aufgrund der kurzfristigen Umstellung der YEKDEM-Verordnung unzulässiger Weise nicht mehr gewährleistet wurde.

Diese Rechtmäßigkeitsbedenken hätten zwar mit der Einführung des Toleranzwertes über die zusätzlichen Gewinnerwartungen auf der zweiten Stufe kompensiert werden können. Denn solange der Anlagenbetreiber korrekte Leistungsprognosen an den Marktregulierer weiterleitet, kann er sogar zusätzliche Gewinne erwirtschaften. Insoweit kann aber jedenfalls für Betreiber von Windenergieanlagen festgehalten werden, dass sie aufgrund der dargestellten Umstrukturierung der YEKDEM-Verordnung finanzielle Einbußen erlitten, weil der vorgesehene Toleranzwert von 0,98 regelmäßig nicht ausreichte, um die naturgemäß unsicheren Leistungsprognosen bei der Windenergie auszugleichen und somit auch die Rückzahlung der Kredite gefährdete. Allenfalls hätte ein höherer Toleranzwert den Wirksamkeitsbedenken Vorschub geleistet. Unabhängig von einem etwaigen Verschulden bekamen die Betreiber von Windenergieanlagen daher regelmäßig verringerte Fördersätze, sodass die entsprechenden Änderungen der YEKDEM-Verordnung eine teilweise unzulässige Modifizierung der Amortisationsbedingungen darstellten. Mit der Anpassung der Toleranzwerte an die energiespezifischen Bedürfnisse und der Reduzierung des Toleranzwertes für Windenergieanlagen auf 9,7 wird diese Problematik teilweise entschärft. Ob dieser Betrag jedoch langfristig ausreichend ist, um die entstehenden Zusatzkosten zu kompensieren, ist derzeit nicht absehbar und geht daher untrennbar mit der künftigen Entwicklung einher.

Die entsprechende Problematik stellt sich auch bei der nachträglichen Erhöhung von etwaigen Lizenz-, Miet- oder anderweitigen regelmäßig wiederkehrenden Gebühren, die aufgrund eines unverhältnismäßigen Anstiegs einen erheblichen Einfluss auf die Amortisationsbedingungen entfalten können. Insoweit muss ausdrücklich hervorgehoben werden, dass bloß vernünftige Gründe für die unmittelbare oder mittelbare Senkung[953] von Förderbeträgen zulasten der Bestandsanlagen nicht ausreichen, weil das schutzwürdige Vertrauen der Anlagenbetreiber in die Aufrechterhaltung des Fördersystems regelmäßig überwiegt. Eine rückwirkende Reduzierung von Förderhöhen könnte allenfalls dann zur Diskussion gestellt werden, wenn und soweit eine deutlich überhöhte Förderung vorliegt.[954] Nach vorliegender Auffassung muss zur Wirksamkeit einer solchen Änderung zusätzlich hinzukommen, dass diese Auffälligkeit der erhöhten Förderung im Zeitpunkt der Gesetzesnovellierung nicht vorlag und aus ursprünglich nicht vorhersehbaren Umständen – also etwaigen Wandlungen auf dem Energie- bzw. Technologiemarkt – zu einem späteren Zeitpunkt eintrat. Da diese Voraussetzungen regelmäßig nicht bestätigt werden können, sollten entsprechende Anpassungen zulasten der Betreiber von Bestandsanlagen behutsamer erfolgen und regelmäßig mit etwaigen Übergangsbestimmungen ergänzt werden.

Da der Anteil der Erneuerbaren Energien in beiden Ländern ein stetiges Wachstum verzeichnet und dadurch eine größere Bedeutung erlangt, steigt gleichzeitig auch der Stellenwert des Vertrauensschutzes der Investoren sowie der Anlagenbetreiber. Insoweit kann neben dem deutschen vor allem dem türkischen Rechtssetzer nahegelegt werden, nachträgliche Änderungen der Rechtsordnung mit beeinträchtigender Wirkung auf die Amortisationsbedingungen nur im äußersten Ausnahmefall – mithin bei Vorliegen besonderer Rechtfertigungsgründe – zu erlassen. In diesem Rahmen ist zu beachten, dass dem betroffenen Adressatenkreis genug Vorbereitungszeit zur Umstellung des eigenen Betriebsablaufs sowie ein ausreichender finanzieller Ausgleich zur Kompensation der möglichen Gewinneinbußen gewährt werden müssen. Bloße

---

953 Darunter können etwa die Erhöhungen der Lizenz-, Miet- oder Pachtgebühren verstanden werden.

954 Ähnlich Klinski, EEG-Vergütung: Vertrauensschutz bei künftigen Änderungen der Rechtslage, S. 30; Kreuter-Kirchhof stellt für eine entsprechende Änderung der Fördersumme zulasten der Bestandsanlagen erheblich lockerere Voraussetzungen auf; siehe hierzu Kreuter-Kirchhof, NVwZ 2014, 770 (775).

fiskalpolitische Interessen reichen jedenfalls nicht aus, um auf einen solchen zusätzlichen Finanzausgleich zu verzichten. Darüber hinaus sollten entsprechende Änderungen der Rechtslage nur die Förderbestimmungen für künftige Anlagen betreffen. Denn allein die Beständigkeit der Rechtsordnung vermag das notwendige Vertrauen zugunsten des konkreten Investors in das bestehende Fördersystem aufzubauen.[955] Bei der Missachtung dieser Grundsätze können sowohl die türkischen als auch die deutschen Entscheidungsträger ihre wichtigen und ambitionierten Ziele zu den Erneuerbaren Energien kaum verwirklichen.[956]

D. Ausgestaltung der Fördersysteme

I. Markt- und Netzzugang

Sowohl das deutsche EEG als auch das türkische Recht der Erneuerbaren Energien beruhen zumindest in ihrer ursprünglichen Form auf den gewöhnlichen Prinzipien der gesetzlichen Einspeisevergütung. Dieses Fördermodell ist vor allem durch die Abnahmepflicht der Stromproduktion und durch deren Vergütungspflicht seitens des gesetzlich vorgesehenen Schuldners gekennzeichnet.[957] Diese beiden Hauptpflichten stellen die Grundsteine des Einspeisemodells dar und geben den Anlagenbetreibern eine große Investitionssicherheit.[958] Von diesen zwei Hauptkomponenten ist in beiden Rechtssystemen auch trotz der verschiedenen Novellierungen der Rechtsordnung die Abnahmepflicht unverändert geblieben. In beiden Ländern können die Betreiber von EE-Anlagen von den Netzbetreibern verlangen, dass ihre Anlage gegenüber anderen Technologiearten vorrangig angeschlossen wird und ihre Stromproduktion vorrangig abgenommen, übertragen und verteilt werden. Diese Ansprüche bestehen in beiden Rechtsordnungen unabhängig davon, ob der jeweilige Anlagenbetreiber seine Stromproduktion über den finanziellen Fördermechanismus oder über den freien Energiemarkt veräußert.

---

955 Arseven/Ersin, Electricity Regulation in Turkey: overview, S. 1.

956 Ezbiderli, Avrupa Birliği Mevzuatı Çerçevesinde Türkiye'de Yenilenebilir Enerji Kaynakları Kullanımının Teşvik Edilmesi, S. 91.

957 Christen, Die Förderung erneuerbarer Energie in der EU, S. 66 f.; Pomana, Förderung erneuerbarer Energien in Deutschland und im Vereinigten Königreich, S. 180 f.; Mischok, Förderinstrumente für erneuerbare Energien in der EU, S. 34.

958 Pomana, Förderung erneuerbarer Energien in Deutschland und im Vereinigten Königreich, S. 184; Müller(Hrsg.)/Kahles/Lutz/Schütter, 20 Jahre Recht der erneuerbaren Energien, S. 509.

Nachdem der jeweilige Netzbetreiber[959] gemäß § 8 Abs. 1 EEG 2017 die EE-Anlage an sein Stromnetz angeschlossen hat, muss er die Stromproduktion gemäß § 11 EEG 2017 abnehmen, übertragen und verteilen. Das EEG 2000 sah die Übertragungspflicht noch nicht namentlich vor. Gleiches galt auch für die Verteilungspflicht, die erst im EEG 2009 ausdrückliche Erwähnung fand.[960] All diese Verpflichtungen hat der jeweilige Netzbetreiber vorrangig zu erfüllen, sodass die Betreiber von EE-Anlagen auf „allen Stufen der Wertschöpfungskette" grundsätzlichen Vorrang gegenüber den konventionellen Stromkraftwerken genießen.[961] Aufgrund der fundamentalen Bedeutung dieses Vorrangprinzips kann es zu Recht nicht durch vertragliche Vereinbarungen aufgehoben werden.

Die türkische Rechtsordnung regelt in den §§ 4 Abs. 1, 6 Abs. 1, 10 Abs. 1 der Netz-Verordnung neben der Pflicht des Netzbetreibers zum Anschluss der EE-Anlage auch seine Verpflichtungen zur Übertragung und Verteilung der Stromproduktion. Im Gegensatz zur deutschen Rechtsordnung wird allein die Abnahmepflicht nicht explizit geregelt. Da der Übertragung und Verteilung der Stromproduktion auch deren Abnahme absolut immanent ist, wird die Erfüllung dieser Verpflichtung vom türkischen Energierecht konkludent vorausgesetzt. Eine ausdrückliche Regelung ist daher zur Herstellung der Rechtsklarheit nicht zwingend. Bei der Erfüllung dieser Verpflichtungen müssen auch die türkischen Netzbetreiber die EE-Anlagen gemäß den §§ 6 Abs. 3 Satz 1 lit. c), 10 Abs. 3 Satz 2 der Netz-Verordnung gegenüber allen anderen Technologiearten vorrangig behandeln. In beiden Rechtsordnungen besteht dieser Anspruch auf vorrangige Behandlung jedoch nicht unbegrenzt. Vielmehr regeln die §§ 14, 15 EEG 2017 mit dem sog. Einspeisemanagement, dass der Netzbetreiber zur Gewährleistung einer lückenlosen Energieversorgung und zur Sicherheit des Stromnetzes die Stromproduktion aus EE-Anlagen kostenpflichtig regeln kann. Gleiches Prinzip resultiert für die türkische Energieversorgung aus § 23 Abs. 3 YEKDEM-Verordnung i.V.m. den Regelungen der DUY-Verordnung. Da ohne eine solche Option der Systemausgleich und damit die Versorgungssicherheit gefährdet wären, ist diese ausnahmsweise Bestimmung zur Regelung der Stromeinspeisungen notwendig und zweckmäßig. Die Anlagenbetreiber werden in

959 Es kann sich dabei sowohl um einen ÜNB als auch um einen VNB handeln.

960 Pomana, Förderung erneuerbarer Energien in Deutschland und im Vereinigten Königreich, S. 194.

961 Kröger, Die Förderung erneuerbarer Energien im Europäischen Elektrizitätsmarkt, S. 141.

beiden Rechtsordnungen für die Abregelung entschädigt, sodass sie keine finanziell erheblichen Nachteile erleiden müssen.

Obwohl zwischen dem Anlagenbetreiber und dem jeweiligen Netzbetreiber in beiden Rechtsordnungen ein gesetzliches Schuldverhältnis besteht, verpflichten die §§ 6 Abs. 5 Satz 1, 10 Abs. 3 Satz 1 der Netz-Verordnung den türkischen Anlagenbetreiber zum Abschluss eines Netzanschluss- sowie eines Netznutzungsvertrages. Deutsche Anlagenbetreiber schließen trotz mangelnder Verpflichtung entsprechende Verträge mit den Netzbetreibern, um vor allem bei zweifelhaften rechtlichen Bestimmungen beiderseitige Gewissheit zu verschaffen. Dieses Vorgehen ist sachgerecht, weil so unnötige und finanziell aufwendige Rechtsstreitigkeiten zwischen den Parteien vermieden werden, die das notwendige Vertrauensverhältnis belasten könnten.[962]

Der insoweit wesentliche Unterschied zwischen den beiden Rechtsordnungen besteht aber vor allem darin, dass im türkischen Energierecht diese wichtigen Elemente des Fördersystems nicht im YEK – sondern in der Netz-Verordnung – verankert sind. Um aber ihre fundamentale Bedeutung hervorzuheben und zwecks Erhöhung der Rechts- und Investitionssicherheit eine diesbezügliche Änderungsbefugnis allein dem parlamentarischen Gesetzgeber aufzubürden, sollten diese Ansprüche der Anlagenbetreiber unmittelbar ins YEK aufgenommen werden.[963]

Schließlich sei darauf hingewiesen, dass die Betätigung auf dem türkischen Energiemarkt gemäß den §§ 4, 5 EPK 2013 grundsätzlich an die Erteilung einer speziellen Lizenz gebunden ist. Daher benötigen auch Betreiber von EE-Anlagen zur Errichtung und Inbetriebnahme ihrer Anlagen gemäß den §§ 4 Abs. 1 lit. a), 7 EPK 2013 eine sog. Erzeugerlizenz, wenn diese nicht gemäß

---

962 Der Anlagenbetreiber ist in einigen Situationen – etwa bei der Sanierung der Netzsysteme gemäß §§ 13 f. EnWG – auf ein kooperatives Verhalten der Netzbetreiber angewiesen. Wenn der Netzbetreiber beispielsweise an windstarken Tagen sein Netz zu Wartungszwecken für mehrere Tage abschalten möchte, kann ihn der Betreiber von Windenergieanlagen regelmäßig nicht dazu zwingen, diese Wartungsarbeiten auf windschwache Zeiträume zu verschieben. Insoweit ist ein Vertrauensverhältnis und ein solidarischer Umgang unentbehrlich, da der Anlagenbetreiber bei solchen Abschaltungen auch keine finanziellen Entschädigungsansprüche geltend machen kann; siehe u.a. Greb/Boewe/Schellberg, BeckOK-EEG 2017, § 15 Rn. 18; Danner/Theobald/Lülsdorf, EEG 2014, § 15 Rn. 21.

963 Ähnliche Auffassung bei der rechtsvergleichenden Analyse zum italienischen Energierecht in Valentin, Strom aus erneuerbaren Energiequellen im italienischen Recht, S. 276.

§ 7 Lizenzverordnung für den Strommarkt ausnahmsweise entbehrlich ist. Im Gegensatz hierzu müssen zur Errichtung einer EE-Anlage in Deutschland bloß die rechtlichen – vor allem die umwelt- und immissionsschutzrechtlichen – Vorschriften eingehalten werden.[964] Die Teilnahme an den Ausschreibungen für die Technologiearten Windenergie, Solarenergie oder Biomasse ist nur dann zweckmäßig, wenn der Investor die Förderung durch die Marktprämie beanspruchen möchte. Ansonsten ist er noch nicht einmal zur Teilnahme an den Ausschreibungen verpflichtet, um von den übrigen Privilegien des EEG – etwa der vorrangigen Behandlung gegenüber den konventionellen Energieträgern – zu profitieren.

II. Ausschließlicher Einsatz von Erneuerbaren Energien

In beiden Rechtsordnungen muss es sich bei den Anlagen zur Geltendmachung der förderrechtlichen Privilegien grundsätzlich um solche Einrichtungen handeln, die ausschließlich aus Erneuerbaren Energien Strom produzieren, vgl. § 19 Abs. 1 EEG 2017, § 26 Abs. 1 YEKDEM-Verordnung. Dabei ist es insb. unschädlich, wenn etwa ein konventioneller Anfahr- oder Probebetrieb stattfindet.

Beide Rechtsordnungen sehen zudem Ausnahmeregelungen für sog. Hybridanlagen vor. Darunter werden nach dem deutschen Gesetzgeber im Rahmen des EEG nur Anlagen zur Nutzung verschiedener Erneuerbarer Energien verstanden.[965] Auch der Betreiber solcher Anlagen darf sich auf die Förderbestimmungen des EEG berufen. Allerding werden im Falle der messtechnischen Abgrenzung der Stromproduktionen die jeweiligen Fördersätze der unterschiedlichen Technologiearten herangezogen oder andernfalls der niedrigste Fördersatz der eingesetzten Energiequellen für maßgeblich erklärt.[966] Das „Alles-Oder-Nichts-Prinzip" erlaubt es jedoch nicht, dass in einer Hybridanlage neben einer Erneuerbaren auch eine konventionelle Energiequelle zum Einsatz kommt.[967] Im Gegensatz hierzu definiert § 3 Abs. 1 lit. d) YEKDEM-Verordnung die Hybridanlage als eine Einrichtung, in welcher zumindest eine der

964 Zu den planungs- und zulassungsrechtlichen Rahmenbedingungen siehe insgesamt Frenz/Müggenborg/Ekardt/Hennig, EEG 2014, § 49 Rn. 25 f.

965 BT-Drs. 16/8148, S. 49.

966 Salje, EEG 2014, § 19 Rn. 8; Thorbecke/Greb, Berliner Kommentar-EEG 2014, § 19 Rn. 42.

967 Gerstner/Lünenberger, Grundzüge des Rechts der Erneuerbaren Energien, S. 419; Danner/Theobald/Schlacke/Kröger, EEG 2014, § 19 Rn. 6; Dadurch sollte keine Kollision mit emissionshandelsrechtlichen Bestimmungen zustande kommen, sodass eine doppelte Beanspruchung der Förderinstrumente verhindert werden sollte.

eingesetzten Energieträger eine Erneuerbare Energie darstellen muss. Daneben ist also der Einsatz von konventionellen Energieträgern ohne Weiteres möglich. In einem solchen Fall kann sich der Anlagenbetreiber hinsichtlich des Anteils der Stromproduktion, welcher ausschließlich auf die Erneuerbaren Energien zurückzuführen ist, auf die gesetzlichen Förderbestimmungen berufen, vgl. § 5 Abs. 1 Satz 2 YEKDEM-Verordnung. Dies setzt aber entsprechend § 26 Abs. 1 lit. b) Nr. 2 YEKDEM-Verordnung einen separaten Stromzähler zur einwandfreien messtechnischen Datenerfassung voraus. Andernfalls kann die Gesamtstromproduktion von dem YEKDEM-Fördermechanismus nicht profitieren. Diese Vorgehensweise der türkischen Rechtsordnung erscheint sinnvoll und zweckmäßig, da die Stromproduktion aus Erneuerbaren Energien prozentual eindeutig abgrenzbar ist und aufgrund der unterschiedlichen Stromzähler die Hybridanlage insoweit de facto als zwei separate Anlagen behandelt werden muss. Aufgrund dieser technischen Möglichkeiten zur eindeutigen Abgrenzbarkeit und dem Willen zum beschleunigten Ausbau der Erneuerbaren Energien sollte auch in der deutschen Rechtsordnung die Definition der Hybridanlage entsprechend der obigen Ausführungen zum türkischen Energierecht ausgeweitet werden. Diese Vorgehensweise widerspricht auch nicht dem „Alles-Oder-Nichts-Prinzip", da die geförderte Stromproduktion aufgrund der technisch und betriebswirtschaftlich fehlerfrei ermittelbaren Angaben des separaten Stromzählers ausschließlich auf Erneuerbare Energien zurückzuführen ist und daher insb. keine sog. Mischproduktion vorliegt.

III. Anspruchsgegner

Die Finanzierungs- und Ausgleichsmechanismen der beiden Rechtsordnungen sehen bzgl. der Förderansprüche der Anlagenbetreiber jeweils unterschiedliche Zahlungsschuldner vor. Nach den §§ 19, 56 f. EEG 2017 werden die Förderzahlungen zunächst von den VNB und sodann von den ÜNB übernommen sowie untereinander ausgeglichen, bevor die EVU seitens des jeweils zuständigen ÜNB mit den anteilig zu tragenden Kosten in Form der EEG-Umlage belastet werden. Schließlich wälzen die EVU diese Umlage selbst auf die Letztverbraucher ab.

Im Gegensatz zu diesem komplexen fünfstufigen Ausgleichs- und Abwälzungsmechanismus ist die türkische Energiebörse EPİAŞ als marktregulierende Zwischenstelle gemäß den §§ 12 f. YEKDEM-Verordnung dafür zuständig, aus dem hierfür eingerichteten Portfolio die monatlichen Förderzahlungen an die Anlagenbetreiber zu tätigen und zum Ausgleich dieser Gesamtsummen bei den EVU die partiell zu tragenden Förderkosten geltend zu machen. Schließlich werden diese Kosten seitens der EVU den Letztverbrauchern in Rechnung gestellt. Bei dem türkischen Ausgleichsmechanismus sind also weder der staatliche ÜNB TEİAŞ noch die regional zuständigen 21 VNB eingebunden. Ihre Mitverpflichtung im deutschen Ausgleichsmechanismus stellt sich unter diesen vergleichenden Gesichtspunkten als ein überflüssiger Zwischenschritt dar, weil die Lösung der türkischen Rechtsordnung wegen kürzerer Zahlungswege insgesamt praktikabler erscheint und letztlich zu dem gleichen Endergebnis – nämlich der gesetzlichen Verpflichtung der EVU – führt.[968] Daher kann auch dem deutschen Gesetzgeber die Errichtung einer Ausgleichsstelle zwischen den Anlagenbetreibern und den EVU empfohlen werden, die den finanziellen Ausgleich zwischen diesen verschiedenen Gruppierungen unmittelbar steuert und kontrolliert. Diese Verantwortung könnte etwa einer neu zu schaffenden Abteilung bei der staatlichen BNetzA übertragen werden. Soweit aus verfassungsrechtlichen oder aus Gründen überbürdender Bürokratie[969] staatliche Einrichtungen in diesen Ausgleichsmechanismus nicht eingebunden werden sollen, könnte diese Abteilung – ähnlich der türkischen Regelung – ebenso bei der Energiebörse EEX in Leipzig angesiedelt werden.[970]

Für die EVU würde diese Umstellung keine besonderen Unterschiede verursachen, da sie nunmehr die EEG-Umlage nicht an den ÜNB, sondern an die neu geschaffene Ausgleichsstelle zu entrichten hätten. Gleiches gilt für die Anlagenbetreiber, die ihre Förderansprüche nunmehr gegen diese Ausgleichsstelle als einzigen Adressaten richten würden. Soweit der Anlagenbetreiber eine Förderung im Wege der gesetzlichen Einspeisevergütung beansprucht, würde diese Zwischenstelle die Gesamtstromproduktion abnehmen und sodann selbst auf dem freien Energiemarkt veräußern. Die ÜNB und VNB wären aufgrund der Befreiung von dieser bürokratisch umständlichen und finanziell aufwendigen Verpflichtung wesentlich erleichtert. Die Kürzung dieses fünfstufigen Ausgleichsmodells könnte aufgrund des geringeren Verwaltungsaufwands eine Kostenreduktion bewirken und in der Konsequenz zugleich finanzielle Vorteile

968 Zu einer ähnlichen Auffassung kommt Valentin bei einem Vergleich zum italienischen Energierecht; siehe Valentin, Strom aus erneuerbaren Energiequellen im italienischen Recht, S. 276 f.

969 Gerade nach der Zwischenschaltung von staatlichen Einrichtungen könnte der Fördermechanismus des EEG gegen beihilferechtliche Grundsätze der Europäischen Union verstoßen; Valentin, Strom aus erneuerbaren Energiequellen im italienischen Recht, S. 277; vgl. auch Ohms, Recht der Erneuerbaren Energien, S. 106 f.

970 kritisch zur Rechtmäßigkeit der Beteiligung einer zentralen öffentlichen Umwälzungsstelle siehe Moench/Dannecker/Ruttloff (Hrsg.)/Soltesz/Köckritz, Beiträge zum neuen EEG 2014, S. 45 f.

zugunsten der letztlich verpflichteten Stromverbraucher herbeiführen. Vor einer grundlegenden Umstellung sollte jedoch berücksichtigt werden, dass dieser Mechanismus bereits seit über 15 Jahren praktiziert wird und sich als langfristig erprobtes und bewährtes System etabliert hat. Vor einer eventuellen Umstrukturierung erscheint es daher notwendig, die tatsächlichen finanziellen und verwaltungstechnischen Vorzüge der vorgeschlagenen Alternative intensiv zu analysieren.[971]

IV. Fördermodell

Das Einspeisemodell begründete in beiden Rechtsordnungen über einen langen Zeitraum das Fundament des gesamten Fördersystems zu den Erneuerbaren Energien. Da es eine starke Investitionssicherheit verschaffte und bei den Finanzierungsgesprächen mit den Kreditinstituten den Nachweis fester Einnahmen gewährleistete, förderte es durch die Anziehung von Investoren aus allen Geschäftskreisen den beschleunigten Ausbau der unterschiedlichen Technologiearten. Dieser Anstieg in der Gesamtstromproduktion zwang aber aufgrund der Gefährdung der Markt- und Systemsicherheit zu Novellierungsmaßnahmen, mit denen sich beide Länder zu Recht vom ursprünglichen Fördermodell distanzierten und den Betreibern stärkere Verantwortung auf dem Energiemarkt übertrugen. Obwohl diese Umstellungen im Ergebnis grundsätzlich sinnvoll und erforderlich sind, müssen gewisse Aspekte bei diesem Umwandlungsprozess kritisiert werden.

Es erwies sich als effektiv, dass sich der deutsche Gesetzgeber mit einer stufenweisen Abkehr vom Vorrang des marktfremden Einspeisemodells löste, indem er mit dem EEG 2012 die Direktvermarktung zur Nutzung der Marktprämie optional gestaltete, sie sodann mit dem EEG 2014 als verpflichtend qualifizierte und dies mit dem EEG 2017 fortsetzte. Die Investoren konnten sich dadurch auf den einschneidenden Systemumbruch vorbereiten und bestehende Investitionsvorhaben wunschgemäß noch während der grundsätzlichen Geltung des Einspeisemodells verwirklichen. Vor allem unterschiedliche Interessengruppen setzten sich zur sukzessiven Einführung der verpflichtenden Direktvermarktung ein, da sie bei einer abrupten Umstellung negative Folgen für den Ausbau der Erneuerbaren Energien befürchteten. Aufgrund der möglichen Zusatzeinnahmen durch die Markt- und Managementprämie

971 Da ein intensiver Austausch zwischen den Netzbetreibern und den an ihr Netzsystem verbundenen Anlagenbetreibern besteht, müsste vor allem geprüft werden, ob diese Alternative nicht zur unnötigen Doppelung des Informationskanals führt.

verließen aber viele Anlagenbetreiber bereits freiwillig das Einspeisemodell.[972] In Anbetracht dieser positiven Resonanz[973] hätte aber rückblickend bereits mit dem EEG 2012 die verpflichtende Direktvermarktung eingeführt werden können. In diesem Fall hätte der deutsche Gesetzgeber zumindest die Ausnahme zu den Kleinanlagen entsprechend den Vorgaben der Koalitionsvereinbarung im Jahr 2013[974] auf eine installierte Kapazitätsleistung von bis zu 5 MW ausweiten müssen, um den Investoren kleinerer Anlagen bis zur Verabschiedung des EEG 2014 die Möglichkeit zur ausreichenden Vorbereitung auf den Systemwechsel zu gewähren.

Die grundsätzliche Einführung der verpflichtenden Direktvermarktung ist außerdem sinnvoll, weil sie die Betreiber von EE-Anlagen durch die Übertragung eigenständiger Verantwortung näher an den Energiemarkt führt, langfristig zur Senkung der Gesamtförderkosten beiträgt und die System- und Versorgungssicherheit stabilisiert. Das Einspeisemodell begrenzt der deutsche Gesetzgeber nunmehr zu Recht auf ganz konkrete Einzelfälle, ohne deren Bestand aber die Einführung des Marktprämienmodells rechtlich und ökonomisch bedenklich wäre. Ihre optionale Ausgestaltung bei den Bestandsanlagen wird den Vertrauensschutzgesichtspunkten ihrer Betreiber weitestgehend gerecht. Die Sonderregelung zu den Kleinanlagen mit einer installierten Kapazitätsleistung bis 100 kW gewährleistet deren wirtschaftlichen Betrieb, ohne erhebliche Kostenbelastungen zulasten der Allgemeinheit zu verursachen. Für Ausnahmesituationen ist schließlich die Ausfallvergütung von großer Bedeutung, welche insb. bei dem zeitweisen Wegfall des Direktvermarktungsunternehmens feste Gewinneinnahmen garantiert und dadurch erhöhte Risikoabschläge bei Finanzierungen durch Kreditinstitute verhindert.

Im Vergleich hierzu hielt die türkische Rechtsordnung etwas länger an dem Einspeisemodell fest und erklärte die Anlagenbetreiber ohne eine ähnliche sukzessive Heranführung mit der Änderung der YEKDEM-Verordnung im April 2016 zu eigenständigen Akteuren des freien Energiemarktes.[975]

---

972 Siehe die EEG-Jahresabrechnungen; abrufbar im Internet unter: https://www.netztransparenz.de/portals/1/Content/Erneuerbare-Energien-Gesetz/Jahresabrechnungen/EEG-Jahresabrechnung_2014.pdf.

973 Lehnert, ZUR 2015, 277 (286); Moench/Dannecker/Ruttloff (Hrsg.)/Lippert, Beiträge zum neuen EEG 2014, S. 132, 133.

974 Koalitionsvertrag zwischen CDU, CSU und SPD (18. Legislaturperiode), Deutschlands Zukunft gestalten, S. 54 f.

975 Auch die Betreiber von Anlagen nach der YEKA-Verordnung müssen ihre Stromproduktion selbst vertreiben und erhalten nur die bezuschlagte Förderhöhe.

Bis dahin entsprachen die türkischen Regelungen weitestgehend dem deutschen Einspeisemodell, da der Anlagenbetreiber von dem Marktregulierer die feste Einspeisevergütung für die gesamte Stromproduktion erhielt und im Gegenzug an diesen die Stromproduktion zur eigenverantwortlichen Veräußerung auf dem Energiemarkt weiterleitete. Letztlich befürchtete also auch der türkische Anlagenbetreiber im Einspeisemodell keine finanziellen Einbußen aufgrund fehlerhafter Leistungsprognosen und musste außerdem keine Verantwortung auf dem Gleichgewichtsmarkt übernehmen. Ohne eine ausdrückliche Abkehr vom System des Einspeisemodells ersetzte die Energieregulierungsbehörde EPDK dieses Fördermodell aber durch die verpflichtende Direktvermarktung. Mit der Abschaffung des YEKDEM-Portfolios und der Verpflichtung der Teilnehmer des YEKDEM-Fördermechanismus zur eigenständigen Vermarktung ihrer Stromproduktionen wurden auch diese Anlagenbetreiber zu aktiven und verantwortlichen Akteuren des türkischen Energiemarktes. Daher tragen sie auch nunmehr die finanzielle Verantwortung über ihre schwankenden Leistungsprognosen, wobei dieses Risiko durch den spezifischen Toleranzwert abgemildert wird, sodass bis zu dieser Höhe die auf unrichtigen Prognoseabgaben beruhenden Unausgeglichenheiten zwischen dem Marktstrompreis im Day-Ahead-Markt sowie dem Systemgrenzpreis im Ausgleichsmarkt unschädlich sind. Falls der Anlagenbetreiber aber exakte Leistungsprognosen erstellt, kann er aufgrund des Toleranzwertes sogar managementprämienähnliche Zusatzeinnahmen wie beim deutschen Marktprämienmodell generieren.

Somit weisen auch die aktuellen Fördermodelle der deutschen und türkischen Direktvermarktung große Ähnlichkeiten auf. Beide Rechtsordnungen verpflichten die Anlagenbetreiber unter Aufhebung des „produce and forget"-Prinzips grundsätzlich zur eigenständigen Vermarktung der Stromproduktion und gewährleisten bei einer erfolgreichen Teilnahme am Energiemarkt höhere Gewinne als in der ursprünglich vorgesehenen Einspeisevergütung. In beiden Ländern können die Anlagenbetreiber ferner zur Gewährleistung einer erhöhten Planungssicherheit etwaige Verträge mit Direktvermarktungsunternehmen eingehen, wonach diese – wie nach dem ursprünglichen Einspeisemodell – die Stromproduktion mit festen Einspeisetarifen vergüten müssen und ihre Gewinne selbst durch eine professionelle Vermarktung und Leistungsprognostizierung erzielen können. Hinsichtlich potentieller Zusatzeinnahmen in der türkischen Rechtsordnung war es jedoch nicht nachvollziehbar, dass trotz der deutlichen Unterschiede der jeweiligen Technologiearten bei der Erstellung von Leistungsprognosen ein einheitlicher Toleranzwert vorgesehen wurde und keine – mit den Bestimmungen zur Marktprämie im deutschen Recht vergleichbare – Differenzierung erfolgte.[976] Damit wurde vor allem den Bedürfnissen von Anlagenbetreibern nicht gerecht, die fluktuierende Energieträger zur Stromproduktion einsetzen. Denn insoweit ist die Angabe exakter Leistungsprognosen erheblich schwieriger, sodass die Erhöhung des Toleranzwertes zugunsten der Betreiber von Bestandsanlagen bereits aus vertrauensschutzrechtlichen Gesichtspunkten notwendig erschien. Andernfalls wäre trotz der Beachtung der verkehrsüblichen Marktanforderungen eine finanzielle Schlechterstellung im Vergleich zu dem ursprünglichen Einspeisemodell nicht vermeidbar gewesen. Hingegen konnte der Toleranzwert bei nicht fluktuierenden Energieträgern sogar teilweise erheblich reduziert werden, da diese Begünstigung etwa bei Pumpspeicherkraftwerken mit exakt bestimmbaren Leistungsprognosen eine ungerechtfertigte zusätzliche Managementprämie darstellte. Nach einem intensiven Konsultationsprozess zur Behebung dieser Problematik beschloss die Energieregulierungsbehörde EPDK im Dezember 2017 die Einführung von spezifischen Toleranzwerten, um diese an die besonderen Eigenarten der einzelnen Energiequelle anzupassen.[977] Ob der für die Windenergie zu Recht reduzierte Toleranzwert von 0,97 ausreichend ist, wird sich künftig noch herausstellen.

Aufgrund der teilweise gravierenden Destabilisierung des Energiemarktes und des Netzsystems, welche vor allem auf die unkontrollierte Stromproduktion und die willkürlichen Leistungsprognosen der Betreiber von Bestandsanlagen zurückzuführen waren, stellte sich die Umstellung der türkischen Rechtsordnung auf die verpflichtende Direktvermarktung als zwingend dar. Insoweit muss jedoch kritisiert werden, dass die Energieregulierungsbehörde EPDK – und nicht der türkische Gesetzgeber – durch die bloße Änderung der YEKDEM-Verordnung ein so wesentliches Prinzip des Fördersystems zu den Erneuerbaren Energien abschaffen konnte. Für die deutsche Rechtsordnung würde es vergleichsweise bedeuten, dass ein solches Dispositionsrecht der BNetzA gewährt worden wäre. Bereits aus vertrauensschutzrechtlichen Gesichtspunkten wäre es zugunsten der Anlagenbetreiber notwendig gewesen, die Änderungsbefugnis zu den Hauptmerkmalen des gesamten Fördersystems allein dem türkischen Gesetzgeber zu übertragen. Letztlich müssten also die wesentlichen Elemente des türkischen Fördersystems auch in das YEK integriert werden, damit die Verantwortungsträger in den jeweiligen Behörden über ihre Geltung nicht allein disponieren können.

---

976 Vgl. entsprechende Differenzierung in Nr. 2 der Anlage 2 zum EEG 2017.

977 EPDK, Kurul Kararı, Nr. 74522-1; abrufbar im Internet unter: http://www.epdk.org.tr/TR/Dokuman/8776.

Im Gegensatz zur deutschen Rechtsordnung sieht die YEKDEM-Verordnung auch keine Ausnahmevorschrift zugunsten der Bestandsanlagen – noch nicht einmal für die Teilnehmer des YEKDEM-Fördermechanismus im Jahr 2016 – vor. Wie im EEG 2014 und 2017 hätten aber entsprechende Sonderregelungen zugunsten der Bestandsanlagen vorgesehen werden müssen, welche den Rückgriff auf das Einspeisemodell offenhalten. Insoweit schützt der deutsche Gesetzgeber stärker die Interessen der Anlagenbetreiber. Die Umstellung des Fördermodells führte bei den meisten türkischen Anlagenbetreibern zu einer großen Überraschung und verursachte nach der Einführung der verpflichtenden Direktvermarktung zumindest in der Anfangsphase ungerechtfertigte finanzielle Zusatzbelastungen. Eine Reduzierung der Gewinneinnahmen von Anlagenbetreibern ist aus rechtsstaatlichen Grundsätzen jedenfalls dann nicht zulässig, wenn – wie hier einschlägig – keine krasse Überforderung der Anlagenbetreiber zulasten der Allgemeinheit besteht, sodass ein ausnahmsweiser Eingriff in den Bestandsschutz gerechtfertigt ist. Letztlich wäre dieser Systemwandel jedenfalls dann rechtlich unbedenklich gewesen, wenn sie auf Neuanlagen begrenzt worden wäre. Da sich die im Jahr 2016 einschlägigen Engpässe und Notsituationen seit geraumer Zeit angekündigt hatten, wäre die Energieregulierungsbehörde EPDK zu einer frühzeitigeren Novellierung der YEKDEM-Verordnung imstande und verpflichtet gewesen. Nur wenn die aufgezählten Sonderregelungen ausreichende Berücksichtigung erfahren hätten, wäre die Einführung der verpflichtenden Direktvermarktung keinen rechtlichen Bedenken ausgesetzt.

Zudem können die Ausnahmesituationen, für welche der deutsche Gesetzgeber die sog. Ausfallvergütung regelt, nicht nur auf dem deutschen Energiemarkt auftreten. Um entsprechende Risikoabschläge bei der Fremdfinanzierung zu verringern und hohe Gewinneinbußen der Anlagenbetreiber zu vermeiden, sollte auch die türkische Rechtsordnung für solche Notsituationen ausnahmsweise eine moderate Einspeisevergütung vorsehen, auf die der Anlagenbetreiber zurückgreifen kann, wenn eine wirksame Betätigung auf dem Energiemarkt aus berechtigten Gründen nicht sinnvoll erscheint.

Schließlich sei zu erwähnen, dass auch die türkische Rechtsordnung zugunsten der sog. Kleinanlagen – also insb. den lizenzfreien Anlagen mit einer installierten Kapazitätsleistung bis 1 MW – das Einspeisemodell aufrechterhält. Deren Betreiber leiten weiterhin ihre Stromproduktion an die regional zuständigen EVU, von denen sie ohne etwaige Abzüge aufgrund fehlerhafter Leistungsprognosen die gesetzliche Einspeisevergütung erhalten. Diese Ausnahme ist gerechtfertigt, da die regelmäßig unprofessionellen Kleinanlagenbetreiber wegen der rasanten Einführung der verpflichtenden Direktvermarktung erhebliche Gewinneinbußen erlitten hätten. Die meisten Kleinanlagen werden zudem mit den fluktuierenden Energieträgern Solar- und Windenergie betrieben, sodass der vorgesehene Toleranzwert ihre Zusatzkosten nicht kompensieren würde. Entsprechend der deutschen Systematik zur sog. de-minimis-Regelung könnte allenfalls infolge einer intensiven betriebswirtschaftlichen und technischen Analyse darüber diskutiert werden, ob eine stufenweise Begrenzung des Einspeisemodells und die schrittweise Heranführung der Kleinanlagen unter der Kapazitätsleistung von 1 MW in die verpflichtende Direktvermarktung sinnvoll ist.

Neben diesen Fördermodellen haben die Betreiber von EE-Anlagen in beiden Ländern stets die Möglichkeit der „sonstigen" Direktvermarktung, bei der sie ihre Stromproduktion selbst veräußern können, ohne dafür aber zusätzliche Fördermittel zu beanspruchen. Aufgrund der finanziell unattraktiven Ausgestaltung ist diese Option jedoch in beiden Ländern praktisch irrelevant.

V. Förderhöhe

Aufgrund der technologischen Fortentwicklung der Anlagen und der Steigerung der Wettbewerbsfähigkeit bedarf das System zur Bestimmung der Förderhöhe einer periodischen Anpassung, um Über- und Fehlförderungen zu vermeiden und die Kostenbelastung der Allgemeinheit gering zu halten. Langfristig sollen diese Technologiearten mit den konventionellen Energieträgern jedoch ohne finanzielle Privilegien konkurrieren können. Trotz des erheblichen technologischen Fortschritts kann für keines der beiden Länder spekuliert werden, wann die finanzielle Förderung der Erneuerbaren Energien insgesamt entfallen könnte. Die Beantwortung dieser Grundsatzfrage knüpft vor allem an die künftig zu präferierende Ausgestaltung des Gesamtstrommarktes.

Beide Rechtsordnungen sehen für die verschiedenen Technologiearten spezifische Fördersätze vor, die entweder gesetzlich festgelegt sind oder im Rahmen von Ausschreibungen im Wettbewerb bestimmt werden. Ein genereller Vergleich der Förderhöhen erscheint unter Beachtung der vielfältigen Sondereigenschaften der jeweiligen Technologiearten nicht möglich. Außerdem können die jeweiligen Förderbeträge zu den einzelnen Energieträgern zwischen dem deutschen und dem türkischen Recht der Erneuerbaren Energien nicht sinnvoll verglichen werden, da sie nunmehr grundsätzlich durch Ausschreibungen ermittelt werden und eine gegenüberstellende Analyse nur unter Beachtung des gesamten Fördersystems sowie der konkreten Finanzierungs- und Errichtungskosten erfolgsversprechend wäre. Eine solche betriebswirtschaftliche Gegenüberstellung würde den Rahmen dieser Arbeit sprengen.

Bereits die stringente Entwicklung der gesetzlich festgelegten Förderhöhen erlaubt aber den Rückschluss, dass seit dem EEG 2000 die Förderbeträge in Deutschland zur Vermeidung von Mitnahmeeffekten kontinuierlich abgenommen haben. Eine diesbezüglich degressive Entwicklung ist vor allem bei den gesetzlichen Förderhöhen zur Windenergie zu beobachten. Gleiches gilt für die Zuschlagswerte bei Windenergieausschreibungen[978], wobei auch in den kommenden Jahren eine weitere Abnahme der bezuschlagten Förderhöhen zu erwarten ist. Mit dem EEG 2017 hat sich der deutsche Gesetzgeber dafür entschieden, die Förderhöhen bei den wichtigsten Technologiearten Windenergie, Solarenergie sowie Biomasse grundsätzlich durch Ausschreibungen zu ermitteln und bei den restlichen Erneuerbaren Energien aufgrund eines niedrigen Zubaus sowie mangels eines hinreichenden Wettbewerbs weiterhin gesetzlich zu bestimmen. Durch die gesetzliche Anordnung der jährlich auszuschreibenden Kapazitätsmengen wird ein genauer Ausbaukorridor festgelegt. Vor der Einführung der grundsätzlichen Ausschreibungen übernahm diese Aufgabe insb. der sog. atmende Deckel, indem die Über- und Unterschreitung der gesetzlich bestimmten Kapazitätsmengen beim Zubau an die zu beanspruchende Förderhöhe geknüpft wurden. Mit der Mengensteuerung kann der deutsche Gesetzgeber den Ausbau der Erneuerbaren Energien an die Entwicklung des Energiemarktes sowie der Netzinfrastruktur anpassen und die zu tragenden Gesamtförderkosten begrenzen. Im Falle der sog. Kleinanlagen werden die Förderhöhen weiterhin gesetzlich bestimmt, sodass bei Anlagen von einer Kapazitätsleistung bis 750 kW – im Falle der Biomasse bis 150 kW – eine Teilnahme an den Ausschreibungen nicht verpflichtend ist, vgl. § 22 Abs. 2 Satz 2 Nr. 1, Abs. 3 Satz 2, Abs. 4 Satz 2 Nr. 1 EEG 2017.[979] Diese Ausnahme erscheint konsequent, weil die administrativen Zusatzbelastungen den Kleinanlagenbetreibern, die regelmäßig keine professionellen Akteure des Energiemarktes sind, nicht aufgebürdet werden können. Da es sich außerdem um unerhebliche Zubaukapazitäten handelt, wird das Gesamtsystem kaum beeinträchtigt.

Die türkische Rechtsordnung bestimmt für die unterschiedlichen Technologiearten nach den Anlagen 1 und 2 des YEK spezifische Einspeisevergütungen sowie zusätzliche Boni bei der Verwendung lokaler Anlagenkomponenten.

978 BNetzA, Ergebnisse der dritten Ausschreibung für Wind an Land am 21.11.2017; abrufbar im Internet unter: https://www.bundesnetzagentur.de/SharedDocs/Pressemitteilungen/DE/2017/22112017_WindanLand.html.

979 Die gesetzliche Einspeisevergütung resultiert etwa im Falle der Windenergie aus den §§ 46 f., 53 Satz 1 Nr. 2 EEG 2017.

Vor diesem Hintergrund ist die Novellierung des YEK zum Jahr 2011, infolge dessen die für alle Technologiearten einheitlich festgelegte Einspeisevergütung aufgehoben wurde, zweckdienlich. Die – wie in der deutschen Rechtsordnung – gesondert festgelegten Förderhöhen unterstützen den beschleunigten Ausbau der Erneuerbaren Energien seitdem erheblich. Die gesetzlich festgelegten Einspeisetarife können jedoch aufgrund der im April 2016 eingeführten verpflichtenden Direktvermarktung in Abhängigkeit der Leistungsprognosen steigen sowie sinken. Im Falle der EE-Anlagen nach der YEKA-Verordnung kann der Anlagenbetreiber aber zu Recht nur noch den bezuschlagten Gebotswert als Förderhöhe für die Stromproduktion beanspruchen, sodass während der Förderzeit die Geltendmachung des Strompreises aus dem freien Energiemarkt nicht möglich ist. Ansonsten würden viele Teilnehmer der YEKA-Ausschreibungen auf die Förderung komplett verzichten, sodass ein ordnungsgemäßer Wettbewerb nicht durchzuführen wäre.

Darüber hinaus sieht auch die türkische Rechtsordnung bei der Bestimmung von Förderhöhen zu den künftig wichtigsten Technologiearten Wind- und Solarenergie praktisch ein Ausschreibungsmodell vor, da die Projektanträge regelmäßig die seitens des nationalen ÜNB TEİAŞ freigegebenen jährlichen Kapazitätsmengen übersteigen und die Vorlizenzen daher in einem Unterbietungswettbewerb erteilt werden müssen, vgl. § 7 Abs. 4 EPK, § 12 Abs. 7 Lizenzverordnung für den Strommarkt sowie § 4 Abs. 1 Vorlizenz-Verordnung. Nur in den wenigsten Fällen liegt keine überschießende Nachfrage vor, sodass die Investoren von der Energieregulierungsbehörde EPDK ohne die Teilnahme an einem Ausschreibungswettbewerb und daher jenseits des jeweils maßgeblichen Vergaberechtsregime eine Vorlizenz zur Errichtung der jeweiligen Anlage erhalten und sodann mit der Lizenzerteilung die gesetzlich angegebene Einspeisevergütung in voller Höhe beanspruchen können. Auch in der türkischen Rechtsordnung finden bei den sog. Kleinanlagen keine Ausschreibungen statt, da Betreiber von Anlagen mit einer installierten Kapazitätsleistung bis 1 MW keine Lizenz benötigen und daher auch nicht an einem Wettbewerb zur Erteilung der Vorlizenz teilnehmen müssen.

Mit Ausnahme der Biomasse werden folglich auch in der Türkei die Förderhöhen zu den entsprechenden Technologiearten grundsätzlich durch Ausschreibungen ermittelt, wobei in Deutschland auf den anzulegenden Wert und in der Türkei auf die Einspeisevergütung geboten werden. In beiden Ländern werden insb. bei den Ausschreibungen zur Windenergie sehr ambitionierte Gebotswerte bezuschlagt, die weit unter den gesetzlich bestimmten Förderhöhen liegen.[980]

---

980 TÜREB, RES Bağlantı Kapasitesi Yarışma Sonuçları Raporu Haziran 2017; abrufbar im Internet unter: http://www.tureb.com.tr/files/yarismalar/res_yarisma_sonuclari.pdf.

Im Gegensatz zu den deutschen Investoren[981] verzichten die türkischen Ausschreibungsteilnehmer teilweise vollkommen auf die Förderzahlungen, indem sie mitunter negative Gebotswerte abgeben und sich damit nur noch die Veräußerung der Stromproduktion im Wege der sonstigen, nicht geförderten Direktvermarktung offenhalten. Dabei spekulieren die türkischen Investoren auf hohe Strompreise in der Zukunft. Dadurch belasten sie sich aber mit erhöhten Risikoabschlägen von Kreditinstituten und gefährden insgesamt die Realisierung sowie Refinanzierung ihrer Projektvorhaben. Dieses Problem wird durch die Geltung unterschiedlicher Währungen für Einnahmen und Ausgaben verschärft, da die Einnahmen in der sonstigen Direktvermarktung in türkischer Lira erfolgen und die regelmäßig aus dem Ausland importierten Anlagenkomponenten mit US-Dollar oder Euro vergütet werden. Soweit der Anlagenbetreiber mit einem Negativpreis bei der Vorlizenzausschreibung gewonnen haben sollte, hat er sich außerdem für die monatlich zu entrichtende Teilnahmeleistung zur Zahlung in US-Dollar verpflichtet. Insgesamt steht der Investor also einem immensen Inflations- und Währungsrisiko[982] entgegen und könnte bei einer potentiellen Abwertung der türkischen Lira unerträgliche finanzielle Einbußen erleiden. Diese Risiken sind in Deutschland grundsätzlich nicht zu befürchten, da weder eine vergleichsweise große Inflationsgefahr besteht[983] noch eine Fremdwährung maßgeblichen Einfluss auf die Einnahmen und Ausgaben auf dem deutschen Energiemarkt hat. Um die Investoren nicht abzuschrecken sollte der türkische Gesetzgeber die Förderungen trotzdem nicht an die schwächere Nationalwährung knüpfen. Da die meisten ausländischen Anlagenkomponenten – insb. bei der Windenergie – aus dem EU-Raum importiert und in Euro vergütet werden, könnte die gesetzlich geregelte und wettbewerblich bestimmte Förderhöhe an den Euro gekoppelt werden, um sich den Schwankungsrisiken zwischen dem

981 Bei der ersten Ausschreibung für Windenergie auf See gab es aber auch in Deutschland Gebotswerte von 0 Eurocent/kWh, die einen Zuschlag erhalten haben; BNetzA, WindSeeG – 1. Ausschreibung für bestehende Projekte nach § 26 WindSeeG; abrufbar im Internet unter: https://www.bundesnetzagentur.de/SharedDocs/Pressemitteilungen/DE/2017/13042017_WindSeeG.html.

982 In den letzten 10 Jahren betrug die durchschnittliche Inflationsrate in der Türkei rund 9 Prozent; abrufbar im Internet unter: https://de.statista.com/statistik/daten/studie/216056/umfrage/inflationsrate-in-der-tuerkei/.

983 In Deutschland betrug die Inflationsrate in den letzten 10 Jahren niemals mehr als 2,6 Prozent; abrufbar im Internet unter: https://de.statista.com/statistik/daten/studie/1046/umfrage/inflationsrate-veraenderung-des-verbraucherpreisindexes-zum-vorjahr/.

Euro und dem US-Dollar zu entziehen. Ferner kann zur Reduzierung der Inflationsgefahr empfohlen werden, die zu entrichtenden Teilnahmeleistungen an die türkische Lira zu binden. Da die nationale Energieversorgung in den kommenden Jahren auf einen enormen Ausbau der Erneuerbaren Energien angewiesen ist, sollte diese Problematik mit vernünftigen Methoden minimiert werden.

Trotz der geschilderten Bedenken ist auch in der Türkei die wettbewerbliche Bestimmung von Förderhöhen bei den Technologiearten Wind- und Solarenergie ausdrücklich zu begrüßen. Investoren sollen nur so hoch gefördert werden, wie sie tatsächlich für die Projektrealisierung benötigen. Mit hoher Wahrscheinlichkeit ist davon auszugehen, dass mit Ablauf der Geltungsdauer des YEK im Jahr 2021 das Ausschreibungsmodell ausgeweitet und die gesetzlich bestimmte Einspeisevergütung zur Ausnahme degradiert wird. Einzelheiten zu dem künftigen Modell stehen bisher nicht fest. Dem türkischen Gesetzgeber kann aber in Anlehnung an die Pilotprojekte im deutschen Recht – etwa die Photovoltaik-Pilotausschreibung – geraten werden, vor einem grundlegenden Systemwandel entsprechende Erfahrungen zu sammeln und diese ausreichend zu evaluieren. Dadurch können überraschende Fehlentwicklungen und nicht bedachte Lücken in der türkischen Rechtsordnung vermieden werden. Die bloße Einführung von Rechtsinstituten, die in einem anderen Land erfolgreich umgesetzt wurden, eignet sich bereits deshalb nicht, weil jede Rechtsordnung und Gesellschaft unterschiedliche Parameter aufweisen und die Beachtung der spezifischen ökonomischen und kulturellen Rahmenbedingungen für die erfolgreiche Integration eines Fördersystems ausschlaggebend ist.

Neben den allgemeinen Ausschreibungen setzt der deutsche Gesetzgeber künftig verstärkt auf EU-weite sowie technologieübergreifende Ausschreibungen. In der Türkei spielen solche Modelle zumindest in naher Zukunft keine Rolle. Aufgrund der politischen Spannungen in vielen Nachbarländern erscheint eine diesbezügliche Zusammenarbeit derzeit mit den europäischen Nachbarstaaten Bulgarien und Griechenland möglich und sollte zur besseren Integration in das internationale Stromnetz langfristig anvisiert werden. Vor der Einführung von technologieübergreifenden Sonderausschreibungen wie etwa zwischen der Wind- und Solarenergie sollte der Ausbau beider Technologiearten zunächst beschleunigt werden. Etwaige Pilotausschreibungen sind aber zu befürworten und können aufschlussreiche Informationen über deren erfolgreiche Umsetzung verschaffen.

Sowohl innerhalb als auch außerhalb des Ausschreibungsmodells kann dem türkischen Gesetzgeber zur Bestimmung der Förderhöhe bei der Windenergie empfohlen werden, entsprechend der deutschen Rechtsordnung das sog. Referenzertragsmodell einzuführen. In Ermangelung einer solchen Förderregelung konzentrieren sich die bestehenden Windenergieanlagen intensiv auf die Küstenregionen, sodass weite Binnenflächen ungenutzt bleiben. Diese fehlende Dezentralität führt zu technischen, ökonomischen und gesellschaftlichen Folgeproblemen. Durch die Berücksichtigung von konkreten Standortfaktoren bei der Bestimmung der Förderhöhe würde man neue Investitionen in Binnenregionen anregen, das Stromnetz an den betroffenen Verknüpfungspunkten in Küstengebieten entlasten und die gesellschaftliche Akzeptanz verstärken.[984] Unter Beachtung der in Deutschland gesammelten Erfahrungen kann dem türkischen Gesetzgeber insb. beim Ausschreibungsmodell die Einführung des sog. einstufigen Referenzertragsmodells nahegelegt werden, da dieses stärker als das zweistufige Referenzertragsmodell räumliche Unterschiede ausgleicht und das sog. frühe Repowering verhindert.

Eine grundlegende Beschränkung der finanziellen Förderung muss in der türkischen Rechtsordnung bei der Wasserkraft erfolgen, da § 3 Nr. 11 YEK 2011 alle Anlagen auf einer Gesamtfläche von weniger als 15 km^2 erfasst und keinerlei Höchstkapazitätsleistungen zur Geltendmachung der Privilegien vorsieht. Die flächenmäßige Begrenzung ist daher nicht zielführend, wenn keine zusätzliche Regelung zur maximalen Kapazitätsleistung von etwa bis zu 10, 20 oder 50 MW erfolgt. Ansonsten werden – wie auch im YEKDEM-Fördermechanismus im Jahr 2018 einschlägig[985] – trotz vorliegender Konkurrenzfähigkeit Wasserkraftwerke mit Kapazitätsleistungen von hohen dreistelligen Summen gefördert, sodass unnötige Kostenbelastungen zulasten der Allgemeinheit entstehen.[986] Solche Kapazitätsbegrenzungen bei der Wasserkraft sind in vielen europäischen Ländern absolut üblich.[987] Die Bestimmung der Förderhöhe könnte insoweit auch entsprechend der deutschen Regelung gestaffelt erfolgen, sodass kleinere

984 Adıyaman, Türkiye'nin Yenilenebilir Enerji Politikaları, S. 138; Urgun, Yenilenebilir Enerji Kaynakları Bakımından Türkiye'nin Potansiyeli ve bu Potansiyelin Harekete Geçirilmesine Yönelik Stratejiler, S. 148.

985 Für den YEKDEM-Fördermechanismus 2018 befinden sich sogar Wasserkraftwerke von über 550 MW in der Förderung. Die endgültige YEKDEM-Liste ist abrufbar im Internet unter: http://www.epdk.org.tr/TR/Dokuman/8692.

986 Vor der Novellierung der YEKDEM-Verordnung im April 2016 kam noch hinzu, dass diese großen Wasserkraftwerke sogar von den Verpflichtungen des Gleichgewichtmarktes befreit waren, sodass erhebliche Risiken für die Energieversorgung vorlagen.

987 Christen, Die Förderung der Erneuerbaren Energien in der EU, S. 17; Regehr, Die Förderung erneuerbarer Energien auf dem liberalisierten Elektrizitätsmarkt in Europa, S. 20, 21.

Anlagen erheblich höhere Förderbeträge als größere Anlagen geltend machen dürften.[988]

Darüber hinaus bewirkte die gesetzliche Regelung von finanziellen Boni für lokale Anlagenkomponenten in der türkischen Rechtsordnung als einen positiven Impuls für die nationale Wirtschaft. Eine entsprechende Übertragbarkeit auf die deutsche Rechtsordnung begegnet jedoch erheblichen rechtlichen Bedenken und ist auch ökonomisch nicht sinnvoll. In der Türkei beschleunigen die zusätzlichen Förderbeträge für die ersten fünf Betriebsjahre der EE-Anlage die industrielle Ausdehnung des Produktionsgewerbes, verringern die Importabhängigkeit sowie den damit einhergehenden nationalen Kapitalabfluss und schaffen aussichtsreiche Beschäftigungsmöglichkeiten.[989] Die langfristige Senkung der Produktionskosten trägt ferner zum beschleunigten Ausbau der Erneuerbaren Energien bei.[990] Aufgrund der weit ausgereifteren nationalen Produktionskette und der hohen Qualität eigener Anlagenteile im internationalen Vergleich ist aber eine diesbezügliche Förderung im deutschen EEG nicht notwendig.[991] Schließlich würde eine solche Förderung allen voran gegen die Warenverkehrs- und Dienstleistungsfreiheiten in der Europäischen Union verstoßen, sodass bereits deshalb solche wettbewerbsverzerrenden Subventionen nicht eingeführt werden können.

VI. Förderdauer

Die gesetzliche Bestimmung von Förderdauern gewährt den Anlagenbetreibern für den festgelegten Zeitraum aufgrund kalkulierbarer Einkünfte eine hohe Investitions- und Rechtssicherheit. Zugleich verhindert sie durch unbegrenzte finanzielle Unterstützung drohende Mitnahmeeffekte. Damit charakterisiert die

---

988 Vgl. bspw. § 40 Abs. 1 EEG 2017.

989 Ersanlı, Renewable Energy in Regional Planning and Development: An Evaluation of Development Agencies in Turkey, S. 66 f.; teilweise kritisch Atiyas/Çetin/Gülen, Reforming Turkish Energy Markets, S. 112, 132.

990 Yapar, Türkiye'de İktisat Politikaları Çerçevesinde Rüzgar Enerjisi Politikalarının Etkinliğinin Analizi: Bir Uygulama, S. 123; Urgun, Yenilenebilir Enerji Kaynakları Bakımından Türkiye'nin Potansiyeli ve bu Potansiyelin Harekete Geçirilmesine Yönelik Stratejiler, S. 149.

991 Drei deutsche Unternehmen gehören im Jahr 2016 zu den weltweit größten 10 Herstellern von Windenergieanlagen; abrufbar im Internet unter: https://de.statista.com/statistik/daten/studie/169595/umfrage/marktanteile-der-groessten-windturbinen-produzenten-weltweit/; Yapar, Türkiye'de İktisat Politikaları Çerçevesinde Rüzgar Enerjisi Politikalarının Etkinliğinin Analizi: Bir Uygulama, S. 129 f.

Förderdauer das Bindeglied zwischen dem Fördermodell und der jeweiligen Förderhöhe. Bei ihrer Regelung muss vor allem darauf geachtet werden, dass die Refinanzierung des jeweiligen Projektes regelmäßig in dem vorgesehenen Zeitraum abgeschlossen werden kann. Die vorliegend einschlägigen Förderdauern unterscheiden sich in beiden Rechtsordnungen jedoch erheblich.

Im deutschen Fördersystem beginnt die Förderdauer mit der erstmaligen – auch bloß teilweisen – Inbetriebnahme der EE-Anlage und beträgt insgesamt 20 Jahre, wobei sich im Falle der gesetzlichen Bestimmung der Förderhöhen dieser Zeitraum bis zum Ende des letzten Kalenderjahrs erstreckt und folglich bis zu 21 Jahre ergeben kann, vgl. § 25 EEG 2017. In der türkischen Rechtsordnung hingegen können die Anlagenbetreiber nur für die ersten 10 Jahre ab dem Zeitpunkt der Inbetriebnahme der Gesamtanlage die finanzielle Förderung geltend machen.[992] Soweit die EE-Anlage zunächst nur teilweise in Betrieb genommen wird, beginnt die Förderdauer mit dem erstmaligen Eintritt des Anlagenbetreibers in den YEKDEM-Fördermechanismus, vgl. § 8 Abs. 1 lit. b) YEKDEM-Verordnung. Im Gegensatz zur deutschen Rechtsordnung kann also die Stromproduktion bis zur Fertigstellung der Gesamtanlage auf dem freien Energiemarkt veräußert werden, ohne dass zulasten des Anlagenbetreibers der Ablauf der Förderdauer droht. Diese Regelung ist vor allem sinnvoll, wenn bei großen Windenergieanlagen aus unterschiedlichen Gründen zunächst nur einzelne Windräder installiert und betrieben werden können. Bei mangelnder Beanspruchung der finanziellen Förderung zugunsten der teilweise betriebenen Anlage wäre es unbillig, die Förderdauer insb. hinsichtlich der noch nicht errichteten Windräder verstreichen zu lassen. Da der Eintritt in den YEKDEM-Fördermechanismus nur zu Beginn eines Kalenderjahrs möglich ist, könnte der Anlagenbetreiber teilweise bis zu einem Jahr der finanziellen Förderung verlieren. Gleichfalls ist es sinnvoll, den bereits installierten Erzeugungsanlagen die Veräußerung der Stromproduktion auf dem freien Energiemarkt zu erlauben. Dem deutschen Gesetzgeber kann daher für die teilweise Inbetriebnahme einer EE-Anlage empfohlen werden, eine entsprechende Sonderregelung zum Beginn der Förderdauer einzufügen.

Jenseits dessen bestimmt die türkische Rechtsordnung eine um zehn Jahre kürzere Förderdauer. Dies muss jedoch nicht zwangsläufig bedeuten, dass die Fördersummen nach der deutschen Rechtsordnung insgesamt höher ausfallen.

---

992 Im Falle der Großprojekte sieht § 10 Abs. 3 YEKA-Verordnung 2016 keine festgelegte Förderdauer vor, wobei in den bisherigen Ausschreibungen eine Förderdauer von 15 Jahren vorgesehen wurde.

Eine diesbezügliche Analyse ist unter Beachtung der mittlerweile grundsätzlich wettbewerblichen Bestimmung der Förderhöhen kaum möglich. Der Förderzeitraum sollte jedoch der prognostischen Lebensdauer der jeweiligen Anlage annähernd entsprechen, damit der Anlagenbetreiber aufgrund möglicherweise schlechter Marktbedingungen nicht den Betrieb der jeweiligen Anlage nach Ablauf der kurzen Förderdauer trotz technischer Funktionstüchtigkeit einstellt und dadurch negative Folgen für die nationale Energieversorgung verursacht. Da insb. eine Windenergieanlage ohne große Schwierigkeiten regelmäßig mindestens 20 Jahre betrieben werden kann[993], sollte der türkische Gesetzgeber die Förderdauer von EE-Anlagen auf ein Amortisationszyklus von mindestens 15 Jahren ausdehnen. Bei einer solchen Novellierung der Vorschriften können sogleich die aktuellen Fördersätze auf den neuen Förderzeitraum angepasst werden. Dadurch würde der türkische Gesetzgeber auch die wachsenden Gesamtförderkosten zu den Erneuerbaren Energien zugunsten der Letztverbraucher verringern. Dies ist in Anbetracht des erheblichen Anstiegs der YEK-Umlage in den letzten Jahren notwendig.

Schließlich kann für beide Rechtsordnungen festgehalten werden, dass nach dem Beginn der Förderdauer keine Hemmung etwa durch eine zwischenzeitliche Veräußerung der Stromproduktion im Wege der nicht geförderten Direktvermarktung oder der zeitweisen Stilllegung der Anlage eintritt. Der Anlagenbetreiber kann nur innerhalb des vorgesehenen Zeitraumes die finanzielle Förderung beanspruchen. Dies ist sachgerecht, da der Anlagenbetreiber ansonsten das Ende der Förderdauer durch die Nutzung der positiven Signale des freien Energiemarktes willkürlich in die Länge hinausschieben könnte. Der Sinn und Zweck der finanziellen Förderung besteht aber gerade darin, den Investoren eine Amortisationssicherheit zu gewähren und den Kreditinstituten planbare Einnahmen über einen gewissen Zeitraum vorweisen zu können. Über diese Periode hinaus ist der Anlagenbetreiber jedenfalls nicht mehr schutzwürdig.

VII. Förder- und Ausgleichsmechanismus

1. Grundsätzlicher Ablauf

Hinsichtlich der zeitlichen Teilnahmevorgaben und den veräußerungstechnischen Aufteilungsmöglichkeiten weisen die Fördermechanismen der beiden

993 Siehe etwa für Windenergieanlagen BGH, NJW 2017, 2099 (2100); OVG Lüneburg, BeckRS 2017, 107687 Rn. 128; Operhalsky/Fechler, ZUR 2016, 649 (653).

Rechtsordnungen erhebliche Diskrepanzen auf. Bereits hier sei darauf hingewiesen, dass unter Beachtung der spezifischen Rahmenumstände keine derzeitigen Empfehlungen zur rechtlichen Umstrukturierung unterbreitet werden können.

Nach § 21b Abs. 1 EEG 2017 können Anlagenbetreiber in Deutschland zwischen den offenstehenden Veräußerungsformen jeweils zum ersten Kalendertag eines Monats wechseln. Die Möglichkeit eines Wechsels zu einem anderen Zeitpunkt – etwa zur Mitte eines Kalendermonats – ist somit strikt ausgeschlossen. Dabei muss der Wechsel jedoch gemäß § 21c Abs. 1 EEG 2017 vor Beginn des vorangegangenen Kalendermonats mitgeteilt werden, sodass eine Mindestvorlaufzeit von einem Monat einzuhalten ist. Die Pflicht zur monatsweisen Entscheidung über die Veräußerungsformen und der insoweit einzuhaltenden Meldefrist erscheinen angemessen, damit die Anlagenbetreiber innerhalb der jeweiligen Vermarktungsformen aufgrund der variierenden Börsenstrompreise keinen ständigen Wechsel zu ihren Gunsten durchführen können (sog. Rosinenpicken). Die Mindestvorlaufzeit der Mitteilungspflicht von einem Monat ist unter Beachtung der energiepolitischen Maßstäbe und des notwendigen bürokratischen Verwaltungsaufwands des zuständigen Netzbetreibers notwendig und ausreichend. Die Anlagenbetreiber können dank dieser Flexibilität monatsweise den Wechsel in die unterschiedlichen Vermarktungsformen analysieren und durch die intensive Erfahrung mit den verschiedenen Optionen ihre Professionalität als aktive Marktakteure steigern. Die Verpflichtung zur längerfristigen Bindung in einer der jeweiligen Veräußerungsformen – etwa in Form einer kalenderjährlichen Bindung – erscheint für das deutsche Energierecht als ungeeignet und zweckwidrig. Ansonsten bestünde die Gefahr, dass die Anlagenbetreiber mangels sicherer Prognosen über die künftigen Energiepreise auf dem freien Energiemarkt den sicheren Weg über die gesetzlich garantierte Förderung – bei den Bestandsanlagen etwa durch die Beanspruchung der gesetzlichen Einspeisevergütung – präferieren würden. In diesem Fall wären sie für den Zeitraum von einem Kalenderjahr aus dem freien Energiemarkt ausgeschlossen, sodass sich dieser Umstand für die Heranführung der Erneuerbaren Energien in den wettbewerblichen Energiemarkt als hinderlich erweisen würde. Um aber der Besonderheit der Ausfallvermarktung als Veräußerungsoption für entsprechende Ausnahmekonstellationen gerecht zu werden, sieht § 21c Abs. 1 Satz 2 EEG 2017 für einen diesbezüglichen Wechsel eine verkürzte Frist von bis zum fünftletzten Werktag des Vormonats als ausreichend an. Damit trägt der deutsche Gesetzgeber angemessen Rechnung dafür, dass der teilweise unvermeidbare Ausfallschaden des Anlagenbetreibers keinen allzu erheblichen Zeitraum andauert.

Zudem dürfen die Anlagenbetreiber ihre Stromproduktion gemäß § 21b Abs. 2, 3 EEG 2017 prozentual auf die verschiedenen offenstehenden Veräußerungs- und Vermarktungsformen aufteilen und auch dabei eine kalendermonatliche Änderung vornehmen. Diese Option ist ausdrücklich zu begrüßen. Für die Aufteilung ist es verpflichtend, dass die Anlagenbetreiber die angegebenen Prozentsätze stets nachweislich einhalten und keine innermonatlichen Veränderungen vornehmen. Obwohl die deutsche Bundesregierung in dem Novellierungsprozess zum EEG 2014 die Streichung der anteilmäßigen Kombinationsformen zur Debatte stellte[994], wurde dieser Gedanke aufgrund der Empfehlung des Ausschusses für Wirtschaft und Energie des Bundestages[995] zu Recht aufgegeben. Denn einige Anlagenbetreiber machen weiterhin von dieser Kombinationsmöglichkeit Gebrauch und entziehen sich durch diese Erprobung der verschiedenen Vermarktungsoptionen nicht dem freien Energiemarkt.[996] Zu beachten ist dabei aber, dass keine missbräuchliche Verwendung dieser Option – etwa durch die innermonatliche Umstellung der Prozentsätze aufgrund der Änderung der Börsenstrompreise – erfolgt, sodass entsprechende Kontrollmechanismen zwingend sind.[997]

§ 7 Abs. 3 YEKDEM-Verordnung hingegen sieht für die Anlagenbetreiber in der Türkei eine lediglich kalenderjährliche – und nicht etwa eine kalendermonatliche – Teilnahme in dem YEKDEM-Fördermechanismus vor. Hierzu müssen sich die Anlagenbetreiber gemäß § 5 Abs. 4 YEKDEM-Verordnung bis Ende Oktober des Vorjahres – also spätestens zwei Kalendermonate vor dem Beginn des neuen Kalenderjahrs – bei der Energieregulierungsbehörde EPDK anmelden. Danach ist der Antrag nicht mehr disponibel und im Falle der positiven Bescheidung für den Zeitraum von einem Kalenderjahr bindend. Darüber hinaus gilt das Entweder-Oder-Prinzip. Wenn sich der Anlagenbetreiber für den YEKDEM-Fördermechanismus entscheidet, muss er gemäß den §§ 5 Abs. 1 Satz

994 BT-Drs. 18/1304, S. 126.

995 BT-Drs. 18/1891, S. 201 f.

996 Ebenso BWE, Stellungnahme zum Entwurf des EEG 2014, S. 20; abrufbar im Internet unter: https://www.wind-energie.de/system/files/files/page/2014/downloads/stellungnahme-des-bundesverband-windenergie-ev-zum-eeg-drks-18-1304.pdf.

997 Die Fortführung dieser Option wurde aufgrund der bestehenden Missbrauchsrisiken und der erheblichen Mehrbelastungen für die Netzbetreiber vor allem von der BDEW kritisiert; siehe BDEW, Stellungnahme zum Entwurf des EEG 2014, S. 61; siehe ferner VDUD, Stellungnahme zum Entwurf des EEG 2014, S. 2; abrufbar im Internet unter: http://www.erneuerbare-energien.de/EE/Redaktion/DE/Stellungnahmen/stellungnahmen-eeg-erste-runde/verband-der-unabhaenigen-direktvermarkter.pdf?__blob=publicationFile&v=3.

2 a. E., 23 Abs. 1 YEKDEM-Verordnung die gesamte Stromproduktion darüber abwickeln und kann nicht zu einem prozentual bestimmten Anteil in dem freien Energiemarkt verbleiben.

Weder hinsichtlich der kalenderjährlichen Bindungspflicht noch wegen der mangelnden paritätischen Veräußerungsoption können jedoch praktisch sinnvolle Alternativen vorgeschlagen werden. In dem türkischen Fördermechanismus schaffte die EPDK mit der Novellierung der YEKDEM-Verordnung im Jahr 2016 bei der gesetzlichen Einspeisevergütung den Grundsatz „produce and forget" ab, sodass auch insoweit jeder Anlagenbetreiber sein eigenes Portfolio betreiben muss und die Risiken von fehlerhaften Leistungsprognosen zu tragen hat. Dadurch wurden die großen Unterschiede zwischen der Veräußerung der Stromproduktion auf dem freien Energiemarkt und innerhalb des YEKDEM-Fördermechanismus im Wesentlichen aufgehoben. Solange die Börsenstrompreise also nicht wesentlich höher als die gesetzlich gewährten Förderzahlungen sind, erscheint eine monatliche Wechseloption bzw. eine prozentual aufteilbare Veräußerungsoption insb. für die Betreiber von Windenergieanlagen als praktisch sinnlos. Sollten sich die preisbildenden Parameter zugunsten eines Einstiegs in den freien Energiemarkt entwickeln oder die Einspeisevergütungen reduziert werden, kann über entsprechende gesetzliche Modifizierungen nachgedacht werden. Solange die Gewährleistung zusätzlicher Veräußerungsformen die Anlagenbetreiber näher an den freien Energiemarkt bringt, sollten sie als alternative Handlungsmöglichkeiten offengestellt werden.

Im Gegensatz zur deutschen Rechtsordnung muss sich der türkische Anlagenbetreiber aber für die anschließende Förderperiode von einem Kalenderjahr erneut beim YEKDEM-Fördermechanismus anmelden, wenn er davon profitieren möchte. Die türkische Rechtsordnung sieht also keine Wechseloption entsprechend § 21b Abs. 1 Satz 2 EEG 2017, sondern eine jährliche Eintrittsmöglichkeit vor. Diese Pflicht zur aktiven Handlung für den Eintritt in den „marktfremden" Fördermechanismus ist ausdrücklich zu befürworten, damit eine Nichthandlung zu der Veräußerung auf dem freien Energiemarkt führt. Da es sich dabei um einen jährlich einmalig wiederkehrenden Verwaltungsaufwand handelt und das Risiko zur form- und fristgerechten Einreichung der Antragsunterlagen nur minimal ist, verursacht diese Pflicht zulasten der Anlagenbetreiber keine allzu hohen Anstrengungen.

2. *Besondere Ausgleichsregelung*

Sowohl die deutsche als auch die türkische Rechtsordnung verpflichten letztlich die EVU zum Ausgleich der Gesamtförderkosten zu den Erneuerbaren

Energien. Diese Kostenbelastung nahm aufgrund unterschiedlicher Gründe in den vergangenen Jahren erheblich zu, sodass im Jahr 2017 ca. 30 Mrd. Euro in Deutschland und ca. 5,5 Mrd. US-Dollar in der Türkei über den Fördermechanismus umgewälzt werden mussten.[998] Die EVU in beiden Ländern geben diese Kostenlast grundsätzlich prozentual gleichmäßig an ihre letztverbrauchenden Kunden weiter. Im Gegensatz zum EEG sieht das türkische Energierecht hierbei keine privilegierenden Regelungen zugunsten der stromkostenintensiven Letztverbraucher vor. Unter Beachtung der spezifischen Rahmenbedingungen kann dies dem türkischen Gesetzgeber auch nicht empfohlen werden.

Die deutschen Börsenstrompreise haben seit der Jahrtausendwende mit einem jährlichen Zuwachs von ca. 6 Prozent einen kontinuierlich rasanten Anstieg verzeichnet.[999] Aufgrund dieser Entwicklung betrug der Strompreis für den Privathaushalt im Jahr 2017 bereits über 30,0 Eurocent/kWh, sodass neben Dänemark auch Deutschland den diesbezüglichen Höchstwert innerhalb Europas aufwies.[1000] Der durchschnittliche Strompreis lag in der Europäischen Union hingegen bei 20,4 Eurocent/kWh. Entsprechendes gilt auch für den deutschen Strompreis für industrielle und gewerbliche Abnehmer, die mit einem Betrag von 15,2 Eurocent/kWh mehr als ihre Kontrahenten im europäischen Ausland zu bezahlen hatten. Der durchschnittliche Strompreis in der Europäischen Union lag auch insoweit mit 11,4 Eurocent/kWh deutlich niedriger.

In Anbetracht dieser erheblichen Preisunterschiede kann der deutsche Gesetzgeber die Privilegierung der stromkostenintensiven Unternehmen und Schienenbahn mit der besonderen Ausgleichsregelung nach den §§ 63 f. EEG 2017 mit nachvollziehbaren Argumenten rechtfertigen. Ohne die Beschränkung der EEG-Umlagepflicht wären die stromkostenintensiven Unternehmen gegenüber ihren internationalen Konkurrenten und die Schienenbahnen gegenüber den anderen Verkehrsmitteln langfristig nicht wettbewerbsfähig. Die befürchtete Abwanderung der betroffenen Unternehmen ins Ausland würde letztlich die Reduzierung des umlagepflichtigen Adressatenkreises verursachen und den

---

998 BMWi, EEG in Zahlen, S. 6, 10; abrufbar im Internet unter: http://erneuerbare-energien.de/EE/Redaktion/DE/Downloads/eeg-in-zahlen-pdf.pdf?__blob=publicationFile; Nach Abzug der Einnahmen betragen die tatsächlichen Kosten der Gesamtförderung ca. 24,6 Mrd. Euro. Die gewährten Rabatte für die privilegierten Letztverbraucher betragen hingegen ca. 4,8 Mrd. Euro.

999 Siehe hierzu: https://1-stromvergleich.com/strom-report/strompreis/.

1000 Siehe zur Preisentwicklung in Deutschland, Türkei und Europa insgesamt Daten auf folgender Internetseite: http://ec.europa.eu/eurostat/statistics-explained/index.php/Electricity_price_statistics.

Bestand von vielen Arbeitsplätzen gefährden. Die Verpflichtung zur reduzierten Entrichtung der Umlagelast ist daher gerechtfertigt.

Andererseits führt diese Begrenzung zugunsten eines gewissen Adressatenkreises aber zu einer erhöhten Zahlungsverpflichtung von nicht-privilegierten Unternehmen und Privathaushalten. Zur Gewährleistung einer größtmöglichen Verteilgerechtigkeit müssen bei der Konkretisierung der besonderen Ausgleichsregelung daher sowohl der Adressatenkreis als auch die Höhe der zu gewährenden Privilegierung intensiv abgewogen werden. In Anbetracht des erheblichen Anstiegs der EEG-Umlage sind insoweit die seitens der EU-Kommission[1001] angestoßenen Kürzungen zum Adressatenkreis und zur Zahlungsbefreiung notwendig und angemessen. Neben seiner Stellung als international wettbewerbsfähiger Industriestandort darf Deutschland vor allem die gesellschaftliche Akzeptanz zur Förderung der Erneuerbaren Energien nicht gefährden. Diese ist nur dann aufrechtzuerhalten, soweit die gesamtgesellschaftliche Verantwortung zur Energiewende von jedem Stromverbraucher grundsätzlich auch finanziell gleichmäßig getragen wird und Privilegierungstatbestände nur im Falle besonderer Rechtfertigungen eingreifen. Diesen Anforderungen wurde der deutsche Gesetzgeber mit seinen Einschränkungen zur besonderen Ausgleichsregelung durchaus gerecht.[1002]

Im Gegensatz hierzu kann dem türkischen Gesetzgeber aber nicht empfohlen werden, mit einer besonderen Ausgleichsregelung einen gewissen Kreis von stromkostenintensiven Unternehmen zu begünstigen. Dagegen sprechen vor allem die deutlich niedrigeren türkischen Strompreise, die für den privaten Haushalt 10,5 Eurocent/kWh und für den industriellen Abnehmer 6,3 Eurocent/kWh betragen und damit erheblich unter den durchschnittlichen Strompreisen – auch zu ihren Nachbarländern – in Europa liegen. Eine entsprechende Kürzung der Belastungen zugunsten der stromkostenintensiven Unternehmen würde nur zu einem weiteren Anstieg der bereits exponentiell wachsenden YEK-Umlage zulasten der nicht-privilegierten Stromverbraucher führen und eine gesellschaftliche Kritik auslösen. Insoweit ist zu beachten, dass auch die deutsche Bestimmung zu der besonderen Ausgleichsregelung aus diversen Gründen ungerechtfertigt wäre, wenn die Strompreise nicht über dem EU-Durchschnitt liegen würden. Aus verfassungsrechtlicher Sicht würde sich dann die Frage stellen, warum ein gewisser Adressatenkreis entgegen Art. 3 GG privilegiert werden

1001 Mitteilung der EU-Kommission, Energiebeihilfeleitlinien, 2014/C 200/01, S. 34 f.

1002 Diese Einschränkungen beruhen insb. auf den Maßgaben der Energiebeihilfeleitlinien der EU-Kommission; siehe BT-Drs. 18/1449, S. 20 f.

soll. Zudem erlauben die Energiebeihilfeleitlinien der EU-Kommission eine solche Privilegierung nur, damit die internationale Wettbewerbsfähigkeit erhalten bleibt.[1003] Dieses Argument würde sich im Falle niedriger Strompreise erledigen. Schließlich würde sich mangels der gesellschaftlichen Akzeptanz eine solche Regelung wahlpolitisch langfristig nicht halten können. In Anbetracht der aktuellen Strompreisentwicklung kann deshalb auch für die kommenden Jahre nicht damit gerechnet werden, dass eine entsprechende Regelung im türkischen Energierecht notwendig sein wird.

3. *Transparenz bei den Förderkosten*

Gemäß § 5 Abs. 1 Satz 1 der Erneuerbare-Energien-Verordnung sind die vier ÜNB in Deutschland verpflichtet, bis zum 15. Oktober eines Kalenderjahres die exakte EEG-Umlage für das folgende Kalenderjahr zu ermitteln und zu veröffentlichen. Aufgrund dieser jährlichen Bestimmung und Verkündung können sich alle Marktteilnehmer in Deutschland auf die zusätzliche Kostenbelastung durch die EEG-Umlage rechtzeitig einstellen.[1004] Da der festgelegte Betrag innerhalb des jeweiligen Kalenderjahres grundsätzlich keinen Änderungen unterliegt, erhalten alle Beteiligten dadurch die nötige betriebswirtschaftliche Planungssicherheit. Aufgrund der transparenten Ausgestaltung der EEG-Umlage ist es für die Letztverbraucher zudem unschädlich, dass sie über die jeweiligen EVU zur diesbezüglichen Zahlung verpflichtet werden.[1005]

Um die Transparenz zu den Gesamtförderkosten bei den Erneuerbaren Energien zu erhöhen, novellierte die Energieregulierungsbehörde EPDK im Mai 2017 die YEKDEM-Verordnung. Aufgrund der Veröffentlichung von monatlich fälligen YEK-Umlagen seitens der EPDK können die EVU die jeweilige Kostenlast an ihre letztverbrauchenden Kunden anschaulich umwälzen. Die Ankoppelung des türkischen Fördersystems an die US-Dollarwährung sowie die energiewirtschaftlichen Schwankungen führen jedoch zu dem misslichen Umstand, dass kurzfristige Änderungen der YEK-Umlage durch die EPDK unvermeidbar sind. Damit wird die kalenderjährliche Festlegung einer

1003 Mitteilung der EU-Kommission, Energiebeihilfeleitlinien, 2014/C 200/01, S. 34.

1004 Für die privilegierten Abnahmestellen sind die Maßgaben der Begrenzungsentscheidung des BAFA relevant.

1005 Zur Relevanz der transparenten Ausgestaltung der Kostenbelastung der Letztverbraucher bereits im Jahr 2003 in Leprich/Thiele/Frei, Belastung der stromintensiven Industrie durch das EEG und Perspektiven, S. 27 f.; abrufbar im Internet unter: http://www.izes.de/sites/default/files/publikationen/EEG_Gutachten.pdf.

bindenden YEK-Umlage unmöglich, sodass die EVU bei der Prognostizierung der realen Bruttostrompreise erheblichen Schwierigkeiten begegnen und aufgrund dieser Risiken auch schließlich die letztverbrauchenden Kunden finanziell zusätzlich belasten müssen.

Zur Überbrückung dieser unklaren Situation kann dem türkischen Gesetzgeber aber empfohlen werden, die Förderkosten in Form einer YEK-Umlage wie eine steuerähnliche Belastung unmittelbar dem Letztverbraucher aufzuerlegen und die EVU lediglich mit der Einkassierung zu beauftragen.[1006] Die unmittelbare Verpflichtung von Letztverbrauchern könnte zwar aus wahlpolitischen Gründen auf Widerstand stoßen, da die transparente Ausgestaltung der „YEK-Steuer" innerhalb der Bevölkerung kritische Stimmen gegen die Förderung von Erneuerbaren Energien hervorrufen könnte.[1007] Insoweit müssen die staatlichen und nicht-staatlichen Einrichtungen aber dafür Sorge tragen, dass eine erhöhte Aufklärungsarbeit über die Bedeutung und Notwendigkeit des Ausbaus von Erneuerbaren Energien stattfindet. Eine intensivere Auseinandersetzung mit der Notwendigkeit der energiewirtschaftlichen Umstellung wird zu einer stärkeren gesellschaftlichen Akzeptanz führen.

E. Fortschritts- und Evaluierungsberichte

Seit der Verabschiedung des EEG gehört die gesetzliche Pflicht zur periodischen Erstellung eines Erfahrungsberichts zu den fest verankerten Grundsätzen jeder Fassung.[1008] Die Bundesregierung[1009] evaluiert das EEG in einem Abstand von derzeit jeweils vier Jahren in Zusammenarbeit mit den anderen kompetenten Fachkreisen wie etwa der BNetzA oder dem Bundesamt für Wirtschaft und Ausfuhrkontrolle, vgl. § 97 Abs. 3 EEG 2017. Der nächste Erfahrungsbericht ist bis zum 30.6.2018 beim Bundestag einzureichen und muss insb. über den Ausbau der Erneuerbaren Energien, die Erreichung der Ausbauziele, die Effektivität der Fördermethoden sowie über die Kostenverteilungen aufgrund der Fördermechanismen informieren, vgl. § 97 Abs. 1 EEG 2017. Somit wird ständig

---

1006 Vgl. auch Camadan, YEK'i yeniden demlesek de mi desteklesek yeniden demlemesek de mi, S. 14 f, 19.

1007 Zudem besteht die berechtigte Sorge, dass durch die externe Ausgestaltung der YEK-Umlage die Planbarkeit der künftigen Strompreise künftig vermehrt ins Schwanken gerät.

1008 Vgl. etwa § 12 EEG 2000 sowie § 97 EEG 2017.

1009 Nach § 12 EEG 2000 war das BMWi und nach § 20 EEG 2004 war das BMU zur Berichterstattung verpflichtet.

überprüft, ob die aktuelle Rechtsordnung den Bedürfnissen des Gesetzgebers gerecht wird oder Änderungen vorzunehmen sind. Deshalb haben die auf diesen Erkenntnissen beruhenden Handlungsempfehlungen bei den Novellierungen des EEG einen erheblichen Einfluss.[1010] Entsprechendes gilt auch für die seit der EEG-Novelle 2012 vorgesehene Pflicht zur Erstellung eines jährlichen Monitoringberichts, indem über den Ausbau der Erneuerbaren Energien und über die Verwirklichung der festgelegten Ziele Auskunft zu erteilen ist. Insoweit bezwecken die Monitoringberichte eine strategische Überwachung des EEG.[1011] Darüber hinaus sieht der deutsche Gesetzgeber auch einmalige spezifische Erfahrungsberichte – wie etwa den Ausschreibungsbericht gemäß § 99 EEG 2014 oder den Mieterstrombericht gemäß § 99 EEG 2017 – vor, um auf Grundlage des konkreten Erfahrungsberichts aus den gesammelten Erkenntnissen zu einer Neuregelung zeitnah die richtigen Rückschlüsse für künftige Gesetzesnovellierungen zu ziehen.[1012] Insgesamt stellt die regelmäßige und vielschichtige Berichterstattung also ein wichtiges Element im deutschen Rechtssystem zu den Erneuerbaren Energien dar. Sie leistete bei der Aufarbeitung der bestehenden Stärken und Schwächen der Rechtsordnung große Unterstützung und setzte mit ihrer Lenkungswirkung erhebliche Akzente bei den entsprechenden Gesetzesnovellierungen.

Hingegen lassen sich kongruente Evaluierungs- bzw. Berichterstattungspflichten im türkischen Recht zu den Erneuerbaren Energien gänzlich vermissen.[1013] Das türkische Energieministerium erstellt lediglich in einem Zyklus von vier Jahren einen sog. Nationalen Strategieplan, worin auf die aktuelle Energiesituation, die aufgestellten Ziele und die insoweit zu verfolgende Energiepolitik eingegangen wird.[1014] Die Situation der Erneuerbaren Energien, die diesbezüglichen Ziele und die verfolgten Strategien werden darin nur oberflächlich aufgegriffen. Die spezielle Verpflichtung zur kritischen periodischen Berichterstattung über den Stand und die Entwicklung der Erneuerbaren Energien

---

1010 BT-Drs. 18/8860, S. 182; Gerstner/Lünenberger, Grundzüge des Rechts der Erneuerbaren Energien, S. 284, 356, 460, 508, 512.

1011 BT-Drs. 17/6071, S. 93.

1012 BT-Drs. 18/8860, S. 260; BR-Drs. 157/14, S. 134; Greb/Boewe, BeckOK-EEG 2014, § 99 Rn. 3.

1013 Altuntaşoğlu, Yenilenebilir Enerji Avrupa Birliği ve Türkiye Müktesebatı, S. 260.

1014 Der aktuelle Strategieplan 2015-2019 des türkischen Energieministeriums ist abrufbar im Internet unter: http://www.enerji.gov.tr/File/?path=ROOT%2f1%2fDocuments%2fStrategic%20Plan%2fStrategicPlan2015-2019.pdf.

sowie über die Effektivität des bestehenden Fördersystems mit konkreten Handlungsempfehlungen ist weder im YEK noch in einer anderen Vorschrift verankert.[1015]

Dem türkischen Gesetzgeber kann daher empfohlen werden, eine zyklische Berichterstattungspflicht des Energieministeriums oder unmittelbar des staatlichen Direktorats für Erneuerbare Energien YEGM zu normieren, damit die verpflichtete Stelle in behördenübergreifender Kooperation mit etwa der Energieregulierungsbehörde EPDK, der Energiebörse EPİAŞ sowie dem nationalen ÜNB TEİAŞ in Abständen von bspw. drei bis fünf Jahren dem türkischen Parlament Bericht erstattet. So müssten die zuständigen staatlichen Einrichtungen ihre Erfahrungen hinsichtlich der bestehenden Fördersystematik kontinuierlich und systematisch veröffentlichen, sodass notwendige Signale an den türkischen Gesetzgeber zur entsprechenden Novellierung der einschlägigen Förderelemente vermittelt werden könnten. Die Evaluierung der Erfahrungswerte stellt sich insb. im Hinblick auf die bestehenden Fördermodelle und die gewährten Förderhöhen als unentbehrlich dar.[1016] Neben zu füllenden Rechtslücken könnten dadurch unzureichende oder überholte Bestimmungen erkannt und novelliert werden. Aufgrund der fachspezifischen technologischen, wirtschaftlichen und gesellschaftlichen Dynamik bei den Erneuerbaren Energien ist notwendigerweise auch die einschlägige Rechtsordnung einem ständigen Wandel unterworfen.[1017] Mit der Verpflichtung zur Evaluierung etwa der Fördersätze hätte der türkische Gesetzgeber wohl mit großer Wahrscheinlichkeit die seit Anfang 2011 geltenden, dem aktuellen Stand der Technik und den ökonomischen Bedingungen nicht mehr entsprechenden Fördersätze angepasst, sodass der Mangel an Berichterstattungspflichten auch die Anpassungsfähigkeit hemmt. Diese Erfahrungen würden außerdem zur Stärkung der Investitionssicherheit und zum Abbau der regelmäßig kritisierten Bürokratiehindernisse beitragen, da der türkische Gesetzgeber unter gewöhnlichen Umständen den kompetenten Rückschlüssen aus den Erfahrungsberichten durch eine solche

1015 Im Dezember 2014 veröffentlichte das türkische Energieministerium den einmaligen Bericht „Nationaler Aktionsplan für Erneuerbare Energien", worin vor allem die Ziele bis zum Jahr 2023 vorgegeben werden, ohne dass eine detaillierte Auseinandersetzung mit den einzelnen Normen stattfindet; abrufbar im Internet unter: http://www.ebrd.com/documents/comms-and-bis/turkey-national-renewable-energy-action-plan.pdf.

1016 Gözen, International Journal of Energy Economics and Policy, 2014/4, S. 284 f.

1017 Gözen, International Journal of Energy Economics and Policy, 2014/4, S. 279.

Gesetzesänderung entsprechen würde.[1018] Ferner wäre auch eine große Aufklärungsarbeit zugunsten der Investoren erbracht, da sie durch die einschlägigen Berichte einen intensiveren Einblick in die rechtliche Beurteilung der staatlichen Einrichtungen zu den unterschiedlichen Förderelementen erhalten würden. Neben solchen Erfahrungspflichten wäre ferner zu empfehlen, das türkische Energieministerium – analog der Verpflichtung des EEG zur Erstellung eines Monitoringberichts – gesetzlich zur Einreichung von jährlichen Auskunftsberichten über den Stand der Erneuerbaren Energien an das türkische Parlament zu verpflichten. Diese Auflagen würden insgesamt dazu führen, die festgelegten Ziele auf die realen Rahmenbedingungen anzupassen, bei den Förderelementen weitere Modifizierungen zur Erreichung der Mindestziele vorzunehmen und somit insgesamt die notwendige Flexibilität des Rechts der Erneuerbaren Energien zu steigern.[1019]

F. Ökologischer Schutz

Die konventionellen Energiequellen sollen bei der Energieversorgung langfristig zu einem bedeutenden Anteil durch die Erneuerbaren Energien abgelöst werden, wobei deren Ausbau vor allem auch auf umwelt- und naturschutzfachlichen Motiven beruht. Ihre dezentrale Ausrichtung sowie der zusätzliche Bedarf an Stromtrassen gehen jedoch zwingend mit nicht unerheblichen Eingriffen in die Flora und Fauna einher, die zu wesentlichen Folgen für die Menschheit, die Tierwelt und die natürliche Landschaft führen können.[1020] Interessenkonflikte sind daher unvermeidlich und verursachen insb. in Naturschutzverbänden kontroverse Diskussionen über die divergierenden Schutzgüter. Ohne eine ökologisch abgestimmte Neuordnung der Energieversorgung lassen sich ungerechtfertigte Eingriffe nicht vermeiden, wobei ein kompletter Ausschluss von negativen ökologischen Einflüssen unmöglich ist.[1021] Um einen angemessenen Ausgleich zwischen den widerstreitenden Interessen zu schaffen, muss also unter Beachtung der typischen Eigenschaften der konkreten Technologieart und der jeweiligen

1018 Arseven/Ersin, Electricity Regulation in Turkey: overview, S. 4.

1019 Gözen, International Journal of Energy Economics and Policy, 2014/4, S. 284; Altuntaşoğlu, Yenilenebilir Enerji Avrupa Birliği ve Türkiye Müktesebatı, S. 261.

1020 BT-Drs. 18/8860, S. 159.

1021 Pomana, Förderung Erneuerbarer Energien in Deutschland und im Vereinigten Königreich, S. 272 f.; Öztaşkan, Avrupa Birliği Sürdürülebilir Kalkınma Politikaları Kapsamında Yenilenebilir Enerji Kaynaklarına Yönelim ve Türkiye'nin Durumunun Değerlendirilmesi, S. 77.

lokalen Parameter im Einzelfall geprüft werden, ob die Errichtung der spezifischen Anlage trotz der ökologischen Einwände Vorrang genießt. Regelmäßig können die negativen Auswirkungen durch entsprechende Auflagen und Bedingungen auf das Mindestmaß reduziert werden bzw. sind durch die Zahlung eines angemessenen Geldbetrages[1022] zu kompensieren. Sowohl die deutsche als auch die türkische Rechtsordnung enthalten grundsätzlich ausreichende umwelt- und naturschutzrechtliche Vorschriften, an denen die Zulässigkeit der Errichtung von EE-Anlagen zu messen ist.

Das EEG 2017 enthält zwar einige umwelt- und naturschutzrechtliche Sonderbestimmungen.[1023] Der ökologische Schutz wird jedoch grundlegend über die bundes- und landesrechtlichen Fachgesetze gewährleistet.[1024] Auch bei der Errichtung von EE-Anlagen muss regelmäßig entweder ein bauordnungs- oder ein immissionsschutzrechtliches Genehmigungsverfahren durchlaufen werden.[1025] Für die unterschiedlichen Technologiearten ergeben sich dabei jeweils eigene Maßstäbe. Da etwa bei der Wasserkraft, der Solarenergie und der Biomasse keine wesentlichen Einwirkungen auf die lokale Bevölkerung verursacht werden, bedürfen solche Anlagetypen mangels ausdrücklicher Regelung in der BImSchV grundsätzlich keiner immissionsschutzrechtlichen Genehmigung. Die Anlagenbetreiber sind dann grundsätzlich zur Einholung der bauordnungsrechtlichen Genehmigung verpflichtet, vor deren Erteilung u.a. umwelt-, naturschutz-, wasser- und bodenschutzrechtliche Bestimmungen geprüft werden.

Im Gegensatz zu diesen Technologiearten können Windenergieanlagen neben etwaigen Schallemissionen und Schattenwürfen vor allem erhebliche landschaftliche Veränderungen sowie intensive Schäden für die Tierwelt verursachen. Deshalb bedarf es bei Windrädern mit einer Höhe ab 50 Metern stets einer immissionsschutzrechtlichen Genehmigung.[1026] Ob jedoch ein vereinfachtes Verfahren ohne Öffentlichkeitsbeteiligung nach § 19 BImSchG bzw. ein förmliches Genehmigungsverfahren mit Öffentlichkeitsbeteiligung nach § 10 BImSchG durchzuführen ist, hängt von der Anzahl der zu errichtenden Windräder ab. Bei Projekten bis zu zwei Windrädern ist stets das vereinfachte Verfahren durchzuführen, wohingegen bei Projekten ab 20 Windrädern stets eine

1022 Vgl. etwa §§ 13 f. BNatSchG; siehe hierzu Operhalsky/Fechler, ZUR 2016, 649 f.

1023 Vgl. etwa § 38a Abs. 1 Nr. 5b) EEG 2017, § 48 Abs. 1 Satz 1 Nr. 3c) EEG 2017.

1024 BT-Drs. 18/8860, S. 159.

1025 Beckmann, KommJur 2012, 170.

1026 Siehe BImSchG i.V.m. § 2, Nr. 1.6 des Anh. der 4. BImSchV; Giesberts/Reinhardt/Enders, Beck-OK/BImSchG, § 22 Rn. 34.2.

Umweltverträglichkeitsprüfung entsprechend § 10 BImSchG erforderlich ist.[1027] Innerhalb dieser Grenzen findet unter Abwägung der jeweiligen Interessen eine Einzelfallprüfung statt.[1028] Beide Genehmigungsarten sind Vollgenehmigungen mit einem erschöpfenden umwelt- und naturschutzrechtlichen Prüfungsrahmen, sodass sie gemäß § 13 BImSchG hinsichtlich der anlagenbezogenen und behördlichen Entscheidungen eine Konzentrationswirkung entfalten.[1029] Jedenfalls ist in Naturschutzgebieten, Nationalparks, Nationalen Naturmonumenten, Naturdenkmälern oder geschützten Landschaftsbestandteilen gemäß den §§ 23 f. BNatSchG die Errichtung von EE-Anlagen grundsätzlich unzulässig.[1030]

Für die Windenergieanlagen werden die umwelt- und naturschutzrechtlichen Anforderungen durch die jeweiligen Windenergieerlasse der einzelnen Bundesländer näher konkretisiert, damit die entsprechenden Fachbehörden einen Leitfaden zur einheitlichen Überprüfung der entsprechenden Anträge haben.[1031] Die verschiedenen Windenergieerlasse unterscheiden sich jedoch in ihrem Inhalt teilweise erheblich.[1032] Vor allem die Regelungen zu den einzuhaltenden starren Abstandflächen[1033] gegenüber Wohngebieten sowie gegenüber den geschützten Natur- und Umweltzonen und die Höhenbegrenzungen sorgen für einen erheblichen Diskussionsstoff.[1034] Bei der Aufstellung von Abstandsregelungen

---

1027 Siehe BImSchG i.V.m. § 2, Nr. 1.6.1 des Anh. der 4. BImSchV.

1028 Beckmann, KommJur 2012, 170, 174 f.

1029 Fest/Fechler, NVwZ 2016, 1050 (1053).

1030 Diese geschützten Gebiete werden auch als „harte Tabuzonen“ bezeichnet; siehe u.a. OVG Lüneburg, BeckRS 2017, 131474; OVG NRW, ZfBR 2013, 783 (787); Schink, UPR 2016, 366 f.

1031 Windenergieerlasse werden auf Länderebene verabschiedet und regeln die Rahmenbedingungen für die Nutzung der Windenergie in dem jeweiligen Bundesland. Für die nachgeordneten Landesbehörden trägt der Erlass eine verwaltungsinterne Verbindlichkeit, für Dritte stellt er hingegen eine bloße Auslegungshilfe dar; siehe Fest/Fechler, NVwZ 2016, 1050; Saurer, NVwZ 2016, 201 (203 f.); Schwarzenberg/Ruß, ZUR 2016, 278 (279).

1032 Saurer, NVwZ 2016, 201 (202); Schwarzenberg/Ruß, ZUR 2016, 278 (283 f.).

1033 Fachagentur Windenergie an Land, Überblick zu den Abstandsempfehlungen zur Ausweisung von Windenergiegebieten in den Bundesländern, S. 1 f.; abrufbar im Internet unter: https://www.fachagentur-windenergie.de/fileadmin/files/PlanungGenehmigung/FA_Wind_Abstandsempfehlungen_Laender_10-2017.pdf.

1034 Siehe etwa für die aktuelle Diskussion zur Ausweitung der Abstandsflächen im Windenergieerlass NRW folgende Internetseiten; https://www.land.nrw/de/pressemitteilung/minister-pinkwart-landesregierung-aendert-den-windenergieerlass-um-die-akzeptanz; http://naturschutz-initiative.de/pressemitteilungen/226-21-09-2017-pm-windenergieerlass-nrw; https://www.energie-und-management.de/

ist jedoch der Privilegierungstatbestand des § 35 Abs. 1 Nr. 5 BauGB zu beachten, wonach jedes Bundesland zur Errichtung von Windenergieanlagen substantiellen Raum zu verschaffen hat.[1035] Da die Windenergie für das Gelingen der Energiewende eine überragende Bedeutung innehat, muss an dieser Stelle dem deutschen Gesetzgeber und den Verantwortungsträgern in der Verwaltung empfohlen werden, keine zu großen Abstandsregelungen aufzustellen, insb. weil die diesbezüglichen Regelungen der TA Lärm angemessene einzelfallbezogene Entscheidungen ermöglichen und die Anwohner dadurch ausreichend schützen. Ohne den intensiven Ausbau der Windenergie kann jedoch die Abhängigkeit etwa von der Atomenergie und der Kohlestromerzeugung langfristig nicht überwunden werden.

Neben den spezifischen Fachgesetzen bestimmt der türkische Gesetzgeber in dem Umweltgesetz[1036] die allgemein zu beachtenden natur- und umweltrechtlichen Grundsätze. Dabei regelt § 10 des türkischen Umweltgesetzes i.V.m. der türkischen Umweltverträglichkeitsverordnung[1037] (ÇED-Verordnung), in welchen Fällen eine zusätzliche Umweltverträglichkeitsprüfung durchzuführen ist. Die ÇED-Verordnung bestimmt in ihren zwei Anlagen u.a. für die einschlägigen Technologiearten, ob eine Umweltverträglichkeitsprüfung niemals, stets oder nach entsprechender Einzelfallprüfung eventuell durchzuführen ist. Bei Windenergieprojekten ist eine solche Prüfung bis zu einer Kapazitätsleistung von 10 MW[1038] nicht und ab einer Kapazitätsleistung von 50

---

nachrichten/detail/protest-gegen-neuen-nrw-windenergieerlass-waechst-121074; kritisch zur rechtlichen Zulässigkeit bereits Maslaton/Zschiegner, Grundlagen des Rechts der erneuerbaren Energien, S. 115 f.; Wegner, Abstände zwischen Windenergieanlagen und Siedlungsgebieten, S. 19; abrufbar im Internet unter: http://stiftung-umweltenergierecht.de/wp-content/uploads/2017/07/Stiftung_Umweltenergierecht_WueBerichte_28_Abstaende_Windenergie.pdf; Bereits die Diskussion über evtl. einzuführende Abstandsregelungen führt zur Hemmung der Energiewende, da die betroffenen Sachbearbeiter in der Verwaltung entsprechende Anträge von Investoren regelmäßig nicht bescheiden, um den Ausgang des Diskussionsprozesses abzuwarten.

1035 M.w.N. BVerwG, ZfBR 2016, 587 f.; Die Länderöffnungsklausel des § 249 Abs. 3 BauGB, mit welcher bauplanungsrechtliche Abweichungen durch Landesrecht ermöglicht wurden, ist Ende 2015 außer Kraft getreten. Auf deren Grundlage begrenzte allein das Land Bayern die Privilegierung des § 35 Abs. 1 Nr. 5 BauGB grundsätzlich nur auf Vorhaben, die einen Mindestabstand vom 10-fachen ihrer Höhe zu Wohngebieten aufweisen, vgl. Art. 83 Abs. 1 BayBO.

1036 Auf Türkisch „Çevre Kanunu".

1037 Auf Türkisch „Çevre Etki Değerlendirme Yönetmeliği".

1038 Siehe Nr. 42 der Anlage 2 zur ÇED-Verordnung.

MW[1039] stets verpflichtend, sodass im Gegensatz zum deutschen Recht auf die zu installierende Kapazitätsleistung und nicht auf die Anzahl der Windräder abgestellt wird. Für alle Anlagen zwischen diesen Kapazitätsleistungen findet aber eine vereinfachte Umweltverträglichkeitsstudie statt, wobei der Antragssteller eine Projektdarstellungsmappe[1040] einzureichen hat, anhand derer über die Notwendigkeit einer weiterreichenden Umweltverträglichkeitsprüfung entschieden wird.[1041] In beiden Verfahrensarten werden natur- und umweltrechtliche Bestimmungen intensiv analysiert, wobei im Rahmen der Umweltverträglichkeitsprüfung gemäß § 9 ÇED-Verordnung die Beteiligung der Öffentlichkeit verpflichtend ist.[1042] In der Vergangenheit wurde für die meisten Energieprojekte – insb. bei Windenergieanlagen und Wasserkraftwerken – aber keine Umweltverträglichkeitsprüfung mit Öffentlichkeitsbeteiligung vorgeschrieben.[1043] In Anbetracht der vermehrten Proteste[1044] muss aber zur Stärkung der gesellschaftlichen Akzeptanz regelmäßig zu einer Umweltverträglichkeitsprüfung verpflichtet werden, um die lokale Bevölkerung in den Planungs- und Errichtungsprozess effektiv einzubinden.

Zudem erfuhr § 8 Abs. 5 YEK 2011 von den Umwelt- und Naturschutzverbänden erhebliche Kritik.[1045] Jenseits der Tatsache, dass in den natur- und umweltrechtlich geschützten Orten eine Stromerzeugungsanlage regelmäßig nicht errichtet werden dürfte, sollte die diesbezügliche Entscheidungsmacht nicht bei einer politischen Instanz liegen. An dieser Stelle ist daher dringend zu empfehlen, eine politisch neutrale Institution bzw. Staatseinrichtung mit der Entscheidungsbefugnis zu beauftragen.

1039 Siehe Nr. 43 der Anlage 1 zur ÇED-Verordnung.

1040 Auf Türkisch „Proje Tanıtım Dosyası".

1041 Erol, Çevre Kanunu'na Göre Çevresel Etki Değerlendirmesi, S. 73 f.; Kılıç, Enerji İletim Hatları Çevresel Etki Değerlendirme Uygulamalarında Koridor Analizi Kullanımı, S. 7 f.

1042 Erol, Çevre Kanunu'na Göre Çevresel Etki Değerlendirmesi, S. 46 f.

1043 Siehe für die Gesamtstatistiken die Auswertungen des türkischen Umwelt- und Urbanisierungsministeriums; abrufbar im Internet unter: http://www.csb.gov.tr/db/ced/icerikbelge/icerikbelge2910.pdf; Urgun, Yenilenebilir Enerji Kaynakları Bakımından Türkiye'nin Potansiyeli ve bu Potansiyelin Harekete Geçirilmesine Yönelik Stratejiler, S. 146.

1044 Knudsen, British Journal of Middle Eastern Studies 2016, S. 302 f.; siehe bspw. einen Artikel in deutscher Presse: https://www.heise.de/tp/news/Tuerkei-setzt-massiv-auf-Wasserkraft-2013406.html.

1045 Şekercioğlu, Renewable Energy: In the Context of Turkey's Energy Policy with Special Reference to the EU Policies, S. 64.

G. Bürgerbeteiligungen und die kommunale Integration

Der Ausbau der Erneuerbaren Energien, insb. die intensivere Nutzung der Solar- und Windenergie, ist zwangsläufig mit einer Dezentralisierung der Energieversorgung verbunden. Diese grundlegende Umstrukturierung verändert unmittelbar die energiewirtschaftlichen Marktbedingungen und eröffnet dadurch neuen Interessenten ein innovatives und lukratives Investitionsfeld. Insbesondere die regional integrierten Bürger können als Individuum oder in Form etwaiger Zusammenschlüsse als sog. Bürgerenergiegenossenschaften[1046] ein entsprechendes Energieprojekt selbst verwirklichen oder sich in unterschiedlichen Varianten an einem solchen Vorhaben aktiv beteiligen und damit in vielerlei Hinsicht positive Wirkungen entfalten.[1047]

Die aktive Beteiligung von regional ansässigen Bürgern an einem konkreten Projektvorhaben führt bei dem Ausbau der Erneuerbaren Energien zunächst einmal zur Stärkung der gesellschaftlichen Akzeptanz, da diese wirtschaftliche Mitwirkung ein unmittelbares Identifikationsgefühl mit der neuen Energieversorgung auslöst.[1048] Bürgerinitiativen können aufgrund ihrer regionalen Verwurzelung die Bedürfnisse der kommunalen Gesellschaft und Verwaltung effizienter einkalkulieren und durch einen effektiven Kommunikationsaustausch die widerstreitenden Interessen bei der Errichtung der konkreten Anlage angemessener abwägen. Teilnehmer solcher ökonomischen Zusammenschlüsse beschäftigen sich intensiver mit den Erneuerbaren Energien, erweitern ihren

1046 Bürgerenergiegenossenschaften werden unterschiedlich definiert. Im Rahmen dieses Abschnitts wird darunter der Zusammenschluss verschiedener Bürger zur Verwirklichung eines Energieprojektes bzw. zur unmittelbaren oder mittelbaren Beteiligung an einem solchen Projekt verstanden.

1047 LNW BEG Rheinland-Pfalz e.V., Gemeinsam Stärker, Wie Kommunen und Bürgerenergiegenossenschaften gut zusammenarbeiten, S. 6; zu den unterschiedlichen Beteiligungsmodellen siehe insgesamt Holstenkamp/Degenhart, Bürgerbeteiligungsmodelle für erneuerbare Energien, S. 22 f.; abrufbar im Internet: https://www.leuphana.de/fileadmin/user_upload/PERSONALPAGES/_ijkl/janner_steve/Homepage_Master/wpbl_13.pdf.

1048 Müller(Hrsg.)/Zoellner/Schweizer-Ries/Rau, 20 Jahre Recht der erneuerbaren Energien, S. 98 f.; Agora Energiewende, Energiewende und Dezentralität, S. 123; abrufbar im Internet unter: https://www.agora-energiewende.de/fileadmin/Projekte/2016/Dezentralitaet/Agora_Dezentralitaet_WEB.pdf; Richter/Nicolaus/Gotchev, Bürgerbeteiligung, kommunale Unternehmen, Energiewende: Wie passt das zusammen?, S. 7; abrufbar im Internet unter: http://www.iass-potsdam.de/sites/default/files/files/wp_dez_2016_de_kommunaleunternehmen_buergerbeteiligung.pdf.

diesbezüglichen Wissensstand und kommen so aus der passiven Rolle des bloßen Energiekonsumenten heraus.[1049] Daneben beschleunigen Bürgerinitiativen durch ihre Projekte den Ausbau der Erneuerbaren Energien, indem sie ihre wirtschaftlichen, administrativen und sachtechnischen Potentiale gänzlich einbringen. Durch diese wirtschaftliche Beteiligung brechen sie zugleich die starren Monopolstellungen größerer Energieversorgungsunternehmen, sodass sich die ökonomischen Vorteile der energiepolitischen Umstellung auf die gesellschaftliche Basis verteilen.[1050] Der erhöhte Wettbewerb kann langfristig zu einer Reduzierung der Strompreise führen. Neben neuen Beschäftigungsmöglichkeiten in der jeweiligen Region bewirken die Bürgerenergiegenossenschaften zudem, dass sich durch einen geringeren Kapital- und Gewinnabfluss die regionale Wertschöpfung deutlich erhöht.[1051] Zur Verwirklichung entsprechender Projekte können auch Kooperationen mit der jeweiligen Gemeinde entstehen, um dadurch finanzielle, administrative und gesellschaftliche Synergien zu erzeugen und die kommunale Integration der Energieversorgung zu steigern.[1052] Schließlich führt die dezentrale Energieversorgung regelmäßig zu einer Entlastung des landesweiten Übertragungsnetzes, da längere Stromübertragungsstrecken vom Erzeugungs- zum Verbrauchsstandort entfallen und so die Notwendigkeit von finanziell aufwendigen und politisch umstrittenen Stromtrassen verringert wird.

In Deutschland tragen die Energieprojekte von einzelnen und kooperierenden Bürgern seit dem EEG 2000 wesentlich zum Erfolg der Energiewende bei.[1053] Mit den rechtlichen Rahmenbedingungen förderte der deutsche Gesetzgeber diese Entwicklung und stiftete zur Gründung von Bürgerenergiegenossenschaften an. Vor allem die Fördermittel des EEG mit der fixen Einspeisevergütung für einen garantierten Zeitraum gaben den Bürgerinitiativen den nötigen Mut und

---

1049 Daher werden die aktiven produzierenden Bürger teilweise als „Prosumer" bezeichnet; siehe etwa Bündnis Bürgerenergie, Bürgerenergie – heute und morgen, S. 4; abrufbar im Internet unter: https://www.buendnis-buergerenergie.de/fileadmin/user_upload/downloads/Bericht_2017/Broschuere_Buergerenergie17_96dpi.pdf.

1050 Richter/Nicolaus/Gotchev, Bürgerbeteiligung, kommunale Unternehmen, Energiewende: Wie passt das zusammen?, S. 11.

1051 Gotchev, Bundesländer als Motor einer bürgernahen Energiewende?, S. 9; abrufbar im Internet unter: http://www.iass-potsdam.de/sites/default/files/files/wp_dez2016_de_bundeslaender_als_motor_ buergernaher_energiewende.pdf.

1052 Müller(Hrsg.)/Zoellner/Schweizer-Ries/Rau, 20 Jahre Recht der erneuerbaren Energien, S. 100; Landesnetzwerk Bürgerenergiegenossenschaften Rheinland-Pfalz e.V., Gemeinsam Stärker, Wie Kommunen und Bürgerenergiegenossenschaften gut zusammenarbeiten, S. 7, 8, 12 f.

1053 Gotchev, Bundesländer als Motor einer bürgernahen Energiewende?, S. 3.

die Sicherheit zur Verwirklichung teurer Energieprojekte. Mittlerweile gehört ein erheblicher Anteil der EE-Anlagen einzelnen Bürgern bzw. Bürgerzusammenschlüssen und wird von ihnen in Eigenregie oder in Kooperation mit kommunalen Unternehmen betrieben.[1054] Im Falle der Windenergie befinden sich bspw. mit etwa 10000 Windenergieanlagen ca. 40 Prozent der Gesamtkapazität im Eigentum von Bürgerenergiegenossenschaften.[1055]

Mit der grundlegenden Umstellung der Förderung von gesetzlich festgelegten Einspeisevergütungen auf wettbewerbliche Ausschreibungen stellt sich im Falle der wichtigsten Technologiearten Windenergie, Solarenergie und Biomasse die Frage nach der weiteren Entwicklung von bürgerlichen Zusammenschlüssen. Es ist ungewiss, ob diese aufgrund der zusätzlichen administrativen und ökonomischen Anforderungen gegenüber den professionellen Energieunternehmen im Wettbewerb standhalten können. Der Gesetzgeber spricht sich sowohl im EEG 2014[1056] als auch im EEG 2017[1057] ausdrücklich für den Erhalt der Akteursvielfalt aus. Deshalb sollen etwa gemäß § 22 Abs. 2 Satz 2 Nr. 1, Abs. 3 Satz 2 EEG 2017 Anlagen von einer Kapazitätsleistung bis 750 kW weiterhin von der gesetzlich festgelegten Einspeisevergütung profitieren. Insoweit ist dem deutschen Gesetzgeber nach entsprechenden Erfahrungen im Laufe der kommenden Jahre eine Überprüfung dahingehend zu empfehlen, ob diese Grenze zur Erhaltung der Akteursvielfalt evtl. erhöht werden muss.

Darüber hinaus sieht der deutsche Gesetzgeber für Bürgerenergiegesellschaften im Falle der Windenergie vorteilhafte Sonderregelungen in den Ausschreibungen vor, vgl. § 36g EEG 2017. Nach den ersten Ausschreibungsrunden könnte zwar der Eindruck entstehen, dass durch diese Umstellung die Bürgerenergiegenossenschaften jedenfalls bei der Windenergie gestärkt worden seien, da der wesentliche Großteil der Zuschläge an solche Bieter gegangen ist. Bei näherer Betrachtung stellt man jedoch fest, dass hinter den konkreten Gesellschaften in den jeweiligen Ausschreibungsrunden fast ausschließlich einzelne Projektierungsunternehmen stehen, die durch eine gesellschafts- und betriebswirtschaftsrechtlich gesetzeskonforme Konstruktion als sog. Bürgerenergiegesellschaft angesehen werden können. Um diese ungewollten Folgen zu vermeiden und sinnwidrigen Missbräuchen Einhalt zu gebieten, sollte der

---

1054 Richter/Nicolaus/Gotchev, Bürgerbeteiligung, kommunale Unternehmen, Energiewende: Wie passt das zusammen?, S. 19 f.; Gotchev, Bundesländer als Motor einer bürgernahen Energiewende?, S. 4, 12 f.

1055 Agora Energiewende, Energiewende und Dezentralität, S. 117.

1056 Vgl. § 2 Abs. 5 Satz 3 EEG 2014.

1057 Vgl. § 2 Abs. 3 Satz 2 EEG 2017.

deutsche Gesetzgeber diesbezügliche Gesetzesänderungen vornehmen. Andernfalls ist weder der Erhalt der Akteursvielfalt noch die Wahrung des positiven Images solcher Bürgerenergiegenossenschaften gesichert. Der deutsche Gesetzgeber muss bei den künftigen Gesetzesnovellierungen also die Herausforderung meistern, die Erneuerbaren Energien an die wettbewerblichen Bedingungen des Energiemarktes heranzuführen und zugleich durch die Bestimmung angemessener Sonderregeln etwaige Bürgerinitiativen zu ermöglichen. Ohne diese Vielfalt können die oben aufgezählten positiven Auswirkungen nicht gewährleistet werden. Vor allem wäre die Erhaltung der hohen gesellschaftlichen Akzeptanz in Gefahr, welche für die erfolgreiche Umsetzung der Energiewende in den weiteren Jahrzehnten unerlässlich ist.

Obwohl Bürgergenossenschaften in anderen türkischen Wirtschaftszweigen eine große Rolle spielen, sind entsprechende Zusammenschlüsse auf dem türkischen Energiemarkt praktisch kaum vorhanden.[1058] Dies hängt damit zusammen, dass das türkische Energierecht bisher keine durchgreifenden Sonderbestimmungen für Bürgerinitiativen vorgesehen hat. Mit dem im April 2016 eingefügten § 6 Abs. 11 Lizenzfreie-Stromerzeugungs-Verordnung regelt die Türkei erstmals eine Privilegierung für Bürgerenergiegenossenschaften, wonach diese lizenzfrei eine EE-Anlage zur Eigenversorgung betreiben und die restliche Strommenge auf dem Energiemarkt veräußern dürfen. Die zu installierende Kapazitätsleistung darf bei einer Mitgliederzahl von mindestens 7 bis zu 100 Personen höchstens 1 MW, bis zu 500 Personen höchstens 2 MW, bis zu 1000 Personen höchstens 3 MW und darüber hinaus höchstens 5 MW betragen. Damit privilegiert die Vorschrift die Eigenversorgung der Genossenschaftsmitglieder und betrifft vor allem Kooperationen von Bauern, Gewerbetreibenden und Kleinunternehmen.

Um eine weitere Öffnung in diesem Bereich zu ermöglichen, müssen jedoch neben zusätzlichen finanziellen Vorteilen – wie etwa steuerrechtlichen Privilegien oder einspeiserechtlichen Zusatzzahlungen bzw. der Verlängerung der garantierten Förderdauer – auch administrative Begünstigungen und Hilfestellungen gewährt werden.[1059] Insoweit sollten explizite Vorschriften zugunsten

1058 Sağıroğlu, Türkiye'nin iller bazında enerji ihtiyacının veri madenciliği ile analizi ve lisanssız yenilenebilir enerji yatırımları için karar destek önermesi, S. 200 f.; Derzeit gibt es gerade einmal 17 Energiegenossenschaften; siehe hierzu folgende Internetseite: https://yesilgazete.org/blog/2017/05/04/enerji-bagimliligina-karsi-kooperatif-cozumu-pelin-cengiz/.

1059 Das türkische Energieministerium hat bereits in seinem Nationalen Aktionsplan im Jahr 2014 die Steigerung von Energiegenossenschaften zum Ziel erklärt; siehe National Renewable Energy Action Plan for Turkey, S. 29.

der Bürgerenergiegenossenschaften geregelt werden, in denen zu Kooperationen mit kommunalen Trägern angestiftet wird.[1060] Der türkische Gesetzgeber könnte – entsprechend § 36g EEG 2017 – zudem Sonderregelungen für die einzelnen Technologiearten vorsehen.

Für die Türkei stellen die Bürgerenergiegenossenschaften eine Möglichkeit zur stärkeren Dezentralisierung der Energieversorgung dar, um die regelmäßig auf der zentralen Struktur der Stromerzeugung beruhenden Versorgungslücken zu verringern.[1061] Mit einer tatkräftigen Ausweitung sog. Bürgerinitiativen könnte die Türkei neben den obigen Vorzügen vor allem ihren ambitionierten Ausbauzielen näher kommen und die energiepolitische Importabhängigkeit reduzieren.[1062]

H. Informationsangebote und gesellschaftliche Akzeptanz

Neben der technologischen und wirtschaftlichen Fortentwicklung der Erneuerbaren Energien ist es für den weiteren Ausbau und die damit verbundene energiepolitische Umgestaltung in beiden Ländern unabdingbar, die größtmögliche gesellschaftliche Akzeptanz zu gewährleisten. Da die Kosten zur Förderung der Erneuerbaren Energien letztlich von den Stromverbrauchern getragen werden und diese von der dezentralen Aufstellung der EE-Anlagen in ihrer Umgebung räumlich unmittelbar betroffen sind, muss langfristig eine breite zivile Zustimmung gesichert sein.[1063] Andernfalls wären die politischen Entscheidungsträger bereits aus wahltaktischen Gründen außerstande, entsprechende energiepolitische Maßstäbe zu verfolgen. Eine breite gesellschaftliche Akzeptanz hängt im Bereich der Erneuerbaren Energien aber vor allem von einer soliden klima- und umwelttechnischen Aufklärungsarbeit mithilfe effektiver und vielfältiger Informationsquellen ab.[1064]

1060 Arık, Yenilenebilir enerji politikalarının sürdürülebilirliği: AB ülkeleri ve Türkiye açısından bir değerlendirme, S. 101 f.

1061 Sağıroğlu, Türkiye'nin iller bazında enerji ihtiyacının veri madenciliği ile analizi ve lisanssız yenilenebilir enerji yatırımları için karar destek önermesi, S. 200 f.

1062 Siehe hierzu: http://koop.gtb.gov.tr/kooperatifler-hakkinda/yenilenebilir-enerji-kooperatifleri.

1063 Gotchev, Bundesländer als Motor einer bürgernahen Energiewende?, S. 50.

1064 Hustavova, Förderung erneuerbarer Energien in der Slowakei und in Deutschland, S. 203; Müller(Hrsg.)/Zoellner/Schweizer-Ries/Rau, 20 Jahre Recht der erneuerbaren Energien, S. 99 f.

In Deutschland herrscht zum Ausbau und zur Förderung von Erneuerbaren Energien bereits seit langem ein gesellschaftlicher Konsens, ohne welchen die sog. Energiewende mit einer grundlegenden Umstrukturierung der Energieversorgung nicht umzusetzen wäre.[1065] Verschiedene Umfragen belegen, dass bundesweit eine überwiegende Mehrheit der deutschen Bevölkerung diese Energie- und Klimapolitik begrüßt.[1066] Mit über 90 Prozent stimmt fast jeder Befragte einer Umfrage im Juli 2017 dem weiteren Ausbau der Erneuerbaren Energien zu, damit die Stromversorgung langfristig ausschließlich auf diesen Technologiearten beruht.[1067] Insoweit geht aus den Meinungsforschungen auch hervor, dass sich die Gesellschaft der damit einhergehenden finanziellen Zusatzbelastung für den einzelnen Stromverbraucher bewusst ist. Vor allem Erwägungen zum Klimaschutz sowie der Wunsch, den künftigen Generationen eine gesicherte und umweltfreundliche Energieversorgung zu gewährleisten, sind die insoweit leitenden Beweggründe.

Um diese hohe gesellschaftliche Zustimmung zu erlangen, haben sowohl die öffentlichen als auch die privaten Einrichtungen in den letzten 30 Jahren ein breitgefächertes Informationsrepertoire von Ausbildungsprogrammen, Informationsveranstaltungen, Themenwochen oder unterschiedlichen Publikationen aufgestellt.[1068] Die verschiedenen Ministerien und staatlichen Einrichtungen auf Bundes- und Landesebene informieren die Gesellschaft auch mittels öffentlicher sowie teil-öffentlicher Energieagenturen und sorgen dadurch für einen allgemeinen Wissensstand.[1069] Bei der Wahrnehmung dieser Aufgabe werden sie mitunter von den entsprechenden bundes- sowie landesrechtlichen[1070] Informationspflichten und den unionsrechtlichen Vorgaben motiviert, wonach die Öffentlichkeit über umwelttechnische Aspekte und über anstehende Vorhaben

---

1065 Mischok, Förderinstrumente für erneuerbare Energien in der EU, S. 56.

1066 Kress/Landwehr, Akzeptanz Erneuerbarer Energien in EE-Regionen, S. 21 f.; abrufbar im Internet unter: https://www.ioew.de/uploads/tx_ukioewdb/IOEW_DP_66_Akzeptanz_Erneuerbarer_Energien.pdf; Fachagentur Windenergie an Land, Umfrage zur Akzeptanz der Windenergie an Land Herbst 2017, S. 5; abrufbar im Internet unter: https://www.fachagentur-windenergie.de/fileadmin/files/Veroeffentlichungen/FA_Wind_Umfrageergebnisse_Herbst_2017.pdf.

1067 Agentur für Erneuerbare Energien, Grafik-Dossier: Akzeptanzumfrage 2017; abrufbar im Internet unter: https://www.unendlich-viel-energie.de/mediathek/grafiken/grafik-dossier-akzeptanzumfrage-2017.

1068 Siehe für die unterschiedlichen staatlichen Programme BRD, NAP, S. 165 f.; Mischok, Förderinstrumente für erneuerbare Energien in der EU, S. 56.

1069 BRD, NAP, S. 38 f.

1070 Siehe etwa Umweltinformationsgesetz NRW, GVBl. NRW S. 142.

in angemessenem Umfang aufzuklären ist, vgl. etwa § 10 Umweltinformationsgesetz. Neben diesen öffentlichen Informationsangeboten leisten auch die privaten Vereinigungen, Institutionen und Unternehmen einen guten Beitrag zur umfangreichen Aufklärungsarbeit. Mit ihren unterschiedlichen Informationsquellen erreichen sie auf kommunaler und regionaler Basis viele Bevölkerungsgruppen und gewährleisten durch diese unmittelbare Kontaktaufnahme eine mentale „Energiewende von unten".[1071]

Trotz dieser breiten Zustimmung der deutschen Gesellschaft führten in jüngster Vergangenheit vor allem zwei Themen zu kritischen Stimmen. Zunächst hat die in den letzten Jahren stark angestiegene EEG-Umlage zu einer teilweise ablehnenden Haltung gegenüber der weiteren finanziellen Unterstützung von Erneuerbaren Energien geführt, sodass mittlerweile mehr als ein Drittel der Befragten die gewährten Fördermittel als zu hoch empfindet.[1072] Diese ablehnende Haltung könnte in den kommenden Jahren erstarken, falls die finanziellen Belastungen aufgrund des stärkeren Ausbaus der Erneuerbaren Energien steigen sollten und langfristig keine gerechte Kostenverteilung unter den Verpflichteten gewährleistet ist.[1073] Zweitens führt der intensive Ausbau – insb. der größeren Windenergieanlagen – zu einem Erstarken der „Not-in-my-backyard"-Einstellung.[1074] Neben teilweise wissenschaftlich nicht belegbaren Sorgen werden seitens der anliegenden Bewohner aber auch berechtigte Gründe gegen die Errichtung von EE-Anlagen und Stromtrassen angeführt, weshalb in jedem konkreten Einzelfall die gegenüberstehenden Interessen angemessen abgewogen werden müssen. Neben einer noch stärkeren Öffentlichkeitsarbeit müssen künftig auch die unmittelbar betroffenen Anlieger intensiver in dem Planungs- und Errichtungsprozess solcher Anlagen beteiligt werden.[1075] Um künftige Rechtsstreitigkeiten

1071 Mischok, Förderinstrumente für erneuerbare Energien in der EU, S. 56.

1072 Agentur für Erneuerbare Energien, Grafik-Dossier: Akzeptanzumfrage 2017; abrufbar im Internet unter: https://www.unendlich-viel-energie.de/mediathek/grafiken/grafik-dossier-akzeptanzumfrage-2017.

1073 Avacon, Erneuerbare-Energien-Report 2016/17, S. 27; abrufbar im Internet unter: https://www.avacon.de/content/dam/revu-global/avacon/documents/EE-Report_2016_2017_final.pdf.

1074 Mischok, Förderinstrumente für erneuerbare Energien in der EU, S. 56; Hustavova, Förderung erneuerbarer Energien in der Slowakei und in Deutschland, S. 202.

1075 Fachagentur Windenergie an Land, Umfrage zur Akzeptanz der Windenergie an Land Herbst 2017, S. 9; Landesnetzwerk Bürgerenergiegenossenschaften Rheinland-Pfalz e.V., Gemeinsam Stärker, Wie Kommunen und Bürgerenergiegenossenschaften gut zusammenarbeiten, S. 15.

weitestgehend zu unterbinden, kann den Investoren auch im Falle der mangelnden Verpflichtung zur Öffentlichkeitsbeteiligung empfohlen werden, entsprechende Aufklärungsarbeiten der Anwohner im Vorhinein durchzuführen und einen kritischen Diskussionsprozess anzuregen. Ohne die Beachtung dieser Maßstäbe werden langfristig erhebliche Spannungen auftreten, welche zu einer Abnahme der gesellschaftlichen Akzeptanz führen könnten.

In der Türkei sind vergleichsweise weniger Informationsangebote zu den Erneuerbaren Energien vorhanden, was sich auch auf die regionale Verteilung auswirkt. Dies ist aber mitunter dem Umstand geschuldet, dass die Türkei keine grundlegende Umstellung der Energieversorgung auf Erneuerbare Energien beschlossen hat. Im Gegensatz zur deutschen Energiewende wird ein Teil der Energieversorgung künftig sogar erstmals durch die Nuklearenergie sichergestellt, in deren Rahmen sich derzeit zwei Atomkraftwerke im konkreten Planungs- und Errichtungsprozess befinden. Zudem waren die Erneuerbaren Energien trotz der erheblichen Potentiale bis zum Jahr 2010 mit Ausnahme der großen Wasserkraftwerke praktisch irrelevant.[1076] Erst in den letzten Jahren fing der spürbare Ausbau von Erneuerbaren Energien an, sodass sich allmählich ein gesellschaftliches Interesse für dieses Themenfeld entwickelt.

Einen wichtigen positiven Impuls hat der türkische Staat mit der Errichtung des staatlichen Direktorats für Erneuerbare Energien YEGM im Jahr 2011 als separate Abteilung im türkischen Energieministerium gesetzt. Innerhalb einer relativ kurzen Zeit organisierte das YEGM Ausbildungsseminare, Schulveranstaltungen sowie Themenwochen und schuf auf verschiedenen Plattformen ein breites Informationsangebot.[1077] Über ihre Internetpräsenz vermittelt sie neben aktuellen Informationen zu Förder- und Ausbildungsmöglichkeiten auch notwendiges Allgemeinwissen über die Erneuerbaren Energien. An dieser Stelle ist zu empfehlen, die Internetseite einer ständigen Aktualisierung – insb. hinsichtlich etwaiger Gesetzesnovellierungen – zu unterziehen.

Zudem gibt es sowohl auf universitärer als auch auf schulischer Ebene neue Aus- und Weiterbildungsmöglichkeiten.[1078] Daneben kann den staatlichen

---

1076 Erst die Novellierung des YEK zum Jahr 2011 sowie die Verabschiedung der sekundärrechtlichen Verordnungen leitete eine große Welle der Errichtung von EE-Anlagen ein.

1077 YEGM, 2016 Yılı Faaliyet Raporu, S. 37 f.; abrufbar im Internet unter: http://www.eie.gov.tr/document/2016_f_r.pdf.

1078 Siehe zu den schulischen und universitären Ausbildungsmöglichkeiten folgende Internetseiten: http://uzem.amasya.edu.tr/yenilenebilir-enerji-ve-uygulamalari-

Verantwortungsträgern für die Zukunft aber empfohlen werden, auf kommunaler Ebene durch den unmittelbaren Kontakt mit der breiten Gesellschaft verstärkte Öffentlichkeitsarbeit zu leisten und die kommunalen Verantwortungsträger zur diesbezüglichen Mitwirkung gesetzlich zu verpflichten.[1079] Der allgemeine Kenntnisstand der Bevölkerung ist weiterhin gering, weshalb energiepolitische Erwägungen etwa bei den Wahlen keinen großen Einfluss haben.[1080] In diesem Rahmen ist es zwingend, dass neben den staatlichen Stellen auch private Verbände und Institutionen bei dieser breit anzulegenden Aufklärungsarbeit aktiv mitwirken. Da die meisten Umfrageteilnehmer neben dem Fernsehen vor allem das Internet als wichtigste Informationsquelle angeben, sollten diese Plattformen effektiver zur Auskunftsmitteilung über Erneuerbare Energien genutzt werden.[1081] Private Verbände wie etwa der türkische Windenergieverband TÜREB oder die türkischen Solarenergieverbände GÜNDER oder GENSED bringen vor allem zur effektiven Lobbyarbeit die Akteure des jeweiligen Marktes zusammen und sollten sich künftig auch stärker dafür einsetzen, die breite Masse der Gesellschaft aufzuklären.

Genauso wie in Deutschland unterstützen zwar weite Teile der türkischen Gesellschaft den Ausbau und die Förderung von Erneuerbaren Energien.[1082] Dabei werden sie jedoch weniger von klimapolitischen Erwägungen als dem Wunsch nach der Verringerung der energiepolitischen Importabhängigkeit und der Ausschöpfung nationaler Ressourcen geleitet.[1083] Zudem erachten die meisten Umfrageteilnehmer geringere Energiekosten wichtiger als die auf Erneuerbaren Energien beruhende Energieversorgung.[1084] Teilweise führen zudem gewisse Vorhaben wie etwa die Errichtung von größeren Wasserkraftwerken im Südosten der Türkei sowie in der Schwarzmeerregion oder die Errichtung von Windenergieanlagen an der Westküste des Landes zu vielfachen

---

tezsiz-yuksek-lisans-programi/; http://energy.sabanciuniv.edu/tr/ders-programi; http://www.ankara.gov.tr/turkiyenin-ilk-yenilenebilir-enerji-lisesi-acildi.

1079 Urgun, Yenilenebilir Enerji Kaynakları Bakımından Türkiye'nin Potansiyeli ve bu Potansiyelin Harekete Geçirilmesine Yönelik Stratejiler, S. 144 f.

1080 Kadir-Has-Universität, Center for Energy and Sustainable Development, Turkish Public Preferences for Energy, 2016, S. 37, 44 f.

1081 Kadir-Has-Universität, Turkish Public Preferences for Energy, 2016, S. 11; Öztaşkan, Avrupa Birliği Sürdürülebilir Kalkınma Politikaları Kapsamında Yenilenebilir Enerji Kaynaklarına Yönelim ve Türkiye'nin Durumunun Değerlendirilmesi, S. 88.

1082 Kadir-Has-Universität, Turkish Public Preferences for Energy, 2016, S. 33.

1083 Kadir-Has-Universität, Turkish Public Preferences for Energy, 2016, S. 47.

1084 Kadir-Has-Universität, Turkish Public Preferences for Energy, 2016, S. 32.

Demonstrationen.[1085] Um diese Spannungen zu verringern, sollten eine intensivere Zusammenarbeit mit der lokalen Bevölkerung und ihre stärkere Einbindung in den Planungs- und Errichtungsprozess erfolgen. Da durch den weiteren Ausbau der Erneuerbaren Energien die Förderkosten zulasten der Allgemeinheit steigen werden, ist zudem eine solide und regional verstreute Informationskampagne unerlässlich. Staatliche und private Organisationen sollten gemeinsame Kooperationen nicht scheuen und ein starkes kommunales Informationsnetz aufbauen.

1085 Atiyas/Çetin/Gülen, Reforming Turkish Energy Markets, S. 130 f.; Çalışkan, The Success Behind Renewable Energy: A Comparative Analysis of Germany, The United Kingdom, Brazil and Turkey, S. 71; Urgun, Yenilenebilir Enerji Kaynakları Bakımından Türkiye'nin Potansiyeli ve bu Potansiyelin Harekete Geçirilmesine Yönelik Stratejiler, S. 146.

Kapitel 6 Zusammenfassung in Thesen

zu Kapitel 1:

1. Die Erneuerbaren Energien werden aus unterschiedlichen Gründen weltweit künftig stärker zur Energieversorgung beitragen.
2. Ohne staatliche Fördermaßnahmen können die Erneuerbaren Energien derzeit grundsätzlich nicht mit den konventionellen Energiequellen konkurrieren.
3. Jeder Staat muss bei der Aufstellung eines geeigneten Fördersystems die spezifischen Rahmenbedingungen des eigenen Landes berücksichtigen, wobei von den Erfahrungen anderer Rechtsordnungen profitiert werden kann.

zu Kapitel 2:

1. Neben vielen Gründen für die Förderung von Erneuerbaren Energien bestehen auch teilweise gewichtige Kritikpunkte gegen ihren Ausbau, sodass stets eine nähere Analyse unter Beachtung der jeweiligen Rahmenbedingungen erforderlich ist.
2. Bei der Förderung der Erneuerbaren Energien müssen die Gesetzgeber die konfligierenden Ziele Wettbewerbsfähigkeit, Versorgungssicherheit und Umweltverträglichkeit i.S.e. praktischen Konkordanz in Einklang bringen.
3. Vor der Einführung von rechtlichen Förderbestimmungen sind die wirtschaftlichen, ökologischen und sozialen Besonderheiten des jeweiligen Landes einer Gesamtbetrachtung zu unterziehen.

zu Kapitel 3:

1. Mit einer relativ langen Rechtskultur gehört Deutschland bei der Förderung von Erneuerbaren Energien zu den Vorreitern.
2. Das StrEG trat im Jahr 1991 in Kraft und regelte erstmals in Europa eine gesetzliche Einspeisevergütung für die Stromproduktion aus Erneuerbaren Energien.
3. Aufgrund der Verknüpfung des gesetzlichen Einspeisetarifs an die bestehenden Strompreise sowie mangels eines bundesweiten Belastungsausgleichs stieß das StrEG nach einigen Jahren auf erhebliche Kritik, weshalb die

Förderung der Erneuerbaren Energien zur Jahrtausendwende umfassend novelliert und durch das EEG fortgeführt wurde.

4. Das EEG wurde auf der Grundlage der periodischen Evaluierung in den Jahren 2004, 2009, 2012, 2014 sowie 2017 jeweils umfassend novelliert. Dadurch wurden teilweise begünstigende Regelungen gestrichen bzw. geändert, deren rechtliche Wirksamkeit u.a. an Vertrauensschutzgesichtspunkten zu messen ist. Vor allem bei Bestandsanlagen können die Förderbestimmungen grundsätzlich nicht mehr aufgehoben werden, soweit sie die Amortisationsbedingungen nachteilig beeinflussen.
5. Obwohl der Anteil der Erneuerbaren Energien in der deutschen Gesamtstromerzeugung im Jahr 1990 noch bei 3,4 Prozent lag, stieg er im Jahr 2016 dank der gesetzlichen Förderinstrumente auf mehr als 30 Prozent. Zu dieser Entwicklung trug die Windenergie maßgeblich bei. Bis zum Jahr 2025 soll dieser Anteil auf 40 bis 45 Prozent gesteigert werden. Bei der Windenergie soll jährlich eine Erweiterung der Kapazitätsleistung um mindestens 2800 MW erfolgen.
6. Die Stromproduktion aus EE-Anlagen ist nur förderungsfähig, wenn bei ihrer Erzeugung ausschließlich Erneuerbare Energien eingesetzt werden. Seitens der Netzbetreiber sind die EE-Anlagen gegenüber allen anderen Anlagen auf jeder Ebene der Wertschöpfungskette von dem Anschluss der Anlage über die Abnahme und Übertragung bis zur Verteilung der Stromproduktion grundsätzlich vorrangig zu behandeln. Diese Ansprüche der Anlagenbetreiber können vertraglich nicht abbedungen werden.
7. Zwischen dem Anlagenbetreiber und dem jeweiligen Netzbetreiber besteht ein gesetzliches Schuldverhältnis, sodass die Erfüllung der Pflichten nicht von einem Vertragsverhältnis abhängig gemacht werden kann. Um etwaige Unsicherheiten zu vermeiden, schließen die Parteien aber regelmäßig einen Vertrag.
8. Die Förderdauer einer EE-Anlage beträgt ab der Inbetriebnahme der Anlage insgesamt 20 Jahre. Im Falle der gesetzlichen Bestimmung der Förderhöhe erstreckt sich die Förderdauer bis zum Ende des 20. Kalenderjahres.
9. Das ursprüngliche Fördermodell der gesetzlichen Einspeisevergütung wurde im EEG 2014 mit einem markanten Systemwechsel durch die verpflichtende Direktvermarktung ersetzt, um die Markt- und Systemintegration der Erneuerbaren Energien zu erhöhen. Das Marktprämienmodell war bereits unter dem EEG 2012 als optional gestaltetes Fördermodell erfolgreich, da trotz der Freiwilligkeit viele Anlagenbetreiber zur Beanspruchung der rentablen Marktprämie die gesetzliche Einspeisevergütung verließen. Neben Bestandsanlagen können weiterhin sog. Kleinanlagen die gesetzliche Einspeisevergütung

beanspruchen. Zudem können alle Anlagenbetreiber eine um 20 Prozent geminderte und zeitlich begrenzte Einspeisevergütung geltend machen, die in Notsituationen den kompletten Ausfall der finanziellen Einnahmen verhindern soll.

10. Ursprünglich sah das EEG für die verschiedenen Arten der Erneuerbaren Energien gesetzlich festgelegte, degressiv gestaltete Mindestvergütungen als Einspeisetarife vor. Für die wichtigsten Technologiearten wurden jährliche Ausbaupfade festgelegt, deren Einhaltung an die Höhe der Fördersätze gekoppelt wurde. Bei der Windenergie berechnete sich die Förderhöhe nach dem sog. zweistufigen Referenzertragsmodell, wonach dem Anlagenbetreiber in den ersten fünf Jahren ein erhöhter Anfangswert zustand und sodann für die restliche Förderdauer ein verringerter Grundwert vorgesehen wurde. Im Falle geringer Ertragssummen konnte der Anfangswert die gesamte Förderdauer umfassen.
11. Seit dem EEG 2017 werden die Förderhöhen für die wichtigsten Technologiearten Windenergie, Solarenergie und Biomasse grundsätzlich im Wege der Ausschreibungen wettbewerblich ermittelt. Im Falle der Windenergie gilt nunmehr das sog. einstufige Referenzertragsmodell. Zur Erhaltung der Akteursvielfalt sind bei den Windenergieausschreibungen für Bürgerenergiegesellschaften einige Sonderregelungen vorgesehen, die missbräuchlich genutzt werden und einer umfangreichen Novellierung bedürfen.
12. Mit dem Finanzierungs- und Ausgleichsmechanismus werden die Gesamtförderkosten bundesweit über mehrere Stufen anteilmäßig auf die Letztverbraucher umgelegt. Bestimmte stromkostenintensive Unternehmen sowie der Schienenverkehr können die Reduzierung dieser Umlagepflicht beantragen. Auch bei der Eigenversorgung bestehen diesbezügliche Privilegien, wobei alle Erleichterungen aufgrund des Anstiegs der Gesamtförderkosten mit den letzten Novellierungen eingeschränkt wurden.

zu Kapitel 4:

1. Das im Jahr 2005 verabschiedete YEK stellt das erste türkische Gesetz zur umfassenden Förderung von Erneuerbaren Energien dar. In Ermangelung eines ausreichenden Sekundärrechts und wegen der zu niedrigen Fördersätze kam es bis zum Jahr 2011 nicht zum durchgreifenden Ausbau.
2. Aufgrund des drastischen Energieverbrauches und der hohen Importabhängigkeit möchte die Türkei ihre enormen Potentiale im Bereich der Erneuerbaren Energien künftig besser nutzen. Der Anteil von Erneuerbaren Energien

an der Gesamtstromerzeugung stieg ohne die Beachtung der großen Wasserkraftwerke von 0,5 Prozent im Jahr 2007 auf 7,8 Prozent im Jahr 2016. Im Jahr 2023 sollen bereits 30 Prozent der Gesamtstromerzeugung auf Erneuerbare Energien zurückzuführen sein. Zudem soll eine installierte Windenergiekapazität von 20000 MW bestehen, obwohl dieser Betrag im Jahr 2016 noch 5150 MW betrug.

3. Zur Errichtung und zum Betrieb einer EE-Anlage sind in der Türkei grundsätzlich eine Vorlizenz und darauf folgend eine Lizenz notwendig. Im Falle der Wind- und der Solarenergie werden die Vorlizenzen wettbewerblich vergeben, falls die Projektanträge die freigegebene Aufnahmekapazität überschreiten. Dies stellt aktuell den praktischen Grundsatz dar.
4. Die EE-Anlagen sind auch in der türkischen Rechtsordnung ab dem Anschluss der Anlage bis zur Verteilung der Stromproduktion grundsätzlich vorrangig zu behandeln.
5. Anlagenbetreiber erhalten für eine Förderdauer von 10 Jahren eine gesetzliche Einspeisevergütung, wobei sie sich für eine einjährige Teilnahme im Fördermechanismus entscheiden müssen. Bei der Verwendung von lokalen Anlagenkomponenten sind zusätzliche Boni für eine Förderdauer von 5 Jahren vorgesehen. Zur Erhöhung der Investitionssicherheit sind die Förderhöhen an die US-Dollarwährung gekoppelt, weshalb aufgrund der hohen Inflation bei der nationalen Währung erhebliche Folgeprobleme für den türkischen Energiemarkt entstehen.
6. Die Förderhöhe zur jeweiligen Technologieart ergab sich bis Mai 2016 unmittelbar aus der gesetzlichen Bestimmung. Seitdem kann sie aufgrund der getätigten Leistungsprognosen auf dem Energiemarkt variieren, da den Anlagenbetreibern durch die Verpflichtung zur eigenständigen Veräußerung die finanzielle Verantwortung bzgl. ihrer Stromproduktion übertragen wurde und sie nunmehr das finanzielle Risiko ihrer schwankenden Stromerzeugungsprognosen tragen. Eine Ausnahmeregelung für Bestandsanlagen wurde nicht vorgesehen.
7. Zur Abmilderung der kostenrechtlichen Verantwortung wurde ein Toleranzwert eingefügt, sodass Anlagenbetreiber bei korrekten Leistungsprognosen auch Mehreinnahmen erzielen können. Aufgrund erheblicher Kritik wurde der einheitlich gestaltete Toleranzwert i.H.v. 0,98 nach den Technologiearten differenzierend festgelegt und etwa im Falle der Windenergie auf 0,97 reduziert.
8. Der Ausbau der Erneuerbaren Energien soll durch die wettbewerblich vergebenen Großprojekte nach der YEKA-Verordnung intensiv vorangetrieben werden. Zudem sollen neue lokale Produktionsstätten sowie Forschungs- und

Entwicklungszentren entstehen. Die ersten beiden Ausschreibungen für die Solar- und die Windenergie wiesen bei einer zu installierenden Kapazitätsleistung von jeweils 1000 MW auf einen regen Wettbewerb hin.

9. In den letzten Jahren sind die Gesamtförderkosten zu den Erneuerbaren Energien erheblich gestiegen und haben zu einer starken Mehrbelastung der Letztverbraucher geführt. Um die Umlagepflicht transparenter zu gestalten, werden sie seit Mai 2017 kalenderjährlich für die einzelnen Monate im Voraus festgelegt, wobei sie aufgrund veränderter Marktumstände und abweichender Währungskurse modifiziert werden können.

Zu Kapitel 5:

1. Im Gegensatz zur deutschen Rechtsordnung gibt es im türkischen Energierecht keine gesetzlich verankerten generellen oder technologiespezifischen Mindestziele für den Ausbau von Erneuerbaren Energien. Zur effektiveren Verwirklichung der unverbindlichen Zielvorgaben ist dies aber dem türkischen Gesetzgeber zu empfehlen.
2. Sowohl im deutschen als auch im türkischen Recht der Erneuerbaren Energien besteht ein hoher Grad an Flexibilität. Aufgrund der teilweise unnötigen Schnelllebigkeit der einzelnen Novellen zum EEG entstehen neben einer starken Komplexität der Übergangsvorschriften regelmäßig auch Lücken und Verweisungsfehler. Der türkische Gesetzgeber hingegen muss bei der nachteiligen Änderung von Förderbestimmungen künftig auch Sondervorschriften zugunsten von Bestandsanlagen vorsehen, um keine vertrauensschutzrechtlichen Interessen zu verletzen.
3. Die türkische Rechtsordnung regelt einige wichtige Förderinstrumente – wie etwa die vorrangige Abnahme und Übertragung der Stromproduktion aus EE-Anlagen – nicht unmittelbar im YEK. Dies ist zur Hervorhebung der Bedeutung dieser Privilegien zu empfehlen.
4. Im Gegensatz zur türkischen Rechtsordnung sieht der deutsche Gesetzgeber eine finanzielle Förderung bei sog. Hybridanlagen nur beim ausschließlichen Einsatz von Erneuerbaren Energien vor, auch wenn die aus konventionellen Energiequellen erzeugte Strommenge eindeutig abgrenzbar ist. Dies erscheint nicht sachgerecht, sodass eine diesbezügliche Anpassung zu empfehlen ist.
5. Entsprechend der türkischen Vorgehensweise ist auch dem deutschen Gesetzgeber die Abkehr von dem komplexen fünfstufigen Ausgleichsmechanismus zu empfehlen. Eine neue Zwischenstelle etwa bei der BNetzA oder bei der

Energiebörse in Leipzig sollte für den Kostenausgleich zwischen den Anlagenbetreibern und den EVU künftig zuständig sein.

6. Beide Rechtsordnungen gaben das ursprüngliche Fördermodell der Einspeisevergütung zu Recht auf und verpflichteten die jeweiligen Teilnehmer der Fördermechanismen zur stärkeren Betätigung auf dem freien Energiemarkt, auf dem die Anlagenbetreiber bei professionellem Vorgehen höhere Einkünfte als in dem gesetzlichen Einspeisemodell erzielen können. Zugunsten der Bestandsanlagen hätten auch im türkischen Energierecht etwaige Sonderbestimmungen vorgesehen werden müssen. Zudem kann auch die Übernahme der Regelung zur Ausfallvermarktung ins türkische Energierecht empfohlen werden.
7. Im Falle der wichtigen Technologiearten Wind- und Solarenergie werden die Förderhöhen in beiden Ländern grundsätzlich wettbewerblich bestimmt. In Deutschland gilt dies auch für die Biomasse. Ansonsten ergeben sie sich weiterhin aus den gesetzlichen Bestimmungen. Die vorgesehenen Boni für türkische Anlagenkomponenten sind sinnvoll. Eine Übertragung in die deutsche Rechtsordnung ist jedoch weder rechtlich möglich noch ökonomisch zu empfehlen. Der türkische Gesetzgeber sollte indes entsprechend der deutschen Rechtsordnung zur Bestimmung der Förderhöhe bei der Windenergie ein Referenzertragsmodell einführen und die Förderung bei der Wasserkraft deutlich begrenzend an die installierte Kapazitätsleistung anknüpfen.
8. Die Förderdauern von 20 Jahren in Deutschland und von 10 Jahren in der Türkei verschaffen den Anlagenbetreibern eine hohe Investitions- und Rechtssicherheit. Um sie an die Lebensdauer der EE-Anlagen anzupassen, sollte im türkischen Energierecht der Amortisationszyklus auf mindestens 15 Jahre ausgedehnt werden, damit eine frühere Stilllegung der jeweiligen Anlage trotz der technischen Funktionsfähigkeit ausgeschlossen wird.
9. Im deutschen Energierecht können die Betreiber von EE-Anlagen kalendermonatlich zwischen den unterschiedlichen Vermarktungsformen wählen und anteilmäßige Quoten für die jeweilige Form festlegen, wohingegen die türkischen Anlagenbetreiber eine kalenderjährliche Entscheidung für oder gegen die ausschließliche Teilnahme am Fördermechanismus treffen müssen. Eine diesbezügliche Änderung ist für beide Rechtsordnungen derzeit nicht zu empfehlen. Aufgrund der vergleichsweise hohen deutschen Strompreise sind die privilegierenden Ausgleichsregelungen zugunsten der stromkostenintensiven Unternehmen sowie des Schienenverkehrs erforderlich. Mangels gleicher Sachlage und aufgrund der steigenden Gesamtförderkosten sollte der türkische Gesetzgeber insb. zugunsten von industriellen Stromverbrauchern keine entsprechende Sonderregelung einführen.

10. Das EEG sieht periodische Fortschritts- und Evaluierungsberichte verpflichtend vor, deren Handlungsempfehlungen erhebliche Auswirkungen auf die Novellierung der Rechtsordnung entfalten. Entsprechende Monitoring- und Berichterstattungspflichten sollten auch im türkischen Energierecht verankert werden.
11. Bei der Errichtung und der Inbetriebnahme von EE-Anlagen werden in beiden Rechtsordnungen die ökologischen Interessen vor allem in den bau- und immissionsschutzrechtlichen Genehmigungsverfahren umfassend berücksichtigt. Mit den Sondererlassen der deutschen Bundesländer kann der Ausbau der Windenergie jedoch erheblich eingeschränkt werden, sodass einheitliche Abstandsregelungen grundsätzlich nicht aufgestellt werden sollten. Die Entscheidungsbefugnis über die Errichtung von EE-Anlagen etwa in türkischen Natur- und Denkmalschutzgebieten sollte zudem einer politisch neutralen Institution übertragen werden.
12. Im Gegensatz zur Türkei spielt die Bürgerbeteiligung in Deutschland bei dem Ausbau der Erneuerbaren Energien eine wesentliche Rolle. Die im Rahmen der Ausschreibung zur Bestimmung der Förderhöhe vorgesehenen Regelungen zugunsten der Bürgerenergiegesellschaften führen nicht zum Erhalt der Akteursvielfalt und müssen aufgrund diverser Folgeprobleme unverzüglich novelliert werden. Für den türkischen Gesetzgeber hingegen ist die privilegierende Förderung von Bürgerinitiativen zu empfehlen.
13. In Deutschland bieten öffentliche und private Einrichtungen auf Kommunal-, Landes- und Bundesebene zu den Erneuerbaren Energien ein breitgefächertes Informationsrepertoire von Ausbildungsprogrammen, Informationsveranstaltungen, Themenwochen oder etlichen Veröffentlichungen. Die Informationsmöglichkeiten sind in der Türkei vergleichsweise gering, weshalb vor allem kommunale Entscheidungsträger sowie private Vereinigungen diesbezüglich mehr Verantwortung übernehmen sollten. In beiden Ländern ist die Akzeptanz zur Förderung der Erneuerbaren Energien hoch, wobei der beschleunigte Ausbau von Anlagen sowie Stromtrassen und der Anstieg von Gesamtförderkosten häufiger kritisiert werden. Zur Erhaltung der gesellschaftlichen Akzeptanz ist eine effektivere Auskunftskampagne sowohl zu den einzelnen Anlagen als auch zum Gesamtausbau der Erneuerbaren Energien in beiden Ländern zwingend erforderlich.

Abkürzungsverzeichnis

a.E.	am Ende
a.F.	alte Fassung
Abs.	Absatz
abzgl.	abzüglich
AEUV	Vertrag über die Arbeitsweise der Europäischen Union
AG	Aktiengesellschaft, Amtsgericht
Anh.	Anhang
Ankara Bar Review	„Ankara Bar Review", sinngemäß: Zeitschrift der Rechtsanwaltskammer Ankara
AnlRegV	Verordnung über ein Register für Anlagen zur Erzeugung von Strom aus Erneuerbaren Energien und Grubengas
Art.	Artikel
Aufl.	Auflage
AusglMechV	Ausgleichsmechanismus-Verordnung
Az.	Aktenzeichen
BAFA	Bundesamt für Wirtschaft und Ausfuhrkontrolle
BauGB	Baugesetzbuch
BauO	Bauordnung
BayBO	Bauordnung für das Land Bayern
BDEW	Bundesverband der Energie- und Wasserwirtschaft e.V.
BeckRS	Beck online Rechtsprechung
BEE	Bundesverband Erneuerbare Energie e.V.
Beschl.	Beschluss
BGB	Bürgerliches Gesetzbuch
BGBl.	Bundesgesetzblatt
BGH	Bundesgerichtshof
BGHZ	Entscheidungen des Bundesgerichtshofes in Zivilsachen
BImSchG	Bundes-Immissionsschutzgesetz
BImSchV	Bundes-Immissionsschutzverordnung
BMU	Bundesministerium für Umwelt, Naturschutz und Reaktorsicherheit

BMWi	Bundesministerium für Wirtschaft und Technologie
BNatSchG	Bundesnaturschutzgesetz
BNetzA	Bundesnetzagentur
BR	Bundesrat
BRD	Bundesrepublik Deutschland
BR-Drs.	Bundesrats-Drucksache
British Journal	British Journal of Middle Eastern Studie (Zeitschrift)
bspw.	Beispielsweise
BSW-Solar	Bundesverband Solarwirtschaft e.V.
BT	Bundestag
BT-Drs.	Bundestags-Drucksache
BUND	Bund für Umwelt und Naturschutz Deutschland e.V.
BVerfG	Bundesverfassungsgericht
BVerwG	Bundesverwaltungsgericht
BWE	Bundesverband Windenergie e.V.
bzgl.	bezüglich
bzw.	beziehungsweise
ca.	circa
CDU	Christlich-Demokratische Union
ÇED-Verordnung	„Çevre Etki Değerlendirme Yönetmeliği", sinngemäß: Umweltverträglichkeitsverordnung
CSU	Christlich-Soziale Union
CO^2	Kohlendioxid
Dena	Deutsche Energie-Agentur (GmbH)
ders.	Derselbe
dies.	dieselbe/dieselben
DIHK	Deutsch-Türkische Industrie- und Handelskammer
Diss.	Dissertation
Dr.	Doktor
DStR	Deutsches Steuerrecht (Zeitschrift)
DT-IHK	Deutsch-Türkische Industrie- und Handelskammer
DUY-Verordnung	„Elektrik Piyasası Dengeleme ve Uzlaştırma Yönetmeliği", sinngemäß: Verordnung über die Ausgleichung und Schlichtung am Strommarkt
E&M	Energie und Management (Zeitschrift)
e.V.	eingetragener Verein
e|m|w	Energie Markt Wettbewerb (Zeitschrift)
EEAV	Erneuerbare-Energien-Ausführungsverordnung

EEG	Erneuerbare-Energien-Gesetz
Erneuerbare-Energien-Verordnung	Verordnung zur Durchführung des Erneuerbare-Energien-Gesetzes und des Windenergie-auf-See-Gesetzes
EE-Richtlinie	Erneuerbare-Energien-Richtlinie
EEX	European Energy Exchange
EG	Europäische Gemeinschaft
Einf.	Einführung
Energiebeihilfeleitlinien	Leitlinien für staatliche Umweltschutz- und Energiebeihilfen 2014-2020 der Europäischen Kommission
Energyworld	„Enerji World Dergisi“, sinngemäß: Zeitschrift für die Energiewelt
Enerji Panorama	„Enerji Panorama“, sinngemäß: Zeitschrift für Energiepanorama
Enerji Piyasası Bülteni	„Enerji Piyasası Bülteni“, sinngemäß: Zeitschrift für die Energiewirtschaft
EnWG	Energiewirtschaftsgesetz
EnWZ	Zeitschrift für das gesamte Recht der Energiewirtschaft
EPDK	„Enerji Piyasası Düzenleme Kurumu“, sinngemäß: Energieregulierungsbehörde
EPEX	European Power Exchange
EPİAŞ	„Enerji Piyasaları İşletme A.Ş.“, sinngemäß: Türkische Energiebörse
ER	EnergieRecht (Zeitschrift)
EE-Anlagen	Stromerzeugungsanlagen durch Erneuerbare Energien
et	Energiewirtschaftliche Tagesfragen (Zeitschrift)
ETKB	„Enerji ve Tabii Kaynaklar Bakanlığı“, sinngemäß: Ministerium für Energie und natürliche Ressourcen der Türkischen Republik
etc.	et cetera
EU	Europäische Union
EU-Kommission	Europäische Kommission
Euro/kW	Euro pro Kilowatt
EUV	Vertrag über die Europäische Union
EuZW	Europäische Zeitschrift für Wirtschaftsrecht
evtl.	eventuell

EVU	Elektrizitätsversorgungsunternehmen
EweRK	Institut für Energie- und Wettbewerbsrecht in der Kommunalen Wirtschaft e.V. (Zeitschrift)
Elektrik Mühendisliği Dergisi	„Elektrik Mühendisliği Dergisi", sinngemäß: Zeit schrift für die Elektroingenieurswissenschaften
Ekonomik Forum	„Ekonomik Forum Dergisi", sinngemäß: Zeitschrift für den Wissenschaftsforum
f.	folgende
FAZ	Frankfurter Allgemeine Zeitung (Zeitung)
FFAV	Flächenausschreibungsverordnung
FIW	Forschungsinstitut für Wirtschaftsverfassung und Wettbewerb
Fn.	Fußnote
Fraunhofer ISI	Fraunhofer-Institut für System- und Innovationsforschung
GEEV	Grenzüberschreitende-Erneuerbare-Energien-Verordnung
GemAV	Verordnung zu den gemeinsamen Ausschreibungen für Windenergieanlagen an Land und Solaranlagen
GENSED	„Güneş Enerjisi Sanayicileri ve Endüstrisi Derneği", sinngemäß: Verband der Unternehmen und Industrie für Solarenergie
GG	Grundgesetz für die Bundesrepublik Deutschland
ggf.	gegebenenfalls
GTAI	Germany Trade and Invest GmbH
GÜNDER	„Güneş Enerjisi Topluluğu Türkiye Bölümü", sinngemäß: Türkischer Sonnenenergieverband
GVBl.	Gesetz- und Verordnungsblatt
GW	Gigawatt
GWB	Gesetz für Wettbewerbsbeschränkungen
GWh	Gigawattstunde
h	Stunde
Hrsg.	Herausgeber
Hs.	Halbsatz
Hukuk Gündemi Dergisi	„Hukuk Gündemi Dergisi", sinngemäß: Zeitschrift für den Rechtsalltag
Hz	Hertz
i.d.F.	in der Fassung
i.d.R.	in der Regel

i.H.v.	in Höhe von
i.S.d.	im Sinne der/des
i.S.e.	im Sinne einer/eines
i.V.m.	in Verbindung mit
IEA	International Energy Agency
insb.	insbesondere
International Journal	International Journal of Energy Economics and Policy (Zeitschrift)
IRENA	The International Renewable Energy Agency
km	Kilometer
km^2	Quadratkilometer
KommJur	KommunalJurist (Zeitschrift)
kW	Kilowatt
KWKG	Kraft-Wärme-Kopplungsgesetz
kWh	Kilowattstunde
LG	Landgericht
lit.	litera (Buchstabe)
Lizenzfreie-Stromerzeugungs-Verordnung	„Elektrik Piyasasında Lisanssız Elektrik Üretimine İlişkin Yönetmelik", sinngemäß: Verordnung zur Lizenzfreien Stromerzeugung am Strommarkt
Lizenzverordnung für den Strommarkt	„Elektrik Piyasası Lisans Yönetmeliği", sinnge mäß: Lizenzverordnung für den Strommarkt
LKV	Landes- und Kommunalverwaltung (Zeitschrift)
Mio.	Million
Mrd.	Milliarde
MW	Megawatt
MWh	Megawattstunde
MYTM	„Milli Yük Tevzi Merkezi", sinngemäß: Zentrum für Nationale Lastenverteilung
N&R	Netzwirtschaft und Recht (Zeitschrift)
n.F.	neue Fassung
NABU	Naturschutzbund Deutschland e.V.
NAP	Nationaler Aktionsplan Deutschlands für Erneuerbare Energie gemäß der Richtlinie 2009/28/EG
NEV	Netzentgeltverordnung
Netz-Verordnung	„Elektrik Piyasası Bağlantı ve Sistem Kullanım Yönetmeliği", sinngemäß: Verordnung für den Anschluss und die Netznutzung des Strommarktes
NJW	Neue Juristische Wochenzeitschrift

NJOZ	Neue Juristische Online-Zeitschrift
Nr.	Nummer
NuR	Natur und Recht (Zeitschrift)
NVwZ	Neue Zeitschrift für Verwaltungsrecht
NVwZ-RR	NVwZ-Rechtsprechungsreport Verwaltungsrecht (Zeitschrift)
o.g.	oben genannt/e/r/s
OECD	Organisation for Economic Co-operation and Development
OLG	Oberlandesgericht
OVG	Oberverwaltungsgericht
PMUM	„Piyasa Mali Uzlaştırma Merkezi", sinngemäß: Zentralstelle des Energiemarktes für Finanzausgleich
Political Economy of Taxation	Political Economy of Taxation, Annual Review of Political Science (Zeitschrift)
PV	Photovoltaik
RdE	Recht der Energiewirtschaft (Zeitschrift)
REE	Recht der Erneuerbaren Energien (Zeitschrift)
Rn.	Randnummer
S.	Seite
s.o.	siehe oben
sog.	so genannte/r/s
SPD	Sozialdemokratische Partei Deutschlands
StrEG	Stromeinspeisungsgesetz
StromNEV	Stromnetzentgeltverordnung
TBMM	„Türkiye Büyük Millet Meclisi", sinngemäß: Türkisches Parlament
TEİAŞ	„Türkiye Elektrik İletim Anonim Şirketi",sinngemäß: Türkischer staatlicher Übertragungsnetzbetreiber
TA Lärm	Technische Anleitung zum Schutz gegen Lärm
TL	Türkische Lira
TMMOB	„Türkiye Mühendislik Mimarlık Odalar Birliği", sinngemäß: Türkische Ingenieurs- und Architekturenkammer
TÜBİTAK	„Türkiye Bilimsel ve Teknolojik Araştırma Kurumu", sinngemäß: Türkische Anstalt für Wissenschaftliche und Technologische Forschung

TÜREB	„Türkiye Rüzgar Enerjisi Birliği“, sinngemäß: Türkischer Windenergieverband
u.a.	unter anderem
u.U.	unter Umständen
UBA	Umweltbundesamt
Uluslararası Ekonomik Araştırma	„Uluslar Ekonomik Araştırma Dergisi“, sinnge mäß: Zeitschrift für Internationale Wirtschaftsstudien
ÜNB	Übertragungsnetzbetreiber
UPR	Umwelt- und Planungsrecht (Zeitschrift)
Verordnung zu Nebenleistungen	„Elektrik Piyasası Yan Hizmetler Yönetmeliği“, sinngemäß: Verordnung zu Nebenleistungen im Strommarkt
VG	Verwaltungsgericht
VGH	Verwaltungsgerichtshof
vgl.	vergleiche
VIK	Verband der Industriellen Energie- und Kraftwirtschaft e.V.
VKU	Verband kommunaler Unternehmen e.V.
VNB	Verteilnetzbetreiber
VO	Verordnung
Vorlizenz-Verordnung	„Rüzgar veya Güneş Enerjisine Dayalı Üretim Tesisi Kurmak Üzere Yapılan Önlisans Başvurularına İlişkin Yarışma Yönetmeliği“, sinngemäß: Verordnung für den Wettbewerb bei der Vergabe der Vorlizenz für Wind- und Solarenergieanlagen
VwVfG	Verwaltungsverfahrensgesetz
WWF	World Wide Fund For Nature (Organisation)
YEK	„Yenilenebilir Enerji Kaynaklarının Elektrik Enerjisi Üretimi Amaçlı Kullanımına ilişkin Kanunu“, sinngemäß: Gesetz über die Verwendung von Erneuerbaren Energien zur Stromerzeugung
YEKA-Ausschreibung	Ausschreibung zur Errichtung von EE-Anlagen auf Großflächen
YEKA-Fläche	Großflächen, auf denen mindestens eine der Erneuerbaren Energien ein hohes Potential zur Stromerzeugung aufweist

YEKA-Verordnung	„Yenilenebilir Enerji Kaynak Alanları Yönetmeliği“, sinngemäß: Verordnung zu den Erneuerbare-Energien-Flächen
YEKDEM-Fördermechanismus	Ausgleichs- und Finanzierungsmechanismus zu den Erneuerbaren Energien in der Türkei
YEKDEM-Verordnung	„Yenilenebilir Enerji Kaynaklarının Belgelendirilmesi ve Desteklenmesine ilişkin Yönetmelik“, sinngemäß: Verordnung zur Ausweisung und Förderung von Erneuerbaren Energien
YEKDEM-Zertifikat	Zertifikat über den Betrieb von Erneuerbaren Energien zur Teilnahme am YEKDEM-Fördermechanismus
YEGM	„Yenilenebilir Enerji Genel Müdürlüğü“, sinngemäß: Staatliches Direktorat für Erneuerbare Energien
z.B.	zum Beispiel
z.T.	zum Teil
ZBW	Leibniz-Informationszentrum Wirtschaft (Zeitschrift)
ZfBR	Zeitschrift für deutsches und internationales Baurecht
ZfK	Zeitung für kommunale Wirtschaft
ZG	Zeitschrift für Gesetzgebung
ZNER	Zeitschrift für Neues Energierecht
ZUR	Zeitschrift für Umweltrecht
zzgl.	zuzüglich

Literaturverzeichnis

Adler, Işık, YEKDEM'e farklı cephelerin bakışı: Gerekliydi ancak her şey bir gecede değişmemeli, Enerji Panorama-Zeitschrift Eylül 2016, S. 31 f.

Adıyaman, Çetin, Türkiye'nin Yenilenebilir Enerji Politikaları, Niğde 2012

Akkaya, Sibel, Yenilenebilir Enerji Kaynaklarının Türkiye Açısından Önemi ve bir Rüzgar Enerjisi Uygulaması, Elazığ 2007

Alacalı, Merve, Enerji Hukukunda Lisans Usulü: Rüzgar Enerjisi Örneği, Istanbul 2016

Albayrak, Berat, Elektrik Enerjisi Üretiminde Yenilenebilir Enerji Kaynakları ve Finansmanı: Bir Uygulama, Istanbul 2011

Altıntaş, Aygen, Dünyada Yenilenebilir Enerji Kaynaklarından Güneş Enerjisinin Elektrik Üretimi Açısından Ekonomik Etkileri: Avrupa Birliği ve Türkiye Uygulamaları, Istanbul 2012

Altrock, Martin/Oschmann, Volker/Theobald, Christian (Hrsg.), Erneuerbare-Energien-Gesetz, Kommentar, 2. Auflage, München 2008

Dies., Erneuerbare-Energien-Gesetz Kommentar, 4. Auflage, München 2013

Altuntaşoğlu, Zerrin Taç, Yenilenebilir Enerji Avrupa Birliği ve Türkiye Müktesebatı, TMMOB Türkiye V. Enerji Sempozyomu Bildirileri, S. 249 f.

Arcuri, Angelo, The Rise of a New Superpower: Turkey's Key Role in the World Economy and Energy Market, Heidelberg 2013

Arık, Ahmet, Yenilenebilir Enerji Politikalarının Sürdürülebilirliği: AB Ülkeleri ve Türkiye Açısından Bir Değerlendirme, Ordu 2016

Ataman, A. Rüya, Türkiye'de Yenilenebilir Enerji Kaynaklarının Arz Güvenliği, Açısından İncelenmesi, Ankara 2007

Atiyas, Izak/ Çetin, Tamer/ Gülen, Gürcan, Reforming Turkish Energy Markets, New York 2012

Aydın, Murat (Hrsg.)/Tan, Sami (Hrsg.)/Akdoğan, Dilek Akbaş, Türkiye'de Yenilenebilir Enerjiye Yönelik Teşviklerdeki Son Gelişmeler, Political Economy of Taxation, S. 167 f.

Batı, Oğuzhan, Türkiye'de Sürdürülebilir Kalkınma ve Yenilenebilir Enerji Kaynakları, Istanbul 2013

Bauer, Christian/Kantenwein, Korbinian, Auswirkungen des EEG 2017 auf die Projektfinanzierung, EnWZ 2017, S. 3 f.

Bayındır, M. Selçuk, Yenilenebilir Enerji Kaynakları Avrupa Birliği ve Türkiye Uygulamaları, Istanbul 2010

Bayraktar, Yüksel/Kaya, Halil İbrahim, Yenilenebilir Enerji Politikaları ve Rüzgar Enerjisi Açısından Bir Karşılaştırma: Çin, Almanya ve Türkiye Örneği, Uluslararası Ekonomik Araştırmalar Dergisi, S. 1 f.

Beckmann, Klaus, Windenergieanlagen (WEA) – eine kritische Gesamtschau dieses erneuerbaren Energiesegments, KommJur 2012, S. 170 f.

Boemke, Maximilian, Die Regelungen des EEG 2017 im Überblick, NVwZ 2017, S. 1 f.

Ders./Uibeleisen, Maximilian, Update: Erste Änderungen des EEG 2017 und des WindSeeG, S. 286 f.

Boşça, Süleyman, Yenilenebilir Enerji Sektöründe Mevzuat Değişikliklerinin Yatırımlara Etkisi ve Hukuki Uyuşmazlıklar, Hukuk Gündemi Dergisi, S. 21 f.

Böhlmann-Balan, Antje/Herms, Manuela/Leroux, Cathérine, Neuer Wind für die Bürgerbeteiligung?! – Zu den jüngsten Rechtsentwicklungen für die Bürgerbeteiligung im Windenergiebereich, ER 2016, S. 241 f.

Bönning, Christina, Investitionssicherheit für Betreiber einer Anlage zur Erzeugung von Strom aus erneuerbaren Energien durch das Erneuerbare-Energien-Gesetz?, ZNER 2000, S. 268 f.

Brahms, Florian/Maslaton, Martin, Der Regierungsentwurf des Erneuerbare-Energien-Gesetzes 2014 – Verfassungsrechtliche Bedenken gegen die EEG-Umlage auf die Eigenstromversorgung, NVwZ 2014, S. 760 f.

Brodowski, Christian, Der Belastungsausgleich im EEG und im KWKG im Rechstvergeich, Baden-Baden 2002

Çalışkan, Cantay, The Success Behind Renewable Energy: A Comporative Analysis of Germany, The United Kingdom, Brazil and Turkey, Istanbul 2013

Çepik, Barış, Sürdürülebilir Kalkınma Çerçevesinde Türkiye'de Yenilenebilir Enerji Politikaları, Istanbul 2015

Christen, Elisabeth M., Die Förderung erneuerbarer Energie in der EU, Saarbrücken 2008

Danner, Wolfgang/Theobald, Christian (Hrsg.), Energierecht, Lose-Blatt-Kommentar in 4 Bänden, 80.-94. Ergänzungslieferung, München 2017

Derinkuyu, Kürşad, Kaynağın üretimdeki değişkenliği dikkate alınmalı, Enerji Panorama-Zeitschrift Eylül 2016, S. 33 f.

Ders./Tanrısever, Fehmi, YEKDEM değişikliğinin YE santrallarının gelirlerine etkisi, Enerji Panorama-Zeitschrift Haziran 2016, S. 64 f.

Ekardt, Felix/Valentin, Florian, Das neue Energierecht, Baden-Baden 2015

Emili, Abdullah/Dereköy, Dalinc/Just, Matthias/Dilekci, Alpaslan, Türkei – Neue Herausforderungen und Investitionsmöglichkeiten durch Aufschwung im Energiemarkt, in: *Servatius, Hans-Gerd(Hrsg.)/Schneidewind, Uwe(Hrsg.)/Rohlfing, Dirk*, Smart Energy – Wandel zu einem nachhaltigen Energiesystem, S. 145 f.

Ergün, Çağdaş Evrim, Avrupa Birliği Enerji Hukuku, Ankara 2007

Erol, Ömer Faruk, Çevre Kanunu'na Göre Çevresel Etki Değerlendirmesi, Istanbul 2012

Ersanlı, Devrim, Renewable Energy in Regional Planning and Development: An Evaluation of Development Agencies in Turkey, Ankara 2013

Espey, Simone, Internationaler Vergleich energiepolitischer Instrumente zur Förderung regenerativer Energien in ausgewählten Industrieländern, Bremen 2001

Ezbiderli, Güliz, Avrupa Birliği Mevzuatı Çerçevesinde Türkiye'de Yenilenebilir Enerji Kaynakları Kullanımının Teşvik Edilmesi, Ankara 2009

Faasch, Julian, Ausschreibungen im EEG 2017, Versorgungswirtschaft 2017, S. 105 f.

Fest, Philip/Fechler, Thorben, Neue Anforderungen an Planung und Genehmigung von Windenergieanlagen, NVwZ 2016, S. 1050 f.

Filho, Walter Leal/ Kuchta, Kerstin/ Mannke, Franziska/ Haker, Konstantin (Hrsg.), Renewable Energy in Turkey and Selected European Countries, Frankfurt am Main 2009

Freitag, Sigrid, Die garantierte Einspeisevergütung nach dem EEG und das Zuschlagsmodell nach dem KWKG – ein verfassungsrechtlicher Vergleich, Hamburg 2014

Frenz, Walter/Müggenborg, Hans-Jürgen/ Cosack, Tilmann/ Ekardt, Felix, EEG 2014, Kommentar, 4. Auflage, Berlin 2015

Ders., Ausschreibungen für Windkraftanlagen an Land nach dem EEG 2017, RdE 2016, S. 433 f.

Ders., Bürgerenergiegesellschaften, ER 2016, S. 194 f.

Ders., Paradigenwechsel im EEG 2014: von der „Staats-" zur Marktwirtschaft, RdE 2015, S. 465 f.

Gawel, Erik/Purkus, Alexandra/Bruttel, Franziska, Auktionen als Förderinstrument für erneuerbare Energien, EnWZ 2016, S. 153 f.

Ders./ Lehmann, Paul, Die Förderung der erneuerbaren Energien nach der EEG-Reform 2014, ZBW 2014, S. 651 f.

Ders./Purkus, Alexandra, Markt- und Systemintegration erneuerbarer Energien: Probleme der Marktprämie nach EEG 2012, S. 587 f.

Gerstner, Stephan (Hrsg.), Grundzüge des Rechts der Erneuerbaren Energien, Berlin/Boston 2013

Gezer, E. Hüseyin, Yenilenebilir Enerji Kaynakları ve Türkiye, Ankara 2013

Gözen, Mustafa, Renewable Energy Support Mechanism in Turkey: Financial Analysis and Recommendations to Policymakers, International Journal of Energy Economics and Policy, 2014/4, S. 274 f.

Greb, Klaus/Boewe, Marius (Hrsg.), Beck Online-Kommentar, EEG, 2. Auflage, München 2014

Dies., Beck Online-Kommentar, EEG, 3. Auflage, München 2015

Dies., Beck Online-Kommentar, EEG, 5. Auflage, München 2016

Dies., Beck Online-Kommentar, EEG, 6. Auflage, München 2017

Große, Andreas/Panknin, Jens, Die Besondere Ausgleichsregelung im EEG 2017, EnWZ 2016, S. 435 f.

Ders./Kachel, Markus, Die Besondere Ausgleichsregelung im EEG 2014, NVwZ 2014, S. 1122 f.

Gülay, A. Nuri, Yenilenebilir Enerji Kaynakları açısından Türkiye'nin Geleceği ve Avrupa Birliği ile Karşılaştırılması, Izmir 2008

Hahn, Christopher/ Naumann, Daniel, Erneuerbare Energien zwischen Einspeisevergütung und Systemintegration, NJOZ 2012, S. 361 f.

Hauser, Eva, Folgen eines grundlegenden Paradigmenwechsels im EEG für die Dekarbonisierung, ER 2017, S. 9 f.

Herz, Steffen/Valentin, Florian, Direktvermarktung, Direktlieferung und Eigenversorgung nach dem EEG 2014, EnWZ 2014, S. 358 f.

Hoekman, Bernard M./ Togan, Sübidey (Hrsg.), Turkey – Economic Reform & Accession to the European Union, Washington 2005

Huerkamp, Florian, Das neue „Fördervergaberecht" bei Freiflächenanlagen, EnWZ 2015, S. 195 f.

Hummel, Oliver, Direktvermarktung über das Grünstromprivileg – ein wirksamer Beitrag zur Systemintegration, et 2012, S. 49 f.

Hustavova, Maria, Förderung erneuerbarer Energien in der Slowakei und in Deutschland, Würzburg 2012

Kachel, Markus, Die besondere Ausgleichsregelung im EEG als Instrument zur Entlastung der stromintensiven Industrie, ZUR 2012, S. 32 f.

Kahl, Hartmut/Kahles, Markus/Müller, Thorsten, Neuordnungen im EEG 2017, ER 2016, S. 187 f.

Ders., Viele Wege führen nach Rom: Die Preisfindung bei der Förderung erneuerbarer Energien im Beihilferecht der EU und Subventionsrecht der WTO, ZUR 2015, S. 67 f.

Kahle, Christian, Ermittlung der Förderhöhe für PV-Freiflächenanlagen nach dem EEG 2014 – Ausschreibungsmodell, RdE 2014, S. 372 f.

Kahles, Markus/Grabmayr, Nora, Ausschreibungen im EEG 2014 und „Altmark Trans", ZUR 2016, S. 138 f.

Kaltschmitt, Martin/Streicher, Wolfgang/Wiese, Andreas (Hrsg.), Erneuerbare Energien: Systemtechnik, Wirtschaftlichkeit, Umweltaspekte, 4. Auflage, Berlin 2006

Karadağ, H. İbrahim, Yenilenebilir Enerji Kaynakları Arasında Rüzgar Enerjisinin Önemi ve Rüzgar Türbini Tasarısı, Istanbul 2009

Kelecioğlu, M. Aykut, Türkiye'de Yenilenebilir Enerji Yatırımlarının Finansmanı, Sorunlar ve Çözüm Önerileri, Ankara 2011

Kielmansegg, Sebastian Graf von (Hrsg.), Die EEG-Reform – Bilanz, Konzeptionen, Perspektiven, Baden-Baden 2015

Ders. (Hrsg.), Die EEG-Reform – Bilanz, Konzeptionen, Perspektiven, Baden-Baden 2015

Kılıç, Gökhan, Enerji İletim Hatları Çevresel Etki Değerlendirme Uygulamalarında Koridor Analizi Kullanımı, Ankara 2017

Klinski, Stefan, EEG-Vergütung: Vertrauensschutz bei künftigen Änderungen der Rechtslage?, Berlin 2009

Knudsen, Stale, Protests Against Energy Projects in Turkey: Environmental Activism Above Politics, British Journal of Middle Eastern Studies 2016, S. 302 f.

Kohls, Malte/Wustlich, Guido, Die Pilotausschreibung für Photovoltaikanlagen, NVwZ 2015, S. 313 f.

Kreuter-Kirchhof, Charlotte, Grundrechtliche Maßstäbe für eine Reform des EEG, NVwZ 2014, S. 770 f.

Kröger, James, Die Förderung erneuerbarer Energien im Europäischen Elektrizitätsbinnenmarkt, Münster 2014

Ders., Die EEG-Umlage ist keine Sonderabgabe, ZUR 2013, S. 480 f.

Lamott, Julien, Marktintegration erneuerbarer Energien am Beispiel der Direktvermarktungsregelung des EEG 2012 wie auch des EEG 2014, Baden-Baden 2015

Lehnert, Wieland, Direktvermarktung und Netzintegration von Strom aus erneuerbaren Energien im EEG 2014: Gesetzliche Vorgaben und Rechtspraxis, ZUR 2015, 277 f.

Ders., Markt- und Systemintegration der Erneuerbaren-Energien: Eine rechtliche Analyse der Regeln zur Direktvermarktung im EEG 2012, ZUR 2012, S. 4 f.

Lindner, Martin, Abschaltreihenfolge im Rahmen des Einspeisemanagements des EEG, Baden-Baden 2014

Lüdemann, Volker/Ortmann, Christian, Direktvermarktung im EEG – Das unvollendete Marktprämienmodell, EnWZ 2014, S. 387 f.

Macht, Franziska/Nebel, Julian Asmus, Das Eigenverbrauchsprivileg des EEG 2014 im Kontext des EU-Beihilfeverfahrens und der Umwelt- und Energiebeihilfeleitlinien 2014-2020, NVwZ 2014, S. 765 f.

Maslaton, Martin/Zschiegner, André, Grundlagen des Rechts der erneuerbaren Energien, Leipzig 2005

Michalowska, Dorota, Modelle zur Förderung erneuerbarer Energieträger – Eine rechtsvergleichende Untersuchung von Modellen zur Förderung erneuerbarer Energieträger am Beispiel Polens und Deutschlands, Greifswald 2008

Mischok, Melanie, Förderinstrumente für erneuerbare Energien in der Europäischen Union, Saarbrücken 2014

Moench, Christoph/ Dannecker, Marcus/ Ruttloff, Marc (Hrsg.), Schriftenreihe zum deutschen und internationalen Wirtschaftsrecht Gleiss Lutz, Beiträge zum neuen EEG 2014, Baden-Baden 2014

Ders./Ruttloff, Marc, Das Grünstromprivileg des § 39 EEG 2012, RdE 2012, S. 134 f.

Mohr, Jochen, Ausschreibung der finanziellen Förderung von Strom aus erneuerbaren Energien, EnWZ 2015, S. 99 f.

Muckel, Kurt, Gesetzgebung und Planungssicherheit, ZG 2012, S. 21 f.

Müller, Thorsten (Hrsg.), 20 Jahre Recht der Erneuerbaren Energien, Baden-Baden 2012

Niedersberg, Jörg, Der Beitrag der Windenergie zur Stromversorgung, Frankfurt am Main 1997

Ders., Schwachstellenanalyse zum EEG für den Bereich Windenergienutzung, Berlin 2002

Ders., Das Gesetz für den Vorrang erneuerbarer Energien, NJW 2001, S. 21 f.

Nordstrand, Astrid/Pause, Fabian/Engeßer, Christina, Effiziente Förderung der Offshore-Windenergie-Stromerzeugung, Würzburg 2013

Ogiermann, Eva Maria, Rechtsfragen der Errichtung von Windkraftanlagen, Köln 1992

Ohms, Martin J., Recht der Erneuerbaren Energien, München 2014

Operhalsky, Benedikt/Fechler, Thorben, Der Genehmigungsbegriff im EEG 2017, NVwZ 2017, S. 13 f.

Ders., Länderspezifische Ersatzgeldregelungen für Windenergieanlagen, ZUR 2016, S. 649 f.

Orendi, Edwin, Effiziente und effektive Förderung Erneuerbarer Energien, ein europäischer Vergleich, Hamburg 2012

Oschmann, Volker, Die Novelle des Erneuerbare-Energien-Gesetzes, NVwZ 2004, S. 910 f.

Özbuğday, Fatih Cemil, Türkiye'de Yenilenebilir Enerji Yatırımları için Risk Algısı, Türkiye Enerji Vakfı Mayıs 2016, S. 1 f.

Özcan, Bilgen, Yenilenebilir Enerjide Mevzuat: Mevzuat Sorunlarına Yönelik Bir Araştırma, Ankara 2015

Özdemir, Ayşegül, Turkey's Law On the Utilization of Renewable Energy Sources for the Purpose of Generating Energy, Ankara Bar Review, 2008/2, S. 48 f.

Öztaşkan, Gonca, Avrupa Birliği Sürdürülebilir Kalkınma Politikaları Kapsamında Yenilenebilir Enerji Kaynaklarına Yönelim ve Türkiye'nin Durumunun Değerlendirilmesi, Izmir 2011

Panknin, Jens, EEG-umlagefreie Eigenerzeugung – Status quo und Ausblick, EnWZ 2014, S. 13 f.

Pause, Fabian, Rechtswissenschaftliche Analyse des Rechts der erneuerbaren Energien in Spanien unter besonderer Berücksichtigung der europarechtlichen Entwicklung, Würzburg 2011

Ders./Kahles, Markus, Der Einfluss der EU-Kommission auf das EEG 2014 und EEG 2017, ER 2017, S. 55 f.

Peredo, Thomas Tschanz, Öffentliche Politik zur Förderung von erneuerbaren Energien Saarbrücken 2013

Pomana, Andrea, Förderung Erneuerbarer Energien in Deutschland und im Vereinigten Kö-nigreich im Lichte des Europäischen Wirtschaftsrechts, Baden-Baden 2011

Pustlauk, Maria, Ausschreibungen für PV-Freiflächenanlagen – das EEG auf dem Weg zu einer wettbewerblichen Förderung erneuerbarer Energien?, Ewerk 2016, S. 71 f.

Purkus, Alexandra/Gawel, Erik/Deissenroth, Marc/Nienhaus, Kristina/Wassermann, Sandra, Beitrag der Marktprämie zur Marktintegration Erneuerbarer – Erfahrungen aus dem EEG 2012 und Perspektiven der verpflichtenden Direktvermarktung, et 2014, S. 10 f.

Raabe, Marius/Meyer, Niels, Das Erneuerbare-Energien-Gesetz, NJW 2000, S. 1298 f.

Regehr, Clemens, Die Förderung erneuerbarer Energien auf dem liberalisierten Elektrizitätsmarkt in Europa: Ein Rechtsvergleich zwischen Deutschland und Österreich, Norderstedt 2008

Reichel, Markus, Markteinführung von erneuerbaren Energien, Lock-Out-Effekte und innovationspolitische Konsequenzen für die elektrische Wind- und Solarenergienutzung, Wiesbaden 1998

Reshöft, Jan/Schäfermeier, Andreas (Hrsg.), Erneuerbare-Energien-Gesetz, Handkommentar, 4. Auflage, Baden-Baden 2014

Riedel, Martin/Weiss, Peter, Ausgleichsmechanismus des Erneuerbare-Energien-Gesetzes: Finanzverfassungsrechtliche Grenzen einer Einbeziehung der Eigenversorgung, EnWZ 2013, S. 402 f.

Rostankowski, Anke/Oschmann, Volker, Fit für die Zukunft? – Zur Neuordnung des EEG-Ausgleichsmechanismus und weiteren Reformansätzen, RdE 2009, S. 361 f.

Roßegger, Ulf, Förderung Erneuerbarer Energien zur Stromerzeugung in Deutschland und im Vereinigten Königreich, Berlin 2014

Ruttloff, Marc, Eigenversorgung durch Bestandsanlagen unter dem EEG 2.0 – wie weit reicht der Bestandsschutz?, NVwZ 2014, S. 1128 f.

Ders./Lippert, André, Neues und Altbekanntes zur Eigenversorgung, NVwZ 2015, S. 1716 f.

Säcker, Franz-Jürgen (Hrsg.), Berliner Kommentar zum Energierecht, 2 Bände, 3. Auflage, Frankfurt am Main 2015

Ders., Eigenversorgung im EEG 2014, EnWZ 2015, S. 260 f.

Sağıroğlu, Çağrı, Türkiye'nin İller Bazında Enerji İhtiyacının Veri Madenciliği ile Analizi ve Lisanssız Yenilenebilir Enerji Yatırımları İçin Karar Destek Önermesi, Adana 2016

Sailer, Frank, Die besonderen Netzausbaupflichten im EEG und KWKG – Überblick und aktuelle Fragestellungen, EnWZ 2016, S. 250 f.

Sakarya, Olgun, 31 Mart 2015 Sistem Çökmesinden 26 Nisan 2016 Elektrik Kesintisine, Elektrik Mühendisliği Dergisi Temmuz 2016, S. 53 f.

Salje, Peter, Erneuerbare-Energien-Gesetz, Gesetz für den Vorrang erneuerbarer Energien (EEG), Kommentar, 7. Auflage, Köln 2014

Ders., EEG-Vorrangprinzip und Netzmanagement, RdE 2005, S.250 f.

Saurer, Johannes, Rechtswirkungen der Windenergieerlasse der deutschen Bundesländer, NVwZ 2016, S. 201 f.

Schink, Alexander, Die planerische Steuerung von Windenergieanlagen und Abgrabungen – Harte und weiche Tabuzonen, UPR 2016, S. 366 f.

Schlacke, Sabine/Kröger, James, Die Privilegierung stromintensiver Unternehmen im EEG, NVwZ 2012, S. 919 f.

Schomerus, Thomas/Henkel, Andrea, Die Marktprämie im EEG 2012 - eine erste Zwischenbilanz, ER 2012, S. 13 f.

Schumacher, Hanna, Durchbrechung des Vorrangs für erneuerbare Energien?, ZUR 2009, S. 522 f.

Schwarz, Eike, Integration erneuerbarer Energien in den Strommarkt, ZNER 2014, S. 337 f.

Schwarzenberg, Lars/Ruß, Sylvia, Die Windenergieerlasse der Länder – Überblick und neue Entwicklungen, ZUR 2016, S. 278 f.

Şekercioğlu, Selma, Renewable Energy: In the Context of Turkey's Energy Policy with Special Reference to the EU Policies, Istanbul 2011

Sprenger, Roman, Vertrauensschutz für Anlagenbetreiber, Investoren und Unternehmen beim Übergang zum EEG 2014, ZNER 2014, S. 325 f.

Springmann, Jens-Peter, Förderung erneuerbarer Energieträger in der Stromerzeugung: Ein Vergleich ordnungspolitischer Instrumente, Wiesbaden 2005

Stelter, Christian, Die Freiflächenausschreibungsverordnung – Pilotprojekt für die zukünftige Förderung der Erzeugung von Strom aus erneuerbaren Energien, EnWZ 2015, S. 147 f.

Suck, André, Erneuerbare Energien und Wettbewerb in der Elektrizitätswirtschaft: Staatliche Regulierung im Vergleich zwischen Deutschland und Großbritannien, Wiesbaden 2008

Suphi, Deniz, YEKDEM değişti, Üreticileri Katsayı Çarptı, Enerji Panorama-Zeitschrift Eylül 2016, S. 28 f.

Ders., Beklenen YEKDEM düzenlemesi geldi, Piyasada iyi ticaret yapmayan cezasını çekecek, Enerji Panorama-Zeitschrift Mayıs 2016, S. 36 f.

Sümer, Gökmen, Determinants of Renewable Energy Supply in Europe: A Potential Solution For Turkey's Energy Dependency, Istanbul 2011

Thomas, Henning, Das EEG 2014 – Eine Darstellung nach Anspruchsgrundlagen, NVwZ – Extra 2014, S. 1 f.

Thomé-Kozmiensky, Karl J. (Hrsg.), Erneuerbare Energien, Perspektiven und Strategien, Rechtliche und wirtschaftliche Aspekte, Band 1, Neuwied 2009

Türkyılmaz, Oğuz/Özgiresun, Can, TMMOB Türkiye'nin Enerji Görünümü Raporu, Nisan 2012

Uibeleisen, Maximilian/Geipel, Martin, Praxisrelevante Neuerungen der besonderen Ausgleichsregelung nach dem EEG 2014 für stromkosten- und handelsintensive Unternehmen, NJW 2014, S. 3276 f.

Uluatam, Ela, Yenilenebilir Enerji Teşvikleri, Ekonomik Forum-Zeitschrift Oktober 2010, S. 34 f.

Urgun, Nurettin, Yenilenebilir Enerji Kaynakları Bakımından Türkiye'nin Potansiyeli ve bu Potansiyelin Harekete Geçirilmesine Yönelik Stratejiler, Kütahya 2015

Valentin, Florian, Strom aus erneuerbaren Energiequellen im italienischen Recht, Eine Unter-suchung unter Einbeziehung europarechtlicher und rechtsvergleichender Aspekte, Baden-Baden 2009

Ders., Das neue System der Direktvermarktung von EEG-Strom im Überblick, REE 2012, S. 11 f.

Vergoßen, Judith, Das Einspeisemanagement nach dem Erneuerbare-Energien-Gesetz, Baden-Baden 2012

Vollprecht, Jens/Altrock, Martin, Die EEG-Novelle 2017: Von Ausschreibungen bis zuschaltbare Lasten, EnWZ 2016, 387 f.

Weck, Markus, Die garantierte Einspeisevergütung für Strom nach dem Gesetz über den Vorrang erneuerbarer Energien, Frankfurt am Main 2004

Witthohn, Alexander, Förderregelungen für erneuerbare Energien im Lichte des europäischen Wirtschaftsrechts, Berlin 2005

Wustlich, Guido/Müller, Dominik, Die Direktvermarktung von Strom aus erneuerbaren Energien im EEG 2012 – Eine systematische Einführung in die Marktprämie und die weiteren Neuregelungen zur Marktintegration, ZNER 2011, S. 380 f.

Ders./ Kachel, Markus, Vom Erwachsenwerden eines Gesetzes, ZUR 2012, S. 1 f.

Ders., Das Erneuerbare-Energien-Gesetz 2014, Grundlegend neu – aber auch grundlegend anders?, NVwZ 2014, S. 1113 f.

Yalkı, İrem, Toplam Enerji Arzı içerisinde Yenilenebilir Enerjinin Payı ve OECD Ülkeleri Üzerine Bir Uygulama, Istanbul 2014

Yapar, Mustafa, Türkiye'de İktisat Politikaları Çerçevesinde Rüzgar Enerjisi Politikalarının Etkinliğinin Analizi: Bir Uygulama, Istanbul 2014

Yenilmez, Gözde, Yenilenebilir Enerji Kaynakları Teşvik Politikalarının Karşılaştırılması, Eskişehir 2010

Yılmaz, Olcay, Yenilenebilir Enerjiye Yönelik Teşvikler ve Türkiye, Aydın 2015

www.ingramcontent.com/pod-product-compliance
Ingram Content Group UK Ltd.
Pitfield, Milton Keynes, MK11 3LW, UK
UKHW021237031026
15588UKWH00001B/130

9 783631 771754